KB235522

철학자의 서재 2

오　　래　　된　**책**

위　　험　　한　**책**

희　　망　　의　**책**

철학자의 서재 2

오 래 된 **책**

위 험 한 **책**

희 망 의 **책**

47명의 철학자들이 찾아낸 47권의 문제의 책

한국철학사상연구회 · 프레시안 기획 | 한국철학사상연구회 지음

오래된 책, 위험한 책, 희망의 책과 함께
누구나 철학자가 되어보자

인터넷 정론지 〈프레시안〉에 연재하던 '철학자의 서재'가 드디어 제2권을 출간하기에 이르렀다. 이번에는 47명이 각각 한 편씩 글을 썼다. 100명이 쓴 107편의 글을 담은 제1권에 비하면 두께가 얇아져 이동하면서 보기에는 훨씬 편할 것이다.

물론 매체의 진화로 작은 기계적 장치의 화면을 통해서도 책을 볼 수 있기 때문에 이동 및 휴대 편의성과 관련해서는 종이 책이 시대에 뒤떨어진 것으로 보일지도 모른다. 그렇지만 책이 넘쳐나고 언제든지 책을 접할 수 있는 요즘, 혹시 어떤 책을 보아야 인생을 덜 낭비할지 고민하는 사람이 있다면, 현실의 문제와 호흡하면서 사색한 결과를 보여주는 이 책이 도움이 될 것이다. 전통적 의미의 종이 책인가 기계적 장치의 화면을 통해서 볼 수 있는 전자책인가보다는 그 속에 무엇이 담겨 있느냐가 더 중요하겠다.

누구나 가끔씩은 철학자가 된다. 먹고살기 바쁘고 공부하기 바쁘고 취업 준비하기 바쁘지만 그래도 아주 가끔씩은 시간을 멈추고 인생을 되돌아보면서 이대로 살아도 좋은가, 가치 있는 삶이란 무엇인가를 고민할 때가 있다. 그때가 바로 철학자가 되는 때다. 그렇지만 답은 없고 문제는 남는다. 물론 문제를 문제로 남기는 것도 철학의 중요한 과정이자 결과이기에 무의미하지는 않다. 아무런 문제가 없다고 느끼는 사람만큼 어리석은 사람이 또 있겠는가. 다만 남겨진 문제에서 한 걸음 더 나가고 싶을 때, 그때는 철학을 공부하는 사람들이 읽고 느낀 바를 경험하기 바란다.

철학자란 그리 대단한 존재가 아니다. 그들도 다른 사람의 사색을 통해 배움으로써 자기 말을 할 수 있게 되는 것이다. 그렇다면 그들이 배운 것을 목격하는 것, 아마도 그 과정은 인생을 조금 덜 낭비하는 길일 것이다. 그런데 인생을 낭비하지 않는다는 것은 부자가 되고 권력자가 되고 장수한다는 게 아니다. 가끔씩이라도 철학자가 되었을 때, 남겨진 문제에서 한 걸음이라도 더 나가고 싶을 때, 그때가 바로 선택과 결단의 시간인데 그 선택이 후회 없는 선택이었음을 안다면 그때만큼 뿌듯한 때가 있을까.

인터넷 등 여러 매체를 통해 『철학자의 서재』 제1권에 관한 독자들의 평을 읽은 적이 있다. 사회 비판적인 관점을 가진 사람들의 글이라든가, 교과서 등에서 알려주지 않는 내용이 있다든가, 일반적인 기성세대가 하지 않는 말이 있다든가 하는 평이다. 거의 맞는 말이다.

그런 점에서 볼 때 이 책에 담긴 글을 쓴 사람들은 특별한 부자가 되지는 못할 것이고 특별히 높은 권좌에 오르지도 못할 것이며 나아가서는 장수하지도 못할 가능성이 높다. 부당한 현실과는 타협할 수가 없고, 그에 따라 스트레스도 많이 받을 텐데 장수할 수 있겠는가. 건강과 젊음, 장수, 출세를 부추기는 책들이 얼마나 많은가. 그런데 이들은 그런 데에는 관심이 별로 없다. 그게 바로 철학자의 길이며 그들의 삶이 비현실적인 이유도 바로 여기에 있다.

부자가 되려면 남을 속여야 하고 권력을 쥐려면 부자가 되어 남을 속여야 하고 장수하려면 권력을 가진 부자여야 한다. 현재의 사회 질서 속에서는 부자가 되어 남을 속이되 양심의 가책을 느끼지 않아야 스트레스 받지 않는 권력자가 될 수 있다. 그렇다면 우리의 선택지는 두 가지 중 하나인가. 그런 권력을 가진 부자가 되든가 아니면 그에게 아부하여 그가 던져주는 떡고물을 받아먹고 살든가.

희망을 가지라는 말은 하기 쉽지만 어떤 희망을 가져야 하는지는 말하기 어려운 것이 현실이다. 그나마 다행인 것은 부자 이데올로기가 이제 더 이상 통하지 않는 시간이 왔다는 것이다. 늘 그랬듯이 대부분의 사람들은 매체에서 흘려주는 이미지로만 성공을 체험할 뿐이다. 그런데 때로는 권력을 가진 부자조차도 고민을 하는 부분이 있다. 나에게 머리를 숙이는 저 자가 나를 진정으로 인정하는 것인지 확인할 길이 없다. 그 공허함의 실체는 무엇일까.

이 책은 가치 있는 삶을 찾기 위한 여행길에 오른 사람들에게 좋은 동반자가 될 것이다. 가난한 자든 부자를 꿈꾸는 자든, 현실적 풍요로부터 먼 자든 가까운 자든, 가끔씩 철학자가 되었을 때 목말라 하는 그 지점에서 가치 있는 지침을 내려줄 것으로 믿는다. 그래서 타인을 인정하면서 산다는 것이 현재의 그를 있는 그대로 인정하는 것으로부터만 가능한 것은 아니라는 점을 깨닫기 바란다. 책의 무게를 가볍게 느끼지 않을 때에만 묵직한 교훈을 얻어갈 것이다.

'철학자의 서재'를 함께 기획한 〈프레시안〉의 강양구 기자님과 인연을 맺은 지도 벌써 3년이 넘었다. 글이 발행되기까지 이런저런 문제가 많았지만 얼굴 한번 찡그리지 않고 해결책을 제시한 강 기자님께 감사의 인사를 전한다. 그리고 책이 나오기까지 글을 주제별로 분류하고 다듬어서 독자들에게 한 발짝 더 다가갈 수 있게 한 데에는 〈알렙출판사〉 조영남 대표님의 공이 컸다는 것을 밝혀둔다.

앞으로도 '철학자의 서재'는 계속될 것이다. 특히 올해는 두 번의 중요한 선거를 앞두고 있기 때문에 큰 주제를 '정치'로 잡았다. 철학자들은 정치를 어떻게 보았는지, 정치란 무엇인지, 우리 생활 곳곳에 숨어 있는 정치를 끄집어내어 철학적으로 재해석하면서 대안을 제시하는 향연을 펼치려고 하니 독자들의 많은 관심을 바란다.

2012년 3월

한국철학사상연구회

3장 자신으로 사는 삶, 원하는 삶, 옳은 삶: 자아 탐구

4장 현대를 사유하기, 비판과 성찰의 힘

5장 위험한 책: 전복과 연대의 힘

6장 희망의 책: 99%의 좋은 시민 되기

1장

나는 철학자다:
철학으로 무엇을 할 것인가

순수한 철학자?
웃기고 있네!

『나는 철학자다』 / 피에르 부르디외

'나가수'를 읽는 두 가지 방식

2011년을 뜨겁게 달군 음악 프로그램을 꼽으라면 분명 〈서바이벌 나는 가수다〉(나가수)를 빼고 이야기할 순 없을 게다. '나는 가수다'라는 방송 문구가 여러 곳에서 다양한 방식으로 패러디되는 걸 보면 그 인기를 실감할 수 있다. '나만 가수다'(임재범의 노래를 듣고 대중들이 붙인 별명?), '나름 가수다'(무한도전), '나는 꼼수다'까지, 심지어 어느 노래 주점의 이름도 '나도 가수다'이다.

대중음악이지만 그래도 나름 예술의 영역인데 그곳에 서바이벌이라는 잔인한 경쟁 양식을 도입하려 한다는 식의 비판들이 이어졌지만, 그건 잠깐일 뿐 오히려 〈나가수〉 프로그램은 3월 13일에 방영된 이후 무려 8개월에 걸쳐 10기 가수들로 이어질 정도로 여전히 큰 대중적 호응을 얻고 있다.

아마도 사람들은 〈나가수〉를 보며 출연 가수들의 가창력과 음악적 진정성에 열광하는 동시에 자신들 안에 잠자던 '가수의 꿈'도 한 번쯤은 돌이켜 볼 것이다. 말하자면 "그래 진짜 가수란 저런 거였지!", "나도 한때는 저런 가수가 되는 게 꿈이었는데!"라는 식으로 우리들에게 그 꿈을 상기시키는 동시에 대리 만족도 제공해 주는 프로그램인 셈이다. 바로 이러한 두 가지 기능을 교묘하게 잘 활용할 줄 아는 방송 전략이 잘 먹혀들었기에 '나가수'가 이런 인기를 끌고 있는지도 모르겠다.

그런데 대체 진짜 가수란, 제대로 된 가수란 어떤 사람일까? 가창력이 뛰어난 사람? 우리들의 음악적 감수성을 자극해 줄 수 있는 사람? 그렇다면 래퍼는? 또 가창력은 별로지만 속삭이듯, 때로는 중얼거리듯 작은 목소리로 노래하는 사람은 가수가 아닐까? 대체 진정한 가수의 기준은 뭘까?

어쩌면 노래하는 사람이라면 모두가 가수인 건 아닐까? 더구나 노래를 직업으로 삼아 인생을 살기로 결심하고 지금 어느 곳에선가 노래를 하고 있는 사람이라면 그는 이미 가수이지 않을까? 물론 잘나가는 가수와 무명 가수라는 현실적인 구분과 위계는 계속 이어질 수밖에 없겠지만 말이다.

이렇듯 '나만 가수다'와 '나도 가수다'라는 인식 사이에 분명 다양한 스펙트럼이 존재하겠지만 그럼에도 그 격차는 그리 크게 느껴지지 않는다. 〈나가수〉의 그 노래 잘하는 프로 가수들도 가수지만 무명으로 밤무대를 전전하는 가수들도 모두 가수라는 점에서는 별 차이가 없다. (물론 인기와 그 인기에 뒤따르는 대가의 격차가 엄청나지만 말이다.) 그렇기에 심지어 일반인들이 노래주점에서 '나도 가수다'라고 외친다 해도 그리 주제넘은 일이

　철학자의 서재 2

아닌 것처럼 여겨질 정도이다.

하지만 이에 비해 '나도 철학자다!'라든가 '나도 정치가다!'라고 외치는 경우는 어떨까?

『나는 철학자다』를 읽는 두 가지 방식

지금처럼 〈나가수〉 프로그램이 유행하기 훨씬 이전에 '나는 가수다'라는 문구의 원조(?)라고 할 만큼 유사한 제목으로 출간된 책이 있다. 『나는 철학자다』(피에르 부르디외, 김문수 옮김, 이매진 펴냄)!

물론 원제목은 전혀 다르다. 『하이데거의 정치 존재론(*L'Ontologie politique de Martin Heidegger*)』(1988)이라는 이름으로 출간된 부르디외의 책을 우리말 제목으로 새롭게 바꿔 출판한 셈이다. 물론 어떤 이유에서 이런 제목으로 번역하게 되었는지 그 자세한 내막은 전혀 모른다. 하지만 제목을 뽑아낸 그 순발력과 아이디어만큼은 압권인 듯하다. '나는 철학자다!', 그것도 '진정한 철학자다!'라고 외치는 하이데거의 모습을 한마디로 잘 드러내준 제목이라고나 할까?

이 책을 통해 부르디외는 흔히 순수 철학의 대가라고 여겨지는 하이데거의 철학이 사실은 당시의 정치적 보수주의와 결합되면서 형성된 정치적 철학(정치적 존재론)에 불과하다는 점을 잘 보여준다. 한마디로 하이데거가 나치 독일 당시 프라이부르크 대학 총장에 취임했던 일이나 이후에 그런 식으로 나치에 참여했던 과거 자신의 행적에 대한 참회마저 거부했던 모습도 단지 철학자 개인의 우연적 실수이거나 잘못된 정치 판단에서 비롯된 것이 아니라 그의 철학 이론과 밀접하게 연관되어 있다는 점을 역설한 셈이다.

물론 부르디외의 이러한 주장이 단순히 하이데거의 전기적 사실을 뒤 져서 그 과거를 낱낱이 밝히는 폭로 과정을 통해 나온 것은 아니다. 반대 로 단지 하이데거의 저작들을 세밀하게 분석해서 이루어진 것도 아니다. 다시 말해 부르디외는 하이데거의 저작을 하이데거의 정치적 행적이나 정 치 상황으로 곧바로 환원시켜 비방하는 환원주의적 독해나 하이데거의 정 치적 행적과 하이데거의 사유를 전혀 무관한 것으로 보는 내적인 독해 모 두 거부한다.

> "나치와 가깝다는 이유로 하이데거 철학을 비난하는 비방자든, 나치 참여 와 하이데거 철학을 분리시키는 찬양자든 다음과 같은 점을 무시한다는 점에 서는 서로 일치한다. 곧 하이데거의 철학이란 철학적 생산장(場)이 강요하는 특수한 검열 때문에, 하이데거를 나치즘에 밀착하게 했던 정치적-윤리적 원 리들을 **철학적으로 승화시킨** 것에 불과할 수도 있었다는 점 말이다."(14~15쪽, 강 조는 부르디외)

말하자면 하이데거 자신이 의식했든 의식하지 못했든 그 역시도 당시 의 철학적 생산장(독일 대학, 선후배로 이루어진 철학 지식인 사회, 하이데거 자 신의 사회적 지위, 이로 인해 형성된 하이데거 자신의 아비투스 등으로 이루어진 복 잡한 관계망)의 한계 안에서 나름의 정치적 입장을 수용하면서 이를 철학 적 이론으로 순화시켰을 뿐이기 때문에 하이데거의 철학을 정말이지 순진 하게 순수한 철학으로만 이해해서는 곤란하다는 것이다.

이러한 입장에서 부르디외는 하이데거가 자신의 철학을 생산해 내는 그 과정에서 어떤 일들이 벌어졌는지를 좀 더 구체적으로 분석한다. 예를 들어 하이데거가 그 당시 민주주의와 마르크스주의 양자에 대해 문제 제기하면서 극복을 외치던 독일의 보수 혁명가들(특히 융거)로부터 정치적 입장들을 어떤 식으로 수용하고 어떤 식으로 철학적으로 순화시켜 냈는지, 또 근대성과 기술 문명에 대한 혐오와 동시에 민족적이고 농민적인 고향에 대한 향수가 어떤 식으로 하이데거의 존재론에 표현되는지, 더구나 지식인 사회에서 "시골 소부르주아 출신의 평교수"(88쪽)로서 선배 철학자들뿐 아니라 전통 철학과 대결하면서 새로운 지위를 점하기 위해 그야말로 정치적인 노력(?)을 수행하면서 과연 어떤 식으로 정치적 존재론을 확립해 갔는지를 분석한다.

결국 부르디외의 주장은 학문적으로 순수한 '존재론'이란 단지 철학과 철학자들이 만들어내는 가상일 뿐 모든 존재론도 '정치적 존재론'일 수밖에 없다는 것이다. 말하자면 하이데거의 철학도 철저하게 순수한 철학인 듯이 자신을 포장할 뿐이며 또 그러한 포장을 통해 하이데거 자신이 마치 진정한 철학자라는 듯이 뽐낸다는 것이다.

철학자의 자기 인식과 정치

부르디외의 이러한 지적은 미처 생각하지 못했던 부분을 되새기게 해 준다. 우선 철학자도 역시 순수할 수 없으며, 기본적으로 정치적일 수밖에 없다는 점 말이다. 또 그럼에도 하이데거는 이러한 자신의 정치적 상황을 애써 부정하고, 자기 철학의 순수성을 확보해 가는 과정에서 자신만이 제대로 된 철학자라는 생각에 빠져들게 된 것은 아닐까 하는 의구심도 들게 한다.

물론 "나만이 철학자다!"라는 선언은 그의 저작 속 어디에도 등장하지 않는다. 다만 철학이란 용어 대신 '사유'라 말하고, 철학자 대신 '뎅커(Denker)'라는 용어를 강조하는 그 이면에 자신은 진정한 사유를 수행하는 제대로 된 철학자인 '뎅커다!'라는 인식이 깔려 있다고 추측할 뿐이다. 어쩌면 스스로 '나만 철학자다'라고 외치는 철학이 얼마나 이데올로기적일 수 있는지를 잘 보여주는 사례가 하이데거일지도 모르겠다.

어쨌든 '나만 철학자다', 좀 더 완곡하게 바꾸면 '나는 철학자다'라는 이 외침은 지식인과 일반인, 철학자와 일반인, 진정한 철학자와 소박한 철학자, 뎅커와 일반 철학자, 철학 교수와 철학 강사 등등의 위계로 계속해서 재생산된다. 그렇기에 이러한 상황에서 '나도 철학자다'라고 말하기는 결코 쉽지 않다.

심지어 우리는 철학과 교수임에도 스스로 '나는 철학자다'라고 외치지 못하는 경우를 본다. 왜? 나는 '하이데거 같은 사유의 대가'는 아니니까! 하지만 왜 그래야 할까? 당당하게 '나도 가수다'라는 식으로 왜 "나도 철학자다!"라고 외치지 못하는 걸까?

가수는 노래하는 사람이다. 노동자는 정신노동이든 육체노동이든 노동하는 사람이다. 그렇다면 철학자는? 철학을 공부하는 사람이라면 철학자라고 해야 하지 않을까? 그런데 철학을 공부하는 나는 왜 '나는 철학자다'라고 외치지 못할까? 이상한 자기 인식이다. 철학을 공부하고 있지만 아직은 철학자가 아니다. 왜 아직은 사유의 대가가 아니니까? 이처럼 '나는 가수다', '나는 노동자다'라는 자기 인식과는 전혀 다른 차원에서 이루어지는 철학자들의 자기 인식을 어떻게 봐야 할까?

아마도 '나만 철학자다'와 '나도 철학자다'의 그 간극이 현실에서 그만큼 크다는 것을 반증하는 것일 게다. 하지만 우리 솔직해지자. 우리도 '나는 철학자다'라고 당당히 말할 수 있다. 당신도 철학을 공부하고 있다면 철학자다. 그것은 마치 가수가 노래하는 사람이듯이 그냥 그러한 자기 인식의 표현일 뿐이다.

다만 좀 더 중요한 인식이 있다. 내가 철학을 공부하는 철학자이지만, 과연 자신이 생활 속에서 무엇으로 먹고 사는지 또 어떤 방식으로 정치저 신념을 표출하는지를 인식하는 것이 더 중요할지도 모른다. 나는 시간 강사다. 일용직으로 분류되는 비정규직 교수 노동자다. 그리고 그러한 상황에서 철학을 공부하는 철학자다. 바로 이런 면에서 '나도 철학자다!'

철학 자체의 순수성이란 없다. 철학자의 순수성이란 것도 없다. 이런 식의 '철학', '철학자'라는 기호는 '사상가', '뎅커'라는 기호만큼이나 공허하면서도 지나치게 환상적인 개념일 것이다. 그 어느 철학자든 자신이 속한 지식인 그룹이나 특히 직업에 따라, 또 그에 따라 복잡한 형태로 갖추게 된 정치적 신념에 따라 구체적인 어떤 철학자만이 있을 뿐이다.

이제 이런 자기 인식을 기반으로 '나도 철학자다'라고 외치자. 더 나아가 우리 모두가 정치적이라는 점도 기억한다면, '나도 정치가이다'라고 외치자. 전문가 정치인들만이 밀실에서 비공개로 정말로 무식하게 한미 자유무역협정(FTA)을 날치기하는 이러한 얼빠진 정치 상황에서 그들만이 정치가는 아니라고 외쳐보자.

1) 홍성민, 『피에르 부르디외와 한국사회』(살림, 2004). 아마도 가장 쉽고, 가장 적은 분량으로 부르디외의 개념과 이론을 소개해 주는 입문서이다.

2) 피에르 부르디외, 『텔레비전에 대하여(*Sur la television*)』(1996), 현택수 옮김(동문선, 1998). 직접 부르디외의 저작을 보고 싶은 분들이 처음 접하기 가장 쉬운 책이다. 부르디외가 실제로 자신의 개념과 이론들을 어떤 식으로 활용하는지 직접 경험해 볼 수 있다.

3) 현택수 편, 『문화와 권력: 부르디외 사회학의 이해』(나남, 1998). 부르디외의 개념과 이론들을 활용해서 과연 한국에서 어떤 연구들이 이루어졌는지를 좀 더 자세하게 알고 싶은 분들이 봐야 할 책이다. 부르디외를 전공한 여러 필자들의 주요 논문들을 묶어놓았다.

조은평 / 건국대학교 비정규직 교수 노동자

철 학 자 는
영 화 감 독 이 다 !

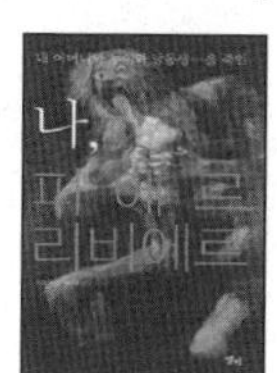

『나, 피에르 리비에르』 / 미셸 푸코

영화감독이 된 철학자

미셸의 친구 질은 이렇게 말했다.

"철학책은 추리 소설이 되어야 해! 개념적 인물들의 일관성은 개념적 인물들 자체로부터 오는 게 아니라 다른 곳에서 와야 하지."

푸코는 생각했다.

"개념적 인물들이라? 그래. 개념은 캐릭터를 가진다. 그 개념적 인물들이 연기하는 여러 장면들을 이렇게 저렇게 배치할 때라야 하나의 일관성 있는 이야기가 구성된다. 그렇다. 철학자는 개념을 편집하는 영화감독이다."

감독의 변

　여기 영화감독 미셸 푸코가 있다. 그는 하나의 기획에 착수한다. 실화를 바탕으로 한 코믹 서스펜스 추리 영화를 만드는 것이다. 우선 이 영화를 만들게 된 동기가 있어야겠다.

　감독의 변을 들어보자.

　"제가 한 것은 거의 없어요. 단지 캐릭터들 즉 법관, 의사, 증인, 배심원, 기자 그리고 리비에르 본인의 컷들을 범행에서부터 심문, 여론, 집행에 이르기까지 연대기 순으로 배치시키기만 하면 됐으니까요. 그냥 1835년 당시 소송 기록들을 그대로 재연해도 이야기가 됐다는 겁니다. 이 이야기를 어떤 식으로 받아들일지는 여러분들이 판단할 몫입니다. 누군가는 권력의 희화화를, 누군가는 슬픔과 연민의 드라마를, 누군가는 잔혹극을, 누군가는 풀리지 않는 추리 소설을 보겠지요. 영화 말미에 몇몇 사람의 영화평을 같이 올려두었으니 참고만 하시면 됩니다. 어쨌든 그 자체 이야깃거리가 되는 데에는 리비에르라는 캐릭터의 공이 큽니다. 모든 기계 장치를 리비에르가 조준하고 있는 형국이니까요. 모든 등장인물들의 말들을 이런저런 모습으로 보이게 만든 데에는 리비에르의 수기가 결정적인 역할을 했습니다.

　모든 것은 경탄에서부터 시작되었어요. 우린 왜 그의 수기에 이끌렸을까요. 무지렁이 농부의 아들인 리비에르, 그의 놀랄 만치 비상한 기억력 때문인지도 모릅니다. 아니면 아버지를 향한 눈물 나는 동정심, 아니면 무소불위의 법 앞에 홀로 맞서려는 정의감, 그것도 아니라면 스스로를 신과

　　　　　　　　　　　　　　　　　　　철학자의 서재 2

같은 존재로 단련시키려는 그 모든 노력, 자신의 모든 삶의 과정과 행위의 이유를 명백하게 설명할 수 있는 명석함, 이 도저한 특이함, 이런 것들이 그 끔찍한 존속 살해마저 정당화시킬 마력을 풍기는 것이 아닐까요. 이런 점에 이의를 다는 사람은 없을 겁니다. 피에르 리비에르는 우리 추리 영화 주연급 캐릭터로 손색이 없지요. 또 영화 반전의 묘미도 그가 쥐고 있어요. 미친 척 연기하면서 상대들의 장단에 맞춰주거든요. 그러고 나선 마지막에 그의 자살로 원환이 본래대로…… 아…… 이것은 말씀 안 드리겠습니다. 영화를 보시면 아시겠죠.

그러나 우리가 리비에르 사건에 이끌린 더 큰 이유가 있답니다. 그의 수기가, 소송 기록에 배치되어 있는 자리 자체가 영화화하기에 너무 매력이 있단 겁니다. 소송 기록 자체가 이미 제가 편집할 필요 없이 재미있게 구성되어 있단 거죠. 그래서 전 그냥 이걸 보여드리기만 하면 됐던 겁니다."

평론가의 변

감독의 인터뷰만으로는 부족한 듯하다. 다른 이의 얘기도 좀 들어봐야겠다. 영화평을 한 평론가들의 말을 들어보자.

"겁부터 나네요. 영화에 나온 판사나 의사처럼 말로 먹고 사는 우리들도 침묵을 지키는 법을 알아야 하는 건 아닌지 모르겠네요. 이 소송 기록이 타는 듯이 뜨거운 지옥 속에 처박혀 불타는 것을 피하고자 우리는 끊임없이 말에 말을 부단히 추가하는 건 아닌지 모르겠어요. 그래도 사자(死者)의 입을 대신해 역사학자로서 한마디 안 할 수 없겠죠? 리비에르는 프랑스 혁명기 당시 폭군을 참살하고 새로운 시대를 열겠다고 생각하지만 언제나 지고만 마는 백성의 한 전형이라는 생각이 드는군요. 마지막 말이 인상적이었어요. '내가 말하고 싶어 하는 것을 적어도 들어주기라도 하는 것, 그것이 내가 원하는 전부예요'라는 그 말, 말이에요. 영웅 심리에 수기를 쓰고 범행을 저지르고 한 건 다 그 때문이 아닌가 합니다."

"저는 권력의 성격에 관심이 가더군요. 배심원단은 판단해야 했어요. 리비에르의 행동을 광기로 보아 정상 참작을 해야 하는지 말아야 하는지, 또 존속 살해 죄는 당시 왕에 대한 시역 죄와 동등했는데, 만약 정상 참작으로 감형된다면 존속 살해 죄가, 시역 죄가 감형되는 것과 같은 효과를 가지기에 이는 왕권의 실추와 직접 연관이 있단 겁니다. 이 리비에르 사건이 왕과 사법권 간의 정치적 대결로 비화되는 거지요. 그런 점에 포커스를 맞춘 점이 재미있었어요."

관객의 변

『나, 피에르 리비에르』(심세광 옮김, 앨피 펴냄), 이 책은 미셸 푸코가 감독을 맡진 않았지만, 1976년 르네 알리오의 영화로 실제 영화화되기도 했다고 한다. 이 영화에 푸코는 감독 대신 단역으로 출연한다.

영화로 만들어졌건 어찌 됐건 우리가 지금 하고자 하는 이야기는 책 이야기다. 철학자의 역할 말이다. 철학자는 책의 내용을 편집하는 감독이 되어야 함을 느낀다. 실제 사료를 고증해 내어 현실감에 무게를 더해 주되, 인간들의 사고와 행동의 고리들이 엮어내는 빛나는 사건의 시나리오들을 다각도로 보여주는 능력, 그래, 그런 능력을 갖추어야 하지 않을까.

굳이 철학자 그 자신 이런저런 해석을 하지 않아도 책의 구성만으로 빛나는 책이 여기 있다. 해석은 전적으로 독자의 몫으로 남겨지겠지만, 철학책에서 한 편의 추리 영화를 본 듯한 기분이 드는 것은 오랜만이지 않은가.

리비에르 수기는 법관, 의사, 증인, 배심원, 신문 기자 각각이 어떤 이야기들을 만들어 내는지를 비교해 볼 수 있는 하나의 지침이 된다. 하지만 그 지침 또한 전체 톱니바퀴에 끼워 넣어져 스스로 유희의 대상이 되기를 멈추지 않는다. 이에 농락당하는 것은 그들 전체이고, 독자 모두가 된다. 생각이 글쓰기와 행동, 두 갈래로 가지를 쳐 다른 이의 글쓰기와 행동과 엮어진다. 그렇게 엮어진 권력의 실타래에서 어느 누구 하나 자유롭지 못한 것은 웃지 못할 비극이 아닐까.

진짜 범인을 찾아라. 리비에르인가? 법관, 의사, 배심원, 증인, 기자인가? 이러한 실타래를 보여주기만 하고 치고 빠지는 철학자 감독인가? 그것도 아니라면 텍스트 바깥을 한 번도 넘나들지 못할 바로 우리 자신인가?

1) 미셸 푸코, 『비정상인들』(동문선, 2001). 이 책은 미셸 푸코의 콜레주 드 프랑스 1975년 강의록으로, 『나, 피에르 리비에르』의 집필 배경이 되었던 세미나의 문제의식과 직접 맞닿아 있는 책이다. 정신의학 권력과 법률 권력이 '비정상인'이라 불릴 만한 세 얼굴 즉 '인간 괴물, 교정해야 할 개인, 자위행위를 하는 어린이'를 둘러싸고 어떠한 담론 대결을 펼쳐왔는지 흥미진진하게 살펴볼 수 있다.

2) 바슬라프 니진스키, 『니진스키, 영혼의 절규』(푸른숲, 2002). 이 책은 러시아의 유명한 발레 무용수 니진스키가 정신병이 발병하기 직전에 썼던 자서전적 일기를 편집한 책이다. 그런 상황에서 쓰여진 글인 만큼 독자 또한 정상과 비정상, 지성과 감성의 경계를 넘나들면서 분열증적 읽기라는 색다른 경험을 함께 해볼 수 있다.

이정희 / 부산대학교 비정규 교수

글쓰기는
가장 정치적인 행위다

『나는 왜 쓰는가』 / 조지 오웰

『나는 왜 쓰는가』(이한중 옮김, 한겨레출판 펴냄)를 읽게 된 이유는 아마도 제목 때문이 아닐까 싶다. '그는 왜 쓰는가'가 궁금하기도 했고 '나는 왜 쓰는가'와 같은 궁금증이 생겨났기 때문이다. 작가에게 글쓰기를 묻는 것은 그의 인생 전체를 묻는 것과 같다. 왜냐하면 글쓰기 자체가 작가의 인생이기 때문이다. 이 에세이집은 조지 오웰의 자서전과 다름이 없는 책이다.

에릭은 가고 오웰은 남다

조지 오웰(1903~1950)은 『카탈로니아 찬가』, 『동물농장』, 『1984』 등을 남긴 유명한 소설(르포도 포함) 작가이다. 물론 책도 많이 썼지만(소설 6권, 르포 3권, 에세이집 2권) 그의 인생관을 잘 표현해 주는 건 당연 에세이들이다.

오웰은 수백 편의 짧고 긴 에세이들을 썼다. 이 책은 오웰의 에세이 전작 가운데 옮긴이가 일부를 선별하여 엮은 것이다.

오웰의 본명은 에릭 아서 블레어(Eric Arthur Blair)이다. 필명으로 조지 오웰을 썼다(George는 가장 흔한 영국 남자 이름, Orwell은 그와 인연이 있는 강 이름이자 마을 이름이다). 그는 사립 명문 학교 이튼을 졸업한 뒤 대학 진학을 포기하고 식민지 버마에서 5년간 경찰 생활을 한다. 그곳에서 느낀 것은 제국의 식민 통치와 앞잡이 노릇을 하고 있는 자신이었다. 결국 경찰 생활을 접고 영국으로 돌아와 작가 생활을 시작하게 된다. 그리고 스페인 내전에 참가하고 나서, 그 체험을 생생하게 기록한 르포를 출간하게 되고 그의 이름이 알려지게 된다.

오웰의 소설을 완독한 것은 없지만, 『카탈로니아 찬가』가 모태인 영화를 본 적이 있다. 켄 로치의 『랜드 앤드 프리덤(*Land and Freedom*)』이다. 오래전에 본 영화라 기억이 가물가물하지만 파시즘에 맞서기 위해 다양한 국적의 사람들이 모인 POUM(통일 노동자당)과 민병대에게 무기를 지급하지 않았던 공산당, 평등 사회를 꿈꿨던 민병대원들, 마지막에 민병대원을 파시스트로 오인해 강제로 해체시키려 했을 때 여대원이었던 블랑카가 총살을 당하는 장면 등은 잊히지 않는다.

그는 사실적인 글쓰기를 원했다. 스페인 내전에서 스탈린을 지지하는 공산주의자들의 탄압, 그리고 파시즘의 모습들을 글로써 생생하게 그려내고 있는 것이다. 그는 특히 이런 전체주의에 대해서 강한 반감을 가졌다.

"전체주의는 과거를 계속해서 개조할 것을, 그리고 장기적으로는 객관적인 진실의 존재 자체를 믿지 말 것을 요구한다."(229쪽)

"에릭은 가고 오웰은 남다"는 그의 묘비에 쓰인 글이다. 파시즘, 전체주의 그리고 현실의 부조리함에 맞서려 했던 오웰은 작품으로 우리에게 남아 시대의 실상과 아픔을 보여주고 있는 것이다.

시대를 되돌아보다

이 에세이집의 목차는 발표한 시기에 맞춰 순차적으로 배열되었다. 물론 시대적으로 다르긴 해도 단독적인 에세이이기 때문에 따로 읽어도 무방하다. 하지만 오웰의 인생관, 정치관, 문학관을 자세히 이해하고 싶다면 처음부터 끝까지 쭉 읽어보기를 권한다.

그의 초기작은 영국에서 밑바닥 생활을 하며 겪었던 일들을 그린 내용들이다. 정부에서 마련한 임시 거처 "스파이크"에서 씹기도 힘든 빵을 먹으며 추위를 견디면서도 동료 부랑자들과 자신을 분리하는 잘난 체하는 부랑자, 담배 하나로 얻어진 우정과 같은 밑바닥 인생을 잘 묘사하고 있다.

그 다음으로는 식민지 시절 경찰 생활을 하며 겪었던 제국주의와 비인간성에 대해서 고발하고 있다. '코끼리를 쏘다'와 같은 글에서 나타나듯이 시절에 그는 이상과 현실 사이에서 많은 갈등을 했던 것으로 보인다.

언제나 '원주민'에게 강한 인상을 심어주기 위해 안달하고, 그래서 위기가 닥칠 때마다 '원주민'이 예상하는 바대로 행동해야만 하는 게 그의 지배 조건이기 때문이다. 그는 가면을 쓰고, 그의 얼굴은 가면에 맞춰져 간다. 그러니 나는 코끼리를 쏴야 했다. (38쪽)

그의 초기작 대부분은 부랑자들과 함께한 생활이나 식민지에 대한 고발이다. 그런데 작가 인생에서 중대한 전환점이 되는 사건이 발생한다. 스페인 내전 발발이다. 그는 '파시즘'과 맞서 싸우기 위해 스페인으로 간다.

그는 스페인 내전에서 있었던 거짓된 사실을 밝히기 위해 힘썼다. 그가 총상을 입고 돌아와 쓴 소설들의 주제가 모두 정치적이었던 것을 생각해 보면 이를 알 수 있다. 또 그는 자신의 조국 영국에 관한 글도 많이 썼다. 영국의 애국주의에 대한 비판이 담긴 '좌든 우든 나의 조국', '영국, 당신의 영국'과 같은 글들이 그것이다. 또 민족주의(nationalism)에 대한 오웰만의 독특한 철학이 담긴 '민족주의 비망록'도 꼭 읽어봐야 할 에세이이다.

"내가 말하고자 하는 보다 확대된 의미의 민족주의는 공산주의, 정치적 가톨릭주의, 유대주의, 반유대주의, 트로츠키주의, 평화주의와 같은 운동과 경향들을 포함하는 개념이다. 그것은 반드시 어느 정부나 국가에 대한 충성을 뜻하는 것도 아니고, 자기 '조국'에 대한 충성은 더더욱 아니다. 그리고 그것이 대상으로 삼는 집단이 실제로 꼭 존재해야 하는 것도 아니다."(181쪽)

어린 시절을 담은 '정말, 정말 좋았지'는 어렸을 때부터 느꼈던 권위에 대한 감정을 잘 드러낸다. 어른들은 아이를 보면 '좋았던 시절'이라고 먼저 생각한다. 하지만 이러한 생각에는 힘이나 성적, 빈부 격차 때문에 생기는 문제 등에 대한 망각이 숨어 있다. 결국 오웰의 이런 에세이는 어른들에게 내리는 하나의 경고인 셈이다. 아이들을 자신과 똑같이 생각하지 말라는 것.

나는 에세이집을 읽으면서 그가 살았던 시대에 한층 더 다가갈 수 있었다. 내가 알지 못했던 사실들과 그 당시 사람들의 시선에 대해 다시 한 번 생각해 볼 수 있는 기회를 가진 것이다.

오웰은 우리나라에서 '반공 작가'로도 알려져 있다. 하지만 그의 에세이를 보면 좌/우의 논리를 떠나서 절대 권력은 부패하게 되고, 그로 인해 인간성은 말살되는 현실을 논하려 했다는 것을 알 수 있다. 무엇보다 그의 소설을 읽기 전에 에세이집을 먼저 읽게 되어 그의 진정성에 더욱 가까워질 수 있었음을 말하고 싶다.

정치적인 글쓰기를 예술로 만드는 일

이 책의 가장 중요한 대목은 '나는 왜 쓰는가'라는 제목의 에세이에 있다. 그는 글을 쓰게 된 동기를 밝히면서 어린 시절 이야기를 한다. 어린 시절에 그는 외로운 아이였으며 따라서 혼자 글을 쓰며 상상의 대상과 이야기하는 것을 즐겼다고 한다.

그리고 25살 이전까지는 꼼꼼한 묘사를 하는 글을 썼으며, 자연주의 소설을 쓰고 싶어 했다는 것도 밝힌다. 그가 이렇게 어린 시절에 대해서 이야기하는 이유는 글의 주제에 있어서 시대적 배경도 중요하지만 작가의 정서적 태도도 중요하다고 생각하기 때문이다.

"1936년부터 내가 쓴 심각한 작품은 어느 한 줄이든 직간접적으로 전체주의에 '맞서고' 내가 아는 민주적 사회주의를 '지지하는' 것들이다."(297쪽)

하지만 글의 큰 변화가 생기게 된 동기는 스페인 내전과 1936~1937년에 있었던 그 밖의 사건들이었다. 그는 이러한 정치적 주제에서 벗어나 글을 쓴다는 건 그 시대에 살고 있었던 작가라면 난센스였다고 말한다. 하지만 그가 가장 하고 싶었던 것은 정치적인 글쓰기를 예술로 만드는 일이었다고 밝힌다.

> "나는 미학적인 경험과 무관한 글쓰기라면, 책을 쓰는 작업도 잡지에 긴 글을 쓰는 일도 할 수 없을 것이다. (……) 나는 어린 시절에 갖게 된 세계관을 완전히 버릴 수도 없고, 그러고 싶지도 않은 것이다. (……) 내가 할 일은 내 안의 뿌리 깊은 호오(好惡), 이 시대가 우리 모두에게 강요하는 본질적으로 공적이고 비개인적인 활동을 화해시키는 작업이다."(297~299쪽)

또 그는 정치적인 글이라는 이유만으로 정치적 충심에 따르기보다는 문학적 충심 사이에서 선을 보다 선명하게 그어야 한다고 말한다. 작가가 정치에 관여할 때는 일반 시민으로, 한 인간으로 관여해야지 '작가로서' 그래서는 안 된다는 것이다.

그는 한쪽의 시선에서만 보려고 하지 않았다. 양면을 모두 보려 했으며, 여러 관점에서 보는 비판적인 시선을 고수하려 했다. 정치적인 글을 쓴다는 것은 그 시대에서 어쩔 수 없는 선택이었을지 모른다. 하지만 한쪽 입장에서만 글을 쓰다 보면 현상을 제대로 이해하고 글을 쓸 수 없다.

오웰은 정치적인 글쓰기를 할 때 작가는 개인으로서, 외부자로서, 게릴라와 같은 입장에서 글을 써야 한다고 말한다. 작가는 자신의 신념에 따라 글을 써야 하지 집단 이데올로기에 굴복하는 자세를 가져서는 안 된다는 것이다. 이러한 측면에서 오웰의 글쓰기는 지금을 살아가는 우리에게 많은 점을 시사해 주고 있다.

　　　　　　　　　　　　　　　　　　　철학자의 서재 2

우리 시대의 글쓰기는?

그렇다면 우리 시대의 글쓰기는 어떠할까? 과연 정치적이지 않은 목적으로 글을 쓴다는 것이 가능한 일일까? 나는 아니라고 대답하고 싶다. 오웰이 끝까지 파시즘에 대항하여 글을 쓰려 한 것같이 지금도 거대한 권력에 맞서 글을 쓰려는 사람들이 있다. 그리고 그런 사람들이 많이 생겨나야 우리 사회가 병들지 않고 발전한다.

오웰이 우리에게 남긴 것은 어느 한쪽에 치우지지 않고, 자신의 생각을 글로 집필하며 끝까지 저항하는 정신이다. 언어의 타락은 사람들의 생각을 타락시킨다. 이는 우리가 똑바로 보고 있는 현실을 글로 옮기고, 진실에 더욱 다가가는 글쓰기를 해야 하는 이유이다.

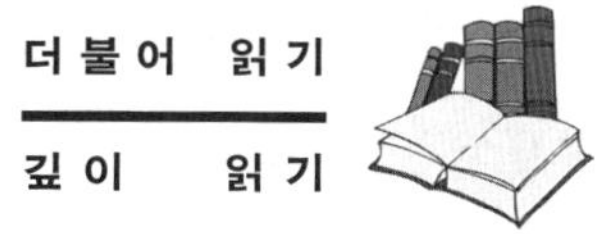

조지 오웰의 주옥같은 명작 중에 『동물농장』(민음사, 1998)과 『1984』(민음사, 2003)는 더불어 읽기에 좋다. 풍자와 비판을 담은 문학작품으로서의 그의 정치적 글쓰기의 진면목을 만날 수 있다. 또한, 『카탈로니아 찬가』(민음사, 1998)는 스페인 내전에 참가하고 나서, 그 체험을 생생하게 기록하여 쓴 작품으로 사실적 글쓰기가 바탕이 되어 있다.

배영은 / 한국철학사상연구회 회원

예외 없는
생명을 사유하기

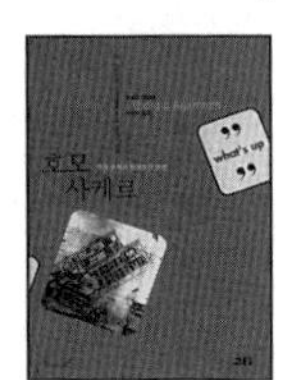

『호모 사케르』 / 조르조 아감벤

장면 #1 : 「파수꾼」과 한국 사회

이강백의 희곡 「파수꾼」은 "외부의 적"이라는 위협을 통해 권력자가 민중을 지배하는 메커니즘을 우리에게 여실히 보여주고 있다. 극 중 등장하는 마을의 파수꾼이 멀리서 이리떼가 달려온다고 고함을 치고 북을 두들기면, 마을 주민들은 겁에 질려 분주하게 대피를 하고 마을은 그야말로 아수라장이 된다.

망루에 올라가 자신의 눈으로 그것이 이리떼가 아니라 구름이었음을 알게 된 소년에게, 촌장은 마을 사람들의 단합과 질서 유지를 위해서는 이리떼의 존재가 반드시 필요했노라고 고백한다. 그러나 이때 유지되는 것은 마을의 질서가 아니다. 이리떼에 대한 공포에 질려 대피하는 마을 주민들은 그야말로 무방비 상태에 노출되어 있고, 이를 틈타 강간을 비롯한 끔찍한 일들이 자행된다.

오늘날 한국 사회는 어떠한가? 물론 한국 사회는 「파수꾼」에 등장하는 마을과는 달리 북한이라는 실질적인 외부의 위협을 보유하고 있다. 그러나 권력이 작동하는 방식은 「파수꾼」의 그것과 다를 바 없다. 국민들은 북한의 도발에 치를 떨며 분개하고 있고, 전 국민을 대상으로 한 민방위 훈련도 35년 만에 실시되었다.

한반도는 물론 동북아시아 전체의 안보 상황에 심각한 위협을 초래할 수도 있는 연평도에서의 한국군 포사격 훈련이 뉴스 속보로 생중계되면서 말 그대로 전 국민은 일상적인 비상 상태 속에 살아가게 되었다. 일상이 되어버린 안보 위협의 와중에 여당 의원은 예산안을 날치기로 통과시켰고, 이를 저지하려는 야당 의원에게 주먹을 휘두르기도 했다. 외부의 위협을 구실로 내부에서의 권력을 공고하게 만드는 이들의 모습에서 「파수꾼」의 촌장의 얼굴이 그려지는 것은 지나친 상상일까?

아감벤에 의하면, 근대 주권 권력의 핵심적인 관철 방식은 "예외 상태의 규칙화"에 있다. 예외 상태, 즉 비상 상태가 일상화되고, 권력은 규칙이 된 예외 상태 속에서 그 구성원들을 배제하면서 동시에 포섭한다. 20세기 전체주의 체제를 이해하기 위한 열쇳말로 아감벤이 제시한 "예외 상태의 규칙화"는 오늘날 이리떼(북한)의 위협을 근거로 민주주의를 소멸시키려 하는 이명박 정부의 현주소에도 그대로 적용될 수 있다.

연평도에서 포탄이 떨어진 예외 상태(물론 민간인과 군인이 사망한 안타까운 예외 상태)가 우리의 일상까지 스며들면서 주권 권력은 안보 위협을 구실로 지배력을 공고히 하려 하니 말이다.

장면 #2: 여권 발급까지 확장된 지문 날인 제도

최근에 나는 두 차례 내 손가락에 있는 지문을 스캔해야만 했다. 한 번은 동사무소에서 주민등록증을 재발급받을 때였고, 다른 한 번은 시청에서 여권을 발급받는 과정에서였다. 나는 여권을 발급받을 때에도 지문을 인식시켜야 하는 줄을 모르고 있었다. 담당 직원에게 물어보니 여권법 개정으로 올해부터 지문 정보를 입력해야 한단다. 이렇게 해서 나는 두 차례에 걸쳐 스캔 기계에 나의 지문 정보를 입력해야 했고 나의 생체 정보는 정부의 데이터베이스에 입력되었다.

원래 지문을 찍어 그 정보를 보관하는 것은 전과자에게 적용되는 일이다. 미국만 해도 그렇다. 전과자의 지문 정보를 저장해 두었다가 범죄 현장에서 채취된 지문과 일일이 대조해 본다. 주민등록증 발급 시 전 국민을 대상으로 열 손가락의 지문 정보를 수집하는 나라는 한국이 유일하다. 말하자면, 한국 정부는 전 국민을 전과자, 범죄자 취급하고 있는 셈이다.

아감벤에 따르면, 근대 정치의 가장 중요한 특징은 그것이 바로 인간의 신체를 대상으로 한다는 점에 있다. 근대 민주주의 체제에서 주체가 되는 것은 "인간"이 아니라 그의 "신체" 또는 "생명"인 것이다.

"정치의 새로운 주체는 특권과 각종 지위를 가진 자유민 또는 나아가 단순히 인간(homo)이 아니고, 바로 신체(corpus)인 것이다. 근대 민주주의는 바로 이러한 '신체'의 요구와 제시로서 탄생했다."

이런 점에서 정치적 주체로서의 신체를 생산하는 것이 근대적 생명 정치의 핵심 기능이다.

"심지어 생명 정치적 신체를 생산하는 것이 바로 주권 권력 본래의 활동이라고 말할 수 있다."

그러나 이렇게 인간의 신체가 정치의 주체가 되는 과정은 배제라는 예외적 상황을 통과해야 한다. 권력은 끊임없이 인간의 신체를 권력에서 배제한다. 그러나 이러한 추방령(쫓겨남)은 그러한 추방령의 형태로 또다시 인간의 신체와 관련을 맺는다. 다시 말해, 생명은 배제됨으로써 포함되는 역설적 구조를 가진다. 이것이 주권 권력의 역설, 곧 외부를 만들어냄으로써 자기 자신을 내부화해야 하는 권력의 이중성에 대한 아감벤의 설명이다.

전 국민에게 지문을 찍으라고 명령하는 한국 사회는 이처럼 주권자가 모든 국민을 범죄자 취급함으로써만, 즉 법의 테두리 밖으로 예외화하고 배제함으로써만 그들을 다시금 주권의 내부로 포함시키고 그의 시민권을 보장해 준다는 역설적 구조에 기반하고 있다. 이러한 역설적 배제/포함 관계 속에서 주체로 기입되는 것은 한 사람의 인격 주체가 아니라 그의 지문 정보, 다시 말해 그의 "신체" 또는 "생명"이다.

장면 #3: 여수 외국인보호소에서 불타버린 생명들

오로지 예외가 됨으로써만, 배제됨으로써만 내부화되고 포함될 수 있는 정치적 신체이자 생명. 그러한 "벌거벗은 생명"의 현시이자 구현체를 상징하는 근대적 시설물은 바로 수용소다.

나치의 유대인 수용소가 가장 대표적이지만, 수용소는 전체주의 국가들의 고유 현상이 아니다. 독일에서 수용소를 최초로 건립한 것은 나치가 아니라 사회민주당의 바이마르 공화국이었다. 근대 정치는 이를테면 "수용소의 보편화"로 그 특징을 지적할 수 있을 것이다. 이들 수용소에서는 법과 생명의 경계가 허물어지고 권력이 인간의 생명에 직접적으로 관여한다는 점에서, 인간의 생명은 그 가장 순수한 형태로 권력 앞에 벌거벗겨진 채 나타난다.

2007년 2월 11일 여수 외국인보호소에서 화재가 일어났다. 감금되어 있던 55명의 외국인("불법 체류자들") 중에서 28명만이 구조되었고, 나머지는 처참하게 불에 타 죽어야 했다. 이들이 저지른 죄는 시민권이 없는 자가 허락 없이 남의 나라에 들어와 불법으로 노동했다는 것. 법의 모태가 되어야 할 신성불가침의 인간의 기본적 권리는 국적법 위반이라는 현행법에 가로막혀 구현되지 않는 것이 근대 정치 체제의 실상이다. 남의 나라에 들어온 사람들은 아무런 법적 근거 없이 수갑에 손이 묶인 채 감금당하고, 아무런 보호 없이 불에 타 죽어도 그 누구도 심각하게 처벌받지 않았다.

이와 같은 벌거벗은 생명은 누구나 죽여도 되지만, 희생제의에 바쳐질 수는 없다는 것을 그 근본적 특징으로 한다. 이렇게 절대적으로 노출된 생명, 아무런 보호도 받지 못하고 배제된, 그러나 배제됨으로써만 주권 권력과 관련을 맺는 생명을 아감벤은 "호모 사케르"라고 부른다.

호모 사케르, 즉 주권 권력 앞에 벌거벗은 생명을 정치의 영역으로 끌어들이는 과정은 그에게 새로운 생명을 부여하는 과정이다. 달리 말해, 벌거벗은 생명을 살리고 정치화할지, 아니면 죽임으로써 배제할지를 결정할 권한은 절대적으로 주권 권력자의 수중에 놓여 있다. 즉 생명의 정치화는 생명이 삶과 죽음의 경계선에서 선택받음이라는 행위를 거쳐서 진행되어야만 한다. 이러한 주권 권력의 절대적 "생사여탈권" 앞에 놓여 있는 것 역시 벌거벗은 생명, 호모 사케르의 특징이다. "살 가치가 있는" 생명과 "살 가치가 없는" 것을 결정하는 권한은 누구에게 있는가? 누가 그에게 그러한 권한을 부여했는가?

앞서 언급한 "예외 상태"의 규정들은 주권자가 생사여탈권을 갖게 된 메커니즘을 설명해 준다. 주권자는 현 상황을 예외로 규정함으로써만, 그리고 그러한 예외가 규칙과 혼동됨으로써만 벌거벗은 생명에 대한 지배권을 확보한다. 근대적 수용소는 이렇게 규칙이 된 예외 상태 속에서 등장한다.

"우리 시대의 수용소의 탄생은 근대성의 정치적 공간 그 자체를 결정적으로 표시하는 사건으로 등장한다."

수용소의 등장과 함께 예외의 규칙화는 하나의 관례로 굳어진다. 권력자 앞에 벌거벗은 생명의 표상이 일반화되면서, 모든 사회 구성원은 잠재적인 호모 사케르로 전락한다. 독일인인 나(또는 한국인인 나)는 유대인인 저들(또는 동남아시아 출신 이주노동자들인 저들)이 아니다. 그러나 나는 독일인(또는 한국인)의 정체성 형성에 이바지하지 못하는 순간, 저들과 함께 수용소에 갇힐 것이다.

이 때문에 아감벤은 "우리 모두가 잠재적인 호모 사케르"라고 말했다. 불에 타버린 생명체, 감금당한 이주노동자들의 모습은 우리와 다른 '타자'

의 표상이 아니다. 우리 역시 잠재적으로는 불에 타버린 벌거벗은 생명인
것이다.

법의 외부 그리고 예외 없는 생명

주권 권력의 근대적 형태에 대한 아감벤의 논의에서 신선한 점은 그가
언제나 주권 권력의 외부, 법의 외부를 사유하고 있다는 사실에 있다. 그
는 "주권적 추방령이라는 제한적 관계 너머를 사유"하는 것을 자신의 과
제로 삼는다. 아감벤은 법이 끊임없이 예외 상태라는 자신의 외부를 설정
함으로써만 권력을 내부화할 수 있다는 점은 그 자체로 이미 법에는 외부
가 있다는 생각, 법에는 탈출구가 있으며 궁극적으로는 법이 종결될 수 있
다는 생각으로 이어질 수 있다고 보는 듯하다.

그는 법이 언제나 제헌 권력을 전제하지만, 이미 제정된 권력은 진정한
의미에서 제헌적 권력의 실현과 일치될 수 없다는 점을 가능태와 현실태
사이의 존재론에 대한 고유한 해석을 통해 입증하는데, 이를 통해 그는 법
의 가능 조건이지만 언제나 법의 외부에 머물러 있는 제헌 권력을 궁극적
으로는 법의 질서에 파열음을 낼 수도 있는 조건으로 남겨두려 한다. 그리
하여 발터 벤야민이 언급한 "진정한 예외 상태"에서는 모든 것의 효력이
정지되고 새로운 관계가 형성될 것이다.

"따라서 정치적 · 법률적 관점에서 볼 때 메시아주의란 결국 일종의 예외
상태의 이론이다. 단 유효한 권력이 그러한 예외 상태를 선포하는 것이 아니

 철학자의 서재 2

라, 권력을 전복시키는 메시아가 그것을 선포한다는 차이가 있을 뿐이다."

법의 외부성에 대한 아감벤의 사유는 로마서에서 사도 바오로가 언급한, "율법(토라)의 끝"에서 차용된 것이다. 바오로는 이렇게 말한다.

"사실 그리스도는 율법의 끝이십니다. 믿는 이는 누구나 의로움을 얻게 하려는 것입니다."(로마서 10:4)

바오로는 율법이 아니라 믿음이야말로 의로움의 원천이라고 주장한다. 율법은 우리에게 부정의 언어(~를 하지 말라)로 제시되므로 우리에게 무엇이 죄인지에 대해 가르칠 뿐이다. 이에 반해, 선이란 율법이 아니라 오로지 믿음을 통해서만 얻을 수 있다. 따라서 진정한 믿음은 율법의 범위를 넘어선다. 할례를 받고 율법서를 끼고 있지만 믿음을 저버린 유대인보다는 할례를 받지 않았고 율법을 모르지만 믿음을 가진 이방인이 더 구원에 가까이 다가간 것이다. 그러나 바오로는 동시에, 믿음을 통한 구원이 율법을 직접적으로 폐지하는 것이 아니라 오히려 율법을 완성하는 데 있다고 말한다.

"그렇다면 우리가 믿음으로 율법을 무효가 되게 하는 것입니까? 결코 그렇지 않습니다. 오히려 율법을 굳게 세우자는 것입니다."(로마서 3:31)

"율법의 완성＝율법의 끝"이라는 바오로의 테제로부터, 법의 실현이 곧 법의 위반이 된다는 역설로 이행해 보자(우리는 준법 투쟁의 사례를 통해

이 역설적 개념을 이미 알고 있다). 이것이야말로 벤야민이 말한 "진정한 예외 상태"의 내용이 아닐까. 법은 언제나 배제를 통해 그 외부를 만들어냄으로써만 배제된 생명을 그 내부로 포함시킨다. 이렇게 법이 만들어낸 외부, 즉 법의 자기 한계 설정으로서 예외가 선포되는 시점은 동시에 법의 끝, 그 탈출구가 개시되는 시점일 수 있다.

호모 사케르가 지닌 역설적 구조 역시 이 점에서 해방적 성격을 획득한다. 배제된 호모 사케르는 주권 권력의 외부에 자리 잡고 있지만 동시에 그들을 외부에 둠으로써만 주권 권력은 성립될 수 있다. 그렇다면 주권 권력은 호모 사케르의 존재를 자기 자신의 실존 조건으로 요청하는 제한적 개념으로 존재하고 있는 것이 아닌가?

이처럼 호모 사케르의 존재는 그 자체 주권 권력의 외부를 상상하게 해준다. 생명이 배제되지 않는 새로운 정치, "국가의 종말과 역사의 종말을 동시에 사유"하는 것은 결코 불가능하지 않다.

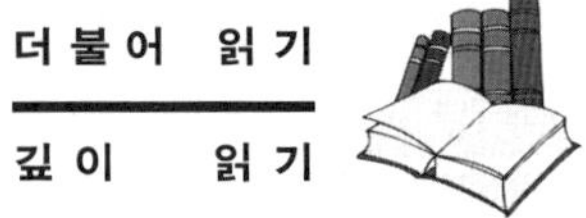

1) 미셸 푸코, 『감시와 처벌』, 오생근 옮김(나남, 2003). 이 책은 "권력의 미시 물리학"에 대한 푸코의 기술이다. 푸코는 역사적인 자료들을 계보학적으로 검토하여 지식과 권력 사이의 밀접한 연계를 밝혀내고, 근대적 권력의 새로운 전개방식을 추적한다. 푸코에 따르면 근대적 권력은 더 이상 특정한 주권자 혹은 권력자의 수중에 있는 소유 가능한 어떤 것이 아니라, 우리의 일상세

계 내에서 작동하는 미시적인 네트워크로서 기능한다. 이를 통해 우리는 근대적 권력을 인간의 신체를 무대로 작동하는 법질서로 이해하는 아감벤의 주장을 만나게 된다.

2) 발터 벤야민, 『역사의 개념에 대하여/폭력비판을 위하여/초현실주의 외』(발터 벤야민 선집 5권), 최성만 옮김(길, 2008). 아감벤이 차용한 벤야민의 개념들, "예외 상태", "법 구성적 폭력/ 법 보존적 폭력", "메시아적 순간" 등은 벤야민의 「역사의 개념에 대하여」, 「폭력비판을 위하여」 등에서 확인할 수 있다. 맑스주의적 사적 유물론과 신학이 결합해야만 이 파국의 근대성에 제동을 걸 수 있다고 믿은 벤야민의 사상이 이 논문들에 핵심적으로 담겨 있다.

3) 프란츠 카프카, 「법 앞에서」, 『변신, 유형지에서 외』, 박환덕 옮김(범우사, 2001). 카프카의 단편 「법 앞에서」에 등장하는 법의 문은 오로지 주인공 시골 농부의 출입만을 허락하지 않는다. 그에게 법은 금지로서, 동시에 예외로서만 기능한다. 카프카의 이 수수께끼를 풀 수 있다면 근대적 법질서에 대한 우리의 관점도 넓혀질 수 있지 않을까?

한상원 / 한국철학사상연구회 회원

마르크스의 비극,
아내 예니는 알았다!

『마르크스 뉴욕에 가다』 / 하워드 진

마르크스는 왜 돌아왔는가?!

"관료주의적인 당국의 실수로 마르크스가" 영국 "런던의 소호가 아니라 뉴욕에 있는 소호로 돌아왔다."(그에게 주어진 시간은 1시간뿐이다.) 마르크스는 왜 돌아왔을까? 돌아와서 무슨 이야기를 하려고 했을까? 그는 자신의 명예를 되찾기 위해 왔다고 했다. 그의 명예는 다음과 같은 선언으로 표현된다.

"나는 마르크스주의자가 아닙니다."(36쪽)

20세기 말 소비에트 연방과 동구권 공산주의가 무너졌고, 자본주의가 승리했다. 현실 사회주의는 실패했다. 현실 사회주의는 '마르크스주의'를 지향한다면서 실제로는 경찰 국가를 세워서 억압적인 통치 체제의 모습으로 나타났다. 마르크스가 보기에 이 사회주의는 스탈린주의로 대변되는 사이비 사회주의이며, 자신의 이론이 왜곡된 사회주의였다.

그런데 붕괴된 현실 사회주의의 이러한 모습에 대해 마르크스의 책임은 없는 것일까? 마르크스는 '난 마르크스주의자가 아니다'라는 선언만으로 이러한 책임에서 벗어날 수 있을까? 마르크스는 이에 대해 반성하고 있다.

> "고백하건대, 나는 자본주의가 용케 살아남는 재간이 있다는 것은 미처 고려하지 못했습니다. 게다가 이 병든 체제를 살아남을 수 있게 해주는 마약이 있을 거라고는 상상도 하지 않았고요. 전쟁이 산업을 계속 유지시키고, 사람들을 애국심에 불타게 함으로써 자신들의 비참한 상황을 잊게 하리라는 것도."(126~128쪽)

그러나 마르크스가 반성을 한다고 해서 이런 책임에서 벗어날 수 있는 것은 아니다. 그는 다시 저 하늘나라에 돌아가서도 항상 괴로워하고 있을 것이다. 우리가 자본주의를 해체하고 그가 늘 원하던 '자유로운 개인의 연합체로서의 공산주의'를 건설해 나가지 않는다면 마르크스는 이러한 책임에서 결코 벗어날 수 없을 것이다.

자본주의의 해체

그렇다면, 어떻게 자본주의를 해체할 수 있을까? 현재 우리에게도 뚜렷한 방법이 없듯이 마르크스 역시도 그러한 것 같다. 그는 우리가 떨쳐 일어서야 한다고 말한다.

"사람들은 엉덩이 털고 일어나야 합니다. 떨쳐 일어나야 합니다! 여러분 내 말이 너무 래디컬하게 들리세요? 그러나 명심하세요. 래디컬하다는 것은 바로 문제의 뿌리를 파악한다는 것입니다. 그리고 그 뿌리가 바로 우리입니다."(134쪽)

그런데 우리가 위대한 창조주로서의 노동자 계급임을, 현실을 변혁함으로써 역사를 진보시키는 주체임을 자각할 수 있게끔 할 수 있는 현실이 존재하지 않는다. 아니 그런 가능성조차도 보이지 않는다. 점점 더 현실은 척박해지며, 우리의 생존을 점점 더 자본에게 의탁할 수밖에 없다. 비빌 언덕이 하나도 없다. 비빌 언덕이 있어야 그것을 발판으로 해서 일어설 수 있을 텐데, 그 비빌 언덕이 없다. 그래서 마르크스가 바라던 공산주의는 그림의 떡일 뿐이다. 그래서 뉴욕에 온 마르크스는 답답하다. 떠날 시간이 다 됐다. 떨쳐 일어서야 한다는 선문답만을 남기고 떠날 수밖에 없다.

전통적으로 노동자 계급은 남성 노동자로 상징되어 왔다. 그런데 자본주의 하에서의 이러한 남성 노동자, 즉 노동자 계급은 정말로 역사 진보의 주체가 될 수 있을까? 될 수 있다면 어떻게 될 수 있을까? 현재의 자본주의 구조 하에서 여성은 자본과 임금 노동자인 남성 노동자에게 이중적인 착취와 억압을 당하게 된다.

자본주의 사회는 여성→노동 계급→자본이라는 먹이사슬 체제처럼 구성되어 있다. 왜냐하면 자본주의 사회에서 노동자의 임금은 최소한의 신체적이고 기계적인 생활만을 유지할 수 있을 정도이지만, 자본은 이 노동자가 기계로 돌아오는 것이 아니라 '인간'으로 돌아오길 바라며, 노동자역시 인간다운 삶을 원하는데, 이렇게 인간다움을 유지할 수 있도록 해주는 인간 '생산' 노동에 대해서는 단 한 푼의 임금도 지불되지 않기 때문이다. 그러므로 노동 계급의 인간으로서의 자기 생산 내부에는 정치경제학적으로 부불 노동(임금으로 지불되지 않은 노동)의 착취가 내재해 있는 것이다.

이러한 착취를 안고서 노동자 계급은 절대로 역사 진보의 주체가 될 수없다. 여성이 자신의 삶의 주체가 될 때만이 노동자 계급은 역사 진보의주체가 될 수 있다. 시간이 더 주어졌더라면 마르크스가 노동자 계급 생산과정의 정치경제학을 짚고 넘어갔지 않았을까 생각해 볼 수 있다. 마르크스는 자신의 부인인 예니의 엄청난 희생과 돌봄에 의해 자신이 생산되었음을, 그리고 예니에게 엄청난 고통을 안겨주었음을 감지하고 있었기 때문이다.

"우리는 두 아이와 함께 런던으로 옮겨와 살았는데, 런던에 온 지 얼마 안되어 예니가 또 임신을 했어요. 이따금 나는 예니가 늘 누군가 아파 드러누워 있는 춥고 습기 찬 아파트에서 아이들을 길러야 하는 처지를 내 탓이라고생각한다는 느낌이 들었습니다. 그런데다 예니는 천연두에 걸렸지요. (……)나는 여러분이 예니를 알았으면 해요. 예니가 나를 위해 한 것은 이루 다 헤아릴 수가 없지요."(86쪽)

노동자 계급이 자신의 생산 과정 내에 내재해 있는 착취를 근절하기 위해서는 여성의 자유로운 활동을 보장해야 한다. 이를 위해서는 노동 계급의 대 자본 투쟁은 여성의 자유로운 활동을 보장할 수 있는 물적 조건 확보를 위한 투쟁이 되어야 한다.

프롤레타리아 독재

여성의 자유로운 활동을 보장할 수 있는 물적 조건 확보를 위한 투쟁은 바로 다름 아닌 프롤레타리아트 독재로 나아가는 과정이다. 왜냐하면 프롤레타리아트 독재 투쟁은 노동자 계급이 계급을 해체해 가는 투쟁인데, 이는 노동자 자신의 생산 과정 내에 자리 잡고 있는 지배-피지배의 계급성을 해체해 나가는 것으로부터 시작된다고 할 수 있기 때문이다.

노동자 계급의 당파성, 보편성은 노동자 계급 자신 속에 감추어진 지배-피지배의 관계를 폭로하고 해체할 때만이 현실화될 수 있는 토대를 마련할 수 있을 것이다. 그러니까 비유적으로 말하자면, 노동자 계급 내의 가부장적 지배-피지배의 관계가 '토대'라고 할 수 있겠고, 자본-노동 사이의 지배-피지배의 관계가 '상부 구조'라고 할 수 있을 것이다.

이러한 토대의 문제가 해결되지 않는 한, 노동-자본 간의 모순을 해결하기 위해 국가 권력을 접수해야 한다는 프롤레타리아 독재 이론은 마르크스의 말대로 현실적인 것이 아니라 공상적인 것에 지나지 않게 될 것이다. 또 동시에 이 프롤레타리아 독재는 현실적으로 억압적인 국가 권력 또는 1당 독재로 나아갈 수밖에 없을 것이다.

이는 스탈린주의로 대변되는 '경찰 국가', '공포 정치'로 이어질 수밖에 없는 역사가 증명해 주고 있다. 마르크스는 다음과 같이 분노한다.

"이 얼간이들은 공산주의를 뭘로 알지요? 동료 혁명가를 살해하는 암살자가 통치하는 체제가 공산주의라고 생각하는 것일까요? 바보 얼간이 같은 놈들!"(96쪽)

"그리고 저들이 공산주의의 목표를 알기나 할까요? 개인의 자유!"(98쪽)

"낡은 부르주아 사회 대신에, 그 사회의 계급과 계급 갈등 대신에, 우리는 각 개인의 발전이 모든 사람의 발전의 조건이 되는 연합체를 갖게 될 것이다. 알겠어요? 연합체!"(98쪽)

이러한 사태를 아마도 아나키즘은 직감적으로 알고 있었던 것 같다. 그래서 바쿠닌은 프롤레타리아트 독재를 부정하면서 "민중이 옛 질서를 무너뜨리고 바로 자유롭게 살아야 해. 그렇지 않으면 자유를 잃게 돼"(116쪽)라고 말했을 것이다.

다른 한편 예니는 이와 관련하여 마르크스의 생각에 모순이 있음을 알아차리고 날카롭게 지적한다. 그 지적을 통해 마르크스는 반성한다.

"바쿠닌의 머리에는 무정부주의라는 쓰레기가 가득 차 있었습니다. 낭만적이고 공상적인 어리석은 생각이지요. 나는 바쿠닌을 인터내셔널에서 쫓아내고 싶었습니다. 그렇지만 예니는 그건 말도 안 되는 소리라고 생각했어요. 그러면서 왜 혁명가 집단은 여섯만 모이면 항상 누구를 제명하지 못해 안달이냐고 말했습니다."(105~106쪽)

"그리고 내가 이론적으로는 여성 해방론자이면서 실제로는 여성 문제를 등한시한다고 비난했지요. 그러면서 이러더군요. 당신과 엥겔스는 남녀평등에 관한 글을 쓰면서도 실제로는 남녀평등을 실천하지 않아."(94쪽)

이러한 마르크스의 반성이 반성으로만 끝이 날까, 아니면 현실의 삶 속에서 현실화될 수 있을까?

코뮤니즘(공산주의)의 가능성―코뮌의 가능성

프롤레타리아 독재는 코뮤니즘을 완성해 나가는 운동 과정이며, 동시에 코뮤니즘 그 자체이다. 프롤레타리아 독재를 위한 투쟁은 결국 그람시가 말하고 있는 진지전에 다름 아니며, 노동자 계급의 보편성이라는 진지를 확보해 나가는 투쟁이다.

칸트에 비유해서 말하자면, 이러한 투쟁은 인간이 자신의 선의지(이 의지는 인간의 자유의지로서 '너의 의지의 준칙이 보편적인 입법의 원리에 타당할 수 있도록 행위하라' 같은 정언명령으로 나타난다)를 현실화시켜 나가는 투쟁이다. 이것은 누가 시켜서 하는 것이 아니라 인간이라면 누구나가 인간답게 살고자 하는 욕망으로부터 시작되는 것이며, 그 욕망을 충족시키는 것이 결국 자신이 하고자 하는 일을 하는 것이며, 따라서 자유 의지가 실현되는 투쟁이라 할 수 있다. 선의지를 실현시키기 위한 끊임없는 투쟁은 노동자 자신 내부에 있는 지배-피지배라는 계급성을 해체하는 투쟁이며, 동시에 노동자 계급의 보편성, 즉 인간답게 살고자 하는 인류애의 보편성을 실현하는 투쟁이다.

다른 한편으로 프롤레타리아 독재를 위한 투쟁은 가타리가 말하는 소수자-되기 투쟁이라고 할 수 있다. 노동자 계급은 자본주의 사회에서 소수자이며, 따라서 소수자-되기 투쟁은 결국 노동자 계급의 보편성을 실현하는 투쟁이라고 할 수 있다. 그런데 가타리는 소수자-되기 투쟁의 기초에는 여성-되기 투쟁이 있다고 말한다. 그렇지만 노동자 계급은 자신의 생산과정 속에 가부장제에 기초한 여성 억압과 착취의 기제를 가지고 있다. 노동자 계급이 소수자이기 위해서는 이 가부장적 억압의 기제를 해체시켜야 한다. 그렇지 않고서는 노동자 계급의 보편성을 실현할 수 없다.

마르크스는 이제 다시 저세상으로 돌아가야 한다. 그는 이 세상에 내려와서 자신은 마르크스주의자가 아니라고 했다. 그는 돌아가면서 그저 박제화된 마르크스이길 원하지 않았을 것이다. 현실에 발을 딛고 서 있는 현실의 마르크스이길 원했을 것이다. 그래서 다음과 같이 선언하면서 돌아가지 않았을까?

"나는 여성주의-마르크스주의자이다!"

이것이 현실화될 때 그는 진실로 그가 사랑하는 예니의 동반자가 될 것이며, 그의 반성은 반성으로만 끝나지 않을 것이다.

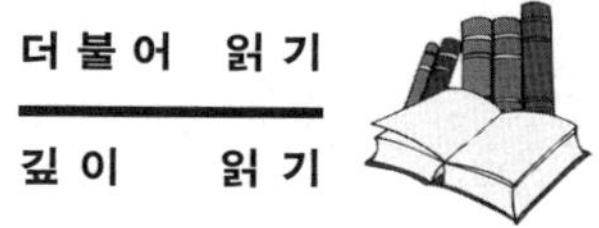

1) 가라타니 고진, 『윤리21』, 송태욱 옮김(사회평론, 2001). 이 책은 헤겔의 도덕을 주관적인 것으로 보고, 칸트의 실천이성을 바탕으로 21세기의 윤리가 무엇인지를 성찰해 본다. 그리고 이러한 윤리관을 바탕으로 앞

으로 우리가 살아갈 삶의 양식인 코뮌의 형성이 어떻게 이루어질 수 있는지를 탐구하고 있다. 다른 한편 이와 관련하여 과학과 윤리 또는 합리적인 것과 윤리적인 것 사이의 연관관계를 고찰해 볼 수 있다.

　2) 줄리언 바지니, 『유쾌한 딜레마 여행』, 정지인 옮김(한겨레출판사, 2007). 이 책은 철학적 난제를 해결하기 위한 사고 실험 100가지를 제안하고 있다. 그런데 이 책은 어떤 주장에 대한 찬성 또는 반대의 입장을 취하는 것을 아주 경계하고 있다. 왜냐하면 찬성 또는 반대가 이미 딜레마라는 것을 암시하고 있기 때문이다. 이 책이 요구하는 것은 찬성 또는 반대의 주장이 어떻게 나왔는지를 살피는 동시에 이 두 주장을 넘어설 수 있는 제3의 대안이 무엇인지 상상력을 발휘해 보라고 요구하고 있다.

이재유 / 건국대학교 강사

2장

오래된 책:
무엇으로 철학을 할 것인가

누가 공자를
'권력의 앞잡이'로 만들었나?

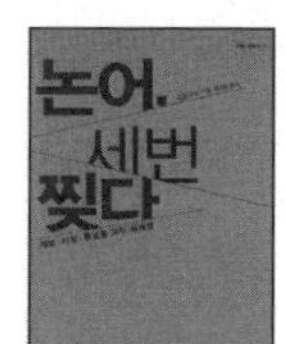

『논어, 세 번 찢다』 / 리링

10여 년쯤 전에 『공자가 죽어야 나라가 산다』는 책이 세인의 이목을 끌었다. 이어 공자가 죽어서는 절대로 안 된다고 생각한 공자 숭배자 중 한 사람은 곧바로 『공자가 살아야 나라가 산다』는 책을 내 앞의 책의 주장을 반박했다. 그리고 공자가 죽어야 한다고 주장하는 진영과 공자가 살아야 한다고 믿는 진영이 나뉘어 TV에서 토론까지 벌였다.

솔직히 말하면 나는 두 가지 책 중 한 가지도 읽어본 적이 없고, 그들이 어떤 주장을 하는지 TV 토론도 지켜보지 않았다. 사실 나는 공자가 죽든 살든 이 나라가 사는 것과는 아무 상관이 없다고 생각했고, 그런 생각은 지금도 크게 다르지 않다. 공자가 죽어야 한다고 주장하는 진영이나 공자가 살아야 한다고 믿는 진영은 지향점은 다르지만, 공자의 죽음이나 삶이 우리나라의 운명과 직결된다고 생각한다는 점에서는 일치한다.

이들 책이나 논쟁은 공자가 우리에게 그렇게 중요한 존재일까라는 의

문을 던져주었다. 오늘날 우리에게 공자가 정말로 그렇게 의미 있는 존재일까? 동양 철학을 전공으로 하고 있는 내가 그런 의문을 가진다는 것이 어쩌면 이상하게 들릴지도 모르지만, 사실 나도 분명하게 말하기가 어렵게 생각된다. 이들 책과 논쟁은 또 『논어』라는 책과 공자라는 인물에 대하여 어떻게 해석하고 평가하여야 할 것인가 하는 문제를 제기하였다고 할 수 있다.

『논어』, 나아가 고전을 어떻게 해석할 것인가, 역사적 인물을 어떻게 평가할 것인가 하는 문제는 철학의 영역에서도 무척 중요한 과제의 하나이다. 역사를 어떻게 볼 것인가 하는 문제와 관련하여 이전에 이병창은 『스파르타쿠스 전쟁』 서평에서 다음과 같이 두 가지로 분류한 적이 있다. ("덫에 갇힌 슬픈 짐승" 스파르타쿠스의 진실, 이 책 316쪽)

하나는 현재의 시점, 일반적인 시점에서 바라보는 것이고, 다른 하나는 과거의 시점, 그 사건을 경험했던 사람의 시점에서 바라보는 것이다. 이병창은 역사를 현재의 시점에서 바라보는 것은 역사 속에서 현재 우리에게 필요한 교훈을 찾으려는 입장에서 출발한 것이고, 역사를 과거의 시점에서 바라보는 것은 인간에 대한 이해를 넓히는 데 기여한다고 설명하였다.

고전에 대한 해석도 이 틀을 적용할 수 있을 것이다. 그런데 나는 여기에 한 가지를 더 추가하고 싶다. 그것은 바로 특정의 관점이나 미리 정해놓은 틀에서 역사나 고전을 바라보는 것이다.

예를 들어 조선 시대 선비들은 사서나 오경 등 유교 경전을 금과옥조로 여기며 날마다 읊조리고 삶의 모든 영역에 적용하려고 했는데, 이때 그들은 성리학자들, 특히 주희의 시선을 통해서 그 책들을 바라보았던 것이다. 과거 시험에서도 주희의 관점에서 벗어나면 당연히 올바른 답안이 될 수

　　　　　　　　　　　　　　　　　　　　철학자의 서재 2

없었으며, 같은 유교 경전이라도 양명학자 등 다른 견해를 가진 주석서는 금서로 낙인 찍혔고 이단으로 못 박았다.

특정의 관점은 현대의 관점이나 과거의 관점과는 달리 고전이나 역사적 인물 혹은 사건에 대하여 자유로운 해석을 허용하지 않는다는 특징을 가지고 있다. 일단 사회적으로 공인된(?) 특정의 관점은 이데올로기이기도 하고 권력이기도 하며 진리의 기준이 되기도 한다. 고전에 대한 특정의 관점을 공식적으로 인정하는 것은 지배 권력과의 유착에서 비롯된다. 그리하여 그 대상이 되는 고전은 경전이 되고, 그 고전의 저자나 고전 속의 주인공은 성인이 된다.

그것은 주로 권력자에 의해 미화되거나 권력의 비호를 받는다. 권력자는 특정의 관점을 통해 고전을 권력의 도구로 이용하고, 그 추종자들은 권력의 시녀가 되어 권력에 아부하면서 그에 기생한다. 특정의 관점이란 바로 이처럼 고전 및 그와 관련된 인물을 우상화하고 성인화하여 그것을 현실적 권력의 도구로 삼기 위한 현실적 목적이 있다.

이런 점에서 볼 때 공자를 성인으로 떠받들고 『논어』를 경전으로 신성시하는 것은 겉으로는 공자나 『논어』에 대한 최고의 예우인 것처럼 보이지만, 실은 그와는 반대로 권력과 그에 아부하는 자들의 욕망을 채워주는 도구로 전락시키는 결과를 가져올 뿐이다. 따라서 공자의 진정한 모습이나 『논어』에서 진정으로 말하고자 했던 것은 외면당하고 전혀 의도하지 않았던 것들이 공자의 이름으로 역사에 개입할 수 있었던 것이다.

우리 마음속의 공자는 성인이다. 나는 아주 어려서부터 그렇게 들어왔기 때문에 그에 대해서 조금도 의심하지 않았었다. 게다가 교과서에서는 세계 4대 성인이니 5대 성인이니 하면서 그 속에 공자를 끼워넣었다. 공자는 성인일까? 공자가 왜 성인일까? 이런 의문이 들기 시작한 것은『논어』를 처음 통독한 고등학교 시절이었다.

그때 성서도 읽어보았고 불경도 읽어보았다. 그런데『논어』는 성서나 불경과는 전해 오는 느낌이 아주 달랐다. 뭔가 성스러운 그런 느낌이 없었고, 그 속에 그려진 공자 역시 인자한 어른 정도의 느낌밖에 없었다. 어떤 사람은『논어』를 읽고서는 너무 흥분하여 손과 발이 자기도 모르게 저절로 움직여 춤을 추게 된다고 하였고, 또 어떤 사람은『논어』반 권만 가지고서도 천하를 다스릴 수 있다고 자랑했다. 나는 그렇게 말한 사람들이 과장을 하거나 거짓말을 했다고 생각하지 않는다. 세상에는 그렇게 믿고 있는 사람이 아직도 많고, 앞서의 그들은 그런 믿음을 말했을 뿐이기 때문이다.

최근에 나는『논어』의 해석과 관련하여 흥미로운 두 권의 책을 읽었다. 하나는『논어, 세 번 찢다』(글항아리 펴냄)이고, 다른 하나는『나의 논어 읽기: 집 잃은 개(我讀論語: 喪家狗)』이다. 앞의 책은 이미 우리말로 번역 · 출판되었고, 뒤의 책은 현재 출판을 위한 마지막 작업이 진행되고 있는데 그 번역을 내가 맡았다.

이 두 책은 북경 대학 교수 리링(李零)이라는 한 사람이 쓴 것이고, 또 그것들은 표리 관계 혹은 보완 관계에 있다고 할 수 있다. 원서의 출판은『나의 논어 읽기: 집 잃은 개』가 먼저 나왔고 앞의 책이 나중에 나왔다. 앞의 책의 원래 제목은 〈去聖乃得眞孔子: 論語縱橫讀〉이다. 우리말로 풀어보면 "성인이라는 딱지를 떼어버려야 참된 공자의 모습을 볼 수 있다: 종횡으로『논어』읽기"쯤이 될 것이다.

그런데 우리나라 번역본의 제목은 조금 과격한 느낌이 들지만 '인물',

'사상', '성인이라는 이미지' 등 세 가지 측면에서 분석한다는 뜻을 전달하기 위해 그렇게 제목을 정한 것 같다. 어쨌든 제목에서도 알 수 있듯이 뒤의 책은 『논어』 자체에 대한 주석과 설명이고, 앞의 것은 공자와 그의 제자 및 그가 만났거나 평가한 인물, 사건과 사상에 대한 분석과 『논어』 등에 대한 저자의 견해를 정리한 것이다. 즉, 앞의 『나의 논어 읽기: 길 잃은 개』는 논어에 대한 주석서이고 『논어, 세 번 찢다』는 앞의 『논어』 주석에 적용된 원칙이라든가 그 속에 담긴 내용과 의미를 주제별로 정리한 것이라고 할 수 있다.

리링의 두 가지 저작은 앞에서 말한 과거의 시점에서, 즉 공자와 그의 직계 제자들의 눈으로 공자와 『논어』를 바라보고 있다. 그의 이와 같은 공자 및 『논어』 해석의 목적은 오랜 기간 동안 특정의 관점에 의해 잃어버린 공자의 진면목을 복원하는 데 있다. 즉, 공자에 대한 우상화와 성인화로 인해 실종되어 버린 공자와 『논어』의 참모습을 되살려보자는 것이다.

여기서 그는 공자가 언제부터, 어떻게, 그리고 왜 성인이 되었는지의 과정을 역사적 자료와 추론을 통해 설명하고 있다. 그의 설명에 따르면 공자에 대한 성인화 작업은 공자가 살아 있을 때 시도되었지만, 공자의 강력한 반대로 무산되었다. 그러나 공자의 죽음과 더불어 공자의 제자 자공을 필두로 공자에 대한 성인화 작업은 본격화되었다.

그 뒤로도 맹자와 순자 등이 꾸준히 공자의 성인화 작업에 공을 들였다. 그러나 이들의 노력에도 불구하고 유가 밖에서 공자는 여전히 그저 뛰어난 학자의 한 사람에 불과했다. 즉, 전국 시대와 진대(秦代)에 이르기까지 공자는 비록 명성이 높았지만 그래도 많은 학자들과 비평가 가운데 한 사람일 뿐이었다.

한대 이후로 왕조를 거듭할수록 공자는 점점 더 성인이 되어갔고, 역대의 제왕들은 공자를 권력 유지의 도구로 이용하기 위해 공자의 성인화 작업에 기꺼이 앞장섰다. 공자는 자신이 죽은 뒤에 그처럼 각광을 받을 것이라고는 꿈에도 생각하지 못했을 것이다. 그러나 공자의 성인화는 공자가 원하던 것도 아니었고 공자 자신에게 바람직한 것도 아니다.

이 책들의 저자 리링은 철학자가 아니라 중문학자로서 고고학, 고문자학, 고문헌학 등의 분야에서 특히 뛰어난 내공을 가지고 있다. 이러한 그의 학문적 배경은 이념을 먼저 설정해 놓고 그에 꿰어 맞추기 식으로『논어』라는 고전을 해석해 오던 관행에서 벗어나는 데 큰 무기로 작용하였다. 그는 철저하게 고증학적 방법에 의해 공자와 동시대인의 눈으로 공자를 보려고 했고, 그러한 그의 작업에 출토 문헌과 그에 대한 연구 성과가 큰 디딤돌 역할을 해주었다.

리링은 공자의 중요한 공적의 하나로 고전 문화의 전수를 꼽는다. 그에 따르면 공자는 고전 문화의 전수자로서 공자가 전수한 육경은 문학·사학·철학으로서 모두 인문학의 범주에 속한다. 따라서 공자는 철저하게 인문학자였으며, 인문학의 중요한 특징은 '쓸모없음'에 있다는 것이 리링의 주장이다(인문학에 대한 리링의 이러한 주장은 평소의 나의 소신과 일치한다).

말하자면 종교적 대상으로 공자의 인문학을 이용한다거나, 정치권력이나 인민을 도덕적으로 훈치하기 위한 수단으로 그것을 이용한다거나, 혹은 요즘 유행하는 것처럼 경영이나 처세의 방법으로 그것을 이용하는 것은 인문학의 본질에서 벗어나는 것이라고 못 박았다. 따라서 그는 "역사적 문헌을 역사적 문헌으로 읽지 않고 인문학을 인문학으로 이야기하지 않으면 주제에서 크게 벗어난다. 그것은 공자나『논어』와 아무 관련이 없

　　　　　　　　　　　　　　　　　　　　　　　　철학자의 서재 2

다"고 말했다.

리링의 이 두 책이 발표되고 나서 중국 학계와 인터넷에서는 열띤 논쟁이 벌어졌다. 리링의 이 책들은 공교롭게도 중국이 정부 차원에서 공자 부흥 운동을 벌이고 공자를 정권 유지 및 홍보의 수단으로 삼고, 공자를 중국 문화의 아이콘으로 내세워 세계 곳곳에 이른바 공자학원을 설립하고 있던 때 나온 것이라서 그 논쟁은 더욱 뜨거울 수밖에 없었다. 그들에게 있어 공자의 진면목은 전혀 관심을 가질 만한 것이 아니다.

그것은 오히려 이미 인류의 성인이라는 반열에 오른 공자라는 아이콘을 통해 중국 문화의 우월성을 만방에 알리고 그것을 발판으로 세계의 문화적 맹주가 되고자 하는 전략에 방해가 될 뿐이다. 개혁 개방 이후 급속한 경제 발전에 힘입어 자신감을 회복한 중국인들에게 군사 및 경제와 함께 문화적 측면에서 대국으로서의 체통을 세워줄 수 있는 것이 바로 성인으로서의 공자라는 믿음은 떨쳐버리기 어려운 유혹일 것이다.

리링 교수의 이 두 책은 공자의 진정한 모습은 어떤 것인가, 성인의 말씀이나 경전으로서가 아니라 제자백가서의 하나로서 『논어』는 어떻게 해석되어야 하는가 하는 매우 본질적인 문제에 대답하고자 하는 것이지만, 그것은 오늘날 다시 공자를 전면에 내세워 권력의 앞잡이로 만들고 나아가 문화적 패권주의를 지향하는 일련의 움직임에 저항하기 위한 것이라는 정치적 의미를 띠고 있다. 그것은 더 이상 공자나 『논어』를 정권이나 기타 다른 어떤 것의 희생양으로 삼지 않도록 해야 한다는 의지와 양심의 표현이고, 지성인으로서 용기 있는 행동이라고 할 수 있다.

우리가 알고 있는 공자는 후대의 사람들에 의해 포장되고 윤색된, 실제의 공자와는 거리가 먼 엉뚱한 허상일 가능성이 더 크다. 공자가 죽어야

한다느니, 혹은 살아야 한다느니 하고 논쟁하는 사람들이 가리키는 공자
는 바로 그런 허상으로서의 공자였고, 그들은 결국 엉뚱한 허상을 가져다
놓고 둘러앉아 논쟁을 벌였던 것이 아닐까? 이 책들을 읽으며 나는 그런
생각을 해본다.

더불어 읽기 / 깊이 읽기

1) 『논어』, 김도련 역주(현음사, 2008). 성리학의 완성자 주희의 주와 조선 실
학의 대가 정약용의 주석을 동시에 번역 수록하였다. 『논어』를 전통적인 시
각에서 읽어보려는 사람에게 좋은 지침서이다.

2) 왕건문, 『공자 최후의 20년』, 은미영·이재훈 공역(글항아리, 2010). 고국인
노나라에서 쫓겨나다시피 한 공자 만년의 고민과 방황을 그리고 있다. 특히
공자와 제자들과의 생각과 실천의 차이에 주목한 점이 특징이다.

3) 바오펑산(鮑鵬山), 『공자 인생 강의』, 하병준 역(시공사, 2011). 『논어』의 중
요한 구절을 중심으로 공자의 입장에서 인생에 대한 이야기를 담담하게 들려
준다. 출판사의 설명처럼 이 책은 "공자의 인생과 배움, 도전, 열정의 정신"
을 쉬운 말로 조리 있게 이야기한다.

김갑수 / 민족의학연구원 상임연구원

우리가 아는 공자는
'진짜' 공자인가?

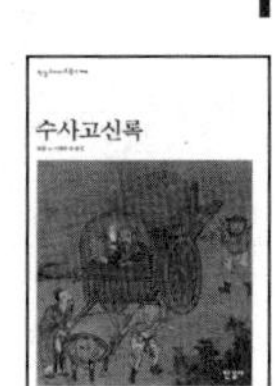

『수사고신록』·『수사고신여록』/ 최술

1

저자의 생각이 책을 통하여 독자에게 전달될 때 그 과정은 단순하다고 볼 수도 있지만 이면을 세세히 따져보면 사연도 많고 우여곡절이 담긴 복잡한 과정일 때가 더 많을 것이다.

어떤 저술은 저술 과정에서 저자가 혼신의 정력을 담고, 역경 속에서 간난신고를 겪으면서 한 사람의 일생을 바쳐 탄생하는 경우도 있다. 공자와 연관된 기록들을 꼼꼼히 고증한 『수사고신록(洙泗考信錄)』(이재하 옮김, 한길사 펴냄)과 공자의 제자들과 연관된 기록을 고증한 『수사고신여록(洙泗考信餘錄)』(이재하 옮김, 한길사 펴냄)도 저자 최술의 필생의 노력이 담긴 저술이다. 이 책이 독자들의 손에 들어오는 과정에도 소설 같은 기이한 인연들이 있다. 이런 저술이 한문을 모르는 독자들도 읽을 수 있도록 우리말로 번역이 되어 있는 것은 우리 독서계의 독자들에겐 행운이라고 본다.

최술(崔述, 1740~1816)은 청대를 대표하는 고증학자로 호는 동벽(東壁)이다. 만년에 6년 동안 지방 관리를 맡은 적이 있지만 생애의 대부분을 경서와 역사서의 연구에 몰두하였다. 몰락한 사대부의 후예로 궁핍한 생활 속에서도 필생의 정력을 쏟아 요순부터 공자에 이르는 역사를 고증한 획기적인 저술인 『고신록(古信錄)』 36권 등, 총 34종 88권의 저술을 남겼다. '고신록'이란 철저한 고증을 거쳐 믿을 수 있는 것만 기록한다는 의미이다.

『고신록』의 일부인 『수사고신록』과 『수사고신여록』은 공자와 제자들의 행적에 덧씌워진 신화와 왜곡을 걷어내고 원형을 복원하는 데 결정적인 공헌을 한 불후의 명저로 꼽힌다. 수사는 공자의 고향 곡부 지역의 두 강 수수(洙水)와 사수(泗水)를 가리키며, 이 때문에 '공자학'을 '수사학'이라 부르기도 한다.

『고신록』은 최술 사후 87년인 1903년 일본에서 『최동벽 선생 유서』가 출판됨으로써 일본 사학계를 들끓게 했으며, 중국으로 역수입되어 1920년대 고사변파(古事辨派)를 형성하는 데 결정적 영향을 끼쳤다. 최술의 저술에 대해 중국 근대 역사학의 대가인 양계초는 '고대사 연구의 표준'이라 했고, 5·4 운동의 주역이었던 호적은 '중국의 새로운 역사학의 출발점'이라고 격찬하였다.

2

미국과 함께 양대 경제 대국으로 불릴 만큼 경제 성장을 이룩한 중국은 천안문 광장에 거대한 공자 상을 세웠고, 전 세계에 수백 개의 '공자 학원'을 만들고 있다. 중국 CCTV의 「대국굴기(大國崛起)」 일본 편에서는 『논어와 주판(論語と算盤)』의 저자 시부사와 에이치(澁澤榮一)를 일본을 경제 대국으로 이끈 인물로 극찬했다.

시부사와 에이치는 기업 활동을 하는 과정에서 뇌물을 쓴 사건 보도를 보고 『논어와 주판』에서 이렇게 말한다.

"이런 사건이 발생한 것은 분명 인의 도덕과 이윤 추구를 별개로 생각했기 때문이다. 생산을 하여 이윤을 추구함에 있어서 올바른 도리에 따라 경영해야 한다는 경영 철학이 기업인들 사이에서 뿌리내려 있었다면 이와 같은 부정행위는 생기지 않을 것이다. 설령 상대방이 탐욕에 사로잡혀 이러한 제안을 하더라도, 그것은 정의에 위배되는 행위이기 때문에 단호히 거절할 각오가 되어 있다면 반드시 그런 제안을 물리칠 수 있다. 여기서 나는 기업가의 인격 수양이 절실히 필요하다는 것을 더욱더 통감한다. 경제계에 부정행위가 끊이지 않아 국가의 안전이 위협당하고 있다는 사실에 대해 나는 심히 우려하고 있다."

시부사와는 인의 도덕, 인격 수양, 윤리의 근원으로 공자의 『논어』를 제시했다. 이윤 추구와 인의 도덕은 상호 보완 관계에 있으며, 윤리적 경영이 결국 국가와 개인의 행복을 증대시킬 수 있다는 주장을 여러 예화들과 개인적 경험을 들어서 설득하면서 윤리의 표상으로 『논어』를 제시한 것이다.

2010년을 전후로 우리나라 대기업의 임원들 사이에 『논어』 읽기 바람이 분 것도 중국에서 불고 있는 공자 바람과 시부사와 에이치의 저술 등의 영향을 받았다고 본다. 『논어』가 산업 현장과 경제 업무 현장에 출연하는 것은 지금까지 보아온 『논어』의 모습으로는 생소한 것이라고 할 수 있겠지만 논어가 새삼 우리 생활 가까이에 등장하고 사람들의 일상에 함께 함으로써 대중화된다면 『논어』를 둘러싸고 할 이야기는 더욱 많아질 것이다.

3

최술의 『수사고신록』과 『수사고신여록』은 어쩌면 전문가들이 시시콜콜한 문제들을 꼬치꼬치 따지는 부류의 책이라고 볼 수도 있다. 저자는 『논어』 '양화' 편에 나오는 양화라는 인물과 양호라는 인물이 같은 사람이 아니라는 증거를 여러 자료를 들고 나와 증명하려고 하는데 이런 것들이 일반 독자들에게는 지엽적인 문제로 보일 수도 있을 것이다.

그러나 여기에서 이 책을 거론하는 이유는 또 다른 측면에서 가치를 가지고 있기 때문이다. 『논어』의 표면층을 계속 훑는 책들을 여러 권 읽을 시간이 있다면 다른 층면을 들여다 볼 수 있는 『논어』에 관한 이런 책을 보는 것이 가치가 있다는 뜻이다. 『수사고신여록』의 '그을음이 묻은 밥풀을 먹었다는 이야기를 변증함'을 한번 옮겨본다.

『공자가어』에서는 이렇게 말하고 있다.

"공자가 진나라와 채나라 사이에서 어려움을 당해 이레 동안 굶었다. 이

 철학자의 서재 2

에 제자 자공이 농부에게 곡식을 구해 왔고, 안회는 밥을 지었다. 그때 그을 음이 밥에 떨어졌으므로, 안회가 그을음이 묻은 밥풀을 건져 먹었다. 그런 모 습을 멀리서 본 자공은 안회가 밥을 훔쳐 먹은 것으로 여기고, 방으로 들어가 공자에게 일러바쳤다.

이에 공자는 '내가 물어보겠다'고 말한 뒤 안회를 불러들여 이렇게 떠보았 다. '어젯밤 꿈에 돌아가신 분들을 보았느니라. 밥이 다 지어지면 가져오너 라. 내가 그분들께 먼저 올리고 싶구나' 그러자 안회가 대답했다. '그을음이 밥에 떨어졌기에 제가 그 부분을 먼저 먹었습니다. 하오니 제사를 지낼 수 없 습니다'……"

나는 이렇게 생각한다.

성인은 진심으로 사람을 대한다. 하물며 용사행장(用舍行藏, 관직에 나아 가 도를 실행하고 재야에 물러나 도를 지킴)을 같이 할 수 있다던 안연에 대해 서야 더 말할 필요도 없다. 그런 안연에게 꿈을 핑계 삼아 요모조모 살펴 다니, 어진 사람도 차마 그런 꾀를 내지 않을 터인데, 하물며 공자와 같은 성인이 어찌 그러했으랴!

안연은 공자의 모든 면을 고루 갖추어서 거의 공자와 비슷한 수준의 사 람이었으니, 자공에게 밥을 훔쳐 먹었다고 의심받지도 않았으리라. 자공 의 지혜로움은 성인을 알아보기에 충분했으며, "제가 어찌 감히 안회를 따를 수 있겠습니까?"라고 말했다. 그러니 밥을 훔쳐 먹었다고 안연을 의 심하지도 않았으리라. 어찌 그럴 리가 있었겠는가!

스승과 제자들 사이에 서로 시기하고 시험했다는 『공자가어』의 이 따 위 이야기는 애초에 오늘날의 백정이나 주막의 거간꾼들이 하는 짓거리와 다름없다. 비천한 시정잡배들도 오히려 자신들의 행동을 부끄러워할 때가 있는 법인데, 성현에게 그런 행동을 덧씌우고 만 셈이다. 아 이런 자들을 어찌 올바른 사람이라 말할 수 있겠는가!

이 이야기는 『여씨춘추』에서 따온 것인데 어투는 이와 조금 다르다. 『여씨춘추』에서의 의도는 사람을 제대로 알기 어려움을 밝히려는 데 지나지 않았다. 그리하여 눈으로 직접 본 것도 오히려 믿을 수 없음을 공자와 안회에 빗대 말했을 따름이다. 그런데도 『공자가어』는 마침내 진짜 있었던 이야기로 여겼으니 잘못이다.

나는 그러므로 이렇게 말한다.

『공자가어』는 공 씨의 유서가 아니다. 그것은 위서이다. 『공자가어』는 『사기』 '공자세가'에 비해 내용이 더욱 비루하다. 하지만 세상의 선비들은 『공자가어』를 '공자세가'보다 더욱 믿고 있다.

4

청대 고증학은 '무증불신(無證不信)' 곧 '증거가 없는 것은 믿지 않는다'는 정신을 앞세웠기에 과학적 학문 방법과 상통한다고 보지만, 앞의 『공자가어』에 대한 최술의 비판은 객관적 증거가 아니라 최술의 주관적 '성인상' 또는 인간관에 근거하고 있다. 최술은 안연이 『논어』의 앞뒤 기록을 참고로 할 때 공자의 수제자임에 틀림없고, 성인 공자의 경지에 가까운 인물의 수준에서는 이런 사건이나 대화가 나올 수 없다는 것이다. 물증 위주의 객관적 증명은 아니지만 이것도 하나의 논증 방법이다.

　　　　　　　　　　　　　　　

『논어』를 읽어본 사람은 고층건물의 입구에서 누구를 기다리고 있을 때 '공자께서는 출입문의 한가운데 서 계시지 않았다'는 구절을 떠올리게 된다. 음식점에서 육회라도 먹게 되면 '회는 잘게 썬 것을 좋아하셨다'는 말이 떠오른다. 물가에 서면 '흘러가는 것이 이와 같구나! 밤낮을 쉬지 않도다' 하는 말이 떠오른다. 『논어』는 그런 책이다.

그 책 속의 장면들을 우리는 곧잘 떠올릴 기회를 갖게 되고, 그때 공자나 제자들이 했던 말과 태도 및 행동이 재음미된다. 그래서 『논어』를 좀 읽은 사람들은 공자나 자로나 안연이나 자공과 같은 사람들의 형상을 나름대로 그리게 될 것이다. 최술의 책을 읽으면 저자가 그리고 있는 성인상이 느껴진다. 동시에 저자의 성품과 모습도 느껴진다. 이러한 과정이 성인의 학문이 제시하는 윤리 도덕의 근원에 더 접근하는 차원이라고 본다.

『논어』에 "많이 들은 것 중에 의심스런 것을 제외하고 남은 믿을 만한 것을 남에게 말한다면 말에 허물이 적을 것이다"는 구절이 있다. 현대는 '정보 시대'라 하여 홍수처럼 많은 정보가 우리 귀에 들어오지만 그 가운데는 잘못된 것이나 근거 없는 것, 거짓된 것도 섞여 있어 그것을 파악하지 못하고 남에게 전달한다면 자기도 모르는 사이에 허물을 짓는 것이다.

『논어』를 읽고 공자에 관한 여러 글을 읽은 분들이 『수사고신록』과 『수사고신여록』을 읽게 되면 『논어』의 "의심스런 부분을 제외하고 말하라(多聞闕疑 愼言其餘)"는 말의 무게를 다시 되새기게 되리라고 본다. 그러므로 이 책은 『논어』와 공자에 관한 여러 지식들을 밋밋하게 읽고 기억하는 것이 아니라 믿을 수 없는 것과 있는 것을 따지는 과정에서 문제를 꼬집어 읽게 만들기 때문에 독자들을 각성시키는 역할을 하게 될 것이다.

1) 오규 소라이, 『논어징』 1~3, 이기동 · 임옥균 · 임태홍 · 함현찬 옮김(소명출판, 2010). 고대 경전에 대한 해박한 지식을 동원하여 주자의 『논어집주』에 적극적으로 반론을 제기한 책이다.

2) 정약용, 『논어고금주 1~5』, 이지형 옮김(사암, 2010). 방대한 고증을 바탕으로 『논어』를 재해석하면서 그 속에 다산 정약용의 사상을 담아 놓은 책이다.

이현구 / 한국철학사상연구회 회원

다이어리 마니아는 필독!
반성이 필요한 시간!

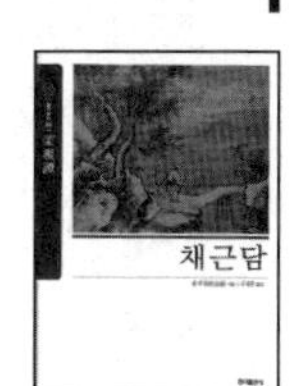

『채근담』 / 홍자성

나는 반성하련다

뜬금없는 소리지만, 나는 평소 책을 잘 읽지 않는다. 아니 책을 읽기가 조심스럽다는 표현이 더 맞을 것이다. 그것이 무엇에 관한 것이든, 책이라 함은 언제나 부담으로 다가오기 때문이다.

그래도 어릴 적에는 소설책 정도는(절대 문학 작품을 평가 절하하는 것이 아니다!) 곧잘 읽었는데, 공부의 길을 걷기 시작하고부터는 무엇이나 하나하나 따지면서 읽는 안 좋은 버릇이 생겨 책을 읽는 시간도 길어짐과 동시에 책을 읽는 지루함과 어려움이 함께 찾아왔다. 모든 책이 공부의 대상이요 연구의 대상이 된 것이다. 그런데 이 세상에는 양질과 악질을 떠나 동서고금의 책이란 녀석이 엄청나게 많다. 그러니 그 부담으로 인해 더더욱 책을 안 읽게 된 것이다.

이렇듯 책을 잘 읽지 않는 처지에 하필이면 작년 크리스마스에 대형 서점을 찾았다. 앞서 밝혔던 내용이 여전히 공부가 필요한 입장에서는 누가 들어도 비겁한 변명으로밖에 들리지 않기 때문이다. 시간이 걸리고 어려움이 있더라도 책은 읽어야 한다. 사실 그 지루함과 어려움을 이겨낼 자신이 없었고 게을렀기 때문이 아닌가라는 반성을 하면서 서점에 들어섰다.

후문을 통해 서점에 들어서니 가장 먼저 나를 반기는 것은 소위 다이어리라고 하는 수첩들이었다. 한 해가 가고 새로운 해가 다가오는 때라 그런지 수첩 주위엔 사람들이 꽤 붐볐다. 나도 분위기에 휩쓸려 '일기를 써본 지가 언제였던가?'라는 생각을 하면서 한동안 그곳을 머물다가 이내 발걸음을 돌렸다.

독서 흥미를 끌어 올릴 수 있는 가벼운 이야기들이 실려 있는 책을 찾아서. 한참 동안을 헤맸다. 그러나 제 버릇 개 못 준다는 말이 맞나 보다. 역시나 눈에 들어오는 책은 한정되어 있었다. 좋게 말하면 취향이라고 말할 수 있다지만, 독서 편식이 심해도 너무 심하다는 말을 할 수밖에 없다. 또다시 반성을 하게 된다. 그렇게 손에 쥔 책이 바로 홍자성의 『채근담』(최현 옮김, 범우사 펴냄)이다.

예전부터 곁눈질을 하면서 흠모해 오던 책이었지만 이런저런 핑계, 아니 게으름으로 인해 읽지 않았던 책, 『채근담』. 명나라의 이름 없는 선비였던 '홍자성(洪自誠)'이 쓴 이 책은 비교적 최근인 명대의 책인데도 마치 『논어』를 위시한 옛날 책과 같이 각 장의 맥락이 명확하지 않을 뿐만 아니라 구분도 제대로 되어 있지 않다. 이는 오로지 학문적인 목적으로 쓴 것이 아니라는 증거다.

책의 내용을 살펴본 결과 그는 자기 이름(自誠)에 걸맞게 자신을 돌아보고 살피는 목적으로 이 책을 쓴 듯하다. 물론 자신만을 위한 것은 아니었을 것이다. 스스로의 반성에서 나온 고뇌와 깨달음을 불특정 다수에게 전하고 싶었던 것이 아닐까. 때가 마침 연말이기도 하거니와 명대의 선비 홍자성의 순수한 마음을 받아들여 기꺼이 스스로를 되돌아보기로 했다.

나도 세상을 반성한다. 당신도?

책을 읽으면서 한참 동안 스스로를 바라보며 반성을 하고 있자니, 시선이 자연스럽게 다른 사람과 세상에까지 미치는 것은 또 다른 악취미이거나 병인지도 모른다. 자신의 일도 제대로 처리하지 못하면서 세상 걱정을 하고 있으니 말이다.

그런데 가만히 생각해 보면 그런 생각을 하지 말라는 법도 없다. 누구나 자기 삶의 주인공은 자기 자신이듯, 세상의 주인은 우리들이며 우리라는 무리 속에는 나도 속해 있기에 나 또한 세상의 지분을 어느 정도 가지고 있는 셈인 것이다. 그렇기에 오히려 힘써 세상 걱정과 이야기를 해야 한다는 결론에 다다르게 된다. 즉, 스스로에 대한 반성만이 아니라, 세상에 대한 반성도 해야 하는 것이다.

이와 관련해 홍자성은 "하늘과 땅은 영원히 있으나 이 몸은 두 번 얻지 못하며, 인생은 백년에 불과한데 이 하루는 쉬 가버린다. 다행히 그 사이에 태어난 사람인 바에야 삶의 즐거움을 누리지 못해서도 안 되고, 또 헛되이 살지 않을까 걱정하지 않아서도 안 된다"(86~87쪽)라고 말한다. 짧다면 짧은 인생을 헛되이 보내지 않기 위해 자신에 대한 반성을 할 것과 함께 언제나 있을 이 땅의 주인들을 위해 세상에 대한 반성도 할 것을 말하고 있는 것이다. 나아가 세상에 대한 근심 걱정만을 할 것이 아니라, 세상의 모든 희로애락을 함께 해야 함을 일깨워주고 있다.

홍자성은 "책을 읽으면서 성인(聖人)이나 현자(賢者)를 보지 못한다면 그는 글씨를 베끼는 필생(筆生)에 지나지 않으며, 벼슬자리에 있으면서도 백성을 사랑하지 않는다면 그는 관복(官服)을 입은 도둑에 지나지 않는다. 학문을 가르치면서도 실천이 따르지 않는다면 구두선(口頭禪)일 뿐이며, 사업을 일으키고도 덕을 심으려고 하지 않는다면 눈앞에 피고 지는 한때의 꽃이 되고 말 것이다"(54쪽)라고 하면서 직분에 맞는 마음가짐을 내세우면서 그 직분에 해당하는 사람들을 반성하게끔 하고 있다.

꿈과 희망을 저버리고 그저 생각 없이 공부하는 학생과 학자들, 상하를 막론하고 자기 밥그릇 지키기 바쁜 공직자들, 진심이 담긴 사랑 어린 지혜가 아닌 단지 피상적인 지식만을 가르치는 선생과 교수들, 마음을 주고받는 것이 아니라 이익과 손해를 따져 사람을 사고파는 사업자들에게 일침을 가하고 있다. 물론 이는 현대의 세분화된 직업군에는 맞지 않아 그리 피부에 와 닿지 않을 수 있겠지만, 그 뜻을 확장해 본다면 얼마든지 자신에 꼭 맞는 속뜻을 파악할 수 있을 것이다.

홍자성은 "사람들의 형편을 보면 가진 이도 있고 갖지 못한 이도 있는데, 어찌 나만 홀로 다 가지려고 할 수 있겠는가? 또 자기의 심정을 보더라도 도리에 맞는 것도 있고 맞지 않는 것도 있는데, 어찌 사람이 다 도리에 맞기를 바랄 수 있겠는가? 이와 같이 남과 나를 견주어서 다스려 나간다면, 이것도 세상을 살아가는 편리한 한 방법이 될 것이다"(51쪽)라고 말한다.

　　　　　　　　　　　　　　　　　　　철학자의 서재 2

이는 절대 남과 나를 비교하는 삶을 살거나 자신보다 못한 처지에 있는 사람을 보고 위안을 삼으라는 뜻이 아니다. 자신에 대한 반성을 기본으로 다른 사람의 처지와 생각까지도 이해하고 포용하는 역지사지의 자세를 말한 것이다. 역지사지의 정신으로 자신을 알고 다른 사람을 인정한다면 진정으로 소통이 이루어지는 한층 더 편하고 살기 좋은 세상이 된다는 말인 것이다.

거짓 · 도돌이표 반성은 안 된다

지나간 일을 후회만 하는 삶보다는 반성을 하며 사는 삶이 분명 더 가치가 있다. 하지만 겉으로만 하는 반성은 문제가 있다. 이에 대해 홍자성은 "사람이 성실한 마음을 갖고 화친을 도모하며 즐거운 안색을 하고 부드러운 말씨로 부모와 형제를 한 몸이 되게 하고 뜻이 맞게 하면, 부처 앞에 앉아 숨을 고르게 쉬고 마음을 가다듬는 것보다 만 배나 더 나을 것이다"(31쪽)라고 하면서 진심에서 나온 반성이 아닌 형식적인 반성을 하는 것을 경계하고 있다.

철저한 자기반성으로 하늘을 우러러 부끄러움 없는 마음을 간직하고, 역지사지의 입장으로 작게는 가족에서부터 크게는 다른 사람들과 잘 섞이는 것이 무엇보다 중요하다는 것이다. 영화 〈투캅스〉에 나온 형사(안성기)처럼 온갖 잘못을 저지르면서도 교회에 나가 아주 피상적인 고해성사 기도를 하는 것은 아무짝에도 쓸모가 없다는 이야기다.

또 늘 같은 반성만 하는 삶도 문제가 있다. 한 번 했던 반성을 반복한다는 것은 반성에 의한 변화가 전혀 없다는 이야기이기 때문이다. 홍자성은 "사사로운 욕심을 억제할 경우에 '그것을 빨리 알지 못하면 억제하는 힘을 기르기가 어렵다'고 말하는 사람도 있고, '비록 알았다고 하더라도 참는 힘이 부족하다'고 말하는 사람도 있다. 인식은 악마를 비추는 한 알의 밝은 구슬이요 힘은 악마를 베는 한 자루의 지혜로운 칼이니, 이 두 가지가 다 있어야 한다"(96쪽)고 말한다.

이 구절에서의 '인식'이 자신의 잘못을 깨우치는 반성의 과정이라면 '힘'은 반성의 과정을 통해 알게 된 잘못을 고치는 실천일 것이다. 이는 제대로 된 반성의 끝은 행동으로 이어지는 실천에 있다는 말이다. 마음속으로만, 말이나 글로만 하는 반성이 아니라 자신의 삶에서 묻어나는 반성이야말로 진정한 의미에서의 반성인 것이다.

반성에는 때와 장소, 왕도도 없다

"외로운 등불이 반딧불처럼 가물거리고 삼라만상이 소리 없이 고요한 밤, 이때가 비로소 우리가 편안히 잠들 때다. 새벽꿈에서 막 깨어나 만물이 아직 움직이지 않고 있는 때, 이때가 우리가 혼돈 속에서 벗어날 때다. 이때를 틈타 마음의 빛을 환히 돌이켜 보면, 비로소 이목구비(耳目口鼻)가 모두 몸을 묶는 수갑이요 정욕과 기호(嗜好)가 다 마음을 타락시키는 기계임을 알 수 있을 것이다"(108쪽)라고 하면서 홍자성은 잠자리에 들기 전과 잠자리에서 일어난 후가 반성의 최적기임을 말하고 있다. 하지만 그의 말은 가장 적합한 시간대를 말했을 뿐, 반드시 그 시간에만 반성을 해야 하는 것을 말한 것은 아닐 것이다.

특히나 문명의 발달로 온종일 밝고 복잡다단해진 현대에 있어 홍자성의 말대로 행하기에는 무리가 있을 수밖에 없다. 그렇다면 반성은 언제 하는 것인가. 알다시피 반성은 늘 해야 하는 것이다. 적당한 때가 특별히 있는 것이 아니다. 잠이 들었을 때를 제외하고는 계속되어야 한다. 그러기 위해서는 언제나 깨어 있는 정신을 유지해야 할 것이다.

홍자성은 "자기를 반성하는 사람에게는 닥치는 일마다 모두 약이 되고, 남을 원망하는 사람에게는 일어나는 생각마다 모두 창과 칼이 된다. 하나는 모든 선의 길을 열어주고 또 하나는 모든 악의 근원을 이루게 되는 것이니 그 양자는 하늘과 땅만큼의 거리가 있다"(109쪽)고 하면서 반성하는 삶에 대한 긍정을 마다하지 않는다. 반성은 남이 알아주어서 하는 것이 아니라 자신의 삶을 꽃피우기 위해 스스로 하는 것이기 때문이다. 또한 반성하는 삶은 자신을 억누르고 옥죄는 것이 아니라 자신의 삶을 비롯해 세상을 여유롭고 풍요롭게 하는 것이다. 이 모든 것이 바로 반성을 다소 번거롭고 귀찮다는 이유로 하찮게 여겨서는 안 되는 까닭이다.

책에 실린 말이라고 다 옳고 정확하다고는 할 수 없다. 어떤 말을 하거나 주장을 하는 데 필요한 근거가 될 수는 있어도 진리는 될 수 없기 때문이다. 이는 『채근담』도 마찬가지다. 어디까지나 '홍자성'이라는 사람의 생각일 뿐이다. 하지만 어느 정도 수긍할 수 있는 이야기가 있고 나아가 생각할 여지와 자신을 돌아보게끔 하는 시간을 선사해 준다면 이는 분명 가치가 있는 책인 것이다. 새해를 맞아 많은 분들이 새로운 수첩이나 다이어리를 장만했을 것이다. 그곳에 만일 그날그날 주요 일정만 적었던 분이나, 혹은 그마저도 적지 않은 분들은 지금부터 자신과 주위를 돌아보는 글을 마음의 펜으로 그때그때 적어보는 것이 어떨까. 단지 기억을 위한 기록이 아닌, 좀 더 멋진 자신과 세상을 위한 실천과 변화의 기록, 진짜 일기 말이다.

『채근담(菜根譚)』은 중국 명나라 때 '홍자성'이 지은 수필집이다. 자신의 삶 속에서 얻은 깨달음을 유불도(儒佛道)를 통해 풀어내고 있다. 단지 처세술에 불과하다고 치부하기에는 아까운, 여전히 우리에게 성찰의 미덕을 일깨워 주는 가치를 품은 책이다. 함께 읽으면 좋을 책으로, 『논어』, 『도덕경』, 『맹자』 등 옛사람들의 깨달음이 담겨 있고, 자신을 돌아볼 수 있게 해주는 동양 고전들을 권한다.

배기호 / 한국철학사상연구회 회원

나를 돌보는 방법?
압구정 아니라 광장으로!

『알키비아데스』 / 플라톤

얼마 전 초등학교 4학년인 딸아이가 미용 성형을 주제로 토론 수업을 했다고 한다. 찬반을 나누어 자기 입장을 말하는 것이었는데 남자애들은 모두 반대 입장, 여자애들은 모두 찬성 입장이란다. 남자애들은 자연미에, 여자애들은 인공미에 더 가치를 두는지도 모르겠다. 하지만 나의 관심은 이런 남녀의 미적 차이에 있는 것이 아니라 미용 성형이 이미 초등학생들의 토론 주제가 될 정도로 보편적 현상이 되었다는 점이다.

자기 돌봄의 세태

압구정동에 가본 사람이라면 미용 성형이 일부 연예인들에 한정되지 않는다는 것을 알 것이다. 이미 미용 성형은 고급 미용실이 된 지 오래다.

신체 변형을 혐오하는 전통적 가치가 설 자리가 없음은 두말할 필요가 없으며, 외모 지상주의라는 비판도 더 이상 유효하지가 않다. 이제 미용 성형의 문제는 자기 정체성과 관련하여 이해돼야 한다는 주장이 보다 더 설득력을 얻어가고 있다.

얼마 전 한 방송에서 성형으로 외모에 대한 만족감만이 아니라 대인 관계에서도 자신감이 생기고 삶에 활기가 넘치게 되었다는 인터뷰를 본 적이 있다. 이는 성형이 단순히 외모의 변화만을 의미하는 것을 넘어선다는 것을 말해 준다. 이제 성형은 성형하는 여성의 성격이나 사회생활에까지 그 영향을 실질적으로 미치며 이런 작용으로 인해 자기 정체성을 만들어 가는 중요한 수단이 되었다. 이런 현상은 비단 여성에만 한정되는 것은 아닌 듯하다. 남성들도 정도의 차이는 있지만 취직이나 대인 관계 혹은 열등감 탈피 등의 차원에서 적극적으로 성형을 고려한다는 사람들이 늘고 있는 추세라고 한다.

성형은 '몸짱 열풍'으로 그 외연이 넓어지고 있는 것 같다. 돈만 있으면 누구나 할 수 있는 성형보다 일정 정도의 자기 노력이 투여돼야 하는 '몸짱 만들기'에서 자기 정체성이나 자기 목적성이 보다 부각될 수 있기 때문인 것 같다. 이는 자신감의 확보이며 자신의 몸을 자신이 지배한다는 주체성의 획득으로 볼 수도 있을 것이다.

이러한 자기 돌봄의 또 다른 세태는 자기 계발이다. 자기 계발 붐은 아마도 외환 위기를 경험하면서 사회가 새로운 인재상(像)을 요구한 데 부응한 것으로 보인다. 외환 위기 이전에는 창의적인 인재보다는, 주어진 역할에 충실하고 성실한 노동자가 이상적인 인재상이었다면, 외환 위기 이후에는 무한경쟁에서 살아남기 위해 기존의 틀에서 벗어나 실험을 감행할 인재가 필요하게 되었다. 이에 부응해서 각 개인들은 경쟁을 돌파하기 위해 자기 계발에 매진할 수밖에 없게 되었고, 누구나 자기 계발서 하나쯤은 읽어본 경험을 갖게 되었다.

대체로 이런 자기 계발서들의 내용은 나름의 목표를 설정하는 데서 시작해서, 이를 위해 자신과 환경을 측정하고, 위기조차 기회로 여기도록 하는 능동적 주체가 되어야 한다고 강조한다. 이제 퇴근 후 어학 학원으로, 자격증 학원으로 또는 학위를 위한 대학원으로 발길을 재촉한다. 모두 나름의 목표를 세우고, 자기의 환경과 스스로에 대한 평가와 측정에 기반하여 자기 계발에 나선다. 자기 계발은 인사 조정이나 제2의 외환 위기 같은 위기에 능동적으로 대처하기 위한 예비적 성격을 갖는 동시에 자기실현의 의미도 강조된다.

얼굴 성형이 기본이 되고 '몸짱'은 필수가 되었다. 자기 계발과 자기 경영의 앎이 유행하고, 독특한 스펙으로 무장한 이력서가 정체성이 되었다. 이러한 것들은 얼핏 보면 푸코가 말한 자기 수련을 통한 주체의 구축과 다르지 않는 듯하다.

푸코는 『주체의 해석학』(심세광 옮김, 동문선 펴냄)에서 자기 돌봄(자기 배려)의 내용을 세 가지로 설명한다. 먼저 자기 자신과 타인 그리고 세계에 대한 태도. 둘째, 시선을 외부로부터 자기 자신에게로 돌리는 것. 셋째, 자기 자신에 가하는 다수의 행위를 통해 자신을 변형하고 정화하며 변모시키는 것이다. 결국 자기 돌봄은 자기 내부로부터 자기 자신을 변화시키는 실천이라 할 수 있다. 푸코는 권력이나 지식에 의해 외부에서 만들어진 주체가 아닌 자기 내부로부터 구축되는 새로운 주체를 사고하고자 한 것 같다.

성형이나 몸짱, 자기 계발 등도 자기 노력을 통해 자기를 변형한다. 그리고 이 변형된 자기로 인해 타인이나 세계에 대한 새로운 태도를 갖는다. 그런데 과연 성형 등을 통해 권력에 의해 만들어지고 훈육된 주체를 극복할 수 있을까?

자기란 무엇인가?

자기 돌봄을 자기 자신을 변화시키는 실천이라고 할 때 푸코는 두 가지 문제를 제기하고 있다. 먼저 자기 자신으로서의 '자기란 무엇인가?'이고 둘째로 자기를 변화시키는 실천으로서의 '돌봄은 어떤 것인가?'이다.

먼저 '자기'의 문제를 『알키비아데스』(전2권, 김주일 · 정준영 옮김, 이제이북스 펴냄)에서 플라톤이 소크라테스의 입을 빌려 어떻게 말하는지 보자. "그렇다면 도대체 우리 자신이 무엇인지를 모르면서 어떤 기술이 사람을 더 낫게 만드는지를 우리가 알 수 있긴 하겠는가?"(128e, 105쪽)라고 말을 꺼낸 소크라테스는 델피 신전의 "너 자신을 알라"는 말은 누구나 알고 있고, 그만큼이나 자신을 아는 일은 쉽다고 말한다.

소크라테스는 "자신, 자신의 것들, 자신의 것들에 속하는 것들"(133d, 117쪽)을 나눈다. 여기서 '자신의 것들'은 자신에 속하는 것들로, 예를 들자면 발이나 손이고, '자신의 것들에 속하는 것들'은 발이나 손에 속하는 신발이나 장갑이다. 결국 육체는 자신이 아니라 자신에 속하는 것이다. 그리고 자신은 혼이라고 한다. 단순화시켜 말하면 혼, 육체, 사물이라 이해해도 되겠다. 『알키비아데스』를 직접 인용하는 것이 보다 알기 쉬울 것이다.

소크라테스 : 그러면 나와 자네가 말을 사용해서 서로 사귈 때, 혼이 혼을 상대로 한다고 믿는 것이 좋지 않겠는가?

알키비아데스 : 물론입니다.

소크라테스 : 그러고 보니 이건 조금 전에도 우리가 말했던 것이군. 소크라테스가 알키비아데스와 말을 사용해서 대화를 나눌 때, (내가 보기에는) 자네 얼굴을 상대로 해서가 아니라 알키비아데스를 상대로 해서 말을 한다고 말이지. 그런데 이 알키비아데스가 혼일세.

알키비아데스 : 제가 보기에 그런 거 같습니다.

소크라테스 : 그러니 자신을 알라고 명하는 자는 우리에게 혼을 알라고 시키는 걸세.

알키비아데스 : 그런 거 같습니다.

소크라테스 : 그러니 신체에 속하는 것들 중에 무엇인가를 아는 사람은 자신에 속하는 것들을 아는 사람이지. 자신을 아는 사람은 아닐세.

알키비아데스 : 그렇습니다.

소크라테스 : 그러니 어떤 의사도, 의사인 한에서는, 자신을 알지 못하고, 어떤 체육 교사도, 체육 교사인 한에서는, 자신을 알지 못하네. (130c-131a, 110쪽)

소크라테스가 말한 '자기로서의 영혼'을 푸코는 "그것은 오로지 행위 주체로서의 영혼입니다. 즉 그것은 신체, 신체의 기관, 신체의 도구들을 사용한다는 한에서 영혼입니다"(『주체의 해석학』, 96쪽)라고 해석한다. 또 미하이 칙센트미하이는 영혼을 "다양한 감각기관이 흡수하는 정보를 고찰하고, 그 과정을 지휘하고 통제하는 멋진 능력"(『몰입의 재발견』(김우열 옮김, 한국경제신문 펴냄, 60쪽)이라고 정의하고 있다.

이러한 영혼 이해의 공통점은 영혼을 육체와 독립적으로 따로 존재하는 실체가 아니라 단지 행위나 능력이라고 생각하는 데 있다. 뭐 더 복잡하게 생각할 것 없이 영혼을 마음으로 이해하면 될 것이다. 마음은 육체 없이 실재하지 않고 육체나 유전자 등으로 환원되지도 않으니 말이다. 결국 자기 돌봄은 우리 자신의 마음을 돌보는 것이라 하겠다.

돌봄이란 무엇인가

그럼 이제 두 번째 문제인 돌봄이란 무엇인가를 보자.

소크라테스는 알키비아데스가 어떤 방법으로 우리 자신을 돌볼 수 있을지를 묻는 말에 답하여 "혼도 자신을 알려면, 혼을 들여다봐야 하고, 무엇보다도 혼의 훌륭함, 즉 지혜가 나타나는 혼의 이 영역을 들여다봐야 하며, 또 이와 닮은 다른 것을 들여다봐야 하네"(133b, 116쪽)라고 답한다. 그리고는 그것이 곧 절제요 정의라고 말한다.

푸코는 이 돌봄(배려)을 '자기로의 회귀하기'로 분석하면서 자신에게 시선을 돌리기, 자신을 점검하기, 자신을 중심으로 움직이고 자신을 통제하기, 자신을 주장하기, 자신을 해방하기, 자신을 존중하기, 자신 앞에서 부끄러움을 느낄 줄 알기, 자신에게서 환희를 느끼기 등을 포괄한다고 말한다.(『주체의 해석학』, 119~122쪽)

결국 소크라테스나 이를 분석한 푸코나 자기 돌봄은 '자기에로 시선'을 돌리는 것이다. 이것이 '외부의 시선'에 기초한 미용 성형이나 몸짱 만들

                                         철학자의 서재 2

기 또는 자기 계발과의 차이이다. 미용 성형이나 몸짱 만들기는 '자기에게 스스로가 기쁨을 주기'나 '자기에게 자신을 주장하기'가 아니라 남을 만족시키는 것이다. 남을 의식해 남의 눈을 즐겁게 해주는 것이고 남이 나를 어떻게 보아줄 것인가에 집착하는 것이다.

헬스장을 경영하는 지인의 말을 들어보면 사람들이 주로 팔운동만 한다고 한다. 팔은 얼굴 다음으로 많이 노출되는 신체 부위이기 때문이란다. 결국 몸을 잘 관리해서 튼튼하고 건강하게 돌보는 것이 목적이 아니라 어떻게 하면 외형적으로 남들에게 멋있게 보일까 하는 것이 목적이 된다.

외형적으로 남들의 요구에만 집착하면 자신의 건강을 해치는 결과를 낳기도 한다. 과도한 다이어트로 우울증에 시달린다든지 속성 근육 만들기 등을 위해서 약에 의존한다든지 하여 결국은 건강을 잃는다. 이것은 '자기에게 자기를 주장하기'가 아닌 '외부에게 자기를 주장하기'인 '외부로의 시선'이라 할 수 있다.

자기 계발과 자기 경영도 마찬가지다. 자기 목표 세우기를 보자. '자기에로 시선'을 돌리지 않는다면 자기 목표란 결국 남들의 목표와 대동소이해진다. 신자유주의 체제가 요구하는 목표가 내면화되기 쉽다. 그 목표란 대체로 돈이 된다. 돈이 자기 확장과 자기 실현의 수단이 아니라 반대로 자기가 자본재 생산의 수단으로 되고 마는 것이다. 그것도 자발적으로 자기 목표화하여 스스로를 수단화, 대상화해 버린다. 예를 들자면, 우정을 중심으로 한 친구 관계도 목표를 효율적으로 달성하기 위해 사업상 조언을 주고받을 수 있는 거래 관계로 재편한다든지 하는 식이다.

자기 돌봄의 의미

자기에로 시선을 돌려 자신을 변화시킨다는 것은 자기 자신을 어떤 외부적 시선이나 대상을 위한 수단이 되게 하는 것을 거부하는 것이다. 자기에로 시선을 돌리는 것은 자기의 몸을 잘 돌보아 건강을 유지하고 정신을 맑게 유지하는 것이고, 경제 생활을 충실히 수행하여 외부의 요인으로 몸과 마음이 불안해지지 않도록 하는 것이요, 연애술에도 주의를 기울여 사랑의 강도와 가치를 높여가는 것이다.

그래서 얻고자 하는 목표는 마음의 조화와 통제일 것이다. 그런데 마음의 조화와 통제는 자신의 내면을 단지 인식하는 것으로가 아니라 자신의 몸을 건강하게 돌보는 행위 속에서 자신의 경제 활동을 질서 있게 수행하는 가운데 성관계 등 감각적 쾌락을 활용하면서 이루어진다는 것이 푸코가 알키비아데스를 분석하면서 주목한 부분이다.

결국 우리의 일상생활이 자기 돌봄의 영역이라고 할 수 있으며 일상생활이 자기의 의식 점검과 자기 수련의 수단이며 동시에 자기 성장과 확장의 결과라 할 수 있다. 자기 돌봄으로 새로운 자기를 만들어내는 과정이 생활 관계를 변화시키는 과정이 된다.

자기 돌봄을 통해 자기 성장을 경험하려면 어떻게 해야 할까? 칙센트미하이는 도전과 기술 습득을 제안한다. 그에 의하면 사람은 조금씩 다른 행동의 기회에 뛰어들게 되면서, 자신의 한계와 잠재력을 잘 알게 되고 더욱 독특한 인간이 된다고 한다. 이러한 도전을 정복하기 위해 기술 습득이 필요하고 기술 습득을 위해서는 절제와 인내가 필요하다고 한다.

이러한 기술은 위에서 언급한 세 가지 영역인 '양생술', '가정 관리술',

  철학자의 서재 2

'연애술'이 될 수 있을 것이다. 성형이나 몸짱이 아니라 양생술이, 자기 계발이 아니라 가정 관리술이, 그리고 단순한 성적 쾌락이 아니라 연애술이다. 결국 자기 돌봄은 도전과 절제와 인내를 통해 자기 돌봄의 기술을 익히는 과정에서 자기 성장을 즐기는 것이라 할 수 있겠다.

그러면 이 도전과 기술 습득을 어떻게 시작할까? 알키비아데스가 자기 돌봄의 의미를 깨닫게 된 계기는 소크라테스와의 만남이다. 어느 시인이 노래한 것처럼 이름을 부르고 응답함으로써 의미가 되는 만남에서 시작할 수 있지 않을까? 인맥의 한 고리를 채우는 대상화된 사물로서 부르는 것이 아니라 부름과 응답 속에서 서로의 한계와 잠재력을 알게 되는 서로주체로서의 만남, 만남 자체가 또 다른 도전인 그런 만남에서 시작할 수 있지 않을까?

촛불 광장의 만남도 희망 버스의 만남도 그 시작이 될 수 있지 않을까? 아니면 주변의 작은 만남이라도 찾아봄이 어떨지…….

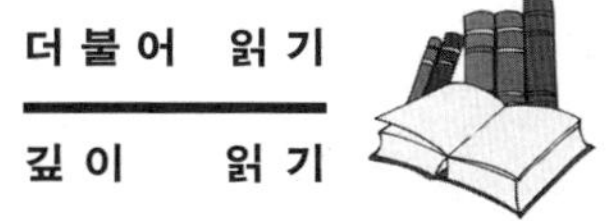

1) 김상봉, 『서로주체성의 이념』(도서출판 길, 2007). '자기란 무엇인가?'란 물음과 '만남이란 무엇인가'를 자기의식을 중심으로 다루고 있다. 저자는 '자기'란 자기의식이라고 한다. 그러나 서양의 자기의식을 나르시시즘 내지 홀로주체성으로 규정하고 그 대안으로 만남 혹은 서로주체성을 제시하고 있다.

2) 조광제, 『몸의 세계, 세계의 몸』(이학사, 2004). 이 책은 조광제 선생이 철학아카데미에서 메를로 퐁티의 지각의 현상학을 강의한 내용을 책으로 엮은 것이다. 여기서는 '자기'는 몸으로 규정하고 '만남'은 몸짓과 몸짓의 상호주체성으로 말하고 있다. 이 책은 위의 서로주체성의 이념과는 기본 관점이 대립되고 있지만 만남(서로주체성이나 상호주체성)을 중시한다는 점에서 그 공통성을 볼 수 있다.

3) 칙센트미하이, 『몰입』, 최인수 옮김(한울림, 2004). 이 책은 사람들이 행복을 느끼는 심리상태에 초점을 맞추고 있다. 어떤 상태일 때 사람들은 행복감을 느끼거나 자기에 대해 만족하는가를 구체적 사례들을 들어 보여주고 있다.

신재길 / 한국철학사상연구회 회원

군주의 정치와
인민의 심판

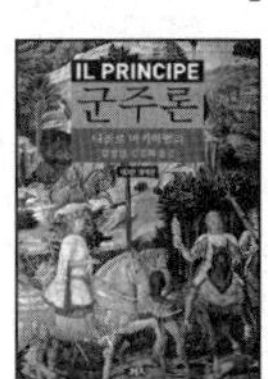

『군주론』 / 마키아벨리

해 배웅을 하지 못하는 이유들

고단했던 한 해가 저물고 신묘년 새해가 밝았다. 온 나라가 구제역으로 인한 소들의 죽음으로 가득하다. 소만이 아닌 듯하다. 인간의 삶도 고난의 해가 될 듯하다. 그래서 묵은해를 보내고 새해를 맞이하기에는 마음이 너무 무겁다. 왜냐하면 우리네 삶에 무겁게 내려앉는 사건들이 있었기 때문이다. 그 사건은 2011년 12월 8일, 친서민의 탈을 벗어버린 한나라당의 예산안 날치기 통과이다.

대략적인 내용은 다음과 같다. '영유아 예방 접종' 지원 예산은 2010년 203억 원에서 2011년 144억 원으로 감액되었고, 방학 중 밥을 먹지 못하는 저소득층 아이들에게 책정되었던 급식 지원비 283억 원 전액은 '0' 원으로 편성되었으며, 보육 시설을 이용하지 못하는 하위 소득 가구 아이들 양육 지원금 2743억 원은 연평도 포격으로 인한 안보 강화의 시급성 때문에 잠시 뒤로 밀린 것이라는 한나라당의 해명 아닌 해명과 함께 행방불명되었다.

어디 그뿐인가! 취업 후 학자금 상환제로 이자를 대납해 주는 3015억 원이 1900억 원으로 삭감되었으며, 저소득층 자녀 성적 우수 장학금 1000억 원은 예산안에서 삭제되었다. 노인 복지 예산 역시 120억 원이 삭감되었고, 2009년 추경 당시 5400억 원을 편성하기로 한 비정규직의 정규직 전환 예산도 사라졌고, 중소기업의 자금 운용에 지원되던 긴급 경영 안정 자금도 2010년 2500억 원에서 2200억 원으로 삭감되었다. 중소기업에 지원하는 신성장 기반 지원금은 2010년 1조 1600억 원에서 3780억 원 감액, 모태조합 출자 지원금은 1000억 원에서 320억 원 삭감되었고, 농어민 지원금도 8580억 원이 삭감되었다. 망년회, 송년회를 하지 못하는 이유가 바로 이것이다.

과연 우리는 2011년 예산안 날치기 통과라는 폭력의 정치를 해 배웅할 수 있을까? 노나라의 묵자가 이끌었던 제가백가의 한 파인 묵가(墨家)에 따르면, 강한 자가 약한 자의 것을 강탈하지 않는 것이 올바른 정치인 '의정(義政)'이다. 그러니 현실의 정치는 인민을 배제한 정치, 폭력의 정치인 '역정(力政)'인 것이다. 또한 노자의 말을 빌리면, '약팽소선(若烹小鮮)' 즉 작은 생선을 삶듯 자꾸 건드리지 말아야 하는데, 현실의 정치는 생선을 자꾸 뒤집어 요리를 망치듯 인민의 삶을 위태롭게 만들고 있다.

소모성 열병에 걸린 정치

서민 복지를 내동댕이친 이명박 정부의 정치, 이것은 인민의 처지에서는 위기의 정치이다. 일찍이 현실주의 정치 사상을 최초로 주장한 인물로 평가받는 마키아벨리는『군주론』첫머리에서 모든 국가를 공화국과 군주국으로 나눈다. 그리고『로마사 논고』에서 공화정을 충분히 논했기에『군주론』에서는 공화정을 제외한 군주정만을 논할 것이라고 한다.

하지만『공화국론』대신『로마사 논고』라고 제목을 썼다고 해서 공화정의 미래를 포기했다고는 볼 수 없을 것이다. 두 책 모두는 공화정과 군주에 대한 내용을 담고 있으며,『군주론』에서는 모든 주제를 군주의 관점에서 논했고,『로마사 논고』에서는 여러 주제들을 군주와 공화제의 관점을 모두 취하며 논했다.

『로마사 논고』에서 마키아벨리는 헌정 대상인 자유 시민을 군주의 자격이 있는 사람, 즉 시라쿠사의 히에론 같은 실질적인 군주와 같다고 한다. 히에론은『군주론』에서 모세나 다윗에 버금가는 군주의 모델로 제시되고 있기도 하다. 따라서 궁극적인 목적에 있어서『군주론』은 자신의 가르침을 실제 군주에게 전한 책이며,『로마사 논고』는 같은 가르침을 잠재적 군주에게 전한 책이라고 할 수 있다.

마키아벨리는『군주론』헌정사 부분에서 자신의 집필 의도를 다음과 같이 밝힌다.

"인민에 대해 잘 알려면 군주가 되어야 하며, 군주의 본질을 잘 알려면 인민의 한 사람이 되어야 한다."

물론 여기서 "군주"라는 용어의 모호성은 해소되지 않고 있다. 이를테면 군주란 폭군이 아닌 군왕을 의미할 수도 있고, 모든 군주를 가리키는 말일 수도 있으며, 공화국의 인물을 포함해 지배자의 위치에 있는 사람 모두를 가리킬 수도 있다. 그런데 이러한 용어의 모호함은 자유민주주의 공화국을 표방하고 있는 우리 삶에서 '공화국의 인물을 포함해 지배자의 위치에 있는 사람'으로 이해되어야 할 것이다.

"군주의 본질을 잘 알려면 인민의 한 사람이 되어야 한다"는 마키아벨리의 가르침은 정부와 여당의 '2011년 예산안 날치기 통과라는 폭력의 정치' 철학에서는 사라지고 없다. 마키아벨리는 인민의 지지를 받는 정치를 강조한다. 더욱이 그는 귀족들의 사적인 욕망이 정치 공동체의 위기라고 진단하고 있다. 마키아벨리는 『군주론』에서 정치적 지혜를 소모성 열병에 비유하면서 다음과 같이 말한다.

"그 병은 초기에는 치료하기 쉬우나 진단하기 어려운 데에 반해서, 초기에 발견하여 적절히 치료하지 않으면 시간이 흐름에 따라서 진단하기는 쉬우나 치료하기는 어려워집니다."

서민 경제가 위기에 처했고, 부자와 빈자의 간극이 더 벌어지는 현실에서 정부의 정책은 삶의 치료를 방치하고 있다. 서민의 복지가 바닥에 떨어지고 있는 상황에서 복지의 중요성이 더 필요한 상황이다. 이러한 상황에서 적절한 개입과 행위를 해야 하는 것이 바로 마키아벨리가 말하는 정치적 지혜인 것이다.

정치적 지혜, 정치적 역량(virtú)의 부재는 공동체의 분열을 지속시킬

　　　　　　　　　　　　　　　　　　　　철학자의 서재 2

수밖에 없다. 따라서 바로 마키아벨리가 『군주론』에서 일관되게 주장하고 있는 것은 귀족과 인민의 대립이다. 그는 귀족에 대해 불신한다. 왜냐하면 귀족은 끊임없는 사적 욕망을 추구하고 있기 때문에 공동체의 몰락을 초 래할 수밖에 없다.

서민 경제와는 너무나 거리가 먼 한나라당의 정치는 공동체의 몰락과 사적 이익을 교환한 것과 크게 다르지 않다. 이들의 정치에서는 인민들의 정치를 찾아볼 수 없다. 인민들이 정치에서 배제당한 채, 남은 정치는 공 (公)의 빈약함과 사(私)의 풍성함뿐이다. 참으로 공(空)허한 정치이다!

외양의 정치, 그 역설의 의미

기획재정부가 내놓은 '2011년 경제 정책 방향과 과제'는 '따듯한 서민 경제'를 표방하고 있다. 또 이명박 정부는 '2011년 경제 정책 방향과 과 제'에서 '균형 재정 목표 달성을 위해 재정 지출 증가율은 재정 수입 증가 율(7.7%)보다 2.9% 포인트 낮은 연평균 4.8% 수준으로 관리'한다고 한 다. 2013~2014년에 '균형 재정'을 달성하는 것이 목표다.

어처구니없는 맷돌질이다! 그 이유는 다음과 같다. 정부는 균형 재정을 위해 '부자 감세 철회'를 그야말로 철회하고 4대강의 거대 토건 사업을 유 지하고자 한다. 결국 정부가 찾은 균형 재정을 위한 대안은 2011년 복지 예산을 축소한 것이다. 복지 예산 규모를 5조 2000억 원 늘렸다며 사상 최대라고 주장하지만, 복지 급여인 국민연금, 기초노령연금 등 자연 증가 분 3조 6000억 원과 해외에서는 복지 예산으로 간주하지 않는 주택 자금 증가분 1조 3000억 원을 제외하면 실질 증가분은 3000억 원밖에 되지 않는다. 올해 예상되는 물가인상률 3%를 고려하면 오히려 복지 예산은 감소된 것이다.

이러한 위선 행위를 어떻게 이해할 것인가? 마키아벨리가 『군주론』에서 말하는 '외양'의 정치가 이 대목에서 시사하는 바가 크다고 할 수 있다. 외양의 조작은 말 그대로 서민을 위한 정치인 것처럼 '보여야' 한다는 점을 강조하는 것이 아니다. 『군주론』에서 그는 군주의 교사로 켄타우로스 키론을 거론한다. 그리고 그는 여우 같으면서 사자 같은 사람이 되라고 한다. 이러한 문구는 그 자체로 진지하게 여기기보다 젊은이들을 위한 교육적 기능을 가진 것으로 이해해야 한다. 외양의 정치는 통치자가 필수적으로 대중의 지지를 받아야 함을 은연중에 '역설'하고 있는 것이다.

마키아벨리 사상의 함의를 염두에 둔다면 노동의 유연화를 통한 '따듯한 서민 경제'라는 위선의 정치가 갖는 역설은 무엇인가? 지배자가 얼어붙은 서민 경제를 외면하고 부추기면서 '따듯한 서민 경제'라는 위선의 정치, 외양의 정치를 행하는 것은 여전히 정상적인 정치, 인민의 지지를 기반으로 하는 정치, 선의 윤리가 우월하다는 점을 고백하는 것이다.

위선적 행위를 극복하는 방법은 정신분열증에 걸린 환자처럼 위선적 행위에 윤리적 부담을 느끼지 않는 것이다. 다른 하나는 자기기만 속에서 자신의 행위를 정당화하는 것이다. 문제는 이러한 행위가 공동체에 치명적인 결과를 초래한다는 점이다. 마지막 방법은 위선의 탈을 벗어 던지고 악행을 중지하는 것이다. 위선의 탈은 이미 벗어 던져버렸다. 그러나 문제는 정부가 정체성을 전화하지 않는 한 악행을 중지할 것 같진 않다.

생성의 민주주의

현실에서 위선의 정치학이 드러내고 있는 문제는 '따듯한 서민 경제'라는 정치적 선전과 상징 조작이라는 외양의 정치가 예외적인 상황이 아니라 일상화될 때이다. 한국 사회는 다른 나라 못지않게 민주주의를 위한 처절한 변혁의 과정을 거쳤다. 그러나 오늘날의 민주주의가 실질적인 민주주의이기에는 여전히 함량 미달임을 부인할 수 없다.

지배 권력은 상징과 조작의 정치에 근거한 대중 정치, 즉 외양의 정치를 통해 자신의 권력을 유지해 왔다. 이제 우리의 삶의 과제는 이러한 정치의 진행을 전환시키는 것이다. 지금은 보다 실질적인 생성의 민주주의가 요구되는 시점이다. 민주주의는 고정불변의 정치 체제가 아니다. 오히려 끊임없는 생성의 정치 체제로서의 민주주의에 대한 구상이 필요하다.

지배 권력자들이 신자유주의 지구화를 항구적인 자신들의 정치 형이상학으로 확신하고 있는 정치는 생성의 민주주의를 간과하는 경향성을 가질 수밖에 없다. 서민의 경제를 간과하고 있는 관점에서 현실의 정권이 드러내고 있는 정치 철학은 이미 인민에 의한 민주주의 정치의 역동성을 상실했다.

따라서 "우리가 복지국가라고 해도 과언이 아닐 정도"라고 말하는 이명박 대통령, 복지를 '즐기는 것'으로 표현하고 있는 윤증현 기획재정부 장관의 외양의 정치에 필요한 가르침이 바로 『군주론』인 것이다. 현실에서 마키아벨리가 말하는 군주는 없다. 하지만 인민은 언제나 살아 있다. 지금, 그리고 여기에.

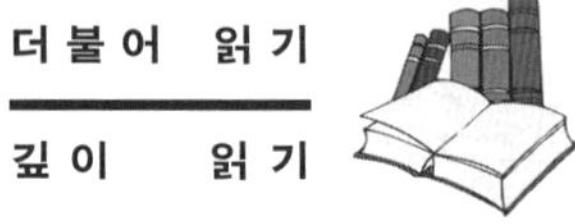

1) 마키아벨리, 『군주론』, 강정인 · 김경희 옮김(까치, 제3판 개역본, 2009). 이 책은 마키아벨리 전공학자가 번역에 참여한 책으로, 이탈리아어 원전 번역이라는 의미를 갖기 때문에 군주론을 이해하는 데 있어서 중요하다고 할 수 있다.

위의 글을 읽기 전에 마키아벨리 사상을 먼저 이해하기 위한 책으로는 아래의 책을 추천한다.

2) 강정인 · 엄관용, 『군주론』(살림. 2007). 이 책은 『군주론』에 대한 일반적인 사상, 시대적인 사상, 그리고 핵심 사상 등으로 이루어져 있어서 마키아벨리를 이해하는 데 있어서 필요한 책이다.

아울러 루이 알튀세르, 『마키아벨리의 가면』, 오덕근 · 김정한 옮김(이후, 2001). 이 글은 알튀세르가 읽고 있는 마키아벨리이므로 저자의 관점이 강하게 스며든 저작이며, 그는 역능과 운 사이의 풍부한 마주침을 중심으로 마키아벨리를 독해하면서 마키아벨리라는 가면을 쓰고 '맑스주의의 전화'라는 자신의 이론적 기획을 결산하고자 시도된 책이다.

박종성 / 한국방송통신대학교 강사

     철학자의 서재 2

헤겔의 '한마음의 꿈'은
여전히 현재 진행형!

『역사 속의 이성』 / 헤겔

모든 이가 자유로워야 진정으로 열린 사회

1980년대 말 동유럽과 구소련의 몰락을 보면서 1990년대 초반 역사가 종말에 도달했다고 대담하게 주장한, 미국 펜타곤에 근무했던, 프란시스 후쿠야마는 2008년 미국의 탐욕스런 금융 산업에서 시작된 세계 금융 위기를 지나면서 괴롭게도 자신의 말을 바꾸지 않을 수 없었다. 2011년 미국 정부의 부채 문제로 불거진 세계 경제 불안정이라는 현상 앞에서 그는 아마도 자신의 대담했던 말을 후회하고 있을 것이다.

'역사의 종말'이란 역사가 자본주의적 자유주의로 완성되었다는 것이다. 다시 말해 자유주의 이후의 사회는 더 이상 존재할 수 없다는 말이다. 왜냐하면 역사적으로 가장 고도로 발전한 사회가 자유주의 사회이기 때문이다. 이러한 후쿠야마의 오판은 세계사를 '자유 의식의 진보'라고 한 헤겔의 역사 철학을 아전인수 식으로 해석한 것에 불과하다.

헤겔이 의도한 세계사의 목표는 만인이 자유롭고 인간은 곧 인간인 한에서 자유로운 국가의 실현이다. 한 사람이나 소수만이 자유롭고 대부분의 사람은 빈곤과 실업으로 억압된 삶을 살고 있는 국가는 헤겔 식의 자유의 실현이 아니다. 헤겔의 국가관은 그런 점에서 통상 알려진 것처럼 자유주의 국가관이 아니다. 자유주의가 시장 주도의 신자유주의를 의미한다면 헤겔은 더더욱 자유주의자가 아니다.

그러나 구소련의 스탈린 독재나 북한의 정치적 세습은 미국 금융 자본의 독과점이나 남한의 경제적 세습 못지않게 헤겔적인 역사의 발전을 거스르는 반(反) 자유적인 사태이다. 헤겔이 말하는 자유는 단순히 생각 속의 자유만이 아니라 객관적인 현실에서 자유가 실현되는 삶의 자유이다. 신자유주의 경제학의 거두 하이에크의 친구인 칼 포퍼의 말대로 헤겔이 열린 사회의 적이 아니라 신자유주의와 정치적 독재가 열린 사회의 적이다.

열린 사회는 포퍼가 의도하듯이 자본의 독과점으로 전락한 시장 주도의 사회일 수 없기 때문이다. 만약 이를 의도했다면 통상 포퍼를 비난하는 말처럼 그의 열린 사회는 가장 닫힌 사회가 된다. 헤겔이 의도한 것은 북한 식과 미국 식의 사회가 아니라 모든 이의 자유가 실현된 사회이다. 그의 말처럼 "국가는 인간의 의지와 자유가 외적으로 실현된 정신적인 이념"이기 때문이다.

노동 해방과 민족 해방처럼 거대한 담론이 불신 받는 포스트모던적인 회의주의 시대에 그리고 존재자의 존재 근거인 도(道)나 신과 같은 존재의 개념이 전혀 의미가 없는 탈(脫) 형이상학의 허무주의 시대에 세계정신이나 시대정신을 외치는 헤겔의 역사 철학을 다시 언급하는 것은 철이 지난 유행처럼 시대착오적으로 보인다.

　　　　　　　　

　그러나 헤겔의 역사 철학은 과거의 사실을 단순히 보고하는 수준의 실증주의 역사학과는 다르다. 실증주의 역사학은 역사의 과학화를 표방하지만 실은 기계론적이고 원자론적인 자신의 형이상학을 감추고 있다. 헤겔의 역사 철학은 이와는 반대로 오히려 자신의 형이상학적 입장을 명확히 밝히면서 세계사의 철학적 의미를 밝혀보려는 점에서 해석주의 역사학의 출발점이 된다.

오리엔탈리즘 속에 담겨 있는 동양 비판의 의미

　헤겔의 역사 철학은 그의 난해한 철학과 변증법을 이해하기 위한 입문에 해당한다. 그의 역사 철학은 베를린 대학에서 세 번이나 강의했던 자료를 편집해 만든 〈역사 철학 강의〉의 서론인 『역사 속의 이성』(임석진 옮김, 지식산업사 펴냄)에 요약적으로 잘 나타나 있다. 이 짧은 단행본이야말로 헤겔 철학으로 가장 쉽게 입문할 수 있는 지름길이라 할 수 있다.

　비록 이 역사 철학에서 그 당시 서구인이 가졌던 오리엔탈리즘적인 요소가 나타나는 문제점도 있지만 역으로 동양에는 자유 의식인 철학이 존재하지 않는다는 그의 동양 비판에 우리는 귀 기울일 필요가 있다. 북한의 정치적 세습과 남한의 경제적 세습처럼, 또 중국의 인권 문제나 일본의 정치적 후진성 또는 인도에 남아 있는 불평등한 카스트 제도의 유산이나 아랍의 권위주의 정부들에서 볼 수 있듯이 과연 동양에 진정으로 만인의 자유가 존재했던 적이 있었던가? 아니면 이러한 자유 의식이 철학적으로 명료하게 표현된 적이 있었던가? 적어도 불교나 동학처럼 이러한 생각이 철학적으로 표현된 적이 있다 하더라도 이를 객관적으로 실현한 정치적 제도나 헌법이 존재한 적이 있었던가?

이러한 물음 방식은 전형적인 막스 베버 식의 오리엔탈리즘적인 발상법에 해당한다. 이러한 물음방식에는 좋은 어떤 것이 서양에는 있고 동양에는 없다는 서양 우월적인 사고방식이 내포되어 있기 때문이다. 그렇지만 헤겔의 동양과 동양 철학에 대한 비판에서 우리는 우리 자신을 스스로 비판해 보는 계기를 갖는 것이 더 바람직한 태도일 것이다.

타인의 생각을 가지고 우리 자신에 대해 철저하게 비판한다고 해서 우리가 타인에게 종속되는 것이 아니다. 열등감을 지닌 자는 타인의 자기비판에 대해 분노하기 마련이지만 진정으로 강인한 사람은 타인의 자기비판을 자신의 성찰의 계기로 삼기 마련이기 때문이다.

헤겔에 의하면 사상의 자유와 정치적 자유는 서로 연관적으로 발생한다. 역사상 자유로운 의식의 철학이 등장하기 위해서는 동시에 현실 속에서 객관적으로 자유로운 국헌(國憲) 체제가 형성되어 있어야만 한다. 결국 철학은 동양에서가 아니라 그리스 세계로부터 시작된다. 이는 중국과 몽고 제국의 신정(神政) 일치의 전제주의 국가나, 인도의 신정 일치의 귀족주의 국가가 역사적으로 정치적으로 입증해 준다. 이를 헤겔은 『역사 속의 이성』에서 이렇게 표현한다.

"동양인은 정신이나 인간 그 자체가 즉자적으로 자유롭다는 것을 알지 못한다. 바로 이 사실을 모르는 까닭에 그들은 자유로운 존재가 아니다. (……) 따라서 이러한 한 사람은 전제자일 수는 있어도 하나의 자유인이거나 인간일 수는 없다."

 철학자의 서재 2

그러나 자유 의식이 대두된 그리스인도 로마인과 마찬가지로 노예제가 보여주듯이 소수인인 시민만 자유로울 뿐이다. 인간 그 자체가 자유로우며, 또한 정신의 자유야말로 이 정신의 가장 고유한 본성을 이룬다는 사실은 기독교를 통하여 역사상 처음 의식된다. 헤겔에게 자유를 향한 자기의식은 기독교적 원리이다. 이 기독교적 원리인 자유 의식의 진보라는 관점에서 그는 세계사의 시대 구분을 한다. 이런 관점에서 본다면 동양은 세계사의 유아기에 해당할 뿐이다. 그래서 17세기 후반과 18세기 초반에 유행하던 '중국풍'이나 '인도 열광'의 분위기 속에서도 헤겔은 동양과 동양 철학에 결별을 선언한다.

정신 없는 시대에 정신의 귀환

시대의 유행에 민감하고 스스로 지혜롭다고 생각하는 사람들은 헤겔의 절대정신에 관한 생각을 현대의 탈(脫) 형이상학적 분위기 속에서 유령의 이야기처럼 여기곤 한다. 〈브리태니커 백과사전〉에서는 정신을 "지각·기억·고려·평가·결정 등을 포함하는 복합적인 능력"이라고 정의한다. 이런 사전적 정의는 현대의 '시대정신' 속에서 정신(精神)은 개인적인 차원의 심리학적인 의식이나 생물학적인 신경계로 환원되어 버렸다는 점을 반영하고 있다. 이런 분위기를 한마디로 지칭하면 현대는 '정신'이 사라진 시대라 할 수 있다. 이를 우리말의 속어 중의 하나인 '정신 없는 놈'을 빗대어 말하면 '정신 없는 시대'라 할 수 있다.

현대는 기술로 인한 사회 변화의 속도가 빨라 정신 없고, 자본주의의 상업화와 경쟁의 물결 속에서 넋 놓지 않기 위해 정신 없고, 가치 상대주의와 허무주의의 흐름 속에서 방향을 잡지 못해 정신 없는 시대라 할 수 있다. 이 정신 없는 시대에서 정신에 대해 이야기해 보는 것이 무슨 의미가 있겠는가?

우선 헤겔의 대표적 저작인 『정신현상학』(임석진 옮김, 한길사 펴냄)의 6장은 '정신'이라고 제목이 달려 있다. 헤겔이 정신을 정의하는 대목을 인용해 보면, "보편적이고 자기동일적인 불변의 실체로서의 정신은 만인의 행위를 받쳐주는 확고부동한 토대이자 출발점이며 동시에 모든 자기의식의 사유 속에 본원적으로 깃들어 있는 목적이자 목표이다."

여기서 헤겔이 말하는 마음(정신)은 단순히 한 개인의 심리적 상태나 중추신경계를 일컫는 말이 아니다. 헤겔이 마음을 정신이라고 표현한 데는 이유가 있다. 정신으로서의 마음은 일단 개인적이고 개별적인 것이 아니라 보편적인 것이기 때문이다. 즉, 헤겔이 의도한 정신은 개별적 마음이 아니라 원효 스님이 말씀하신 한마음(一心)과 비슷하게 개인 중심주의적이고 인간 중심주의적인 관점에서 벗어나 있다고 할 수 있다.

헤겔은 개인이 자기동일성을 지닌 인격의 소유자인 것처럼 그런 보편적인 정신을 자기동일적인 불변의 것(실체)이라고 부른다. 다중 인격이나 정신 분열이 심각한 병리적 현상이기 때문에 개별적 인격이 스스로 자신의 동일성을 유지하는 일은 중차대한 일이다. 자기동일성의 상실이란 곧 인격의 함몰(陷沒)을 의미한다.

마찬가지 의미에서 헤겔은 현실의 실체로서의 보편적인 정신도 자기동일성을 유지해야 한다고 생각한 것이다. 또한 인격이 개인적 행위의 토대이자 기초인 것처럼 정신도 만인의 행위의 토대이자 기초로 규정된다. 예

     철학자의 서재 2

를 들어 비록 개인적인 인격은 아니지만 일종의 인간 모임체인 회사라는 법인(법적인 인격)은 모든 회사원이 행동하는 토대이자 기초이면서 그 자체가 스스로 하나의 행위 주체이기도 하다. 그리고 모든 회사원들의 행위의 목표와 목적은 회사라는 법인체를 향하게 된다. 마찬가지로 모든 개별적 자기의식의 목적이나 목표는 보편적인 정신을 향한다고 할 수 있다.

이윤을 추구하는 회사와 정의와 자유를 추구하는 보편적인 절대정신을 비교하는 것은 무리가 있지만 현대의 어느 누구도 회사를 유령으로 보지 않는 것과 마찬가지로 헤겔은 자신의 시대정신 속에서 절대정신을 회사처럼 단단한 실체로 보았다. 그는 이 말을 통해 자신의 열정과 비전을 표현한 것이다.

그의 시대가 비록 안온했던 기존의 공동체적 사회가 자본주의적 개인들의 경쟁으로 분열되고 해체된 시대이지만 이 속에서 그는 이 개인들의 분열된 각각의 행위와 의식의 공통된 기초가 되고 목표가 되는 그 무엇을 복원하고 싶은 열망에 사로잡히게 된다. 그 무엇을 그는 정신이라고 부른 것이다.

이윤을 추구하는 회사에서도 마음 모으기가 필요한 것처럼 현대 사회도 분열된 개인들을 통일하기 위해서라도 마음 모으기가 필요하지 않았겠는가? 이러한 마음 모으기를 할 수 있는 토대를 그는 한마음 즉 절대정신이라고 부른 것이다.

정신이 자신을 깨닫고 실현하는 과정으로서의 세계사

헤겔은 자신의 시대를 분열되고 해체된 시대라고 부른다. 이 경향은 그의 시대보다 오늘날 훨씬 더 심각해지고 있다. 이러한 시대 인식 속에서 그는 정신이 스스로 해체되어 따로 존재하는 듯이 보이는 정신의 요소들의 공통된 지반을 근거 짓고자 한다. 그는 이 찰나적인 요소들이 운동하면서 해체되는 가운데서 정신의 본질이 나타난다고 생각한다. 그는 각각의 요소들이 스스로 전진해 나가면서 분열하고 해체하는 운동을 정신이 자기 자신으로 귀환하는 과정으로 본다.

정신의 발전이 자기의식적 자기 복귀 과정의 총체성의 진전이라고 한다면 이 발전의 활동도 구체적이며, 활동 주체와 결과도 구체적이다. 이런 식으로 행위나 활동으로 채워진 발전의 도정이 그 내용으로서의 이념 자체이다. 이러한 발전 개념에 따라 헤겔이 제시하는 세계사의 발전의 과정을 바탕으로 해서 헤겔은 『역사 속의 이성』에서 정신의 세계사적인 전개 과정을 다음과 같이 4단계로 나누어 서술하고 있다.

가) 정신의 규정. 헤겔은 정신의 규정을 자유라고 한다. 세계사는 이러한 정신이 자신과 자기의 진리를 깨달으면서, 오직 이를 실현시키는 단계적 과정(노력)에 대한 서술이다. 철학은 이러한 정신의 깨달음 속에서 화해를 가져오고 잘못된 것으로 드러난 현실적인 것을 이성적인 것으로 정화함으로써 이 현실적인 것을 이념 자체 안에 근거 짓는 세계사적인 노동이다.

나) 실현의 수단. 목적, 원칙, 가능성이 현실성을 띠기 위해서는 두 번째 계기인 실행, 즉 현실화가 필요하다. 그런데 이 실행이나 실현의 원리가 구체적인 인간의 의지(세계 전반에 걸친 인간의 활동성＝노동)이다. 이러한 인간을 움직이는 힘이 이념과 정열이다. 따라서 이념과 정열은 세계사라는 직물의

날줄과 씨줄이다. 이념 그 자체는 현실이고 열정은 이 현실이 어깨를 펼치게 하는 팔이다. 이 둘이 극단적으로 경합하는데 이 둘을 묶는 중심은 인륜적 자유이다. 세계사의 전 작업에서 이념은 현존재성이나 무상함에서 오는 부담을 그 스스로 지불함이 없이 개인의 열정으로 하여금 그 짐을 지게 한다. 이것이 '이성의 간교한 계책'이다.

다) 실현의 재료. 인륜의 모든 법은 우연적인 것이 아니라 이성적인 것 그 자체이다. 국가란 원래 시민으로 인하여 존재하는 것이 아니다. 즉, 국가란 시민과 대립하는 추상체가 아니라 시민은 국가라고 하는 하나의 유기적인 생명체의 모든 계기이다. 국가의 본질은 인륜적인 생동성에 있다. 이는 (대자적, 배타적, 유한적) 주관 의지와 보편 의지의 융합을 뜻한다. 그래서 보편적 이념은 국가 안에서 현상한다. 이처럼 정신의 구체적 개념이 존재하는 곳에서는 현상 그 자체가 본질적인 것이 된다.

라) 정신의 현실성. 국가의 기본법인 헌법에서 가장 중요한 것은 자체 안에서의 이성적인 것의 실현, 즉 정치적인 상태의 완성에 있고 개념의 모든 계기들의 자유로운 발현에 있다. 국가는 이성적이고 스스로를 객관적으로 인식하는 대자적인(자각적이며 주체적인) 자유이다. 그렇지만 세계사 속의 어떤 국가도 바로 이 절대정신의 권리(정의, 법)를 자처하고 나설 수 없다. 모든 개개의 국가는 자립적인 개체로서 서로가 서로를 전제하는 가운데 한 나라의 독립은 오직 또 다른 나라의 독립이 전제되는 한에서만 존중될 수 있다.

이러한 고찰을 통해 헤겔은 세계사가 정신의 발전이라는 사상에 이르게 된다. 정신의 발전이란 자기 자신에게 대립하는 달갑지 않은 노동이며 자신이 의도하지 않은 특정한 내용을 지닌 목적의 구현일 수 있다. 헤겔이 보기에 자연계에서는 종이 아무런 진보도 이루지 않지만 정신 속에서 일체의 변화가 진보이다. 결국 세계사란 자연으로서의 이념이 공간 안에서 스스로를 개진하듯이 시간 속에서 정신이 개진되는 것임을 의미한다.

여기서 진보한다는 것은 일반적으로 의식의 순차적인 단계적 진행으로 규정될 수가 있다. 몽롱한 의식, 감각적 느낌, 표상의 단계, 개념적 이해의 단계, 사물의 본성(정수) 인식, 자기 인식, 대상 인식과 자기 인식의 통일된 인식이 그 단계들에 해당한다. 그러므로 진보란 의식의 도야라는 점에서 결코 양적인 것이 아니라 본질적인 것에 대한 여러 관계의 단계적 진행을 뜻한다. 진보한다는 것은 무한을 향한 불확정적인 것이 아니며, 진보한다는 것은 하나의 목적, 즉 자기 자신으로의 복귀이다. 이러한 순환 속에서 정신은 오직 자기 자신을 추구한 것이다.

헤겔에게 있어서 역사의 완성과 (이성)국가의 실현은 학적 인식의 형태를 빌린 예언이자 바람이다. 누구도 자기 시대에 뒤져 있을 수 없거니와 그의 시대를 뛰어넘을 수도 없다.

"여기가 로두스 섬(현실을 상징)이다. 여기서 뛰어라."

헤겔이 의도한 세계사의 목표는 만인이 자유롭고 인간은 곧 인간인 한에서 자유롭다는 세계(게르만적인 세계)이다.

헤겔이 세계사를 통해 말하는 자유는 개인의 자유만이 아니라 인류 공동의 자유이다. 바로 세계사는 정신이 이를 실현해 나가는 과정에 대한 서술인 것이다. 여전히 세계의 80퍼센트의 인류가 빈곤과 질곡에서 벗어나지 못한 상황에서 역사를 이런 식으로 자유 의식의 진보와 실현 과정으로 보는 헤겔의 철학은 시사해 주는 의미가 분명히 있다. 그의 한마음의 실현으로서의 세계사는 이러한 빈곤과 질곡에서 벗어나 인류 공동의 자유를 실현하라는 원칙을 제시해 주고 있다.

헤겔의 한마음(절대정신)에 관한 담론을 유령으로 보고 있는 현대의 과학적 시대정신 속에서 우리는 공동 윤리적 한마음의 귀환을 목도하고 있다. 현실 공산주의의 몰락은 '역사의 종말'이 아니라 이러한 한마음의 귀환이 시작되었음을 알리는 징표에 불과하다. 여전히 한마음의 역사는 신자유주의로 인한 세계 경제의 혼란과 세계 민주주의 위기의 순간에도 진행 중에 있다.

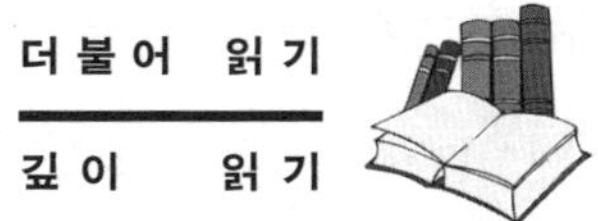

1) 마르크스 & 엥겔스, 「공산당 선언」, 김재기 옮김, 『마르크스 · 엥겔스 저작선』 개정판(거름,1995). 헤겔은 세계사를 절대정신이 모든 사람의 자유를 실현해 가는 이성적인 과정으로 서술했다. 이러한 관념론적인 역사 변증법 대신에

마르크스와 엥겔스는 구체적인 인간의 노동과 활동 그리고 이와 연관된 인간 관계를 중심으로 역사를 서술하는 역사 유물론을 제시한다. 물론 두 사람은 역사 유물론이라는 용어를 쓰지 않았다. 그러나 초기의 미완성 초고인 『독일 이데올로기』에서 제시된 이 역사관은 그 이후 마르크스와 엥겔스의 저작의 기본 바탕이 된다. 이 기본적인 역사관을 집약한 이론서는 존재하지 않고 여러 저작에 걸쳐 그 이론이 논의될 뿐이다. 그래도 대중적인 팸플릿인 「공산당 선언」을 통해 역사 유물론적인 시각에 입문할 수 있다.

2) 미셸 푸코, 『지식의 고고학』, 이정우 옮김(민음사, 1992). 헤겔과 마르크스의 역사관을 거대담론으로 부정하고 니체적인 해체주의적 관점에서 역사관을 새롭게 제시한 역사 서술 방법론이 푸코의 고고학과 계보학이다. 물론 고고학은 주로 지식과 진리의 문제를 다룬 초기에 사용된 방법론이며 계보학은 권력과 윤리의 문제를 중점으로 다룬 중후기의 방법론이다. 푸코는 말년에 고고학이라는 말을 생략하고 진리의 주체, 권력의 주체, 윤리의 주체로 삼분하고 이들을 통합적으로 주체의 계보학으로 묶기도 한다. 그렇지만 푸코가 초기의 자신의 역사 방법론을 집대성한 『지식의 고고학』은 장기 지속을 강조한 프랑스 유명한 역사학파인 아날학파의 역사관에 영향을 받고 1960년대에 유행하던 구조주의적 언어를 사용하면서도 구조주의와 휴머니즘의 역사관을 비판적으로 해체한다. 이로써 그 책은 해체론의 역사관을 서술한 기념비적인 저서가 된다.

김성우 / 상지대학교 겸임교수

자본의 정치경제학인가,
노동의 정치경제학인가?

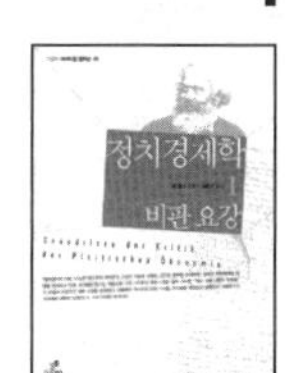

『정치경제학비판요강』 / 카를 마르크스

『자본론』의 다른 얼굴, 『정치경제학비판요강』

마르크스를 '마르크스'로 만든 저작이 『자본론』이라는 점은 의심의 여지가 없다. 그래서 사람들은 『자본론』이 과학적 사회주의의 그 '과학'을 정립한 책이라고 믿어왔다. 그러나 이런 믿음 속에서 사람들이 종종 잊어버리고 있는 것은 『자본론』이 자본주의 생산양식의 구조와 일반 법칙에 관한 책이라는 점이다.

그래서 그들은 자본주의가 작동하면서 그 스스로를 내세우는 논리, 즉 자본주의적 논리와 그 논리 자체가 낳을 수밖에 없는 논리적 모순의 층위를 구별하지 않고 곧바로 『자본론』에 있는 논리, 예를 들어 노동가치론과 잉여가치론을 논리적인 모순이 아니라 상호 정합적인 연속으로 읽는다. 하지만 문제는 바로 이런 단순한 읽기가 해방이 아니라 총체적인 지배를 낳았던 현실 사회주의의 권력을 정당화하는 논리로 탈바꿈되었다는 점이다.

부르주아 이데올로그들의 발명품은 어느새 마르크스의 작품이 되었고 노동가치론은 국가에 의한 노동의 조직화와 '사회주의 생산양식론'이라는 현실 사회주의권의 총체적 지배를 정당화했다. 그러나 1990년대 현실 사회주의권의 몰락은 사람들로 하여금 이 미몽의 역사에서 깨어나게 했다.

오늘날 우리가 다시 마르크스의 저작을 읽는다면 그 출발점은 바로 이 지점일 것이다. 왜냐하면 마르크스주의의 생명력은 '과학'으로서의 진리라는 텍스트의 정전화에 있는 것이 아니라 그 텍스트가 생산되고 작동하는 사회-역사적 맥락 속에 있기 때문이다. 이 점에서 오늘날 마르크스를 읽기 위해서는 다시 한 번 『정치경제학비판요강』에 주목할 필요가 있다. 이 책은 '정통' 마르크스주의가 '정통'이라는 권위 속에서 억압했던 마르크스의 또 다른 얼굴을 들추어 보여준다.

일반적으로 '정통'은 『자본론』을 읽는다. 아울러 『정치경제학비판요강』은 『자본론』의 배후로 밀려난다. 왜냐하면 사람들이 'Grundrisse(그룬트리세, 요강)'라고 부르는 이 텍스트는 『자본론』을 쓰기 위해서 1857년 7월부터 1858년 5월까지 마르크스가 썼던 초고들을 가리키기 때문이다. 그래서 많은 사람들은 『정치경제학비판요강』을 『자본론』의 선행 작업이자 『자본론』에 의해 집대성되는 것들의 기초 자료 정도로 취급하는 경향이 있다.

하지만 이 텍스트들은 『자본론』으로 환원될 수 없는 요소들을 가지고 있다. 무엇보다도 마르크스는 출판을 목적으로 이 초고들을 집필한 것이 아니라 '자기 이해'를 위해 썼기 때문이다. 따라서 『정치경제학비판요강』은 정합성을 가지고 있지는 않지만 마르크스가 자신의 당파적 관점에서 전개시킨 풍부한 사유를 엿볼 수 있다.

노동과 임노동, 노동자 계급의 정치경제학

『정치경제학비판요강』은 이제까지 마르크스주의자들이 해석해 왔던 많은 상식들을 뒤집는다. 우선, 그것은『자본론』전체의 논리적 출발점이 되는 '노동가치론'을 전복한다. 예를 들어, 마르크스는 기계의 발전과 더불어 나타날 변화에 대해 다음과 같이 썼다.

"직접적인 형태의 노동이 부의 위대한 원천이기를 중지하자마자, 노동 시간이 부의 척도이고 따라서 교환가치가 사용가치의 〔척도〕이기를 중지하고 중지해야 한다."

따라서 마르크스는 일반적으로 사람들이『자본론』을 읽는 방식인 노동가치론과 잉여가치론의 논리적 연속성을 부정하며 '노동 시간'이라는 가치의 일반적 척도를 부정한다. 이 점에서『정치경제학비판요강』은『자본론』에 대한 새로운 읽기를 열어놓는다. 예를 들어 마이클 리보위츠는 다음과 같이 말하고 있다.

"『자본론』에는 빠진 측면이 있는데, 그것이 바로 노동자의 측면이다. 『자본론』에는 살아 있으며, 변화하고, 노력하며, 즐거워하는, 그리고 투쟁하며 발전하는 인간을 위한 공간이 존재하지 않는다. 그들 자신의 활동을 통해 자신을 생산하며, 스스로를 생산하는 동시에 자신의 본질을 변화시키는 사람들, 즉 실천하는 존재들은『자본론』의 대상이 아니다. 그러나 그들이야말로 변화의 주체에 관한 마르크스의 견해에서 핵심을 이루고 있다."(『자본론을 넘어서』(홍기빈 옮김, 백의 펴냄, 13쪽)

따라서 이것은 이전에는 너무나 당연시되었던 『자본론』에 대한 새로운 읽기의 방향을 제시한다.

일반적으로 사람들은 『자본론』이 자본주의 생산양식의 위기와 파국을 논증하는 책이라고 생각한다. 그러나 문제는 그렇게 함으로써 사람들이 『자본론』을 경제학적으로만 읽는다는 점이다. 여기서 노동가치론은 잉여가치론의 전제가 되며 잉여가치론은 필요노동과 잉여노동 사이의 투쟁으로 읽혀진다.

하지만 잉여가치론은 노동가치론과 계열을 달리한다. 노동가치론은 애덤 스미스와 데이비드 리카도 등과 같은 부르주아 이데올로그들의 이론이며 존 로크는 노동의 가치를 통해서 사적 소유권을 정당화했다. 따라서 마르크스가 논증하고자 한 것은 '노동가치론이 아니라 부르주아적 논리인 노동가치론이 어떻게 잉여가치론과 충돌할 수밖에 없는가'였다. 노동가치론의 정합적이고 일관적인 정립은 '화폐'라는 폭력적이고 전제적인 지배를 통해서 이루어진다. 하지만 이 화폐는 자본으로 전화하면서 자기 스스로 논리적 모순을 생산한다. 마르크스는 이것을 노동과 임노동의 차이 속에서 읽었다.

『정치경제학비판요강』에서 마르크스는 다음과 같이 썼다.

"잉여가치화 계열 속에서 노동은 처음부터 교환가치로 되지 않는다. 그것은 구체적 유용노동으로서의 사용가치로 현상한다. 다시 말해 여기서 '사용가치'는 자본주의적 노동의 부정이다. 즉, '비노동', '실재적인 비자본'이 된다. 그러므로 자본은 자신의 순수한 부정성으로서의 사용가치와 비노동을 자신의 본질로 포함하고 있는 것이다."

따라서 자본이 자신의 교환관계로 흡수하는 노동은 '노동' 일반이 아니라 '임노동'이다. 리보위츠는 이 모순에 주목한다. 왜냐하면 노동자는 '노동력'이라는 자신의 상품을 팔기 위해서 자신의 생명력 전체를 재생산해야 하기 때문이다. 그러나 자본가는 자신이 필요로 하는 특정한 노동만을 산다. 따라서 노동자가 받는 몫은 언제나 노동력 재생산 비용에 못 미치며 자신의 노동 중 대부분은 '비노동'이 된다.

하지만 『자본론』에서 계급 투쟁은 이 노동과 비노동의 모순, 또는 생명력 전체를 재생산하는 노동과 임노동 사이의 모순을 따라 설명되는 것이 아니라 필요노동과 잉여노동이라는, 이미 자본주의 생산양식이 지배하는 법칙 속에서 설명되고 있다. 따라서 리보위츠가 주장하고 있듯이 '자본의 정치경제학'로서의 『자본론』에 대비하여 『정치경제학비판요강』에서 노동자 계급 자신의 관점(마르크스 자신의 관점이자 자기 이해)에 따라 기술된 '노동자 계급의 정치경제학'을 발견할 수 있으며 이 관점에서 다시 『자본론』을 읽을 수도 있다. 이런 점에서 헤겔적인 관념론의 소산으로 치부했던 알튀세르와 달리 오늘날 『정치경제학비판요강』은 마르크스주의의 새로운 길을 발견하고자 하는 사람들에게 영감의 원천이 되고 있다. 예를 들어 네그리는 『맑스를 넘어서 맑스』에서 '자기 가치화'와 '노동 거부'의 전략을 발견한다.

또 어떤 사람들은 '일반적인 사회적 노동'이라는 개념 속에서 오늘날 정보사회론과 관련하여 기계와 정보화가 어떻게 개인들의 지성을 일반적인 사회적 노동으로 바꾸어 놓는지를 예견하고 있음을 보기도 한다. 이것은 『자본론』에 없는 것이다. 하지만 『자본론』에 없기 때문에 마르크스가 실제로 과학기술혁명과 자본에 의한 생산력의 발전에 대해 어떤 태도를 취했으며 노동자 계급의 관점에서 그것이 가지는 의미를 보다 풍부하게 진술할 수 있었다.

예를 들어 그는 기계를 "지식과 숙련의 축적, 사회적 두뇌의 일반적 생산력의 축적"으로, "인간의 손으로 창출된 인간 두뇌의 기관들"이자 "대상화된 지력"으로 파악하면서 "일반적인 사회적 노동(die allgemein gesellschaftliche Arbeit)"이라는 개념을 사용한다. 게다가 더 나아가 그는 "고정자본의 발전은 일반적인 사회적 지식이 어느 정도까지 직접적인 생산력으로 되었고, 따라서 사회적 생활 과정 자체의 조건들이 어느 정도까지 일반적인 지성의 통제 아래 놓였으며 이 지성에 따라 개조되는가를 가리킨다"고 쓴다.

사회적 필요노동시간의 단축과 향유의 삶

'정통' 마르크스주의가 봉쇄한 가장 결정적인 개념은 '욕망'이다. 그러나 『정치경제학비판요강』은 바로 이 욕망이야말로 해방의 힘이라는 것을 보여주고 있다. 마르크스는 다음과 같이 쓰고 있다.

"실재적인 경제—절약—는 노동 시간의 절약이다(생산비의 최소한과 최소한으로의 감축). 그러나 이 절약은 생산력의 발전과 동일하다. 요컨대, 결코 향유의 억지가 아니라 힘, 생산 능력의 발전, 따라서 향유 능력뿐만 아니라 향유 수단의 발전. 향유 능력은 향유를 위한 조건, 즉 향유의 첫 번째 수단이다. 그리고 이 능력은 개인적 소질, 생산력의 발전이다. 노동시간의 절약은 자유시간의 증대, 즉 개인의 완전한 발전을 위한 시간의 증대와 같다."

따라서 마르크스가 꿈꾸었던 해방은 결코 노동이 지배하는 사회가 아니다. 오히려 그가 꿈꾸었던 것은 노동으로부터 해방된 사회이다.

"교환가치에 입각한 생산은 붕괴하고 직접적인 물질적 생산과정 자체는 곤궁성과 대립성의 형태를 벗는다. 개성의 자유로운 발전, 따라서 잉여노동을 정립하기 위한 필요노동시간의 단축이 아니라 사회의 필요노동시간의 최소한으로의 단축 일체, 그리고 여기에는 모든 개인들을 위해 자유롭게 된 시간과 창출된 수단에 의한 개인들의 예술적·과학적 교양 등이 조응한다."

따라서 마르크스가 해방시키고자 한 인간은 단순한 물질적 욕구를 충족시키는 인간이 아니다. 오히려 마르크스는 생산력을 발전시킨 "사회적 결합 및 사회적 교류뿐만 아니라 과학과 자연의 모든 힘"들이 발전시킨 사회적 생산력을 기반으로 하여 "향유 수단의 발전" 및 "자유시간의 증대"를 모색하고자 한다.

이런 점에서 마르크스가 산업노동의 발전과 대공장, 그리고 자본주의적 생산력에 주목했던 것은 그가 단순히 생산력주의자=기술주의자이기 때문이 아니라 인간의 감각과 정서, 그리고 감성적인 향유 능력의 발전을 '사회적인 노동'의 전개 속에서 보았기 때문이다. 바로 이 점에서 후기 프로이트의 생명적 힘으로서 '리비도'가 마르크스와 만나는 지점이 있다.

그러나 마르크스는 이것을 '차이의 차이화'와 같은 '생성'의 힘에 자신을 맡기는 것이 아니다. 오히려 마르크스는 자본과의 관계에서 이런 생산

력의 발전이 오히려 노동에 대한 지배를 생산하며 자본의 부로 나타난다
는 점을 정확히 지적하고 있다. 따라서 마르크스는 '차이의 차이화'가 아
니라 모순에 주목했다.

모순은 노동자 계급의 사회적 필요노동시간의 단축과 가처분 시간의
증가를 통해서 획득되는 사회적 욕망과 자본의 가치증식 욕망 사이에 존
재한다. 또한, 바로 그렇기 때문에 자본의 사적 소유는 그것의 물질적 토
대인 '노동의 사회적 성격'과 '사회적 활동의 결합'인 노동자들의 사회적
생산과 모순된다.

이런 점에서 마르크스는 노동 해방을 부정하지 않는다. 그것은 사회적
생산력을 체현하고 있는 노동자들의 노동을 해방시키고 자율적인 자기 생
산 노동으로 전화시키는 것이 바로 인류의 집단적 두뇌가 각 개인의 자유
로운 삶과 리비도적 삶의 활력을 가져오는 해방으로 가는 길이기 때문이
다. 이런 점에서 『정치경제학비판요강』은 『자본론』에 의해 완성되는 것이
아니라 오히려 『자본론』을 읽는 길잡이라고 할 수 있다.

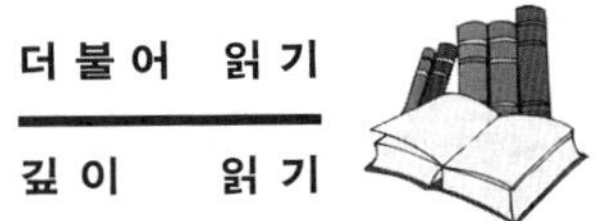

1) 안토니오 네그리, 『맑스를 넘어선 맑스』, 윤수종 옮김(중원문화, 2010). 『자
본론』을 자본주의에 대한 마르크스의 완성된 분석으로 보는 기존의 관점을
넘어서 오히려 『정치경제학비판요강』에 대한 재독해를 통해서 현대 자본주
의를 분석하려고 시도한 책이다. 여기서 네그리는 생산-유통-소비의 전 과정

을 하나의 통합적 운동으로, 가치 이론을 사회적 관계의 이론이자 계급투쟁의 이론으로 읽으면서 그것의 정치적 함의와 새로운 사회 구축의 방향을 찾아내려고 한다.

2) 마이클 리보위츠, 『자본론을 넘어서』, 홍기빈 옮김(백의, 1999). 『자본론』을 자본의 정치경제학으로, 『정치경제학비판요강』을 노동자 계급의 정치경제학으로 설정하고 이 책에서 노동자 계급의 정치경제학을 정립하고자 한 책이다. 여기서 리보위츠는 노동/임노동의 문제설정 속에서 자본 전체가 근거할 수밖에 없는 '노동'과 노동자 계급의 욕망을 연결시킴으로써 자본이 주체가 되는 『자본론』과 달리 노동자 계급의 입장에서 주체가 되는 정치경제학의 가능성을 찾아내려고 한다.

박영균 / 건국대학교 HK교수

자본주의를 폐기해야
건강하다

『자본론』 / 카를 마르크스

　마르크스의 『자본론』을 읽는다는 것은 경이롭고 흥미진진한 일이다. 자본주의 사회가 시작된 이래 마르크스가 『자본론』에서 한 것보다 더 명쾌하게 자본주의 사회에서 건강 문제의 기원을 밝힌 이가 있을까? 『자본론』 1권 서문에서 "현대 사회의 경제적 운동 법칙을 발견"하여 한 사회의 발전의 진통을 단축시키고 경감시키려는 목적으로 『자본론』을 썼다 ("제1판 서문", 『자본론』 제1권(제2개역판), 비봉출판사, 2001, 6쪽. 이하 『자본론』 에서 인용)고 밝혔듯이, 마르크스는 사회를 하나의 유기체로 바라보면서 사회의 운동 법칙을 발견하고자 했다. 이렇게 볼 때 마르크스가 『자본론』 에서 그 사회의 구성원인 유기체의 건강 문제를 주의 깊게 관찰한 것은 마르크스의 변증법적 유물론과 사적 유물론의 관점에서 볼 때 어쩌면 당연한 결과일 것이다.

　마르크스는 무엇보다도 자본주의적 생산양식이 인류의 생명력의 근원을 뿌리채 흔들어 놓은 것에 대해 경악한다. 마르크스는 『자본론』에서 "역사적으로 볼 때 바로 어제 태어났을 뿐인 자본주의 생산이 얼마나 급속하고 확고하게 인민의 생명력의 근원을 장악했는가!"("제3편 절대적 잉여가치의 생산, 제10장 노동일", 같은 책, 360쪽)라고 말하면서 자본주의 사회에서 자본가 계급에 의한 자본 축적 과정이 얼마나 인류의 노동력과 생명력을 소진시켰고, 생산력의 발전에 따른 인류의 생명력의 연장과 발전을 가로막는 장애물이 되는지에 대해 기술하고 있다.

이 글은 마르크스가 『자본론』에서 가장 핵심적으로 우리에게 말하고자 했던 바를 따라가면서 마르크스가 발견한 사회의 운동 법칙과 인류의 건강 문제가 어떻게 밀접하게 연결되어 있는지를 살펴보고자 한다.

자본주의는 모든 것을 상품화한다!

마르크스는 『자본론』의 첫 장에서 이미 "자본주의적 생산양식이 지배하는 사회의 부는 상품의 방대한 집적으로 나타나며 개개의 상품은 이러한 부의 기본 형태로 나타난다."("제1편 상품과 화폐, 제1장 상품", 같은 책, 43쪽)고 했다. 자본가 계급에게 상품 생산의 궁극적 목적은 상품을 생산하는 과정에서 발생한 잉여가치를 자본가가 독차지하여 자본으로 축적하는 것이므로 자본 즉 화폐로 전환할 수 있는 것이면 무엇이든 상품으로 만드는 것이다. 자본가 계급이 자본을 축적하려는 욕구는 "자본의 내재적 충동"이므로 어떤 것에 의해서도 제어가 안 된다. 자본가 계급이 상품을 생산할 것인가 아닌가에 대한 결정은 오직 그 상품을 생산해서 잉여가치를 낼 수 있느냐 없느냐에 의해 좌우될 것이다.

따라서 자본가 계급은 소비자들이 그 상품을 통해서 어떤 영향을 받을 것인가에 대해서는 전혀 고려하지 않는다. 자본주의 사회에 오면서 인류의 먹을거리가 상품으로 등장하게 된 이래 얼마나 많은 유해 물질이 범람하는가? 불량식품 하면 가장 먼저 떠오르는 곳이 초등학교 앞에 있는 구멍가게들이다. 빨강, 파랑, 노랑, 가지각색으로 물들여진 사탕이며 과자들은 아이들을 유혹하는 불량식품이었다. 그 오색 사탕이라도 하나 집어서 첨가물이 표시된 부분을 살펴보라! 황색, 적색 등 수많은 색소가 들어간다. 자본가 계급의 유혹이다. 자본가들은 상품 생산을 통해서 잉여가치를 획득하고 자본 축적을 위해 아이들의 순수한 동심까지도 이용하려 드는 것이다. 최근에 와서는 그 색소들이 발암 물질이었다는 것이 속속들이 밝혀지고 있는 것이다.

현대 자본주의 사회에서 불량식품으로 만든 위조 상품들은 얼마나 많은가? 톱밥 섞인 고춧가루, 뉘와 모래 섞인 쌀, 위조 계란, 위조 양주 등은 마르크스 시대에도 있었던 위조 상품들이다. 현대 사회로 올수록 유해 식품은 점점 더 잔혹해진다. 유해 식품의 잔혹사가 자본주의 사회의 역사이다. 대표적인 예로 광우병의 원인요인인 변형된 프리온과 신생아 사망을 유발시킨 멜라민은 둘 다 자본가 계급, 즉 "인격화된 자본"이 만들어낸 탐욕의 산물이다. 광우병의 원인인 프리온 단백질은 끓여도 분해되지 않고 인체에 흡수되면 뇌세포에 가서 박혀서 뇌세포 전체에 상흔을 내어 뇌를 스펀지처럼 만들어 버린다. 이 프리온은 어머니의 젖을 통해서도 이동될 수 있어 어머니로부터 아이에게로 수직감염이 이루어진다. 인류 재앙이 재생산되는 것이다. 또한 우유 속에 들어 있는 멜라민도 플라스틱 조각이 인체에 들어가 분해되지 않고 신장 등 모든 조직에 침착하여 소아 사망을 유발하는 것이다. 또한 대부분의 자본주의 국가들은 농산물에 발암성

농약이 사용되는 것을 그대로 방치함으로써 인류의 대부분의 먹거리를 발암성 물질로 오염되게 만들고 있다. 유해 물질이 인체에 미치는 악영향은 점점 커지고 규모도 확산되고 있다. 유통의 발달로 이제 광우병 쇠고기가 전 세계를 돌아다니고 있는 것이다. 현대 자본주의 사회는 마르크스 말처럼 "전지전능하신 하나님조차도 위조될 형편이다."

또한 이렇게 "상품의 방대한 집적"으로 나타나는 자본주의 사회에서는 자본주의적 생산양식의 생산과 소비 과정에서 엄청난 양의 유해 물질과 폐기물을 만들어내는데, 이러한 산업 폐기물들이 자연환경을 훼손시키고 인간의 삶을 송두리째 피폐화시키고 있다. 현대 자본주의 사회에서두 자본주의적 생산 과정이 자연환경을 파괴하고, 자연의 하나인 인류를 황폐화시키는 사례들은 이루 헤아릴 수 없는데, 그 대표 사례가 1970년대 박정희 정부가 "새마을운동"을 추진하면서 농촌 대부분의 가옥을 석면 슬레이트 지붕으로 바꾸게 한 일이었다. 최근 자본가 계급에 의한 직접적인 환경 파괴의 사례는 삼성 자본이 고가의 아파트를 건설할 때 석면 시멘트를 사용한 것, 2007년 12월 삼성 자본이 태안반도에 원유를 유출한 것 등을 들 수 있다.

유해 식품의 상품화와 유해한 산업 폐기물들은 인간에 대한 자본의 착취 그 자체이다. 자본주의하에서 자본가 계급의 인간 착취에는 법도 그 효력을 발휘하지 못한다.

자본주의 사회에서는 의료 자체도 상품화되었다. 의료 · 제약 생산물, 의료 서비스의 상품화를 살펴보자. 자본주의 사회에서 의료는 노동력 유지를 위해서 필요한 부분이므로 노동자의 노동력을 상품으로써 구입한 자본가 계급은 노동자의 노동력 유지에 필요한 모든 의료를 제공해 주어야 하는데도 불구하고 이를 제공하지 않고 있다. 의료 상품화의 근원은 자본가 계급이 노동자들의 노동력 유지비에 필요한 비용을 노동자들에게 임금으로 지불하지 않고 그들 자신들의 잉여가치의 부분으로 돌려 사유하는 데 있다.

자본주의 사회에서 의료의 상품화는 어떻게 이루어지는가? 자본가 계급은 노동력 재생산을 위한 유지비 중의 하나인 의료비를 제공하지 않고 노동자 개인에게 노동력 유지의 책임을 전가하고 있는 데서 바로 의료 상품화의 근거가 나오는 것이다. 자본주의 사회는 상품 생산 사회이므로 노동자들 개개인이 의료를 책임져야 하는 상황이 되자 의료가 바로 상품이 되어 그들 앞에 나타나게 된 것이다.

자본주의 사회에서 의료 상품화의 주체는 생산수단을 가지고 있는 개인 의사나 병원 자본가들일 것이다. 병원에서 행해지는 모든 서비스가 가격이라는 꼬리표를 붙은 상품으로 전환된다. 그러면 이들 의사와 자본가들이 의료 서비스를 상품으로 제공함으로써 얻는 이윤은 어디서 오는 것인가? 의료 상품에 대한 비용은 노동자들이 그들의 노동력 상품을 자본가 계급에게 팔고 대신 그것을 유지할 비용, 예를 들면 의(衣)·식(食)·주(柱)에 지불할 비용으로 받은 임금 부분에서 이전된 것이다. 의료 서비스는 상품화되었어도 그 자체가 가치를 창조하지는 않는다. 유통 과정에서 발생하는 이윤이 바로 생산직 노동자들이 만들어놓은 잉여가치의 일부인 것과 마찬가지로 의료 서비스의 비용은 생산직 노동자들이 만들어놓은 가치의 일부분인 임금의 일부와 노동자들이 만들어놓은 가치 중에서 이미 자본가 계급에게 넘어가 버린 잉여가치의 일부가 병원 자본가들이나 개인의원 의사들에게 이전된 것이다. 그러므로 병원의 자본가들과 의사들이 의료 서비스라는 상품을 통해서 생산과정에서 발생한 가치와 잉여가치의 일부를 의료 상품화의 이윤으로 더 많이 이전시키기 위해 의료 상품화를 더욱 진행할수록, 즉 의

　　　　　　　　　　　　철학자의 서재 2

료 서비스 상품의 가격을 올리고 의료 서비스를 남발할수록 노동자들은 그들의 임금 부분에서 의료에 지불해야 할 부분을 감당하지 못하게 되면서 자신들의 노동력도 유지하지 못한 채 삶이 황폐화되어 버리는 것이다.

한편, 자본주의 사회에서는 의료 서비스의 상품화와 함께 의료 산업도 상품화되었다. 의료 산업이 시장화되어 의료 기기, 약품 등 모든 의료 시설이 상품화되었다. 특히 제약회사나 의료 기기 산업은 이미 거대한 초국적 거대자본이 되어 독점적 경쟁을 하면서 엄청난 이윤을 가져가고 있다. 한국에서도 백혈병의 치료제인 글리벡이 천문학적인 독점 가격으로 형성되어 일반 노동자들이 구입할 수 없는 상황에 이르고 있다. 의료 산업은 이미 초국적기업으로 이윤을 획득할 수 있는 곳이면 어디든 간다. 이러한 초국적 제약 산업은 자본주의 발전 수준이 낮은 국가들의 의료의 발전을 억제하고 있으며 그 지역 노동자들의 호주머니를 강탈해 가고 있다.

최근에 한국의 의료 상품화와 의료 사유화를 극대화시킬 수 있는 가장 위험한 요인으로 등장한 것이 바로 한미 FTA이다. 한미 FTA의 본질은 미국의 초국적 자본과 국내 독점 자본의 이해를 맞추어주기 위한 제도적 장치인데, 이것이 실현된다면 초국적 자본에 의한 의약품 독점 가격의 독주가 이어져 의약품 가격이 폭등할 것이고, 외국 투자 기관에 의한 영리 병원 설립이 증대될 것이며, 미국식 민영 의료보험이 도입되어 총체적으로 미국식 민영 의료 제도의 도입으로 인해 의료의 상품화와 사유화가 극심해질 것이다.

그러면 이제 의료 상품화가 노동자 계급에게 어떤 영향을 미칠 것인가? 의료가 상품화되어 의료비가 노동자들의 임금보다도 훨씬 높은 비용으로 매겨지는 경우에 개개의 노동자들이 이러한 고가의 상품화된 의료 서비스를 제공받지 못하여 질병을 치료하지 못하게 되므로 건강이 악화될 것이고, 결국 자신이 가지고 있는 유일한 상품인 노동력을 유지하지 못하게 되어 노동력의 재생산 능력을 소실당하므로 자본주의 사회에서 노동자로서의 역할마저 박탈당하게 된다. 또한 자본주의 사회에서 의료의 상품화는 의료 서비스의 남용과 의료 이용의 불평등과 건강 불평등의 한 요인이 되고 있다. 한미 FTA는 의료 상품화와 의료 사유화를 극대화시켜 노동자 계급과 민중들의 건강을 황폐화시키고 건강 불평등을 심화시킬 것이다.

잉여가치의 생산과정에서 발생하는 노동자 건강 황폐화

자본가들의 끝없는 탐욕은 노동자들의 죽음을 부른다. 자본주의적 노동과정은 잉여가치 생산과정이고 가치증식의 과정인데, 이 과정은 바로 인간의 노동력을 착취하는 과정이고 노동자의 건강이 황폐화되는 과정이다. 자본주의 사회에서 노동력 착취와 건강 악화는 동전의 양면이다. 자본가 계급은 자본주의적 노동과정에서 노동자의 노동력을 착취하여 잉여가치의 생산 즉 절대적·상대적 잉여가치의 생산을 증대시키는데 이 잉여가치의 생산과정이 바로 노동자들에게는 노동강도가 강화되는 과정이고 노동력이 소모되는 과정이며 건강이 황폐화되는 과정인 것이다.

그러면 자본주의적 노동과정에서 잉여가치의 생산이 어떻게 이루어지고 있는지를 알아보기 위해 공장의 비밀의 문을 열고 들어가 보자. 우선 절대적 잉여가치 증대기전을 살펴보면, 자본가는 공장을 24시간 가동시키면서 노동자들에게는 24시간 맞교대제, 12시간 맞교대제나 잔업과 주말노동 등을 통하여 노동자들의 육체가 허용하는 한계를 넘어서까지 노동을 강요한다. 한국에서는 자본주의적 생산과정이 도입된 이래 수십 년간 24시간 맞교대제나 12시간 맞교대제가 시행되었으며, 지금도 전체 노동자의 15~40%가 야간노동을 하고 있고 그중 약 66%가 2조 2교대 12시간 주야 맞교대를 하고 있다. 주야 맞교대의 가장 대표적인 공장들은 1970년대 중반에 들어섰던 자동차 부품 및 완성체 조립공장으로 자본가들은 이들 공장에서 약 40년이 넘도록 12시간 주야 맞교대를 시행하고 있어 그 공장에서 청년기와 장년기를 보낸 노동자들은 일생을 야간노동을 하면서 보내다가 건강이 악화되어 공장 밖으로 내몰렸거나 20년 이상 야간노동을 하느라 건강 악화에 시달리고 있다. 야간노동을 포함한 교대제는 2008년 국제암기구(IARC)에 의해 발암물질이라고 규정되어 있으며, 최근 많은 연구들도 야간노동으로 인한 인체의 24시간 생체주기의 파괴가 노화 즉 생명단축과도 연계가 있음을 밝혀내고 있다. 한국의 노동자들은 그들의 신체가 고갈되는 것이 이제 한계에 도달했다는 것을 온몸으로 느끼고 있는데, 2002년 기아자동차, 2003년 현대자동차 노동자들은 이미 야간노동 폐지와 주간 연속 2교대를 주장했고, 2011년 5월에는 유성기업 노동자들이 "밤에는 잠 좀 자자!"라고 하면서 본격적인 대자본투쟁을 통하여 야간노동의 문제를 전국에 알리고 있다.

한편, 상대적 잉여가치 증대기전을 보면, 자동차공장이나 반도체공장 등에서는 로봇이 인간이 담당해야 할 생산을 상당 정도로 대신하면서 노동자들은 다른 부서로 전환 배치되어 여전히 자동화되기 이전과 같은 강도 높은 정신적·육체적 노동에 시달리고 있다. KT와 같은 네트워크 서비스 분야 노동자들이 기술발전과 자동화로 인해 대거 구조조정을 당했고 남아 있는 노동자들도 노동 강도 강화에 시달리고 있다. KT는 2007년 이래 지난 5년간 약 74명이 사망했다. 2011년 한 해 동안에도 15명이 자살하거나 돌연사로 사망했다. 사망 원인으로는 심혈관계 질환이 가장 높았는데, 그 이유는 구조조정과 고강도의 업무 때문이다. KT는 민영화 이후 약 10년간 44,000명 중에서 13,000명의 노동자를 해고했는데, 이 구조조정에서 살아남은 노동자들은 고강도 업무와 언제 해고될지 모르는 두려움에 극심한 스트레스로 인하여 자살, 심혈관 질환에 의한 사망으로 이어지고 있는 것이다.

한편, 자본의 유통산업에서 노동자들은 "거대한 상업자본의 일개미"가 되어 산업자본가로부터 상업자본가에게로 잉여가치를 이전시켜 주는 역할을 하지만 정작 값싼 임금을 받으면서 과중한 업무에 시달리고 있다. 백화점, 대형마트 등 상품이 쌓여 있는 유통시장에서 노동자들은 저임금과 장시간의 노동, 단순반복적인 업무, 하루 종일 서서 일해야 하는 육체노동과 소비자의 감정을 맞추어야 하는 정신노동에 시달림으로써 대인 서비스 근무 과정에서 겪는 정신과 육체의 황폐화를 겪고 있다.

자본가 계급은 과학기술혁명의 열매를 오직 자신들만을 위해서 사유함으로써 자본의 축적을 강화해 나가고 있다. 그 대표적인 사례가 자동차공장이나 반도체공장인데 자동화 등 과학기술혁명의 발달로 인한 모든 혜택은 자본가들이 다 가져가고, 노동자들에게 돌아오는 것은 야간노동을 포함한 장시간의 노동, 보다 빽빽해진 작업 속도 그리고 첨단과학기술의 원료로 쓰이는 발암물질뿐이다.

또한 자본가 계급은 사회화된 생산력의 또 하나의 부분인 사회적 분업과 협업 과정을 자본주의적으로 이용함으로써 잉여가치 증대와 자본 축적을 강화해 나가고 있다. 자본가 계급은 사회적 분업을 자본주의적으로 이용함으로써 구상과 실현의 분리를 통하여 노동의 동인과 노동 자체의 통일을 파괴시킨다. 즉, 노동에는 구상과 실현이 통일되어 있는데, 자본가 계급은 이 구상과 실현을 분리시킴으로써 노동자를 불구로 만들어버리고 인간을 뿌리째 손상시킨다. 이제 노동자들은 스스로 구상하고 실현할 수 있는 인간의 노동력을 손상당하고, 정신노동과 육체노동의 분리를 겪게 되고 인간의 전체 몸 중에서도 일부분만 사용하게 되는 불구적인 노동으로 편제된다. 이렇듯 자본주의적 분업은 인류를 자본주의적 인간으로 파편화시키고 있는 것이다. 또한 자본가 계급은 자본주의적 협업과정을 작업현장 통제의 한 방편으로 이용하면서, 노동자들의 협업과정을 통해 발현되는 노동의 사회화가 노동자 계급에게 미칠 혁명적인 파급효과를 억압하고 그들만의 잉여가치를 채우기에 급급하다.

자본주의적 축적의 일반 법칙과 인류의 불건강

자본주의 사회에서 자본이 축적될수록 노동자 착취가 고도화되고 노동자 계급의 건강이 악화되고 있다. 마르크스는 자본이 축적되면서 노동자의 절대적인 수가 증가하고 노동생산성이 커질수록 상대적 과잉인구가 그만큼 많아져서 노동자 계급의 극빈층과 산업예비군이 커져서 빈곤이 축적되어 가는 과정을 자본주의적 축적의 절대적 일반 법칙("제7편 자본의 축적과정, 제25장 자본주의적 축적의 일반법칙", 같은 책, 879쪽)이라고 정의하였다.

마르크스가 『자본론』을 썼던 시대보다 자본의 축적이 심화되는 현대 자본주의 사회로 올수록 인류의 불건강의 문제가 심화되는 이유는 무엇인가?

그것은 첫째, 과학기술혁명으로 노동자들이 더 하향화되면서 초래되는 불건강의 문제일 것이다. 현대 자본주의 사회에서 과학기술혁명으로 생산력이 발전했지만, 인간의 노동력의 가치는 오히려 기계의 가치보다 더 낮아져서 기계를 사용하는 것보다 인간의 노동력을 사용하는 것이 더 자본가들의 생산비를 줄일 수 있는 열악한 일에 인간이 투입되고 있다. 자본가 계급은 기계와 인간과의 경쟁 구도를 만들어내고, 가장 열악한 일에 인간의 노동력을 낭비하고 있는 것이다.("제4편 상대적 잉여가치의 생산, 제15장 기계와 대공업", 같은 책, 526쪽) 과학기술이 발전된 현대 자본주의 사회에서 노동자들은 더 열악한 일을 하고 있으며 더 많은 종류의 발암물질에 노출되고 있다.

국제암기구(IARC)에서 정한 1급 발암물질을 취급하는 노동자들은 거의 대부분 단순노무직이거나 일용직 노동자들이다. 한국에서 노동자들에게 가장 많이 노출되어 있는 발암물질 중의 하나인 석면을 예로 들어보면, 1970~1980년대 "새마을운동"으로 농촌 가옥들을 석면 슬레이트 지붕으로 바꿀 때 석면에 노출되었던 이들은 바로 건설 노동자들이었다. 한국 정부는 2008년에 와서야 석면 사용을 금지했지만 그 이후에도 자본가 계급과 국가 권력은 석면이 함유된 슬레이트 지붕과 건물을 철거하거나 석면이 함유된 선박의 해체 작업에 기계를 사용할 때보다 더 비용이 덜 드는 값싼 노동력을 투입하고 있다. 석면 섬유는 한 오라기라도 인체에 들어가면 용해되지 않고 조직반응을 일으켜 폐암, 중피종암 등을 일으키는 치명적인 발암물질인데 자본가 계급은 그 돈 몇 푼을 아끼려고 노동자들을 석면 분진 속으로 몰아넣는 것이다. 또한 유리규산, 다환방향족탄화수소(PAHs) 등에 가장 많이 노출되는 노동자들은 건설 노동자들과 제조업 노동자들이다. 니켈, 크롬에 노출되는 노동자들은 영세 하청업체 도금 작업 노동자들이다. 그 외에도 디젤가스는 운수 노동자들에게 그리고 미네랄오일은 영세 금속가공 노동자들에게 고폭로원이며, 타이어 제조공장과 같은 고무공장에서 일하는 노동자들에게는 공장 전체가 발암물질이며, 도장 노동자들에게도 도장노동 그 자체가 발암물질인 것이다.

또한 여성 노동자와 청소년 노동자들은 상대적 과잉인구로 하위 편제(編制)되면서 대거 현대적 의미의 "봉사자 계급"("제4편 상대적 잉여가치의 생산, 제15장 기계와 대공업", 같은 책, 598쪽)으로 전락해 가고 있다. 여성 노동자들은 자본주의가 발전해 갈수록 병원의 간병노동, 식당의 주방일, 대인 서비스, 보육, 가정부, 파출부, 요양보호사 등 한 인간이 다른 인간에게 온전히 자신의 노동력을 다 바쳐야 하는 대인 서비스업으로 전락하고 있다. 현대 자본주의 사회에 오면서 자본주의 사회는 여성을 대하는 데 있어서 하나의 모순, 즉 여성을 어머니 또는 모성으로써 미화하면서도 산업 현장에서는 때때로 남성 노동자들보다도 더 열악한 노동조건의 일에 투입하는 모순을 심화시키고 있다. 청소년 노동자들은 자본주의가 발전해 갈수록 그들의 꿈도 펴보지 못한 채 서비스 봉사자 계급으로 전락하고 있다.

둘째, 자본가 계급과 국가 권력은 비정규직 노동자 고용을 합법화시키면서 노동자들의 임금을 절반으로 낮추어 노동력 가치를 상대적으로 저하시키고 있으며 노동강도를 강화시키고 노동자끼리의 경쟁을 심화시키고 있다. 최근 비정규직 노동자들의 증대는 자본의 착취의 고도화로 노동력의 가치가 저하되어 가는 과정이며 이 과정에서 노동자들의 건강이 악화되어가는 과정인 것이다.

셋째, 자본의 축적이 심화될수록 자본주의의 근본 모순인 사회적 생산력의 발달과 사적 소유관계의 모순이 끊임없는 충돌이 외화되는 경제 공황의 시기에 많은 노동자들의 건강이 황폐화되고 있다. 공황의 시기는 자본가 계급이 자본의 가치증식, 즉 노동자들로부터 더 이상 잉여노동을 착취할 수 없는 상태인 과잉생산의 상태에 이르게 되는 시기이며, 이 시기는 바로 자본의 위기인데, 자본가 계급이 그들의 위기를 노동자 계급에게 전가시킴에 따라, 많은 노동자들이 구조조정·해고의 칼날에 의해 상대적 과잉인구로 밀려나 실업 상태로 거리로 내몰리고 급격한 건강의 황폐화를 겪는다. 이러한 상대적 과잉인구의 증가는 오히려 공장 안에 있는 노동자들에게 몇 배의 노동강도를 증대시키는 기제가 된다. 결과적으로 인구의 대다수가 비참한 노동 상태로 전락하게 되고, 실업, 가난, 물질적 결핍에 몰리게 된다. 한국에서 경제공황의 시기 이후 자살이 급격하게 증가하고 있다. 인구 10만 명당 자살률이 1991년에 9.1명에서 점진적으로 증가하다가 1998년 경제공황 이후 19.9명으로 대폭 상승하였고 2002년 이후 경제가 악화되면서 계속 증가하여 2005년에 26.1명으로 증가했다.(신성원, "우리나라의 자살추세에 관한 연구", 한국콘텐츠학회, 2007, 310-314쪽.) 한편 자살률이 가장 높은 집단은 무직·가사·학생 등 비경제활동인구가 가장 많고 직업 중에서는 단순노무직 종사자가 가장 높다.

2008년 경제공황 이후에도 노동자들의 사망이 이어지고 있다. 최근에 경제공황이 깊어지면서 자본가 계급의 위기 전가가 노동자 계급에게 직접적인 영향을 미쳤던 곳이 바로 쌍용자동차 공장이다. 사측의 정리해고에 맞서서 "해고는 살인이다"라는 구호를 내걸고 2009년 77일간의 옥쇄파업을 했던 쌍용자동차 노동자들은 사측의 기만과 해고된 이후 극심한 생활고로 인해 육체적·정신적 고통을 겪어야 했고, 그들의 동지들 중에 21명이 자살, 심근경색, 뇌출혈 등으로 사망하는 또 하나의 고통을 당하고 있다.

그러나 이 어려움에도 굴하지 않고 쌍용자동차 노동자들은 다시 투쟁의 전선에 나서고 있다. 한국에서도 2009년 쌍용 노동자들의 대투쟁은 공황 시기에 자본의 위기 전가에 대응하고 자본의 정리해고에 맞서 노동자들이 지도부와 함께 결의하여 타협하지 않고 끝까지 싸웠다는 데 그 의의

가 있다. 2011년에 한진중공업 노동자들의 투쟁에 온 국민이 희망버스가 되어 김진숙 동지가 있는 굴뚝 위로 "새처럼" 날아갔던 것처럼 이제 2012년에 들어서 쌍용자동차 노동자들의 투쟁을 함께하는 희망뚜벅이, 희망텐트로 이어지고 있다.

인류 불건강에 대한 해결책은 자본주의 착취 관계를 없애는 것!

자본주의 사회에서 건강 문제에 대한 사적 유물론자의 처방으로써 마르크스는 노동자 착취의 종식을 주장하였다. 착취를 없앤 사회는 어떤 사회가 되겠는가? 마르크스는 『자본론』에서 자본주의 사회운동의 법칙을 제시하고 있을 뿐 아니라 새로운 사회의 상을 제시하고 있다. 우리는 낡은 사회관계 속에서 새로운 사회의 맹아를 발견할 수 있다.

우선 마르크스는 노동을 "인간과 자연 사이에 이루어지는 하나의 과정", 즉, 인간과 자연 사이의 신진대사라고 봄으로써 자본주의 사회에서 가치증식 과정, 즉 자본의 축적 과정으로써의 노동과 대비시킨다. 이렇게 자본주의 사회의 노동에 두 가지 측면 즉 구체적 노동과 추상적 노동이 존재한다는 마르크스의 발견은 인류가 이 두 가지 모순의 극복을 통해 가치증식 과정이 중심인 자본주의적 노동을 벗어던지고 진정한 인간과 자연 사이의 신진대사를 만끽하게 되는 날을 맞이하게 된다는 희망의 메시지가 아닌가?

둘째, 마르크스는 자본주의의 근본 모순, 즉 사회적 생산력의 발달과 그에 조응하지 못하는 사적 소유관계의 모순의 해소는 낡은 생산관계를 철폐하는 것이라고 강조한다. 인류의 불건강을 비롯하여 자본가 계급에 의한 사적 소유를 향한 욕구가 만들어낸 모든 부작용들은 사적 소유관계를 끊어냄으로써 해결될 수 있다. 자본주의 사회의 불건강의 근원의 해결을 위해서는 우선적으로 사적 소유관계가 철폐되어야 한다.

셋째, 마르크스는 『자본론』에서 자본주의적 착취 관계가 사라질 때 비로소 인류가 "자유인들의 연합체"로 서로 마주보게 될 것이라고 보고 있다. 인간은 자연의 법칙을 이해하고 이를 따라서 인간의 발전을 도모해 나갈 때 비로소 자유로워지는 것이다. 마르크스는 자연과의 신진대사를 합리적으로 규제하여 집단적인 통제하에 둠으로써 인간에게 가장 적합한 조건하에서 신진대사를 수행하는 상태를 필연의 왕국이라고 했으며 "이 필연의 왕국을 넘어서야만 진정한 자유의 왕국——즉 인간의 힘을 목적 그 자체로서 발전시키는 것——이 시작된다."고 보았으며 "자유의 왕국은 필연의 왕국을 그 토대로 하여야만 개화될 수 있는 것이다."라고 보았다.("제7편 수입과 그 원천, 제48장 삼위일체의 공식", 『자본론』 3권(초판), 비봉출판사, 1010-1011쪽) 인간이 이러한 자유로운 상태에 있게 될 때, 타인을 위해 일하는 것이 나의 발전에 도움이 되는 발전된 사회로 더욱 전진할 수 있을 것이다.

우리는 마르크스의 『자본론』을 통하여 노동자 계급의 불건강의 본질이 사회적 생산력의 발달과 낡은 사적 소유관계의 모순에 있고 이 자본주의의 모순의 해결은 노동자 계급과 자본가 계급의 낡은 생산관계, 즉 자본가 계급이 노동자 계급을 착취하는 낡은 착취구조를 끊어내는 것이라는 것을 알게 되었다. 인류의 건강의 측면에서 볼 때, 이 낡은 착취구조를 철폐하는 것이야말로 얼마나 큰 인류의 구원인가? 마르크스는 『자본론』에서 이것을 보여주고 있는 것이다. 노동자의 건강 문제는 자본가 계급과 노동자 계급이라는 대립물의 통일과 투쟁의 과정이다. 자본주의 사회에서 건강의 문제는 자본주의의 근본 모순인 사회적 생산력의 발전과 사적 생산관계의 낡은 생산관계의 모순을 통해서 발현되고 있으며, 노동자의 건강 문제에도 노동자와 자본가의 관계가 대립물로써 존재하고 있다. 모순을 해결하는 방법은 대립물의 투쟁 속에서 부정의 부정의 법칙을 통하여 나가는 것이라고 볼 때, 인류의 불건강의 문제에 대한 근본적인 모순의 해결 방법은 바로 자본가 계급의 사적 소유를 철폐하고 노동자 계급과 자본가 계급의 착취관계를 철폐하는 것이다. 자본주의 사회에서 자본가 계급은 "인격화된 자본"으로써 잉여가치의 착취를 그들의 역사적 임무로 자임하고 있기 때문에, 그 대립물인 노동자 계급만이 대립물의 투쟁, 즉 인간에 의한 착취로부터 인간의 해방을 위한 투쟁을 통해서 이 자본주의의 착취관계의 쇠사슬을 끊을 수밖에 없는 것이다.

인류의 불건강의 심화는 어떻게 극복될 수 있는가? 바로 자본주의 사회에서 근본 모순이 해결될 때, 즉 생산의 사회화와 사적 소유관계의 모순, 즉 "생산수단의 집중과 노동의 사회화는 마침내 그 자본주의적 외피와 양립할 수 없는 점에 도달"할 때, 비로소 자본주의적 외피는 파열될 것이며, 사적 소유가 철폐될 때 비로소 인류는 진정한 자유를 얻을 것이며, 인간은 자연과 더불어 건강한 삶을 영위할 수 있게 될 것이다. 바로 이때 인류는 사회의 구조적인 모순에 의해서 야기되는 불건강을 극복할 수 있게 될 것이다. 이렇듯 마르크스는 『자본론』 전체에서 혁명을 말하고 있다.

글을 마치며

우리는 마르크스의 『자본론』을 통해서 자본주의 사회의 착취관계가 인류의 건강에 미치는 해악이 얼마나 큰가를 알게 되었다. 지금까지 자본자 계급의 노동자 계급에 대한 착취가 노동자 계급의 불건강뿐 아니라 인류 전체에 대한 불건강을 낳고 있다. 자본주의 사회가 만들어내는 불건강의 문제는 자본이 축적될수록 점점 심화되고 있다. 최근 들어 산업재해나 근골격계질환 등만이 아니라 직업성 암 발생이 증가하는 경향을 볼 때 자본주의 사회의 축적구조가 심화될수록 인류의 불건강은 더욱 악화된다는 것을 알 수 있다. 그러므로 아무리 "웰빙"을 외쳐대더라도 자본주의 사회의 착취관계가 해결되지 않고서 인류의 건강은 본질적으로 해결될 수 없다.

현 사회에서 인류의 불건강 문제의 해결책을 생각해 볼 때, 우리는 자본주의 사회 내에서 안주하면서 건강이 개선되는 상태만을 바라지 않으며, 자본주의 사회구조를 안착시키는 데 결정적인 역할을 하는 자본주의 사회의 복지정책을 바라지 않는다. 우리는 이미 자본주의 사회 내에서 싹트는 새로운 사회의 맹아를 발견하고 있다. 그러므로 우리의 투쟁은 단지 자본주의 사회에 대한 고통과 절망의 표출이 아니라, 새로운 사회에 대한 우리의 열망의 표출이다.

자본주의 사회에서 불건강을 없애려는 노력은 다시금 노동자 계급과 민중들의 계급투쟁을 통해서 이루어질 수밖에 없다. 노동자 계급은 자본주의 사회의 생산력의 사회적 발달과 생산관계의 모순이 더 발전된 새로운 사회의 생산관계로 이행할 수밖에 없는 역사적 필연성을 더욱 앞당기기 위해 지금 이 순간도 끊임없이 운동하고 있다. 인류의 건강은 노동자 계급과 민중들의 투쟁으로써 획득될 수 있는 것이다.

손미아 / 강원대학교 의학전문대학원 예방의학교실

1) 카를 마르크스, 『정치경제학 비판을 위하여』, 김호균 옮김(중원문화, 1988). 『자본론』 1권 1편 부분을 읽을 때 꼭 옆에 두고 봐야 할 책이다. 마르크스도 자본론 1권은 『정치경제학 비판을 위하여』의 연속이라고 말했듯이 이 저작은 『자본론』을 읽는 데 크게 도움이 된다.

2) 프리드리히 엥겔스, 『영국 노동자계급의 상태』, 박준식 · 전병유 · 조효래 옮김(세계사, 1988). 마르크스의 혁명의 동지이자 인생의 동지이었던 엥겔스가 24살에 썼다는 이 저작은 그 시대 노동자 계급의 상태를 묘사한 가장 훌륭한 저술이었다. 마르크스도 『자본론』에서 엥겔스의 이 저작을 인용하였듯이 이 두 사람은 노동자 계급의 문제의 본질을 자본주의 체제 그 자체에서 찾아야 한다는 것을 강조했다.

3) 프리드리히 엥겔스, 『가족 사유재산 국가의 기원』, 김대응 옮김(아침, 1987). 마르크스의 유물론적 역사 연구는 엥겔스의 책 『가족 사유재산 국가의 기원』에서 구체화되어 나타나는데, 두 사람은 유물론적 역사 연구를 통해 낡은 사회가 붕괴되고 새로운 사회가 출현한다는 인류 진보의 법칙을 발견했던 것이다. 『자본론』이 낡은 자본주의 생산양식이 철폐되고 새로운 사회가 도래하는 필연적인 인간 사회의 법칙을 논했다면 엥겔스의 『가족 사유재산 국가의 기원』은 인간 그 자체의 생산, 즉 종족의 번식에서도 낡은 사회가 붕괴되고 새로운 사회가 출현한다는 것을 보여주고 있어 같이 읽으면 매우 흥미롭다.

350년 전 '재스민 혁명'
예언한 철학자는?

『신학정치론/정치학논고』 / 베네딕트 데 스피노자

1

서양 철학사에서 스피노자만큼 다양한 모습을 보여주는 철학자도 드물다. 일반적인 분류에 따라 그를 합리론자로 간주하고 그의 철학을 이해하려고 하자마자, 합리론과는 어울리지 않는 듯한 다양한 주장들, 이를테면 인간의 본질이 욕망이라거나 욕망은 의지가 아니라 더 강한 반대의 욕망에 의해서만 통제될 수 있다는 주장을 접하게 되기 때문이다.

또 은둔자로서의 그의 이미지와 달리, 그는 현실 정치 문제에 끊임없이 개입했다. 신에 대한 지식을 통해 자유에 도달할 것을 역설한 철학자에게서 이런 주장을 접한다는 건 분명 뜻밖의 일이다.

스피노자 연구자들의 경우에도 사정은 마찬가지였다. 대부분의 스피노자 연구자들은 스피노자의 저술 중 합리론적 특징을 잘 보여주는 『에티카』에 주목하고, 거기서 다루는 존재, 인식, 윤리의 문제 등에 연구 범위를 한정했다. 그런 까닭에 현실적이고 정치적인 주제를 다루는 『신학정치론』이나 『정치학논고』와 같은 저서들은 주목받지 못했을 뿐 아니라 심지어 그의 철학에 이질적인 '불순물'처럼 취급받았던 게 사실이다.

우리나라의 경우에도 예외는 아니어서 들뢰즈, 네그리 같은 유럽 철학자들의 영향으로 '스피노자'가 대중적인 인기를 끌게 되면서, 스피노자의 정치철학에 대한 관심이 고조되었지만, 이런 관심에 부응하는 스피노자 연구자들의 번역이나 연구는 미흡한 실정이었다.

2

이처럼 스피노자의 정치철학에 대한 대중적 관심과 정치철학에 대한 스피노자 연구자들의 상대적 무관심이 공존하는 상황에서, 최근 번역 출간된 『신학정치론/정치학논고』(최형익 옮김, 비르투 펴냄)는 스피노자 철학에 대한 이해를 심화시킬 것이라 기대해 본다. 이런 기대의 이유는 다음과 같다.

먼저 『에티카』와 스피노자의 정치 저작들 사이에서 존재하는 긴장이 '정치적 매개'라는 개념을 통해 완화될 수 있기 때문이다. 『에티카』는 신에 대한 논의로부터 출발해 자유와 구원에 대한 논의로 끝을 맺는다. 이런 자유와 구원의 성격에 대해 여러 해석이 가능하겠지만, 여기서 '구원'이 일차적으로 개인과 관련된다는 점은 분명하다고 할 수 있다.

반면 『신학정치론』과 『정치학논고』에서는 정치체의 안정과 평화라는 주제를 공통적으로 다룬다. '개인의 자유'라는 주제 역시 등장하지만, 이는 정치체의 안정이나 평화와의 관련 속에서 논의되며, 따라서 스피노자의 정치철학적인 저술과 『에티카』는 논의의 대상이나 범위 면에서 큰 차이를 보인다고 할 수 있다. 이런 차이를 극복하고, 두 종류의 저작을 통일적으로 파악하기 위해서는 스피노자의 '정치적 매개'의 전략을 이해할 필요가 있으며, 『신학정치론』과 『정치학논고』는 이러한 전략을 잘 보여주는 저작들이라고 할 수 있다. '정치적 매개'란 인간의 이성이 수동적인 정서를 압도할 만큼 강하지 못하다는 현실을 전제하고 있다.

이런 상황에서 이성이 제대로 기능하게 하려면, 그 자체로 좋은 정서(가령, 사물에 대한 기쁨)가 나쁜 결과를 일으키지 않게 하고, 그 자체로는 나쁜 정서(가령, 고통이나 공포)가 간접적으로 좋은 결과를 일으키게 하는 사회·정치적 환경이 조성되어야 한다. 적의와 미움, 자신에 대한 과대평가가 지배하는 자연 상태에서 공포와 희망, 연민과 수치심 등이 지배하는 사회 상태로 이행하게 되는 과정을 설명하는 『정치학논고』의 2장이나, 자유로운 국가에서 더 능동적이고 유해한 정서들이 지배적일 것이라는 점을 보여주는 『신학정치론』 20장은 윤리학이 정치적으로 매개될 필요성을 잘 보여준다고 할 수 있다.

정치학 관련 저서의 출간을 통해 스피노자에 대한 이해가 심화될 수 있을 것이라고 기대하는 두 번째 이유는 정치학 저서들 간에 존재하는 긴장 관계 역시 해명할 기회를 줄 수 있기 때문이다. 『에티카』와 정치 저작뿐만 아니라 『신학정치론』과 『정치학논고』 사이에서도 긴장이 발견된다.

전자에서는 "국가의 진정한 목적이 자유"(20장)라고 주장하고 있지만, 후자에서는 "국가의 목적은 안전과 평화"(5장)라고 주장하고 있기 때문이다. 이 두 주장이 모순적인 것은 아니지만 '국가'에 강조점을 두는 『정치학논고』의 주장과 개인의 자유에 강조점을 두는 『신학정치론』의 주장 사이

                                                    철학자의 서재 2

에 긴장이 있다는 걸 부인할 수는 없을 것이다.

이런 긴장관계를 완화시킬 수 있는 완충 지점 역시 『정치학논고』에서 찾을 수 있다. 스피노자가 말하는 평화와 안전은 단순히 전쟁이 부재한 상태가 아니라 국가의 성원들이 이성의 능력을 더 많이 발휘하고 긍정적인 정서들을 더 많이 누릴 수 있는 상태다. 이 점에서 국가의 목적이 자유라는 주장과 국가의 목적이 안전과 평화라는 주장은 갈등하기는커녕 오히려 서로를 강화해 주는 상보적 관계에 있다고 할 수 있다.

3

이처럼 스피노자 철학 자체에 대한 이해를 심화시켜 줄 수 있을 뿐 아니라 21세기 현실을 분석하는 데 유용한 지침을 제공해 줄 수 있다는 점에서도 스피노자의 정치학적 저술(의 출간)은 의미를 가진다. 튀니지의 '재스민 혁명'에서 촉발된 이슬람권 국가들의 민주화 요구는 이집트를 거쳐 리비아로까지 확산되고 있다.

수천 년 동안 이슬람이라는 단일 종교 아래 강한 응집력을 보여온 이슬람 국가들의 철권통치가 무너지고 있는 것이다. 혹자는 이런 민주화 운동의 요구가 시민의 주도로 진행되고 있다는 점에서 이슬람 문명 자체의 균열을 얘기하기도 하고, 혹자는 시민운동의 배후에 이슬람 세력이 있다는 점을 들어 이슬람 문명은 여전히 건재하다는 진단을 내리고 있기도 하다.

분명한 것은, 스피노자의 말대로, 정치와 종교의 결합은 전제정으로 변질될 위험이 있으며, 그 결합 정도가 더 강할수록 그럴 위험이 더 커진다는 것이다. 『신학정치론』에서 외쳤던 정치와 종교의 분리라는 가르침은 21세기 현실에도 여전히 유효한 셈이다.

이러한 스피노자의 문제의식은 민주주의가 과연 무엇인가에 대한 성찰로 우리를 이끈다. 민주주의에 대한 스피노자의 논의는 귀족정이나 군주정과 같은 하나의 정체로 민주정을 논하는 부분과 근본적인 민주주의 원리를 논하는 부분으로 나눌 수 있다. 이 중 오늘의 현실과 관련해 주목할 수 있는 건 근본적인 원리로서의 민주주의다.

스피노자는 민주주의를 "완전히 절대적인 국가"(『정치학논고』 8장 3절과 7절)라는 관점에서 논의한다. "만약 절대 통치라는 것이 존재한다면 그것은 대중 전체가 보유하는 권력"(8장 3절)이라는 구절을 염두에 둘 때, 스피노자가 민주주의를 대중 전체가 보유한 권력과 관련시켜 이해하고 있음을 알 수 있다.

이러한 주장에 대한 다양한 해석들이 있지만, 대중의 집단적 욕구와 의지가 국가를 구성하고 유지하는 데 중요한 구성 요소로 등장한다는 점에는 차이가 없으며, 바로 이것이 스피노자의 정치철학을 현재적이게 하는 이유라고 할 수 있다. 모든 정체가 절대적 통치에 근접할수록 지속 가능하며 가장 좋은 것이라는 스피노자의 말이 맞는다면, 민주주의는 모든 종류의 정체가 가장 잘 지속 가능하기 위한 조건이라고 할 수 있기 때문이다. 이런 이유로 부패한 민주정보다 민주적인 군주정이 더 나은 정체라고 할 수 있다.

4

스피노자의 정치학적 저술, 특히 『신학정치론』은 스피노자의 저술 중

　　　　　　　　　　　　　　　　　　　　　　철학자의 서재 2

가장 길 뿐만 아니라 다루는 주제 역시 포괄적이기 때문에 이제까지 번역이 안 된 저서였다. 이런 현실에서 비록 중역판이긴 하지만『정치학논고』와『신학정치론』의 완역은 전공자들의 분발을 촉구한다는 점에서도 큰 의의가 있다고 할 수 있다. 그러나 군데군데 보이는 어색한 번역어는 이후 좀 더 완성도 높은 번역을 위해서라도 지적해야 할 필요가 있어 보인다.

먼저 '자유 의지'(397쪽)로 번역된 '리베라 볼룬타스(libera voluntas)'는 오해의 여지가 있어 보인다. 인과적 결정론을 지지하는 스피노자는 무엇이든 선택할 수 있는 의지라는 의미의 '자유 의지'를 부정하기 때문이다. 따라서 스피노자가 부정하는 자유 의지와의 혼동을 피하기 위해 '자유로운 의지' 정도로 번역을 하고, 이것이 '자유 의지'와 다른 것이라는 점을 각주에서 보충 설명했으면 좋았을 것 같다. '대중'(20쪽)이라고 번역한 '불구스(vulgus)' 역시 아쉬운 번역어다. 스피노자는 상상과 편견에 빠진 '군중'과 능동적이고 집단적인 의지를 행사하는 '대중(multitudo)'을 구분해서 쓰고 있기 때문이다. 이런 점들이 이후에 좀 더 수정·보완된다면, 보다 완성도 높은 번역본이 될 것을 의심치 않는다.

1) 스피노자,『신학정치론/정치학 논고』, 최형익 옮김(비르투, 2011). 정치철학적인 주제들을 다루고 있는 스피노자의 저서다. 구체적으로,『신학정치론』은 정치와 종교, 철학과 종교 등이 어떤 관계에 있는가를 다루고 있다면,『정치

학 논고』는 국가의 목적과 기능이 무엇이며 국가가 지속가능하기 위한 조건은 무엇인가를 다루고 있다. 윤리학의 논의를 토대로 정치적 논의를 펴고 있기 때문에 스피노자 철학에 대한 체계적 이해를 도울 뿐 아니라 민주주의에 대한 새로운 관점을 제공하고 있기 때문에 현실 정치의 문제를 분석하고 해결하는 데도 유용한 통찰을 줄 수 있다.

2) 알렉상드르 마트롱, 『스피노자의 철학에서 개인과 공동체』, 김문수, 김은주 옮김(그린비, 2008). 스피노자의 정치철학과 윤리학이 얼마나 밀접하게 연관되어 있는지를 보여주는 마트롱의 역작이다. 특히, 스피노자의 문헌을 철저히 분석함으로써 그의 철학의 구조적인 얼개와 윤곽을 선명하게 제시해 주는 책이다.

3) 에티엔 발리바르, 『스피노자와 정치』, 진태원 옮김(이제이북스, 2005). 스피노자의 철학에서 정치가 어떤 비중과 역할을 차지하는지 저작별로 분석하고 있는 책이다. 이를 통해 스피노자의 정치철학적 문제의식이 어떻게 변모하고 발전했는지를 파악할 수 있다.

조현진 / 충북대학교 강사

3장

자신으로 사는 삶, 원하는 삶, 옳은 삶: 자아 탐구

베짱이가 굶어죽지 않는
세상을 위하여

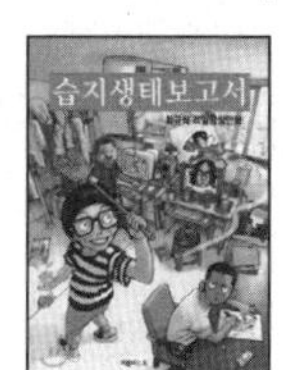

『습지 생태 보고서』 / 최규석

만화계의 긴긴 암흑기

한국에서 만화는 시사, 비판, 계몽을 위주로 하던 성인 매체로 출발했으나 일제 강점기를 겪으며 탄압을 받아 명랑 만화 위주로 살아남게 되었다. 그 후 독재와 군부 정권을 거치며 '만화는 아이들만 보는 유치한 것'이라는 편견이 대중들에게 깊게 각인되었다. 이는 지금까지도 지속돼 오고 있어 만화계의 많은 창작 노동자들을 괴롭힌다.

하지만 현재와 같은 만화 시장 왜곡의 직접적 원인으로 가장 많이 지적되는 것은 '청소년 보호법'과 '대여점'이다. 1997년 청소년 보호법의 시행으로 촉발된 이른바 '만화 탄압 사태'로 수많은 작가들이 고통을 겪었고, 연재를 중단한 작품도 많았다. (청소년 보호법 제정 직후 최초로 실시된 유해 판정(1997년 7월 15일)으로 1700여 종에 달하는 만화가 '청소년 유해 매체'로 판정되었다. 이른바 '만화 탄압 사태'이다.)

또 IMF를 전후로 '도서 대여점'이 우후죽순처럼 생겨나면서 많은 창작자들의 반발과 저작권 문제에 대한 논란이 일었다. 이렇듯 만화는 정책적으로 가장 홀대받은 문화 사업 중 하나이다. 사실 홀대로 그친 것이 아니라 정부가 나서서 만화계의 숨을 옥죄었다고 봐야 더 정확할 것이다. 이러한 탄압에 계속 시들어가던 만화계는 일본 만화에 대부분의 자리를 내어주고 이윽고 불법 스캔 만화로 시장을 잠식당하면서 결국 고사 직전에 몰렸다.

물론 웹툰(web-toon)의 약진이 계속되면서 신진 작가들이 꾸준히 배출되고 있고, 출판도 이어지고 있다. 일본에서 활동하는 길을 모색하는 작가들도 많다. 하지만 전체 만화계가 그 정도로 부활할 수 있을지는 미지수다. 만화계는 아직도 암흑에서 벗어나지 못하고 있다.

창작 노동자 대부분이 '워킹 푸어'

우리나라 문화 산업 중에 그나마 '잘 나간다'고 알려진 영화계도 창작 노동자인 스태프들의 상황이 낫다 말하긴 힘들다. 널리 알려졌듯 몇몇 스타와 제작사만 배를 불리는 시스템이기 때문이다.

영화 스태프의 2009년도 연평균 소득은 623만 원. 월급으로 치면 52만 원도 채 되지 않는다. 그들은 청춘을 바쳐 누구보다 열정적으로, 성실히 일하지만 돈을 떼이기도 하고 계약 기간이 끝났음에도 추가 촬영이 결정되어 무보수로 일하기도 한다. 한마디로 그들은 제때 제몫을 받지 못한다. 가난하다.

얼마 전 유망하고 젊은 시나리오 작가가 지병과 생활고에 시달리다 결국 세상을 떠났다. 그녀의 이야기는 곧 "남는 밥" 운운하는 자극적인 제목의 기

　　　　　　　　　　　　　철학자의 서재 2

사로 흩뿌려졌다. 그러나 그녀는 영화계에 만연된 임금 체불과 그로 인한 생활고에도 불구하고 의연하게 투병 생활을 하고 있었던 것으로 알려졌다. 그녀가 창작한 시나리오 5편은 제작사와 계약까지 했지만, 제작이 무산되어 돈을 받을 수 없었다. 그녀는 전형적인 '워킹 푸어(working poor)'였다.

고인(故人)과 대학을 같이 다녔던, 지금은 영화계를 떠난 친구가 있다. 그녀는 고인의 죽음을 접했을 때 "우습게도 눈물을 흘리기보다, 그럴 수도 있겠다는 '납득'을 먼저 했다"고 말했다. 또 "그렇게 죽어간 사람이 내가 아니라는 안도감"도 들었기 때문에 한동안 괴로웠다고 했다. 수많은 스태프들이 그렇듯 내 친구도 그 '빈곤함' 때문에 영화판을 떠났다.

그런데 스크린쿼터와 같은 제도도 없고, 노동조합도 없으며, 진흥법도 아직 제정되지 않은, 더군다나 그 예술성도 공인받지 못하고 있는, 만화계에 종사하는 창작 노동자들의 현실은 얼마나 더 암담할까?

습지에 서식하는 청춘들

하지만 최규석의 만화『습지 생태 보고서』(거북이북스 펴냄)는 현실을 암담하게 그리지만은 않는다. 주인공들은 20대의 만화학과 학생들인데, 대부분의 에피소드가 작가 자신의 경험담을 토대로 구성되어 작가와 작가 친구들의 실명이 등장한다. 창작 노동자가 되기를 희망하는 그들은 비가 오면 물에 잠기는 반지하 단칸방에서 5명(4명은 사람, 1명은 사슴이다)이 자취를 하고 있다. 그들은 빈곤하고 궁상맞지만 의연하다. 작가는 이들을 '습지'에 모여 '서식'하고 있는 '하위 종'이라 설명하며 이야기를 시작한다.

"하위 종(種)의 남루함을 자랑으로 여기지는 않지만 딱히 부끄러워하지도 않는다. 어찌 보면 은근히 즐기는 듯도 한 뻔뻔함과 간혹…… 먹이사슬의 모순을 접할 때면 뒤에서나마 구시렁거릴 줄 아는 비판의식도 갖춘 편이다. 허나…… 전반적으로 일관된 서식 양태를 보여주는 듯하다가도 이종(異種)으로서의 의태(擬態)가 가능한 상황 하에서는 순간적으로 행동 양식이 돌변하기도 한다. 물론 티 난다."(1장 '의태')

최규석의 다른 작품과 마찬가지로 『습지 생태 보고서』도 처절함과 남루함, 그리고 또 한편으로는 담담함이 작품 전반에 흐른다. 그렇지만 다른 작품들보다 위트도 더 배치되어 있고 캐릭터도 더 궁상맞다. 그리고 무엇보다도 욕망에 더 솔직하다.

그래, 창작 노동자들에게도 살아 날뛰는 욕망이 있다. 작가는 고상한 예술의 이름으로 덧칠된, 꿈이라는 이름으로 꾹꾹 눌러놓은 욕망을 굳이 숨기거나 피하려고 하지 않는다. 『습지 생태 보고서』에는 친구들이 들어차 잘 곳이 없는 단칸방을 보며, 기필코 성공해서 "지평선이 생성되는 방에서 매일매일 천 바퀴씩 굴러다녀 줄 테다!"(14장 '안분지족')라고 다짐하는 청춘이 있다.

"너도 좋은 집에서 멋진 차 타고, 스타일 죽이게 입고 폼 나게 살고 싶잖아!?"(23장 '뛰어 오른 적 없어!')라는 물음에 흔들리지 않으려 발버둥치는 청춘이 있다. 다른 이의 고통과 슬픔이 자신에게 전이될까 봐 도망가지만, 몇 걸음 못 가 그에 죄책감을 느끼는 청춘이 있다. 데이트하다가도 아버지의 한 달 용돈은 4만 원임을 떠올리며, '이건 죄짓는 게 아니고 그저 남들 다하는 그냥 연애'라고 스스로에게 항변해야 하는 청춘이 있다.

작가는 이 청춘들의 욕망과 갈등을 비장하거나 참담하게만 그리지 않는다. 때로는 비꼬면서 때로는 애처롭게 바라보면서 토닥인다.

가난을 그리는 만화가

최규석은 김준일(경향신문 문화부) 기자의 추천사에 쓰여 있는 것처럼 "항상 현실에 기반을 둔 만화를 그린다." 그리고 그의 만화는 항상 '가난한 사람'들이 주인공이다. 하지만 그는 세스 토보크먼과 같이 급진적이고 저항적인 이야기를 하는 작가는 아니다. 민중의 삶을 그리고 있지만 무섭고 무거운 이야기를 정면에서 하는 스타일도 아니고, 그 삶을 비장하거나 참담한 것으로 그리고 있지도 않다.

그러나 최규석은 어떤 상황에서도 '웃음'을 빼놓지 않으며, "팔이 잘려본 사람은 손가락 잘린 사람을 위로하지 못한다"(48장)고 하면서도, 손가락마저도 진지하게 바라보고 그려주는 작가이다. 이 점이 내가 최규석 만화, 특히 이 작품을 좋아하는 이유이다.

최규석은 "『습지 생태 보고서』를 접한 이들은 슬프다거나 괴롭다거나 '다 그런 거지'라는 식의 체념하는 듯한 반응을 보이곤 한다. 그러나 나의 원래 의도는 '일단 웃자'이다"라고 하면서, 때를 보고는 피가 나도록 때를 밀거나, 혹은 체념하여 목욕을 안 하는 것보다 "때의 더러움과 때가 언제나 몸에 붙어 있다는 사실을 인정하고 대수롭지 않게 그것을 씻어내는 것이 당연하고 자연스럽게 느껴지듯이, 인간의 내면적인 문제에 대해서도 그런 자세가 필요하지 않나"라고 말한다. 이성과 욕망의 충돌과 삶에 대한 작가 자신의 고민은 '인간은 원래 극단적이지 않다'는 깨달음으로 이어졌고, 이를 통해 "인간이 가진 때를 가볍게 웃어넘길 수 있어야 그것을 벗겨낼 수 있다는 믿음"을 얻었다고 고백한다. 그 믿음에 기반을 둔 작품이 『습지 생태 보고서』라는 설명이다.

나는 그의 '일단 웃자'라는 말이 웃고 난 다음엔 한 번 진지하게 따져 묻겠다는 말로도 들린다. 책장을 덮고 나서도 지워지지 않는 그 습하고 궁상맞은 삶의 모습들, 그 씁쓸하고 비릿한 가난한 청춘들이 진정 "웃지 않고선 버틸 수가 없는"(5장 '칭찬은 고래 친구를 도발한다') 것으로 보였기 때문이다. 그는 가상의 캐릭터인 '녹용'을 통해 독자에게 그리고 자신에게도 묻는다.

"자네 혹시 진실은 통한다고 믿는 거야?"(16장 '적자 인생')

그는 과연 어떤 대답을 준비하고 있는 것일까?

베짱이가 굶어 죽는 세상이 과연 옳은 것일까?

노벨 문학상 수상 작가인 토니 모리슨의 동화 『누가 승자일까요?』에 나오는 베짱이는 여름내 노동하던 개미에게 많은 위안을 주었고, 겨울이 되어 그 몫을 바랐지만 인정받지 못하고 쫓겨난다. 그러나 베짱이는 "예술이야말로 일이야. 놀이처럼 보일 뿐이지"라며 당당함을 잃지 않는다. 많은 이들이 '나는 하고 싶지 않아도 먹고 살기 위해 열심히 일하고 있으니까, 자기가 하고 싶은 일을 하는 사람들보다 더 힘들다'는 논리 위에서 창작 노동자들에 대해 이야기한다.

　하지만 오히려 창작 노동자들 대부분이 '워킹 푸어'로서 자본주의의 논리가 가장 비판 의식 없이 관철되는 문화 산업의 첨단에서 고군분투하고 있다. 어쩌면 그들에겐 창작 노동을 꿈꾸는 그 자체가 투쟁일 것이다. 베짱이가 굶어 죽는 세상이 과연 옳은지에 대해 생각해 보았는가? 베짱이의 철없이 즐겁기만 했던 여름은 사실 개미의 관점 혹은 개미가 옳다는 관점에서 바라본 것이다. 우리는 단 한 번도 베짱이의 창작 노동, 정서 노동에 대해서는 생각해 보지 않았다. 베짱이의 가난에 대해 부당함을 느끼지도 않았다.

　최규석은 책의 말미에 "지갑의 상태와 관계없이 하고 싶은 작업을 하는 사람"이 되고 싶기 때문에 "궁상 수준의 가난"을 꼭 고되고 힘들고 벗어나야만 하는 것으로 보지 않고, 하나의 생활 방식으로 받아들인다고 썼다. 하지만 창작 노동자들에게는 "의식주가 해결되지 않는 가난"이 찾아오고 있다. 지갑의 상태와 관계없이 창작할 수 있는 기본적인, 말 그대로 정말 기본적인 제도와 여건이 마련되는 것이 시급하다. 특히나 만화계는 스크린쿼터와 같은 제도도 없고, 노동조합도 없고, 정부의 지원도 미약하다. 진흥법도 논의만 되고 있다. 만화계에는 보다 적극적인 '처방전'이 필요하다.

　"우리에게 뭔가 문제가 있는 걸까? 그것이 싫은 논리적인 이유를 백 가지는 더 댈 수 있는 세상에서 벗어나려는 것은 도망이 아닌…… 선택일 수는 없는 걸까? 패배할 것이 두려워서 출발선에 서기를 피하고 있는 걸까? 혹은 어른이 되는 날을 자꾸만 미루고 있는 것일까? 불안한 눈빛으로 친구의 연봉을 묻거나 부동산 정보를 뒤적거릴 어쩌면 슬플 그날에 한때는 이렇게 되지 않으려 노력했노라고 자위할 기억을 만들고 있는 것뿐일까? 세상 안으로 성큼 들어서지도 발을 빼지도 못한 채 두려움에 떨고 있는 지금, 그래도 조금씩은 자라고 있는 것일까? 자기 안의 수많은 모순과 세상에의 두려움을 한가득 품고도 영문도 모르게 터져 나오는 기분 좋은 외침은…… 단지 어리석음 때문만은 아니겠지?"

마지막 장에 다다른 작가는 수줍게 희망을 이야기한다. 마지막 장 제목은 이렇다. '그렇겠지?' 나는 책을 덮을 때마다 속으로 크게 대답한다. "그럼!" 그리고 만화계의 부활을 바라며, 창작 노동자들이 정당한 대가를 받기를 바라는 아주 소박한 마음으로 다시 한 번 대답하곤 한다. "그래야지!"

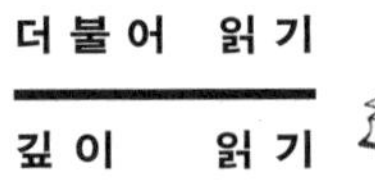

1) 세스 토보크먼, 『나는 왜 저항하는가(국가에 의한 국가를 위한 국가의 정치를 거부하라)』, 김한청 옮김(다른, 2010). "국가에 의한, 국가를 위한, 국가의 정치에 맞서는 가장 가난하고 가장 약한 자들의 역습"이라는 소개에 걸맞게 이스라엘과 팔레스타인 분쟁, 이라크 전쟁, 나이지리아 석유 노동자들의 투쟁, 미국 뉴올리언스의 재난과 주택 개발을 둘러싼 정부와 지주들의 담합, 경찰의 잔혹 행위 등에 대한 고발적 내용을 담고 있다. 작가는 국가의 이름으로 자행되고 있는 폭력과 억압에 저항하는 사회적 약자들의 운동의 현장을 직접 찾아다니고, 그것을 대담한 그림체의 작품으로 남기고 있다. 만화에 대한 편견을 씻어낼 수 있는 작품 중 하나이다.

2) 최규석, 『울기엔 좀 애매한』(사계절, 2010). 말하자면 『습지생태보고서』의

후속 이야기라 할 수 있다. 가난한 자취 생활을 끝내고 만화계에 데뷔한 작가가 미대 입시 학원에서 아이들을 가르치며 겪은 이야기를 바탕으로 하고 있다. 아이들의 꿈이 재능이 아니라 돈에 의해 좌절되는 현실을 그리며, 작가는 그들의 상황이 '무엇으로 인해 슬픈지 모를 만큼 복합적이기 때문에' 울기엔 좀 애매한 상황이었노라고 술회한다. 여전히 작가 특유의 자학적 개그가 포진해 있다.

3) 토니 모리슨, 슬레이드 모리슨, 『누가 승자일까요(개미와 베짱이 이야기)』, 이상희 옮김(작은거름 , 2007). 노벨 문학상 수상자인 토니 모리슨이 아들 슬레이드 모리슨과 함께 우리가 흔히 알고 있는 이솝 우화를 재해석한 동화책이다. 작가는 노동하는 개미와 예술하는 베짱이를 대비시키며 우리에게 예술의 의미와 가치에 대해 다시금 묻고 있다.

한유미 / 한국철학사상연구회 회원

기괴한 독식 사회에서
현명한 주체 되기

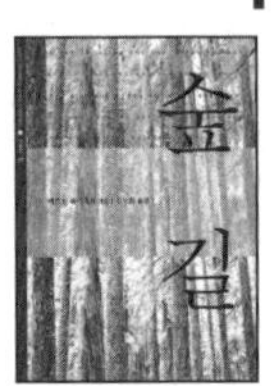

『숲길』 / 마르틴 하이데거

우리가 누군가의 책을 읽는 이유 중의 하나는 그 누군가가 그들이 삶을 살았던 당대의 현실에 대해 제대로 질문을 던지는 자이기 때문이 아닐까.

철학자 마르틴 하이데거(1889~1976년)는 당대의 현실에 제대로 된 물음을 제기하는 것을 중요한 철학적 과제로 생각한 사람이다. 그런데 그는 전 세계적으로 유례없이 인기를 얻은 『존재와 시간』에 대한 이유 있는 오해로 인해 현실 변화에 무관심한 실존주의자로 알려져 있다. 또 한편으로 그는 1933년 프라이부르크 대학 총장에 취임했던 당시의 일련의 행적들로 인해 평생 나치 부역자라는 꼬리표를 달고 살게 된다.

그런가 하면 그는 대학에서 은퇴 후 영면하기 전까지 토트나우베르크의 오두막에서 방문객을 제한하고 고독하게 생을 살다 간 덕에 은둔의 철학자로도 알려져 있다. 그러나 그의 사유는 이러한 일련의 이름표들 뒤에, 현대 자본주의의 부의 독점화 현상과 그러한 독점을 가속화시키기 위한 전쟁이 성립하는 이유에 대한 치열한 질문을 담고 있다. 그의 주요한 질문 거리는 서구 근대 사회에서 이러한 기괴한 현실을 가능하게 한 서구 형이 상학적 사유에 관한 것이다.

『숲길』(신상희 옮김, 나남출판 펴냄)에 실린 강연문 「"신은 죽었다"는 니체의 말」(1943)과 「무엇을 위한 시인인가?」(1946)는 서구 근대 사회에서 존재자 전체가 교환 가치로 환원되고 국가가 자원 약탈의 전쟁을 일삼는 당시 유럽 현실에 대한 한 지성인의 물음을 담고 있다. 하이데거에 의하면 당시 유럽의 이러한 현실에는 서구 사유가 전제하는 형이상학의 안경이 자리한다. 하이데거에 의하면 현대 자본주의의 근저에는 자본주의와 전쟁 혹은 국가 그 자체가 아니라 특정한 형이상학적 사유 방식이 자리하기 때문이다.

근대 형이상학의 안경

하이데거가 그의 저술 시기 60여 년 동안 시종일관 물어온 것은 존재 물음이다. 그리고 하이데거가 전통 형이상학의 역사를 '존재 망각의 역사' 라고 말했다는 것은 많은 사람들에게 회자되는 이야기이다. 그러나 전통 형이상학이 존재를 망각했다는 하이데거의 언급을 전통 형이상학이 존재 를 그 무엇으로도 규정하지 않은 것처럼 이해해서는 곤란하다.

오히려 전체 서구 형이상학은 끊임없이 존재를 무엇인가로 규정하고 해석해 왔다. 전통 형이상학은 존재를 원인으로 해석해 왔으며, 존재자 를 원인으로부터 야기되어진 것으로 이해해 왔다. 고대와 중세 형이상학 이 존재를 최고의 원인으로서의 신으로 이해하고, 신을 세계 만물의 제작자로서 이해했을 때, 나머지 존재자들은 이러한 제작자로부터 야기되어진 것으로 이해된다.

존재가 원인으로 이해될 때, 그리고 존재자가 원인으로부터 야기된 것으로 이해될 때 존재자가 갖는 그 자체로서의 존재자다움은 그것을 있게 하는 원인에로 환원된다. 존재를 원인으로 존재자를 그로부터 야기되어진 것으로 이해하는 존재 해석은 다시 존재자들의 세계를 세속적 세계로 그리고 존재의 세계를 세속적 세계를 초월해 있는 초감성적 세계로 구분하는 이분법적 사고를 낳는다.

이러한 형이상학의 안경에 따르면 존재하는 것 전체는 신 혹은 이데아가 감성적 세계 속에서 자신의 모습을 드러내고 전개된 결과가 된다. 그렇기에 하이데거에 의하면 서구 사회에서 초감성적 세계는 그 자체 진리이며 가치의 중심이 된다. 그런데 모든 가치와 진리의 원천이 원인으로서의 신이자 초감성 세계에로 귀결될 때 현실 세계에서의 삶은 긍정될 수 없는 것으로 전락한다.

"세속적 세계는 피안에 있는 영원한 행복의 산과는 구별되는 슬픔의 골짜기이다."(322쪽)

근대 서구인들은 구체적인 현실을 부정하는 세계관을 이제 더 이상 가장 의미 있는 것으로 추앙하지 않으며, 인간 스스로가 신으로 대변되던 진리의 자리를 대체하기에 이른다. 하이데거에 의하면 서구 근대 일군의 학자들은 한 목소리로 '신의 죽음'을 선언한다.

젊은 헤겔이 '믿음과 앎'(1802년)에서 "근대의 종교 속에 깃들어 있는

철학자의 서재 2

심정은 신 자체가 죽었다는 심정이다"라고 고백할 때, 파스칼이 『팡세』에서 "위대한 판(Pan), 신은 죽었다"고 말할 때 그들의 저술 의도는 다를지라도 그들의 말은 "신은 죽었다"는 니체의 말과 동일한 사태를 가리킨다. 근대 이후 인간은 "신을 죽이고" 스스로를 존재자 전체의 제작자로서 공표한다.

"신은 죽었다"는 니체의 말

"신은 죽었다"는 선언을 통해 니체는 현대 유럽 사회를 최고의 가치들이 그 가치를 잃어버린 허무주의가 만연한 사회로 선언한다.

최고의 가치가 무가치해졌다는 것은 서구 사회에서 그리스도로서의 신이 대표하는 기독교적 세계관과 도덕적 가치들이 인간들의 행동에 어떠한 구속력도 그리고 명령하는 힘도 가지지 못하도록 무력화되었다는 것을 말한다. 더 나아가 서구 사회의 기독교적 세계관과 도덕적 초감성적 세계 속에서 진리를 구하는 서구 형이상학의 무력화 선언이다.

하이데거가 니체의 "신은 죽었다"는 말에 주목하는 이유는 이 선언을 통해 비로소 서구 형이상학의 종말이 선언되었으며, 이제 근대인들은 스스로 진리와 가치의 수립자로서 거듭날 수 있게 되었기 때문이다. 다시 말해 인간이 스스로를 초감성적 세계의 진리와 가치의 목자가 아니라 주인으로서 스스로를 이해한다는 점이다.

기존의 형이상학의 종말을 선언한 근대인은 스스로를 존재자를 존재자이도록 하는 존재를 설립하는 자가 된다. 니체에게 사물을 사물이도록 하는 존재는 초월적 신이 아니라 모든 사물에 내재하는 힘에의 의지이다. 인간이 자신의 본질을 힘에의 의지로 갖는 한에서, 인간이 참으로 사는 길은 자신의 본질을 최대한으로 발휘하는 개인, 즉 '초인(der Übermansche, Superman)'이 되는 길이다.

"모든 신들은 죽었다. 이제 우리가 바라는 것은, 초인이 사는 세상이다."

하이데거는 잠언 형식의 글을 남긴 문학가로서 평가되어 오던 니체를 서구 형이상학의 완성자로 위치시킨다. 니체의 초인 사상은 근대 형이상학이 모든 가능성을 완전하게 발휘하고 소진하는 근대 주체성의 형이상학의 완성이다. 서구 고대와 중세에 존재자를 있게 하는 존재는 신이며, 존재자는 이러한 제작자로부터 만들어져 실존하는 것이라 이해되어 왔다. 그렇기에 신이 곧 진리의 척도이다.

그러나 근대 이후 인간은 신을 죽이고 진리를 가치로 자리매김한다. 다시 말해 근대인은 스스로 가치 설립자가 된다. 하이데거에 의하면 니체에 이르러 진리는 가치가 되며, 가치가 힘에의 의지의 고양으로 설립할 때, 존재자 전체는 인간의 자기 고양을 중심으로 획일화되고 파괴된다. 그러기에 근대인은 존재자 자체의 살해자이다.

"(신을 살해하는) 살해 행위는 그것을 통해 존재자 자체가 무화되는 것이 아니라, 오히려 존재자가 그것의 존재의 면에서 다른 것으로 되는 과정을 지칭한다."(383쪽) "존재는 가치가 된다."(378쪽) "이러한 과정에서 무엇보다 인간 역시 다르게 된다. 인간은 그 자체로서 있는 존재자를 제거하는 인간이 된다."(383쪽)

근대인의 삶은 저울 위의 운동이다

「무엇을 위한 시인인가?」에서 하이데거는 라이너 마리아 릴케의 즉흥시(1924년)를 해석한다. 하이데거가 릴케 시 해석에서 주제어로 삼는 것은 모험, 저울 그리고 중력이다. 하이데거는 릴케 시의 시적 매력을 걷어내고 릴케 시에서 보이는 근대 형이상학의 안경을 읽어낸다.

하이데거에게 릴케의 시적 사유는 니체 형이상학의 그늘 밑에 있다. 그렇기에 릴케의 매력적인 시어에서는 근대 형이상학의 사유가 보인다. 서구에서 고대와 중세에서 그러했듯이 서구 근대 형이상학에서도 존재는 제작자이자 운동의 원인이다. 릴케의 시에서 보이는 '모험'의 테마는 힘에의 의지를 본질로 갖는 존재자들의 '모험'을 가리킨다. 근대 형이상학에서 개개 존재자들이 존재하는 방식은 '모험'하는 것이다. 릴케의 시에서 힘에의 의지로서의 존재는 그때마다 존재자를 모험에 내걸고, 반대로 존재자는 모험에 내던져진 자로서 존재와 관계 맺는다.

릴케의 시적 사유가 니체 형이상학의 사유 안에서 움직이기에, 존재자들이 모험한다는 것은 존재자들이 자신의 힘에의 의지를 최대한으로 발현하는 것을 말한다. 오늘날 우리 사회에서 철학 개념 중에 "힘에의 의지" 만큼 매력적이고 영향력 있는 개념도 흔치 않을 성싶다. 특히 사회가 사회적 약자에 대한 어떠한 완충 장치도 갖지 않는 그러한 사회에서 삶을 영위할수록 우리는 스스로가 강한 자가 되어야 한다는 압력을 받게 된다. 어릴 적 부모님과 뉴스를 청취하면서 특정 정치인이나 시민에게 법의 판결이 지극히 부당하게 내려진 것에 분개하는 나에게 부모님은 한마디 하신다.

"억울하면 네가 판사가 되면 되는 거다."

그러나 요즘의 일련의 일들을 보면 내가 판사가 된다고 해결될 일이 아니라는 것을 충분히 알 수 있다. 물음은 꼬리를 문다. 내가 강자가 되는 것이 문제의 해결이라면 우리 인간 사회가 약육강식의 논리에 의해 지배되는 동물의 집단과 무엇이 다른가? 무엇보다 내가 강자가 된다면 문제가 해결되는가? 강자의 강자가 나설 때는?

오히려 우리는 타자에 대한 지배의 의지에 의해 반대로 의욕되고 있는 것일지도 모른다. 우리들의 삶은 저울 위의 운동과 같은 것일지 모른다. 존재자들의 존재 방식이 '모험함'에 있다면 그것은 존재자들에게 자신의 무한한 가능성을 펼쳐내는 삶의 방식이 허락되어 있다는 것을 말하지 않는다. 존재자의 운동은 존재라는 '저울' 위에 올린 것과 같기 때문이다(412쪽). 저울은 흔들거리다가도 어느새 스스로 균형을 잡는 물체이다. 그렇기에 저울 위의 운동은 저울의 기울기, 즉 저울의 진동 폭에 제한된다.

전통 형이상학에서 존재가 존재자에게 주는 존재 가능성은 중심으로서의 존재가 허용하는 한계 내로 제한되며, 존재자의 풍부함과 다양성은 존재에로 끌어들여진다. 그렇기에 존재자의 다양한 가능성은 매개하는 중심인 존재의 가능성일 뿐이다. 그러므로 존재가 힘에의 의지인 한에서, 있는 것은 자신의 힘의 고양만을 고취하는 '의지에의 의지'인 힘에의 의지밖에 없다.

나아가 현대 기술 시대의 인간은 힘에의 의지를 고양하고자 하는 자로서, 스스로가 중심으로 있는 자이다. 중심으로서의 인간은 존재자 전체 속에서 자기 자신만을 대면한다.

"(기술 시대에) 인간은 단지 자기 자신과만 대면한다."

하이데거에 의하면 근대 학문과 전체주의 국가는 힘에의 의지로서의 존재가 다양한 존재자 전체를 조직하고 설립하는 관계의 중심으로서의 스스로를 전개하는 필연적 결과이다(425쪽). 모든 학문을 하나의 통합된 방법론, 예컨대 양적 연구 방법론이나 자연과학의 방법론으로 통합하고자 하는 특정한 현대 학문의 시도는 이러한 근대 형이상학적 시야 안에서 전개된 사고이다.

모든 학문을 통합하고자 하는 시도는 모든 것을 모험에 내맡기고 허용하는 듯하지만, 동시에 모든 것을 하나의 중심에로 수렴해서 관리하고 통제할 수 있다는 형이상학적 시야를 전제한다. 마찬가지로 이는 근대 이후 막강한 권력을 휘두르는 중앙 집권적 근대국가가 전제하는 형이상학적 시야이기도 하다.

이 거대한 우주에 우리만 존재한다는 것은 공간의 낭비이다

하이데거에 의하면 세계는 본디 존재자들 전체의 관계망의 산물이며, 이러한 존재자 전체의 관계는 하나의 사물인 물 따르는 주전자 혹은 강둑을 잇는 다리에서 드러난다. 그리고 인간은 사물로부터 조건 지어진 자에 불과하다. 그러나 근대 인간은 끊임없이 자신의 조건을 망각하거나 회피하고 스스로가 중심이고자 한다.

인간 스스로가 중심이고자 할 때 존재자 전체의 관계망은 분리되고 획일화되고 황폐화된다. 그래서 근대 서구 사회에서 인간은 서구 역사 이래 그 어느 때보다도 가장 강력한 주체로 거듭난 듯이 보이지만, 인간은 자기 자신만을 만나는 황무지를 경험하게 될 뿐이다. 서구의 고대와 중세 사회에서 모든 존재하는 것은 신의 자기 드러냄의 계기이다. 그러한 세계 이해 속에서 존재하는 것은 신뿐이다. 서구 근대 사회의 완성에 이르러 이제 존재하는 것은 인간뿐이다.

영화 〈콘택트〉(로버트 저매키스 감독)에서 주인공 아버지는 딸 앨리 애로위(조디 포스터)에게 다음과 같은 울림이 있는 말을 전한다.

"이 거대한 우주에 우리만 존재한다는 것은 공간의 낭비이다."

우리의 아름다운 강을 4대강 사업으로 인간을 위한 관광 자원으로 변모시키는 것은 개별 존재자들이 갖는 풍요로움과 유일무이한 존재를 살해하는 행위이지 않을까. 존재자 전체를 이와 같이 인간의 거울로 만들어버리는 현재 우리의 삶의 방식은 큰 낭비이고 비극이다.

주체가 되고자 하는 욕구를 견뎌내기

하이데거에게 세계란 본디 존재하는 것들이 자신의 풍요로운 존재를 전개하는 유희의 공간이다. 존재자들 전체의 유희 공간으로서의 세계는 개개의 사물을 통해 발현된다. 그리고 인간은 비록 끊임없이 주체가 되고자 하는 존재자라 할지라도 그러한 욕구를 견뎌내고 스스로가 사물로부터 철저하게 조건 지어진 자라는 사실을 감내해야 하는 자이다.

하이데거가 말하는 세계 속에서의 인간은 세계와 사물에 대한 지배자이자 명령권자로 군림하는 오늘날, 기술 시대의 인간 존재 방식으로부터 방향을 전환하여 세계와 사물의 고유한 생겨남의 운동에 참여자로서 있을 때 본래적 삶을 살게 된다.

오늘날 우리 사회의 현실은 기괴하다. 상위 1퍼센트가 부를 독식하고 99퍼센트가 빈자로 전락하는 자본주의 시스템은 기괴하다. 국가가 주도하여 마치 상상의 신도시를 건설하듯 우리나라의 아름다운 강들을 헤집고 파헤쳐 관광 자원으로 만드는 현실은 기괴하다

하이데거의 당시 유럽 현실에 대한 질문을 주의 깊게 듣는다면 현대 사회의 기괴한 현실 속에서 새로운 삶의 방식을 모색하고자 하는 우리의 실천은 더 현명해져야 하는지도 모른다. 사물과 사물들의 전체 연결망으로서의 세계는 그 자체 변경 불가능한 객체와 같이 있지 않기에 주어진 현실 앞에서 미리 좌절하고 주저앉을 필요는 없다.

그러면서도 우리가 사물에 개입하는 방식은 사물과 세계를 상상의 공간으로서 기획하고 설립하는 지배자이자 제작자이고자 하는 힘에의 의지와 욕구를 견뎌내는 방식이어야 할 것이다.

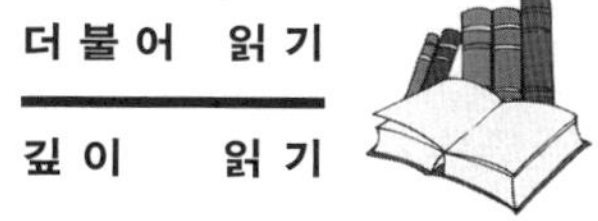

1) 마르틴 하이데거, 『강연과 논문』, 이기상 · 신상희 · 박찬국 옮김(이학사,

2008). 『강연과 논문』은 제목에서도 볼 수 있듯이 강연문을 주로 싣고 있기에 접근이 쉬울 뿐만 아니라, 이 글에서는 하이데거의 서구 전통 형이상학과 현대 기술사회에 대한 비판적 사유를 핵심적으로 볼 수 있다. 그 중에서도 『기술에 대한 물음』과 『차라투스투라는 누구인가?』 그리고 『사물』 등은 하이데거 말년의 사유, 흔히 말해지는 후기 하이데거 사유의 정수를 잘 보여준다.

2) 마르틴 하이데거, 『니체와 니힐리즘』, 박찬국 옮김(지성의 샘, 1996). 통상적으로 니체는 서구 전통 형이상학을 해체한 망치와 같은 사상가로 평가된다. 그러나 하이데거는 오히려 니체를 서구 형이상학의 완성자라 말한다. 이 책에서 우리는 서구 형이상학을 둘러싼 하이데거와 니체라는 거장들의 흥미진진한 대결을 볼 수 있다. 뿐만 아니라 이 책은 강의록을 엮은 것이기 때문에 접근이 용이하며, 한글 번역 또한 훌륭하다. 만일 하이데거와 니체 사유 혹은 서구 형이상학에 대한 통일적인 전망을 갖고자 하는 사람이라면 일독을 권한다.

서영화 / 한신대학교 외래교수

사정없이 얼굴을 쪼개는 작업,
가장 인간적인 예술!

『영화 속의 얼굴』 / 자크 오몽

영화, 그 가장 인간적인 예술에 대해서

불면증에 잠 못 이루는 한 사내가 택시를 몰고 뉴욕 시내를 누빈다. 카메라가 피곤에 찌든 그의 얼굴을 클로즈업한다. 밤마다 뉴욕의 밤거리를 헤매는 택시 운전기사 트래비스의 눈빛에는 아무런 희망이 없다. 트래비스의 공허한 눈빛을 따라 관객도 뉴욕 뒷골목의 어두운 인간 군상들과 마주한다.

영화 〈택시 드라이버(Taxi Driver)〉(1976)는 택시 운전기사 트래비스(로버트 드 니로)가 어두운 뉴욕 거리에서 마주친 부패한 인간들을 직접 처벌하는 심판자로 거듭나는 과정을 담고 있다. 이 영화의 마지막 장면에서 트래비스가 섬뜩한 눈빛으로 백미러를 통해 손님을 쳐다보는 순간, 관객은 마치 트래비스의 심판을 기다리는 죄인이 되는 것만 같다.

관객은 영화가 끝나고, 자막이 올라가도 여전히 트래비스의 광기 어린 눈빛을 잊을 수가 없다. 왜 관객은 트래비스의 눈빛을 두려워하는가? 관객을 불안에 떨게 만드는 사람은 배우 로버트 드 니로인가? 아니면 택시기사 트래비스인가? 도대체 영화가 무엇이기에 우리의 감정이나 생각을 뒤흔들어놓는가? 더 본질적으로 영화란 무엇인가?

마셜 매클루언의 말을 빌리자면, 영화는 현실 세계를 필름에 감았다가 다시 풀어내는 환상의 요술 양탄자이다. 우리는 영화를 통해서 또 하나의 세계 속으로 들어간다. 그리고 가끔 우리는 이 기계적 세계 속에 너무 몰입한 나머지, 몸은 현실에 있지만, 정신은 영화 속 주인공과 하나가 되는 신비한 경험을 하기도 한다.

예컨대, 영화 속 주인공이 울면, 우리도 울고, 그가 행복하면 우리도 행복하다고 느낀다. 그래서 차가운 기계 속에서 재탄생되는 너무나 '인간적인' 세계에 대한 연구는 단순히 영화학에 국한될 수 없다. 영화는 인문학과의 연관성 속에서 그 본질이 규명되어야만 한다. 철학자 메를로 퐁티는 영화가 관객에게 미치는 지각적 현상에 주목하면서 새로운 심리학으로서의 영화의 가능성에 대해 말한 바 있다.

또 질 들뢰즈에 따르면, 영화는 새로운 사유 즉, 창조적이고 역동적인 사유의 결정체이다. 그래서 훌륭한 영화감독은 위대한 예술가이자 사상가이다. 이러한 맥락에서 영화학자 자크 오몽은 영화의 미학적 가치에 주목했다. 그는 자신의 저서 『영화 미학』에서 영화를 하나의 예술적 메시지로 간주한다.

물론 영화는 경제적이거나 사회적인 측면 또는 기술적 측면에서 고찰될 수 있다. 그러나 무엇보다도 영화의 본질은 미를 표현하고 생산해 내는

데 있다. 그러면 우리는 이제 자크 오몽에게 다음과 같이 질문할 수 있다. 영화가 예술 장르에 속한다면, 그것은 전통적인 예술과 어떤 점에서 다른가? 또한 영화의 미학적 가치는 적어도 회화나 사진과는 다른 것이어야만 하지 않은가?

우리는 그의 또 다른 저서 『영화 속의 얼굴』(김호영 옮김, 마음산책 펴냄)에서 그 답을 찾을 수 있다. 영화가 하나의 예술로 인정받을 수 있는 것은 인간의 형상, 그 중에서도 가장 인간적인 형상인 얼굴을 예찬해 왔기 때문이다. 인간의 얼굴은 회화나 연극에 있어서도 중요한 예술적 요소로 작용하지만, 특히 영화에서 얼굴은 보다 효과적으로 인간을 재현하고 표현한다. 그리고 이러한 의미에서 영화는 가장 인간적인 예술이라고 할 수 있다.

그래서 자크 오몽이 말했듯이, 이 책은 단순히 얼굴에 관한 이야기가 아니다. 이 책의 목적은 영화가 어떻게 인간의 얼굴을 재현해 냈으며, 이러한 영화 속 얼굴의 재현과 파괴가 어떻게 영화를 인본주의 예술로서 자리매김하게 할 수 있는지를 보여주는 데 있다.

얼굴의 역사: 얼굴의 재현과 파괴

영화에서 얼굴은 곧 인간성을 대변한다. 그러나 인간성에 대한 표현은 인간의 얼굴을 재현하는 방식으로 이루어지기도 하지만, 재현된 얼굴을 파괴하거나 해체하는 방식으로 진행되기도 한다. 자크 오몽은 이러한 영화 속 얼굴의 역사가 근대와 탈근대를 경계 짓는 사상사와 무관하지 않다고 말한다.

그에 따르면, 근대가 얼굴의 구성 시대였다면, 탈근대는 다양한 기법을 통한 얼굴의 해체 시대라고 할 수 있다. 그러나 이때, 얼굴의 해체는 인간성에 대한 파괴가 아니다. 오히려 근대에 정형화된 모든 얼굴의 표준과 정형성으로부터 벗어나고자 하는 움직임이다. 따라서 얼굴의 해체는 곧 "더 이상 하나의 얼굴로 재현하기를 원치 않는 얼굴"이며, 이러한 의미에서 포스트모던 시대의 얼굴은 곧 새로운 얼굴이자 또 다른 얼굴의 창조이기도 하다.

얼굴에 대한 본격적인 형상화는 그리스 시대에 '재현'이라는 개념과 함께 시작된다. 즉, 그리스 시대에 얼굴은 곧 죽은 자의 인격을 대신하는 것이자, 죽은 자를 재현하는 것이었다. 따라서 이때 얼굴의 이미지는 인간의 얼굴이 아니라, 신의 얼굴을 표현한 것이다. 그러다가 근대에 들어서면서부터 얼굴의 재현은 곧 인간 개인의 재현으로 간주되었다.

근대의 모든 회화나 연극에 있어서 얼굴은 바로 인격을, 보다 더 구체적으로는 인간의 영혼을 표현한다. 이처럼 근대의 가장 인간적인 얼굴은 곧 영혼의 감정과 몸짓의 이미지이다. 그러다가 20세기에 들어서면서부터 얼굴 이미지는 이제 종말의 길로 접어든다. 그러나 이것은 결코 얼굴에 대한 거부나 파괴가 아니다. 오히려 얼굴의 다양성을 보여주는 것이다.

지금 잠시 내 얼굴을 거울에 가만히 비춰보자. 거울에 반사된 빛의 방향에 따라, 또는 내 시선에 따라 시시각각 다르게 보이는 내가 있다. 이러한 의미에서 자크 오몽이 인용한 라이너 마리아 릴케의 말은 20세기 얼굴의 위상을 잘 표현한다.

"세상에는 많은 사람들이 존재한다. 그러나 그보다 더 많은 얼굴들이 존재한다. 왜냐하면 각자가 여러 개의 얼굴을 가지고 있기 때문이다."

철학자의 서재 2

얼굴의 이미지는 매체의 기술적 발전에 따라 더 강렬하고 인상적으로 다가온다. 19세기 사진기의 등장은 회화와는 또 다른 방식으로 얼굴을 재현한다. 회화에서 인간의 얼굴이 화가의 손끝에서 이루어진다면, 사진술에 의해 포착된 얼굴은 사진기라는 아주 객관적이고 차가운 매체에 의해서 재현된다. 이때부터 얼굴은 재현에 그치는 것이 아니라, 그러한 재현을 복제하는 데에 이르게 된다.

물론 발터 벤야민의 말처럼, 사진의 기술적 복제가 전통적 예술 작품이 가졌던 일회적 현존성 즉 아우라의 붕괴를 초래하기는 했지만, 그럼에도 불구하고 사진기의 등장은 적어도 초상화가 가졌던 목적 즉, 얼굴을 통한 인간의 심오한 가치를 재현하는 작업을 충실히 이어나갔다고 볼 수 있다. 그러나 사진보다 더 현실감 있고, 생생하게 얼굴을 재현할 수 있었던 영화는 그렇지가 못했다.

초창기 영화는 인간의 얼굴에 별로 관심이 없었다. 오히려 자연의 풍경들이나 아니면 허구적 세계가 영화의 주제가 되었다. 그러나 비록 영화에서 얼굴이 어떤 중심적인 역할을 하지 못한다고 할지라도, 여전히 영화에 있어서 얼굴은 본질적인 요소일 수밖에 없다. 왜냐하면 영화에 배우가 등장하는 한, 배우에 대한 문제제기는 곧 그 배우의 얼굴에 대한 문제제기이기도 하기 때문이다.

영화 속 얼굴은 누구의 얼굴인가?

영화에 있어서도 얼굴은 언제나 갈림길에 놓여 있었다. 하나는 인간의 얼굴이 곧 영혼의 현현을 의미하는 경우이다. 이때, 우리는 영화 속에서 배우의 얼굴을 보는 것이 아니라, 가시적인 얼굴 뒤에 은밀하게 숨겨진 영혼을 본다. 예컨대, 영화 〈비브르 사 비(Vivre sa vie)〉(1962)에서의 나나(안나 카리나)의 눈물 가득한 눈망울과 영화 〈잔 다르크의 수난(La Passion de Jeanne d'Arc)〉(1928)의 잔 다르크(마리아 팔코네티)의 얼굴 위로 흘러내리는 한 줄기 눈물 사이에는 시·공간을 뛰어넘는 어떤 강렬한 만남이 있었다.

이 두 영화 속에서 우리가 보는 것은 여배우들의 아름다운 얼굴이 아니라, 그녀들의 얼굴에 드리워진 영혼의 슬픔이다. 그리고 이 보편적인 감정 속에서 나나의 영혼과 잔 다르크의 영혼이 교차한다. 아마도 이것이야말로 바로 베르그송이 공감이라고 부르는 것이 아닐까 싶다. 자크 오몽에 의하면, 이 두 여인의 얼굴은 마치 한 영혼이 다른 영혼에게 말을 건네듯이 그렇게 서로 다른 두 영혼이 교차한다.

그리고 몇몇 영화감독들은 이 감정이 넘쳐흐르는 영혼에의 찬가를 표현하는 데 주저하지 않았다. 그들에게 적어도 배우의 얼굴은 "영혼의 진정한 창문"과도 같았다. 그런데 정말 영혼이 다른 영혼에게 말을 건네는 것이 가능한 일인가? 가능하다면, 과연 영화가 그러한 일을 할 수 있는가?

영화 속 얼굴이 언제나 영혼을 보여주는 것은 아니었다. 얼굴은 영혼의 숨결을 간직한 장소이기도 했지만, 때로는 아주 차가운 그저 하나의 덧씌워진 가면과도 같았다. 영화는 이 가면과도 같은 얼굴을 구현해 내기 위해서 배우의 얼굴을 심하게 일그러뜨리거나, 형체를 흐릿하게 만들기도 했다. 아니면 얼굴이 비현실적으로 확대되거나 축소되기도 했다. 이러한 영화에서 얼굴은 단지 화면을 메우는 하나의 대상에 불과했다.

이 잔혹하리만치 비-인간적인 얼굴의 상실과 파괴에서 영혼은 이제 사라지고, 그 텅 빈 자리를 은폐하려고 하는 가면만이 남았다. 이처럼 영화 속 얼굴 이미지는 가장 숭고한 가치를 현현해 내기도 했지만, 동시에 가장 속물적이고 비-인간적인 면모를 보여주기 위해 기꺼이 얼굴을 희생하기도 했다.

영화가 어떤 방식으로 얼굴을 표현하든지 간에, 영화 속 얼굴은 '이중적'이다. 배우는 자기 자신을 재현함과 동시에 타인을 재현한다. 영화 〈택시 드라이버〉의 광기어린 트래비스나 〈미션(The Mission)〉(1986)의 신부 멘도자는 모두 배우 로버트 드 니로의 얼굴을 통해서 탄생된 인물들이다.

이처럼 얼굴은 '배우'와 '인물'을 동시에 재현하는 하나의 외양이다. 그리고 이러한 의미에서 배우는 끊임없이 자기 분열을 해야만 하는 숙명을 타고났는지도 모르겠다. 배우는 영화 속에서 때로는 잔혹한 킬러로, 때로는 순박한 시골 청년으로 재탄생되어야만 한다. 하나의 얼굴 속에 내재된 다양한 존재들을 일깨워내는 것이야말로 진정한 배우의 역할이다. 그래서 자크 오몽이 인용한 르네 베르자벨의 말은 한층 더 의미심장하다.

"우리가 (배우에게) 주문하는 것은 연기하지 말고, 살아내라는 것이다. 카메라는 일종의 냉혹한 굴착기다. 그것은 찡그린 얼굴 위에서도 멈추지 않고, 가면들을 깨트리며, 인간을 찾아 좀 더 깊숙이 파내려간다. (……) 배우의 재능이란 바로 그의 인간적 실체가 지니는 자질이다."(르네 베르자벨)

배우는 영화 속에서 또 다른 인물로 창조되고, 그에 따라 카메라는 그 배우의 얼굴 속 또 다른 얼굴을 찾아내기 위해 사정없이 얼굴을 파헤치고,

쪼개고, 다시 조립한다. 그러나 이제 더 이상 영화 속 얼굴이 배우의 얼굴인지, 아니면 등장인물의 얼굴인지 구분하는 것은 의미가 없다. 왜냐하면 배우는 사라지고, 그 배우 속 얼굴로부터 또 다른 얼굴이 관객에게 다가오기 때문이다. 우리가 영화 〈택시 드라이버〉에서 보는 얼굴은 트래비스의 얼굴이지, 더 이상 로버트 드 니로의 얼굴이 아니다.

배우와 관객을 연결하는 제3의 눈: 카메라

영화 〈싸이코(Psycho)〉(1960)의 유명한 샤워 장면은 카메라가 배우의 시선과 관객의 시선을 얼마나 효과적으로 교감시킬 수 있는지 잘 보여준다. 샤워실 안에서 씻고 있는 마리온(자넷 리)에게로 검은 그림자가 드리우고, 누군가가 커튼을 젖히고 칼을 번쩍 든다. 이때, 카메라의 시선은 마리온의 시선도 아니고, 살인자의 시선도 아닌 제3의 눈 즉, 관객의 시선을 유지한다.

그러다가 비명을 지르면서 마리온이 난도질당하는 장면에서 카메라는 살인자의 시선을 따라 움직인다. 그리고 마침내 카메라는 죽어가는 마리온을 한참 동안 바라본다. 마치 살인자가 그녀의 마지막 죽음의 순간을 지켜보듯이 말이다. 이처럼 카메라는 등장인물들의 시선에 따라 움직이기도 하고, 관객의 시선이 되기도 하고, 때로는 아주 객관적인 시선을 유지하기도 한다.

배우는 언제나 카메라의 비-인간적인 시선에 노출되어야만 한다. 배우는 관객을 대상으로 연기하는 것이 아니라, 카메라를 앞에 두고 연기를 한다. 이것이 바로 연극배우와 영화배우의 차이이다. 연극배우가 관객과의 호흡을 유지할 수 있는 반면, 영화배우는 언제나 카메라 앞에서 혼자 연기를 해야만 한다. 그리고 관객은 그러한 카메라의 시선에 따라 등장인물을 이해하고 받아들인다.

벤야민에 따르면, 관객은 그들이 카메라와 일치감을 느낄 때에야 비로소 배우와도 일치감을 느끼게 된다고 한다. 아이러니하게도, 결국 우리는 가장 인간적인 예술이라고 칭하는 영화를 비-인간적인 기계를 통해서 향유하고 있는 셈이다. 그러나 그럼에도 불구하고, 영화는 그 어떤 예술 장르보다도 인간 없이는 존재할 수 없는 예술이며, 그 중에서도 '얼굴' 없이는 존재할 수 없다. 영화가 급기야 얼굴을 상실, 포기, 해체의 효과로 표현할 때조차도 놓치지 않았던 것은 바로 그 얼굴 뒤에 놓여 있는 영혼의 아우라였다.

영화는 그것이 구성의 방식이든 해체의 방식이든 간에 언제나 인간의 얼굴 속에 영혼을 담아내고, 얼굴을 통해 가장 인간적인 가치를 보여주는 매체였다. 영화 〈작은 병정(Le Petit Soldat)〉(1960)에서 브뤼노 포레스티에(미셸 쉬보르)가 말했듯이, 영화 속 얼굴을 촬영하는 것은 곧 얼굴 뒤에 있는 영혼을 담아내는 것이다.

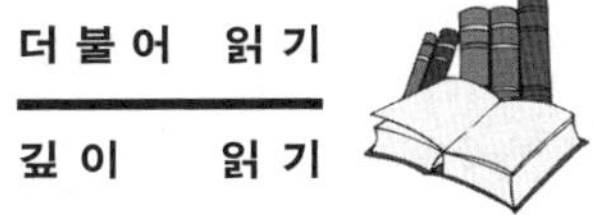

1) 자크 오몽, 『영화미학』, 이영주 옮김(동문선, 2003). 위의 책에 관심이 있는

독자라면 영화 이미지학의 대표적인 학자인 자크 오몽의 다음 책을 읽어볼 만하다. 『영화미학』은 예술로서 영화인 동시에 예술적 메시지로서 영화를 분석한 중요한 저서이다. 이 책은 영화의 분석 전반에 적용될 수 있는 넓은 의미에서의 비평서의 모습을 보여준다. 조금 어렵긴 하지만 영화 연구를 위한 학생들과 영화 교육을 담당하는 교수들을 위한 이론 교재로 매우 훌륭하다.

2) 자크 오몽, 『영화감독들의 영화 이론』, 곽동준 옮김(동문선, 2005). 이 책은 앞선 책들보다는 쉽게 읽히는 책이다. 영화에 관심이 있는 일반 독자들도 관심을 가지고 흥미롭게 읽을 수 있다. 이 책의 특징은 영화감독들의 영화 이론과 직업 및 예술에 대한 생각들을 섬세하게 보여주고 있다는 점이다. 예컨대, 영화감독들이 생각하는 정치에 대한 문제, 예술과 미학의 문제, 리얼리즘과 재현의 이론에 대한 문제, 언어와 기호학의 문제, 인류학적 · 역사적 문제 등등이 영화감독들의 작품 속에서 어떻게 표현되는지를 설명하고 있다.

3) 앙드레 바쟁, 『영화란 무엇인가』, 박상규 옮김(시각과언어, 1998). 이 책은 영화 이론의 고전적인 입문서이다. 재미있고 쉽게 읽을 수 있는 책은 아니지만, 철학과 영화에 대한 심도 있는 이해와 해석을 하고픈 사람이라면 누구나 읽어야만 하는 필독서이다.

4) 김호영, 『프랑스 영화의 이해』(월인, 2003). 이 책은 프랑스 영화의 다양한 특징들과 전체적인 맥락을 소개하면서, 이에 대한 전반적이고 체계적인 이해를 돕는 책이다. 특히 초기부터 현재까지 프랑스 영화의 전체적인 흐름을 설명하고 있는 부분은 영화에 관심이 있는 독자들에게 도움이 될 것이다. 또한

프랑스의 대표적인 시네아티스트들의 미학적 특징에 대한 분석과 소개, 그리고 프랑스 영화의 대표작에 대한 설명은 무척 흥미롭게 읽혀진다.

최진아 / 건국대학교 강사

양다리 걸쳤다고
너무 미워 마세요!

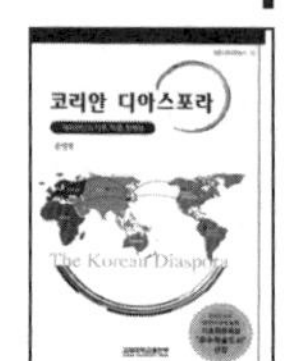

『코리안 디아스포라』 / 윤인진

장면1. 그는 소련의 우즈베키스탄 지역에서 태어났다. 그러나 고려인인 그는 조금 다르다. 주변 친구들과 피부와 머리색이 달랐다. 하지만 그는 개의치 않았다. 극동 지방이 고향이라는 할아버지와 아버지는 농사를 지으면서 그를 소련에서 출세시키기 위해 열심히 가르쳤다. 그는 대학도 나왔고 전문 기술도 갖추었다. 어린 시절 아버지가 농사짓던 끝없는 초원과 그곳의 풀냄새, 그곳은 누가 뭐라든 그의 고향이었다.

그러던 어느 날 소련이 붕괴했다. 갑자기 모든 것이 바뀌었다. 러시아어밖에 할 줄 모르던 그는 우즈베키스탄 어만을 국어로 채택한 이 나라에서 한순간에 외국인 취급을 받는다. 고향 땅은 그대로인데 더 이상 이곳은 그의 고향이 아니란다. 직장에서도, 사회에서도 외부인이 된 그는 고향 땅에서 질문을 받는다. "어디 출신이세요?"

장면2. 그의 이름은 김경득이다. 일본식 이름은 가나자와다. 그러나 또 하나의 이름이 있다. 바로 자이니치이다. 일본에서 재일 조선인을 일컫는 이 말은 그의 또 하나의 이름이자 그의 정체성이다. 조선인이라는 것을 지우려고, 또 숨겨보려 애써도 또 와세다 법대를 나왔어도, 누구보다 일본어가 유창해도 그는 받아들여지지 않는 사람이었다. 낙심한 그는 가난한 도금공 아버지께 돌아와 묻는다. "조선인은 도대체 누구죠?"

소크라테스를 흉내 내는 어설픈 철학자가 아닌데도 불구하고 매일 '나는 누구인가?' '우리는 누구인가?'라는 질문에 부딪치며 살아가는 사람들이 있다. 불행히도 그들의 질문은 철학자의 것처럼 고상하지 못하다. 이들의 질문이 고상하지 못한 이유 중 하나는 질문 속의 '나'가 항상 '우리'와 연결되어 있다는 것이다.

타인은 그들을 개인으로 대우하지 않고 카레이스키, 자이니치와 같은 집단으로만 대우한다. 때문에 그들은 '나'라는 주체를 고민하기에 앞서 '우리의 정체성'에 대한 혼란을 겪는다. 그리고 기억 저편에, 그리고 할아버지의 이야기 속에만 존재하는 고향에 대해 막연한 그리움을 간직한다. 다름 속에서 살아가며 항상 자신의 정체성과 씨름하는 이들은 바로 적게는 500만, 많게는 700만 명으로 추정되는 코리안 디아스포라들이다.

디아스포라, 떠나간 사람들과 그 기억에 대한 이름

디아스포라(diaspora)는 우리말로는 민족 분산 또는 민족 이산으로 번역되곤 하는데 단지 같은 민족 성원들이 세계 여러 지역으로 흩어지는 과정뿐만 아니라 분산한 동족들과 그들이 거주하는 장소와 공동체를 가리키기도 한다. 어원적으로 디아스포라는 그리스어 전치사 dia(영어로 'over', 우리말로 '~를 넘어')와 동사 spero(영어로 'to sow', 우리말로 '뿌리다')에서 유래되었다. 유대인들의 방랑에 대한 대명사가 되기도 한 이 단어는 근대 이후에는 유대인뿐만 아니라 다른 민족과 집단의 이주에 대한 것을 가리키기 시작했다.

현재 재외 한인은 남북 전체 인구의 약 8%에 다다른다. 이는 인구 대비 재외 국민 비율이 세계 최고치인 것을 말한다. 19세기 초반만 하더라도 '은자의 나라'였던 코리아는 이제 세계에서 그 구성원에 비해 가장 많은 이가 타향살이를 하는 나라가 돼버렸다. 화교와 유대인보다 고향 땅을 떠나간 비율이 더 높은 사람들, 그들에 대한 이야기는 떠난 그들만큼 우리에게서 멀어져 갔다.

『코리안 디아스포라』(윤인진 지음, 고려대학교출판부 펴냄)는 중국, 독립국가연합, 일본, 미국, 캐나다의 이주 한인들의 역사와 삶을 간략하게 소개하고 있다. 우리와는 남이 되어버린, 우리를 닮았는데 말투는 이상한 그들은 우리가 어찌 여기든 여전히 이 땅과의 마음의 연을 잇고 살아가고 있다.

한인들의 이주의 역사는 1860년대에 시작된다. 당시 이북 지역에 발생한 대기근은 러시아 연해주로의 조선인 이주를 야기했고 이후 조선의 정치, 경제적 상황에 따라 고국을 떠나 타국에서 새로운 삶의 터전을 찾는 이들이 본격적으로 증가했다. 이주 초기에는 중국, 러시아, 하와이 등으로 많이 이주했으나 일제 강점 이후에는 일본과 만주로 집중되었고 해방 후에는 유럽과 미주 지역으로 한인들의 이주가 많이 일어났다.

어느 누구는 쫓겨났고, 어느 누구는 강제로 끌려왔으며, 어느 누구는 조국의 독립과 해방을 위해 망명했으며, 어느 누구는 잘 먹고살 수 있다는

철학자의 서재 2

말에 사기를 당해 이역만리에 팔려왔고, 어느 누구는 이 땅의 고단함을 못 이기고 떠났다. 제 발로 떠났든 쫓겨났든 조선 출신의 이주자들의 타향살이는 고달팠다.

경계인으로서 삶은 어느 누구에게도 환영받지 못했다. 현지에서도 고국에서도 그들은 모두 '외부인'이다. 외부인의 삶이란 참 고약한 게, '내부인'들은 항상 자신과 다른 이들이 그들의 다름을 모두 던져버리길 강요하지만 막상 모든 걸 던져버린 이들도 받아들이지는 않는다는 것이다. 코리안 디아스포라의 삶이 그랬다.

코리안 디아스포라의 공통점 중 하나는 재일 조선인 중 일부를 제외하고는 모두가 그 나라에서 모범 소수 민족이라는 점이다. 그들은 다수에 저항하지 않고 그 사회의 메이저리티에 순응하며 스스로 동화되기를 애쓴다. 그러한 노력은 남북한이라는 고국과 단절된 채 살아가는 그들의 생존 전략이었을지 모른다.

그러나 동화(同化)라는 탈민족적 통합은 동화(童話)의 마지막 단골 멘트인 '누구와 누구는 결혼하여 행복하게 살았답니다'처럼 간단하지도 쉽지도 않았다. 디아스포라에 대한 정치, 경제적 차별은 쉽게 극복되지 않고 있다. 이민 3, 4세의 고려인들의 경우 현지 정계 진출은 거의 전무하고, 중국의 조선족 역시 자치주의 당 서기와 같은 요직은 항상 한족이며, 재일 조선인의 경우에는 현지인과의 결혼이나 취업조차 쉽지 않다.

이미 고국에서는 외국인이 되어버린 그들은 지워지지 않는 출신과 현지에 적응하기 위해 지워버린 기억, 즉 부모의 언어와 문화 사이에서 오늘도 여전히 혼란스럽다. 민족이라는 단어가 점점 촌스러워지고 있는 요즘 코리안 디아스포라들에게는 그 단어가 여전히 일상이자 명에이다.

탈민족 담론이 가져오는 민족주의

현대를 탈민족의 시대라고들 한다. 혹자는 민족은 근대적으로 조작된 이미지일 뿐 실체는 없다 한다. 물론 이 말은 맞는 말일 수도, 틀린 말일 수도 있다. 그러나 현실에서는 이러한 탈민족 담론이 마이너리티를 부정하는 다수의 폭력적 동화론을 가져오기도 한다.

근래, 특히 미국에서는 인종 동화론을 내세우며 더 이상 배제되는 소수 민족은 없다고 자신 있게 주장한다. 미국의 인종 동화론은 샐러드 볼이나 멜팅팟으로 자주 설명된다. 이는 여러 인종이 다양하게 조화를 이루며 하나의 미국이라는 새로운 하나의 사회로 각자가 동화된다는 것이다. 그리하여 더 이상 인종과 민족의 개념은 무의미하고 현대 자유 국가에서는 더 이상 존재하지 않는다는 것이다.

그러나 백인 위주의 사회에서 한 번도 외부인은 '동화'된 적이 없다. 특히 유색 인종에게는 더욱 잔혹하여 백인의 맛만 강한 샐러드에서 소수는 저 밑에 침전되어 보이지 않는다. 소수는 그들 자신의 문화와 언어를 버리고 현지화를 꾀하지만 항상 주위를 맴돌 뿐 언제나 외부인 취급을 받아왔다.

이것은 소수민족으로서 미국의 한인들이 겪는 문제인데, 이는 비단 미국뿐만 아니라 재일 조선인, 고려인, 조선족 모두에게 해당되는 문제이다. 그곳에서 태어나 현지의 문화와 생활이 온몸에 배었지만 완전한 현지인이 될 수는 없었다. 소수 민족 자치를 보장한 중국도 문화혁명 이후 소수 민족의 한족화를 서서히 유도하며 중화 민족화를 꾀하고 있다.

자신이 공동체 안에서 다수에 속해 소수와 멀리 떨어져 있는 사람들은 민족을 근대 때 반짝 나타난 환상으로 치부하지만 이 시간에도 전 세계에서 그 환상을 어깨에 메고 살아가는 소수가 있다. 쉽게 동화되지 못하는 집단적 다름은 분명히 존재한다. 그러나 더 주목할 점은 디아스포라의 경우 그들의 정체성이 한국이나 북한에 있는 이들과도 같지 않다는 점이다. 그들은 완전히 현지화되지도 않았고, 한국적 전통을 완전히 유지하고 있지도 않다.

경계에서 살아가는 사람들인데 『코리안 디아스포라』에 나온 통계들에 의하면 고려인, 조선족, 재일 조선인, 재미 한인 등 모두가 대부분 자신의 정체성을 현지나 모국이 아닌 자기 자신의 위치 즉 고려인이면 고려인 자체로 인식하는 경우가 많다고 한다. 재일 조선인 학자 서경식은 소수 민족의 문제에서 가장 문제되는 것이 거주국과 모국의 양자택일론이라고 한다.

애인을 구하는 것도 아닌데 거주국에서는 거주국만을, 모국에서는 모국만을 선택하게 한다. 디아스포라들에게는 어느 선택도 쉽지 않다. 그리고 그 선택이 편하지도 않다.

경계 속에서의 삶, 디아스포라

단순하게 거주국에서 받아들여지지 않는다는 것이 디아스포라들이 그 사회에 완전히 동화되지 못하는 유일한 이유는 아니다. 소수이기는 하지만 디아스포라 중에서 현지에서 상당한 경제적, 정치적 성공을 거둔 이들도 분명히 존재한다. 그들은 완전히 그 사회에 적응한 것처럼 보이지만 그들 역시 여전히 모국과의 끈을 잇고 살아가고, 사람마다 정도의 차이는 있겠지만 거주국에서 경험되는 이질성이 쉽사리 사라지지 않는다.

『코리안 디아스포라』의 저자의 관점대로 이주의 배경과 모국의 정치적 상황, 그리고 거주국과 모국 간의 관계는 디아스포라들의 삶에 직접적인 영향을 끼친다. 박정희 정권 당시 한일 협정은 재일 조선인에 대한 보상 문제를 모호하게 해 그들의 생활과 사회적 지위에 큰 영향을 미쳤으며 한중 수교는 조선족의 생활에 큰 변화를 가져왔다.

그럼에도 불구하고 거주국으로의 일방적 동화를 이야기하는 것은 디아스포라가 가지는 국제적 관계를 간과하는 것이다. 그리고 그 역도 성립하는데 디아스포라와 그 자손이 모국 출신이고 현재 모국의 상황이 그들의 삶에 영향을 미친다 해서 그들에게 다시 완전한 한국인이 되길 바라는 것은 폭력에 가까운 일이다.

지방에서 서울로 올라와 수십 년을 살아도 사투리 하나 고치기 힘든 것이 인간인데 하물며 살아온 문화 자체를 바꾸는 것은 너무도 힘든 일이다. 그리고 그들이 변한 만큼 우리도 우리네 고향으로부터 얼마나 멀어졌고 변해왔는가. 모국과 거주국 사이의 경계의 삶이 바로 디아스포라의 삶이기에, 그 경계성을 이해하고 인정하는 것이 모국과 거주국 모두에게 필요하다.

디아스포라들이 현지에서 겪는 어려움 중 상당수는 한국 근대사의 상처들과 연관되어 있다. 근대화의 소용돌이 속에서 튕겨져 나가버린 그들의 삶을 이해하는 것은 단순히 그들에게 일방적 아량을 베푸는 것이 아니다. 그들의 삶은 한반도에 여전히 존재하는 일제 식민지, 분단, 무한 경쟁 자본주의의 살아 있는 상처로서 우리에게 다가온다. 우리에게 너무나 익숙해져 버려 내성이 생긴 분단과 일제 식민지의 짐을 코리안 디아스포라들은 일상 속에서 지고 살아가고 있다.

그들의 삶과 우리의 삶을 이어보는 것은 그들의 삶을 이해함으로써 우리가 이미 불치병으로 치부해 버려 포기하다시피 한 우리의 사회의 병들을

      철학자의 서재 2

치유할 수 있는 방법이기도 하다. 우리 삶의 연속들이 그들의 삶에 직간접적으로 영향을 미치고 그들과 관계를 맺는 것이 우리의 지나간 상처들을 보듬는 것이라면 이 관계를 지칭하는 표현이 가족과 친척 말고 무엇이 더 있을까?

우리가 인식하든 인식하지 못하든 우리는 수백만 코리안 디아스포라들의 친정이자 고향이다. 『코리안 디아스포라』는 그들의 삶과 그것을 바라보는 시각들을 간략하면서도 심도 있게 다룬 책이다. 오래된 친정을 방문하는 기분으로 『코리안 디아스포라』를 한 번 들춰보는 건 어떨까?

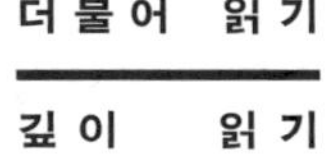

더 불어 읽기

깊 이 읽 기

1) 서경식, 『소년의 눈물』(돌베개, 2004). 재일교포 학자가 서경식의 자전적 에세이, 재일조선인 소년의 성장의 통증을 그린 책, 60년 대 재일조선인들의 일상과 감정 그리고 조국에 대한 애증이 잘 나타나있다. 디아스포라의 삶을 가까이서 느끼기 좋은 책.

2) 김태영, 강석진, 『저항과 극복의 갈림길에서(재일동포의 정체성 그 역사와 현재 그리고 미래)』(지식산업사, 2005). 재일조선인의 민족정체성을 주제로 인간의 정체성에 대해 다루고 있다. 이미 진부해져 버렸다고 여겨지는 민족이라는 문제를 일상적으로 지고 사는 재일조선인을 통해 현대인의 정체성에 근원적인 질문과 고민을 던지고 있다.

이원혁 / 한국철학사상연구회 회원

강철처럼 단단한 경계에서 핀
저 꽃이여!

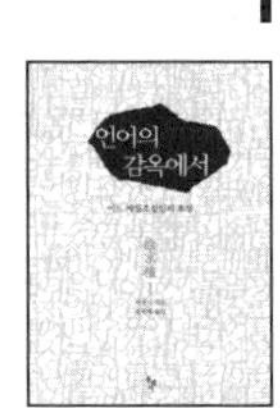

『언어의 감옥에서』 / 서경식

틈과 감옥에서 피어난 언어의 꽃

암벽 사이의 '틈' 속에서 인간 조상은 목숨을 이어왔고 '금'이 간 돌조 각에서 살아남을 수 있는 지혜를 얻었다. 그 벌어진 틈을 '경계'라고 부르 든, '차이'라고 부르든, '세계' 자체라고 부르든, 그 틈을 경계로 하여 우리 는 '나'가 되고 '너'가 되며, '이것'이 되고 '저것'이 된다. 그러나 어떤 틈이 벌어진 곳, 금이 가 있는 것은 우리에게 단일하고 통일적인 완전함에 대한 강박을 불러일으키곤 하는데, 돌이켜보면 그것은 '모던'한 이 세계가 구축 했던 근대인의 존재 방식이었다.

봉합되고 매끄러워진 그 경계선은 필연적으로 어떤 분열된 것들을 덮 어버리고 그것들이 본래 '하나'였다고 강요한다. 그렇지만 어떤 단일한 틀 이 유지될 수 있는 것은 중심을 향하는 구심력이 '균열'에 대한 인식을 억압하고 '경계'에 대한 사유를 독점하고 있기 때문이다. 이 얇게 메워진 균열 사이에 엉거주춤하게 서서 균열의 고통을 인식하게 된 모든 사람들에게 이제 중요한 것은 어디로 갈 것인가라는 방향성을 정하는 것이다.

그 방향성을 어린 나이부터 필연적으로 고민하지 않을 수 없었던 사람이 있다. 우리 역사와 사회의 부조리한 '울타리 치기'와 그에 맞서는 전선(戰線)을 새롭게 인식할 수 있게 해준 이들 중의 한 명인 그는 재일 조선인 지식인 서경식이다.

그가 경계의 지식인인 것은 개념화될 수 없는 역사와 그 역사가 남긴 현재의 상처들을 자신이 적대시하는 공동체의 언어로 사유하고 그 언어를 무기로 삼아 자신의 지적 고투를 개진한다는 점에서 그러하다. 그의 근작, 『언어의 감옥에서: 어느 재일 조선인의 초상』(권혁태 옮김, 돌베개 펴냄)은 우리에게 '디아스포라'의 문제를 환기시켰던 그의 지적 여정을 모아놓고 정리한 책이다.

모어(母語, mother tongue)가 "태어나서 처음으로 몸에 익힘으로써 무자각인 채로 자신 속에 생겨버리는 언어"라면, 모국어(母國語, native language)는 국가가 정해 교육이나 미디어를 통해 인민에게 가르치고 주입하는 언어이다. 결코 버리거나 포기할 수 없는 '조선인'이라는 정체성을 가진 필자는 모국어가 아닌 모어로서 주어진 '일본어'로 생각하고 자신의 생각과 느낌을 표현해야 하는 운명을 회피할 수 없었다.

"계속되는 식민주의"를 환기시키며 자신의 몸에 내장된 구 제국주의 식민 국가의 언어를 통해 식민주의라는 유령의 현재적 형태들과 싸워야 하는 기묘한 과제를 그는 정면으로 마주한다. 그래서 그는 서승, 서준식 두 형의 비극적인 가족사를 공동체의 역사 속에서 바라볼 수 있었고, 나아가 인류가 저지른 20세기의 폭력 속에서 민족과 디아스포라, 역사의 상처와 그 극복에 대해 사유할 수 있었다.

그런데 자신의 실존과 모어의 갈라진 틈에서 촉발된 그의 (번역된) 조선어에서는 소박하면서도 굳센 아름다움을 느낄 수 있다. 그것은 어디까지나 그 모든 문제의식이 정의(正義)의 가치를 외면하는 강자에게 억압당하고 저항하는 약자와 소수자에 대한 따뜻한 애정에서 출발하기 때문은 아닐까.

디아스포라의 정체성과 여전히 계속되는 식민주의

"모든 경계엔 꽃이 핀다"라고 했던 시인 함민복의 말을 무작정 긍정하고 싶지만, 나와 이해관계나 뜻을 거의 공유하지 않는 '우리'라고 하기엔 뭔가 좀 부족한 타자를 이해하고 그들의 아픔에 대해 공감한다는 것은 말처럼 쉽지 않다.

그런데 자기 중심성, 우리 가족, 우리 민족, 맹목적인 국가주의 등 뒤틀린 권위주의를 벗어나지 않고서는, 개인의 진정한 자유는 물론이거니와 서경식이 꿈꾸는 핍박과 고난의 기억을 공유하는 인민들이 서로 돕고 어울릴 수 있는 새로운 공동체, 고난의 연대체로서의 한민족을 상상할 수 없다.

한국과 일본 양쪽에서 모두 외면당하고 이용당한 재일 조선인의 존재론에 기초한 서경식의 '갇힌 언어'는 소통, 연대, 평화라는 '열린 세계'를 지향한다. 스스로를 "일본어라는 '언어의 벽'에 갇힌 수인"으로 규정하지만 그의 언어가 엮어낸 새로운 공동체의 정체성은 사방으로 열려 있고 그어떤 차별도 없다.

프리모 레비는 아우슈비츠의 비극에서 생환하여 가해자의 폭력을 증언하고 거기에서 파괴된 인간의 존엄성을 회복시키기 위해 노력했지만, 1987년 역사가 비참한 취급을 당하고 "증언에 귀 기울이지 않는 세계와의 '단절'에 고통스러워"하다가 결국 '증인'으로서의 자기 자신의 자격에 의문을 품고 죽음을 택했다.

서경식은 이 책에서 1990년대 이후 "우파의 야비한 욕설이 울려 퍼지고 리버럴 세력은 공허한 양비론을 중얼거리며 방관"하는 일본 사회와 자유주의 지식인들의 기만적이고 편협한 생각에 대해 통렬하게 비판한다. 그가 진단하기에 일본의 대중 매체와 대부분의 일본인들은 과거 그들이 조선인에 가했던 폭력을 모르는 게 아니라 묵살하고 있으며 앞 세대가 저지른 역사적 죄악에 대해 책임감을 거의 느끼지 않는다.

자유주의자들 또한 방관적이고 냉소적인 태도로 식민주의와 제국주의라는 20세기 역사에 대한 책임을 회피하는데, 이러한 태도는 '자기중심주의'와 '국민주의'에 뿌리를 두고 있는 것이다. 가해자의 사죄와 보상이 없는데 어떻게 피해자가 '원한과 분노'에서 해방될 수 있단 말인가. '화해라는 이름의 폭력'을 통해 오늘날에도 여전히 식민주의의 망령은 계속되고 있다.

한편, 탈북자들의 증언과 미디어에 비친 오늘날의 '북녘'은 생존 자체가 목표가 되어 버린 대다수의 인민들이 비명을 지르지도 못하고 주어진 삶을 견뎌나가는 저주스러운 생지옥의 땅이다. 그럼 이제 저마다 살아남으려고 고달프기는 마찬가지인 남녘의 대다수 인민들은 어느 정도 거리에서, 어떤 자세로, 바로 보기가 난망한 저들을, 우리 안의 타자를, 타자 안의 우리를 어떻게 이해하며 미래의 연대를 상상할 것인가.

북녘의 현실이 여전히 계속되고 있는 20세기 식민주의의 잔재이며 끔

찍한 정치 폭력과 전체주의적 기획이라면 우리는 점점 더 멀어지고 있는
저 인민들에 대한 감수성과 책임감을 어떻게 회복해 나갈 수 있을까. 역사
와 체제의 통일보다 훨씬 더 중요하고 본질적인 것이 감성의 통일이건만
20세기의 악몽에서 깨어나는 것은 여전히 지난한 과정을 요구하고 있다.
더불어 서경식의 말처럼 그 통일은 국민과 시민의 경계를 벗어나 디아스
포라를 포함하며 분단과 식민주의를 극복할 수 있는 총체적인 관점의 통
일, 인류 역사 발전에 기여하는 과정으로서의 통일이어야 한다.

역사를 바라보는 서경식의 시선을 통해 허무주의의 두터운 장막을 뚫
고 자신의 삶을 긍정하며 깨달은 바를 실천할 수 있는 힘이 어디서 나오
는 것인지 생각해 보게 된다. 분노하고 비판하고 개선해 나가려는 삶은 괴
롭고, 고생스러우며, 지속적인 불이익도 감수해야 한다. '그럼에도 불구하
고' 옳은 것은 끝내 옳은 것이다.

실패하고 실패해도 다시 시작할 수 있는 존재 긍정의 힘은 자기 계발
서적에서 말하는 것처럼 결코 상업화될 수 없는 것이다. '기억 투쟁'이란
우리가 지배당한 대로, 강요받은 대로 다시 그것을 되돌려주지 않으며, 서
로의 존재를 존중하고 긍정하는 연대의 힘을 통해 역사가 남긴 고통의 벽
에 새겨진 시행착오를 다시 우리의 손으로 반복하지 않는 것도 포함하지
않을까.

언어의 힘, 존재의 힘, 역사의 힘

다시 이 책의 제목으로 돌아가면 서경식이 겪었고 겪고 있을, 그리고

겪어갈 모어 상실의 아픔에 공명(共鳴)할 수 있는 여유와 비움이 독자에게 필요하다.

세상에 빛이 있음과 동시에 언어가 있었듯이, 우리에겐 존재함과 동시에 모어가 있었다. 그는 자신이 '마음대로' 사용할 수 있는 그 언어를 통해 자신의 삶이 디디고 선 역사의 지층과 현실의 부조리로 삼투해 나가지만, 다른 한편으론 '마음 놓고' 사용할 수 없는 그 언어가 만들어내는 괴리와 균열 속에서 아파하고 깨어 있으려 한다.

'나다운' 것을 찾는 것에서 발원한 그의 언어는 나다운 것처럼 포장된 것으로 인해 쓰러진 '우리다운' 것을 일으켜 세우고, '나와 너'의 차이를 응시하며 지난 역사 속에서 나는 곧 너였고, 너는 곧 나였음을 되돌아보게 만든다. 이제 작은 호수를 이루어 자신의 시대를 증언하는 그의 말과 글은 그러한 지적 고투가 시대가 부여한 과제 속에서 자신의 존재를 증명하려는 부단한 삶에 대한 의지의 표명이었음을 증언한다. 그의 언어는 그 정체성 투쟁이 곧 나태한 집단적 망각과 싸우는 기억투쟁이고, 편협한 날조와 씨름하는 역사투쟁이며, 안일한 위선에 저항하는 양심 투쟁이었음을 보여준다.

'옳은(것이라고 생각하는) 것'과 '그른(것이라고 생각하는) 것'을 하나하나 구분하려는 인간의 의지는 언어의 세계, 곧 로고스의 영역에서는 힘이 셀 뿐만 아니라 때론 아름답기까지 하다. 그러나 나름의 삶들이 서로 부딪치는 사람 세계, 곧 땀과 피와 눈물이 교차하는 현실 영역은 언어가 만들어낸 그 세계에 지배당하면서도 끊임없이 그것을 배반한다. 헌데, 우리는 언어와 논리를 통해 '실제적인 것' 속의 진실을 이해하고 욕망할 수 있기에, 또한 우리는 삶과 역사를 통해 '가상적인 것' 속의 거짓을 비판하고 반성

할 수 있기에 두 세계는 끊임없이 미끄러지면서도 서로에게 길항한다.

이러한 두 세계 사이에 마찰력이 떨어지고 긴장감이 느슨해질수록 이익 동맹이 아닌, 의지 동맹으로서 우리들이 수놓는 행동과 언어는 생기와 활력을 잃는다. 또 계급, 성별, 세대, 인종, 성적 취향 등 어떤 차이가 권위적인 차별로 귀착될 때 필연적으로 그 차별의 구조 속에서 수혜자들의 언어에서는 악취가 난다. 그들의 능력만이 아니라 그들이 타고난 운으로 보다 많은 것을 당연하게 누리고 사는 자들끼리 사용하는 언어는 필연적으로 오염된다.

그리고 그들이 오염시킨 언어는 그 사회의 여러 틈을 회복 불능한 것으로 바꾸고 그 틈새에서 고통 받는 사람들을 증가시킨다. '그들'에게 물려받고 세뇌당한 그 '말'을 비판 없이 사용해서는 그들을 바로 볼 수 없다. '정치'를 프레임의 지배와 의제의 선점으로 보게 될 때, 정치에 참여하는 시민의 말이 장기판 위의 말싸움을 위한 권력 게임의 도구가 될 때, 우리는 원래 진짜로 하고 싶었던 말이 무엇이었는지 기억하지 못할 수도 있다.

담론의 운동-장에서 끊임없이 그 의미가 유예되는 차연(差延)의 지속 속에서 특정 언어가 소수 권력 집단의 전유물이 되지 않을 수 있고, 썩어가는 고인 물이 되지 않을 수 있다. '몫 없는 자들'의 말은, 그 목소리는 그 누구의 것도 아닌 우리 모두의 언어여야 한다.

언어와 삶, 사유와 현실, 욕망과 역사의 이러한 괴리를 긴장시키면서 화해시키려는 투쟁의 변증법 속에서 비로소 우리의 말과 글이 '무기'가 될 수 있고, 동시에 그 투쟁으로 인해 죽어가는 뭇 생명들을 살리는 '감로수'가 될 수 있다. 그리하여 나 자신의 위선부터 베어버리는 '날 선' 우리들의 언어는 사람이라는 존재가 처한 독방의 벽을 긁어대는 비판과 해학의 칼이며, 동시에 이 갑갑한 현실에서의 탈옥을 가능케 하는 상호 존중과 연대의 심장이다.

경험과 사유가 낳은 말과 글은 인간이 던진 그물에 걸려 있다가도 이내 우리들 사이를 헤집어놓고 먼 바다로 흘러가 버린다. 아니, 이 모든 진부한 관념어들의 연쇄가 만들어내는 번잡함과 실재를 도려내는 추상(抽象) 폭력이 제공하는 사치스러움 속에서도, 서로 엮인 존재로서 함께 쌓아가는 그 말빚을 통해, 우리는 머지않아 사라질 우리 자신의 운명과 화해할 수 있고, 한없는 덧없음과 싸울 수 있으리라.

녹슬지 않는 차가운 칼날의 언어여, 굴하지 않는 따스한 심장의 언어여, 선한 인간들의 그 선함을 지켜주기 위하여 그들과 함께 무장한 세월을 기다리고 끝내 살아 있으라!

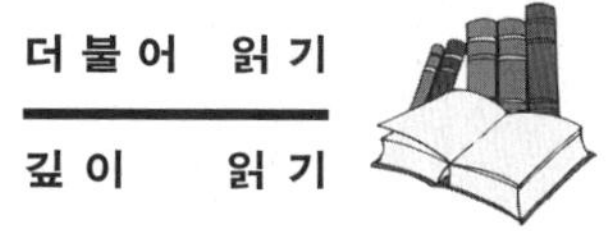

1) 서경식 지음, 『난민과 국민 사이』, 이규수·임성모 옮김(돌베개, 2006). '난민'도 '국민'도 될 수 없는 디아스포라의 감수성을 지닌 재일조선인의 입장에서 바라보면 국가는 어떻게 보일까. '국가'의 이름으로 자행된 폭력과 희생을 돌아보고 그 기억을 통해 현대사의 상처를 보듬으려는 지은이의 성찰이 담겨 있다.

2) 서경식, 『디아스포라 기행-추방당한 자의 시선』, 김혜신 옮김(돌베개, 2006).

디아스포라 정체성은 결코 자신의 내면에만 관심을 기울이지 않고, 한 사회에서 소수자로 살아가는 다른 사람들의 목소리에 예민하게 반응한다. 힘 없는 소수자들과 '추방 당한' 사람들에 대한 지은이의 깊은 애정은 곧 타인의 아픔에 공감하는 능력에 기초하고 있음을 보여준다.

3) 프리모 레비, 『이것이 인간인가』, 이현경 옮김(돌베개, 2007). 폴란드의 아우슈비츠 제3수용소에서 보낸 10개월간의 체험을 기록한 현대 증언 문학의 대표작이다. 극한의 폭력에 노출된 인간을 응시하고, 기계의 부품으로 전락하여 공포만이 남았던 그곳을 함께 기억하며 지금도 어디에선가 반복될 '근대 세계'의 한 장면을 마주해 볼 수 있다.

조배준 / 한국철학사상연구회 회원

거물 '간첩'?
우리 안의 악마를 깨우다!

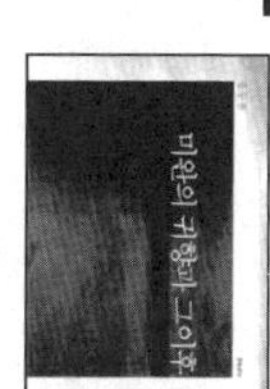

『미완의 귀향과 그 이후』 / 송두율

귀향

귀향이라는 말은 묘한 울림을 갖는다. 고향이란 떠도는 자들이 으레 겪게 되는 이국땅에서의 설움을 달래주는 공간이고, 그곳으로의 회귀란 설움에서 벗어나 치유됨을 의미하기 때문이다. 실제 귀향이 이루어지지 않더라도 치유는 이미 시작된다. 고향으로 돌아가는 꿈을 꾸는 것만으로도 이국에서의 고독한 현실은 어느새 풍요로운 안식처로 변화하기 때문이다.

꿈속의 고향은 언제나 과거의 아름다움 속에 자리한다. 그래서 귀향에 대한 꿈은 보통 아름답고 평화로웠던 목가적 과거의 이미지를 갖는다. 하지만 이 목가적 과거 공간은 과거의 시간대에 존재했던 실제의 고향이 아니다. 사실 그렇게 아름다웠던 고향이란 없다. 다만 그렇게 미화되고 있을 뿐이다. 현재 결핍되고 좌절된 기대를 과거에 대한 향수로 포장하여 갈망하고 있는 것이다.

그렇다면 고향에 대한 갈망은 과거로의 회귀라기보다는 좌절된 현재적 기억의 파편을 그러모아 만든 미래적 소망이다. 우리는 이것을 과거의 시간대에서 회고하고 있는 것이다. 우리는 고향으로 고개를 돌려 그리운 눈으로 바라보고 있지만, 우리의 눈은 기실 미래의 고향을 바라보면서 나아가고 있다. 발터 벤야민은 이러한 형상을 『역사 철학 테제』에서 '새로운 천사'라는 그림 이미지와 더불어 제시했던 적이 있었다.

송두율의 『미완의 귀향과 그 이후』(후마니타스 펴냄)는 이 '미래의 고향'으로의 고통스러운 여정의 기록이다. 그가 귀환하고자 하던 고향은 '과거의 영광을 기리는 추억 속에 머무르는 고향'이 아니라 '과거와 현재에 억압되고 좌절되었던 소망의 파편들을 배열하여 바라보는 '미래의 고향'이다. 이곳에서 그는 굴절된 과거에서 억압받던 이들의 목소리의 파편들에 귀 기울이고, 그들의 소망을 그러모아, 아직 있지 않지만 당도해야 할 고향으로서의 통일된 조국을 전망하고자 했다. 하지만 그의 고향 사람들은 이 미래의 고향에 대한 기획을 외면하고 과거의 고착된 기억 속에 머물러 그를 거부했다.

귀환을 둘러싼 히스테리

2003년 가을과 이듬해 여름까지 남한 땅에는 한 방랑 지식인의 귀향을 둘러싼 사건이 벌어졌다. 1967년 독일 유학길을 올랐다가 사상적 신념에 의해 귀환이 허락되지 않았던 한 지식인이 37년 만에 고향 땅을 밟으면서 시작된 이 사건은 여전히 대한민국 사회의 목에 걸린 가시다. 떠들썩했던 냉전 히스테리 극은 이 방랑 지식인이 귀향에 대한 자신의 꿈을 '근원으로의 귀환'이라는 회고적 정서 안에서 꿈꾸기를 거부하고, '경계인'의 입장에서 '미래의 고향'을 전망하면서 시작되었다. 그러나 불행히도 그의 '경계인', '미래의 고향'이라는 말은 대한민국의 일반적 상식과 논리에서는 알쏭달쏭한 것이기만 하다.

처음에 한국 사람들은 그의 귀환에 대해 그저 고향을 그리워하던 동포 지식인의 귀환이라는 이미지로 받아들였다. 그러면서 고향 사람들은 37년 동안의 방랑 생활을 청산하고 돌아오는 그가 자신들의 현재저 정체성과 고향 땅의 역사를 은근히 긍정해 주기를 바랐다. 정부와 기득권 세력은 이러한 은근한 기대를 준법 서약 강요와 처벌의 위협으로 탈바꿈시켰다.

하지만 기대와는 달리 송두율은 자신의 기존 입장을 고수하고자 했다. 기대 속에서의 환대와 처벌의 위협이라는 당근과 채찍을 구사한 한국으로서는 체면을 구긴 셈이었다. 거절의 당혹스러움 속에서 한국 사회는 그동안 애써 억제했던 사나운 마음들을 분별없이 터뜨려 버렸다. 유럽 무대에서 활동하는 역량 있는 지성인은 어느새 해방 이후 최대의 거물 간첩으로 낙인 찍혔다.

노동당에 가입해 유학생들을 회유하던 간첩이라는 피의(被疑) 사실이 공표되자 한국 사회는 배신감으로 들끓었다. '비판적 지식인인 줄로만 알았더니 간첩이라니!' 자유주의적 관용을 자부하던 한국인은 일순간에 '나는 콩 사탕이 싫어요'를 외치던 과거인으로 추락하고 말았다. '몸 사림'은 진보와 보수를 가리지 않았다.

국가보안법의 철폐를 주장하든 거부하든 '간첩'이라는 낙인 앞에서는 일단 뒷걸음치거나 경계하는 것이 한국인들에게 체화된 정체성이었다. 이 몸에 배인 행태 앞에 피의 사실 공개의 불법성이라든가, 법치주의, 생각은 처벌할 수 없다는 자유주의 법 원칙 등은 어느새 망각되었다. 숱한 희생 속에서 1987년 설립한 민주적 헌법 체제를 자랑스럽게 되뇌던 한국 사회의 정치 문화는 그렇게 힘없이 스스로 무너져 갔다.

히스테리의 근원

해방 이후 우리는 근대적 국민(민족) 국가를 건설하려는 노력을 기울였다. 국민(민족) 국가라는 근대적 정치 형식을 중심으로 구성원의 유대감을 형성하는 경로에는 여러 가지가 있었지만 한반도에서는 동족 간의 내전이라는 가장 비극적인 방식으로 이루어졌다. 국가의 미래에 대한 서로 다른 전망을 가졌던 이들은 분할 점령의 기간 동안 상호 협력보다는 배제의 정치를 전개했다.

전쟁이라는 절체절명의 위기 상황은 정치적 전망을 달리하는 세력에 대한 배제를 효과적으로 관철시키면서 구성원 간의 연대적 정체성과 소속감을 강화시키는 가장 좋은 수단이 될 수 있다. 그런 이유로 전쟁이 기획되었는지는 알 수 없지만 전쟁으로 그들이 얻은 성과는 분명했다. 정치적 지배력과 규범적 정당성 모두에게서 불안을 느꼈던 당시의 정치 세력들은 전쟁을 통해 정치적 경쟁자들을 일소하고 체제에 대한 구성원들의 충성을 한꺼번에 얻을 수 있었다. 체제에 대한 충성심은 각자의 점령지에 존재하는 적대자들을 색출하고 학살하는 과정에서 키워졌다.

민간인 학살과 국가 폭력은 한민족에게 씻을 수 없는 정신적 상흔을 입혔다. 학살은 사교와 가족 관계마저도 훼손시켰다. 형과 아우, 아비와 자식, 친구와 친구가 이념적 적대자로서 맞서는 일은 결코 적지 않았다. 기존의 가족 관계와 공동체적 유대는 갈가리 찢겨졌다. 오직 내 편과 적이 있을 뿐이었다. 이웃과 친구, 친척과 가족도 신뢰하지 못하는 상황에서 한반도의 모든 구성원은 자기 부정과 왜곡, 자기 은폐에 익숙해졌다. 전쟁 후 한민족의 정치·사회·문화적 자기 정체성은 다양한 체제 외적 자기 욕구를 강압적으로 숨기거나 단일화하는 폭력적 과정 속에서 형성되었다.

학살은 자아 외부에서만 이루어지지 않았다. 각자가 속한 체제 이념이 허용하지 않는 지향들은 자아 내부에서도 '학살'되었다. 자아 내부에 존재하던 체제 외적 욕구는 금기시되거나, 제거되어야 할 타자가 되었다. 타자는 비록 이념적 적대자의 얼굴을 하고 있지만, 그것은 사실 자기 내부에 존재하고 있던 체제 외적 소망이자, 자신이 고발·학살·외면했던 친지·가족·이웃·동료의 모습이다.

이 타자가 자아의 내부와 외부에서 간혹 얼굴을 내비칠 때, 격렬한 거부의 히스테리가 발동한다. '타자의 얼굴'은 자신의 내부에 존재하는 체제 외적 정체성과 학살의 기억을 상기시킨다. 타자가 또 다른 자신이고, 자신이 학살의 주범임을 인정했다가는 자신이 애써 키워낸 정체성은 해체되고, 자신의 외적 삶 또한 위협받을 게 분명해진다.

이 위기 상황에 대한 타개책이 히스테리적 고발이다. 타자 거부 반응은 적극적이고도 명시적으로 표명될수록 좋았다. '타자의 얼굴'을 배제하려는 히스테리 반응은 집단화하여 사회적 제의로까지 발달하였다. 반공 궐기 대회는 그 좋은 예다. 2003년 가을에는 궐기 대회 대신 여론몰이를 통한 히스테리였다는 점이 다를 뿐이었다.

반인륜적 과오와 추악한 정체성에 대한 자기 응시는 낯설고 고통스러운 일이다. 이미 자신의 정치적 정체성이 정상이라고 자부하고, 그것의 어두운 과오를 망각하고 있던 대부분의 구성원들에게 자기 응시는 감당하기 어려운 일이다. 게다가 우리는 이미 빨갱이 사냥식의 냉전적 사고를 훌륭히 극복했다고 자부하고 있었다.

우리는 전쟁과 분단의 현실을 강요했던 반민주적 세력의 지배력을 약화시키고, 새로운 민주적 헌법 체제를 창조해 냈다. 이 자신감은 '타자의 얼굴'에 대한 성찰을 게을리 하게 만들었다. 이 망각과 게으름에 경종을 울린 것이 '간첩 송두율의 얼굴'이었다.

우리 안의 이분법

'송두율의 얼굴'이 충격적이었던 것은 우리 안에 내밀하게 자리하고 있었던 냉전 의식을 드러나게 한 데에 있었다. 한국 사회의 구성원들은 한편으로는 역사에 비겁했지만, 다른 한편으로는 역사에 부끄럽지 않았다. 1987년 이후 이룩한 민주 헌법과 사회 민주화 그리고 남북 통일을 위한 획기적 노력 등은 역사적 책무에 대한 자랑스러운 성과물이었다.

우리는 독재의 서슬 하에서 나와 내 가족의 입에만 관심을 두는 이들이기도 했지만, 민주적 헌정과 평화 통일 공동체를 위한 계기를 마련한 이들이기도 하다. 이러한 자신감 속에서 체제 적대자로서의 '타자들'도 우리가 이룩한 자유주의적 정치 문화 하에서 관용할 수 있다고 자부하고 있었다.

하지만 냉전 세력이 조성한 틀은 이미 우리의 의식 깊숙이 자리하고 있었다.

남과 북 모두를 오가며 화해의 틈새를 모색하던 한 지식인의 행위가 '납득하기 어려운' 지경으로 보이는 듯하자, 저 알량한 '자유주의적 관용'의 허세는 그 밑천을 드러내게 되었다. 한국 사회가 이룩한 자유주의적 정치 문화의 관용을 넘어서는 수준의 피의 사실이 공개되자, 혐의는 어느새 진실이 되고, 양심적 지식인은 거짓말쟁이 박쥐로 전락하고 말았다.

자유주의적 사회의 법 및 정치 원칙에 의하면 생각에 대해서는 처벌할 수 없으며, 사상의 자유는 가능한 한 최대한 허용해 줘야 한다. 또 어떤 행위가 타인에 대해 객관적 위해를 가하지 않을 경우에는 법적 처벌을 할 수 없으며, 혐의 사실의 공개는 공익적 이유에 대한 신중한 고려 없이는 감행될 수 없다. 혐의 사실의 공개로 인해 부당한 판정과 단죄가 여론의 이름으로 자행될 수 있기 때문이다.

민주적 헌법의 성취를 통해 자부하고 있었던 자유주의적 정치·법 문화는 '간첩'이라는 이름 앞에서는 통하지 않았다. 우리가 자랑하던 자유주의적 관용과 원칙은 아직 분단 체제의 이분법적 사고에 머물러 있었다. 민주화된 한국 사회는 여전히 두 개의 조국 중 하나를 선택해 그것에 수렴되어야만 한다는 이분법적 개념 틀에 갇혀 있었을 뿐이었다.

우리는 송두율에게 모든 것을 밝히고, 사과하고, 전향하라고 떼를 썼다. '사오로가 바오로가 되어서야' 히스테리는 멈췄고, 그는 비판적 지식인으로서의 자기 원칙을 훼손하는 상처를 입었다. 적과 나, 절대악과 절대선이라는 이분법적 개념 틀에 안주하는 한, 아무리 자유주의적 교양과 사상의 자유를 암송해 낸들 새로운 미래에 대한 전망은 탄생할 수가 없다.

우리는 아직 그 정도였다. 그 정도의 우리에게 '경계인'이라는 말은 아리송할 수밖에 없었다.

경계인

송두율은 '경계인'이라는 용어로 한국 사회에서 내면화된 적과 동지의 이분법을 넘어보고자 하는 자신을 설명했다. 이 용어는 남과 북의 엄중한 경계선 속에서 적과 동지, 절대악과 절대선의 이차원적 이분법을 극복하고, 새로운 틈새 공간을 창출하려는 노력을 표상한다. 하지만 한국 사회에서 이 용어는 그의 의도와는 다르게 해석되고 말았다.

우리 사회는 '경계인'이라는 개념을 양쪽 세력에 대해 객관적 균형을 취하면서 계량적 중립을 지키는 것으로 인식하거나, 간에 붙었다 쓸개에 붙었다 하는 회색인 정도로 해석했다. 전자의 경우라면 '경계인'이란 남과 북 어느 쪽에도 속하지 않으면서 마치 치우치지 않는 판단을 내리는 공정하고도 불편부당한 심판관과 같은 이미지로 풀이된다. 하지만 그의 '경계인'은 불편부당성의 이상 속에 존재하지 않는다. 그가 말하는 경계인적 입장은 이상적 상태에서 가정된 것이 아니라, 실제 현실 세계와의 접촉 속에서 모색되고 배열된다.

우리는 늘 넘어지지 않도록 중심을 잡고 자전거를 타지만, 사실 고정된 자전거의 중심 지점이나 선은 아예 존재하지 않는다. 자전거의 중심은 왼쪽과 오른쪽으로 치우치는 운동 속에서 존재한다. 왼쪽으로 넘어지려는 몸을 억지로 오른쪽으로 돌려내려다가는 중심이 무너진다. 중심이란 오히려 왼쪽으로 넘어지려 할 때 왼쪽으로 기울이고, 다른 한편으로는 이 좌편

                                                          철학자의 서재 2

항의 운동 속에서도 좌에 대한 일정한 긴장을 의식하는 운동 속에서 역설적으로 발생한다.

송두율이 말하는 중심이란 바로 이렇게 좌우를 넘나드는 운동의 긴장 속에서 섬광과 같이 나타나고 사라지며, 명멸하지만 여전히 지속하는 '기우뚱한 중심'이다. 이 중심은 운동 속에서 명멸하기에 어떤 고정된 지점이나 위치선으로 표기될 수 없다. 오직 삼차원적 연장 공간 속에서 시간적 배열의 과정에서 불현듯 파악할 수 있는 것이다.

송두율이 구상하는 남과 북의 만남은 바로 이 경계적 운동 공간에서 배열된다. 이 공간에서 남은 북이 될 기회를 가지게 되고 북도 남이 될 기회를 얻게 된다. 이 과정에서 각자는 자신의 개념 틀을 상대화시켜 제 안에 자리한 낯선 이의 얼굴과 목소리를 경험하게 될 것이다. 남과 북, 과거와 미래, 주체의 영광과 타자의 좌절, 선과 악, 웃음과 울음이 교차하는 이 공간에서 우리는 새로운 미래의 정신을 섬광과 같이 감지할 수 있게 된다. 명석 판명한 구분을 중시하는 이분법적 논리에서 보자면, 운동 속에서 교차하고 공존하는 이 역설적 공간에 대한 상상은 현실과는 거리가 먼 말로 들린다.

하지만 이러한 탈이분법 논리의 상상은 의외로 가까이 존재한다. 웃음과 울음이 동시에 존재하는 피에로의 얼굴, 소수 부족의 '변신 가면(transform mask)' 등은 이러한 사고의 현존을 증언하고 있다. 범고래 얼굴을 한 가면 끝의 끈을 잡아당겨 가면 안의 인간 얼굴이 나타나도록 한 변신 가면은 범고래와 인간 얼굴의 교차 운동을 통해, 이분법이라는 세속적 상황을 극복하고 틈새에 존재하는 새로운 세계에 대한 경험을 의식하도록 이끈다.

인류는 이미 오래전부터 제례 의식을 통해 인간과 자연, 삶과 죽음, 세속과 신성성의 틈새에 대해 생각해 보고 체험함으로써 새로운 세상에 대한 전망의 영감을 얻고 있었다. 어쩌면 송두율의 경계인적 사고는 이 신화적 사회의 상징적 사고 논리가 보유하고 있던 잠재력과 맞닿아 있는 것인지도 모르겠다.

송두율에 따르면, 악마(惡魔 · diabolos)라는 말의 어원은 '나누어진 것(diabolon)'이라는 그리스어로서, 이는 '결합된 것'이라는 뜻을 갖고 있는 상징(symbolon)이라는 말의 상대 개념이다. 즉, 편을 가르고 이간질하는 '악마'적 사유를 극복하고 하나로 만드는 사회를 전망하기 위해서는 고대의 '상징'적 기억을 미래의 지평 속에서 오늘날 새롭게 상기하는 사고 상상의 노력이 필요한 것이다.

분단 현실에서의 폭력적 이분법이라는 악마적 사고를 쫓아내고 새로운 사회의 전망을 창조하기 위해서는 이와 같은 새로운 비판적 사유 논리가 필요하다. 한편으로 그것은 신화적 사회의 상징적 사고 논리와 잇닿아 있다. 하지만 신비화의 길로 잘못 들어서서는 안 된다. 그것은 세속화된 근대 사회의 현실에 맞게 재구성되어야 한다. 우리는 그 가능성을 부정변증법적 사고에서 찾아볼 수 있을 것이다.

미래로의 귀향

책의 서문에서 송두율은 다음과 같이 말한다.

"'경계인'에게 고향은 과거로의 회귀만을 의미할 수가 없다. 경계의 이쪽이나 아니면 저쪽, 어느 한 곳에 정착한 사람들은 과거의 추억 속에 살며 그 속에서 자기 존재의 뿌리를 별 어려움 없이 관습적으로, 때로는 본능적으로 확인할 수 있다. 그러나 이쪽과 저쪽 사이의 경계에서 제3의 그 무엇을 구하려고 할 때, 우리는 지금까지 아무도 밟아보지 못한 미래의 고향에 우리의 생각을 천착하게 할 수 있다. 보기에 따라서는 유토피아, 즉 '없는 땅'처럼 보일 수도 있는 이 미래의 고향이 선에서 면적으로, 또 면적에서 공간으로 변화하며 넓어질 때 그 안에서 더욱 많은 사람이 과거와는 다른 모습으로 공존할 수 있을 것이다."

벤야민의 '지금시간(Jetztzeit)'을 연상시키는 이 구절은 미래로의 귀향이 이루어지는 시간에 대한 변증법적 경험을 소망하고 있다. 그의 귀향은 과거의 영광으로 돌아가는 무비판적이고도 선형적인 회귀가 아니었다. 시세의 압력에 굴복한 '탕자의 귀환'도 아니었다. 오히려 역사적 과오와 영광의 신화가 뒤섞인 '과거의 고향'을 현재의 비판적 성찰을 통해 해방시켜, 새로운 '미래의 고향'을 꿈꾸기 위한 귀향이었다.

송두율의 귀향은 완성되지 못했다. 하지만 그가 말한 '미래의 고향'으로의 꿈이 유산된 것은 아니다. 그의 미완의 귀향을 통해 우리는 우리의 과거와 현재를 새로이 가늠할 수 있게 되었고, 우리 안에 내재하고 있었던 좌절된 타자의 얼굴과 목소리를 새롭게 들을 수 있게 되었기 때문이다. 이 타자들의 목소리와 얼굴을 응시하고 상기할 때, 우리는 과거의 파편 속에 잠재한 경계적 공간으로서의 미래의 고향을 지금 여기에서 경험하고 전망하게 될 것이다.

그 고향은 남과 북의 이념 대결에서뿐만 아니라 제국의 압력에서 좌절
된 타자들 모두를 껴안을 수 있는 공간이어야 할 것이다. 그의 실패한 귀
향은 우리의 귀향을 시작하게 만들었다. 이것이 그의 상처를 통해 얻은 우
리의 책무다.

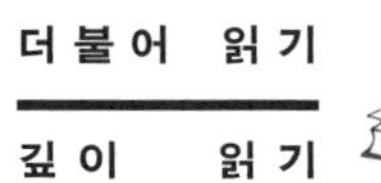
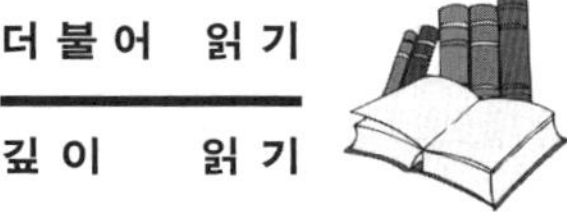

1) 홍형숙 감독의 다큐멘터리 〈경계도시 1, 2〉 송두율 교수의 경계인적 상황
을 다큐멘터리로 다루었다. 〈경계도시 2〉는 송두율 교수의 귀국과 더불어 한
국 사회가 보여줬던 이념 히스테리에서 진보 인사들도 자유롭지 않음을 보여
준 예리한 자기 고백이다.

2) 송두율, 『경계인의 사색』(한겨레, 2002). 송두율 교수가 경계인적 자기 상
황을 해명한 책이다. 경계인이라는 것이 단순한 문학적 수사가 아니라 시대
와 분단 현실에 대한 진지한 성찰에서 개념임을 보여주고 있다.

3) 서경식, 김상봉, 『만남』(돌베개, 2007). 송두율 교수 사건과는 직접적 관계
가 없는 책이다. 하지만 경계인에 대한 이해를 가능하게 하면서 시대와의 화
해를 예비하는 데에 많은 영감을 주는 대담집이다.

한길석 / 군산대학교 강사

낯선 말,
다른 만남

『영혼 없는 작가』 / 다와다 요코

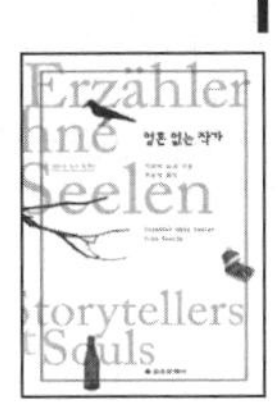

　드물게 관심을 갖게 되는 누군가를 만나게 되고, 그를 궁금해하고, 내가 갖고 있는 모든 감각을 열어 그의 표정과 이야기와 이야기가 멈추는 시간까지도 잡아내려 살핀다. 그의 '말'은 많은 부분 잊히기도 하겠지만 어느 순간 내 피부가 되어 있기도 하고, 말과 말 사이의 '숨'은 그 자리에서 사라지겠지만 어느 순간 내 안의 빈자리를 채우기도 한다.

　드물지만 우리는 그렇게 모든 감각을 열어 집중하게 되는 한 사람을 만나게 되는데, 최근에 내가 만난 사람은 바로 『영혼 없는 작가』(최윤영 옮김, 을유문화사 펴냄)다. 이 무슨 희한한 의인법인가 하면서도, 내가 만난 것은 아무래도 다와다 요코라는 이름을 가진 책날개 사진 속의 인물이라기보다 바로 이 글이라고 말하는 게 정확하다고 느껴져 고치지 않는다.

　그도 이렇게 말하지 않는가. "나는 그렇지만 나도 살고 나의 삶도 역시 산다고 말하고 싶다. 나의 글도 또한 삶이 있다." (21쪽) 이런 농담 재미없다고 욕할지도 모르지만 '사람'을 빨리 읽으면 '삶'이 되고, '삶'이라는 글자의 받침을 그 어느 것도 놓치지 않고 발음하면 '사람'이 된다.

이 농담을 제치더라도 한 사람을 만난다는 것은 한 삶을 만나는 것이라고 말해도 무방하지 않을까. 우리는 대개 한 사람을 고정되어 있는 어떤 본성을 가진 자로 대하기 마련이다. '그를 안다'라고 자신 있게 말하지 못하더라도 실은 그것이 편하기 때문에 우리는 '자신이 이미 파악한 그'를 가지고 그를 대한다.

그러나 내가 파악한 그가 반드시 그일 수도 없으려니와, 그의 본성이라는 것이 애초부터 있었는가? 하고 물어보면 대답하기 어려워진다. 아무리 사람이 잘 변하지 않는다고 해도, 습관이란 것이 강고하고 끈질긴 것이라고 해도 삶은 변하기 마련이고 그 삶은 사람에게 영향을 미칠 수밖에 없다. '내가 아는 고정된 그의 모습'과 '삶과 더불어 변화하고 있는 그의 모습'은 끊임없이 어긋나고, 나와 그의 관계도 서로의 인식 속에서 그리고 시간과 더불어 이전의 형태와 이후의 형태로 변화하며 어긋난다.

그러나 우리는 이러한 어긋남을 잘 견디지 못한다. 안 그래도 쉴 새 없이 변화하는 불확실한 세상에서 익숙한 것이 낯설게 변하는 경험은 자신이 통제할 수 없는 자신의 삶을 자각하게 하고, 그 경험은 많은 경우 공포와 불안을 불러일으키기 때문이다. 그래서 우리는 우리 자신에게 그것이 무엇인지 알아야 한다, 밝혀야 한다, 그의 표정이 무엇인지 읽어야 한다, 빈칸이나 백지는 채워야 한다고 끊임없이 요청한다.

결국 우리는 사람이든 사물이든 사건이든 그 모든 것들에서 우리에게 익숙한 것을 확인하는 일만 하고자 한다. '통조림 속의 낯선 것'에서 글쓴이는 글을 읽지 못하는 샤샤를 통해 모든 것을 "읽어 내려고" 하지 않고

"주의 깊게 관찰하는" 일을 배우게 된다. '비누'라는 글자를 아는 사람은 피닉스 그림이 그려진 곽에 담긴 '비누'를 확인하기 위해 그것을 열어볼 필요가 없다.

글자와 그것이 가리키는 사물 사이의 틈을 보지 못할 때, 생각이 단어와 꽉 들러붙어 있을 때, 우리는 그러한 것들에 대해 더 이상 생각하려고 하지 않고 제대로 느끼지도 못한다. 예를 들자면, 모국어를 유창하게 사용하는 사람들은 어떤 사물에 대해 이미 주어져 있는 이름과는 다른 방식으로 생각하거나 감각하려는 노력을 하지 않는다.

그때의 『영혼 없는 작가』

대략 두 달 전 이 책을 처음 만났을 때 나는 '공간 초록'에서 하게 될 '젠더와 일상'이라는 강연을 준비하고 있었다. 부산교육대학교 앞에 있는 공간 초록에는 많은 사람들이 서로 다른 이유로 오가는데, 나 역시 그들 중 하나로 그곳에서 몇몇 사람들과 함께 책읽기 모임을 하고 있다.

그곳에서 만난 사람들 덕분에 책을 읽는 방법에 대한 고민(느리게 빠르게 넓게 좁게 읽는 것과 같은 문제가 아니라 '경험과 더불어 책을 읽는 것'과 같은 문제)을 계속하게 되는데, 특히 글자에 익숙한 사람과 이미지에 익숙한 사람의 차이라든가 현장에 있는 사람과 이론을 공부하는 사람 사이의 거리를 느끼면서 삶의 배경 또는 경험이 다른 사람들이 서로 이야기를 나눌 때 생겨나는 갈등에 대해 자주 생각하게 된다.

그러한 갈등에 대한 생각을 그 강연에서 일부분 다루었는데, 그때 나는 이 책의 한 구절인 "모든 낯선 음향, 모든 낯선 시선, 모든 낯선 맛은 몸 자체가 변할 때까지는 내 몸에 편안하게 받아들여지지 않았다"(13쪽)를 읽고 그러한 갈등의 문제가 편견의 물질성 또는 편견과 몸의 밀접한 관계에서 비롯된다는 생각을 하게 되었다. 그리고 그 문장에 힘입어 나는 다음과 같은 이야기를 했었다.

우리가 익숙하지 않은 사고방식 또는 익숙하지 않은 존재를 맞닥뜨렸을 때 종종 '구역질 난다'라고 표현하는 것은 생각과 몸의 밀접한 관계, 즉 생각이 몸의 반응에 영향을 미치며, 몸이 생각을 통제함을 보여준다는 점에서 적절하다. "이유 없이 싫다니까!" 하고 말하지만, 익숙하지 않은 자들의 존재가 이유 없이 싫은 게 아니다.

사람들의 생각은 물질성을 띠며, 몸은 오래된 생각들이 새겨져 있는 관념체라고도 할 수 있어서, 의식하지 않으면 우리는 정작 다루어야 할 중요한 문제를 놓쳐버리거나, 체질적으로 맞지 않는다며 차단이나 무시의 방식으로 문제를 회피하게 된다. 다소 과장되어 보일 수도 있는 이러한 표현들을 통해 내가 말하고 싶었던 것은 몸은 천천히 변화하기 때문에 새로운 사고방식을 받아들이는 데는 시간이 많이 걸리고, 어쨌든 그 공간 안에서 만나는 사람들 사이에 대화라는 것이 가능하려면 상대방의 편견과 몸의 시간을 고려해야 한다는 것이었다. 단 이때 고려란 많은 부분 지루하고 힘겨울 변화와 갈등의 과정을 견뎌 나가는 일을 의미한다.

지금의 『영혼 없는 작가』

나의 경우 실제로 전혀 다른 생각을 가진 사람을 만나게 되면 속수무책이 되어버린다. 아예 전혀 다른 시대에 살고 있는 것만 같은 생각을 가진 사람들을 만났을 때, 그러나 그 사람이 함께 생활을 해야 하는 사람일 때 우리의 이야기는 논리 싸움이 아니라 감정싸움으로 비화한다. 그와 같은 일을 반복하다 보면 어느 순간 그와는 더 이상 논란을 일으키는 문제에 대해 이야기하지 않기로 마음먹게 된다.

몸의 시간을 고려한다는 것, 변화와 갈등의 과정을 견뎌낸다는 것이 쉽지 않다는 것을 매번 느낀다. 그러나 내가 그러한 갈등을 없는 듯이 회피해 버린다고 해서 그 갈등이 없어지는 것은 아니므로, 다시금 우리는 논리싸움으로든 감정싸움으로든 어떤 형태로든 상대방을 만나려는 노력을 시작해야 하고, 또 시작할 수밖에 없다.

그리고 그러한 만남의 과정을 겪으면서 우리는 듣고 이야기하는 일 자체에 대해서도 생각하게 된다. 다시 펼친 『영혼 없는 작가』에는 여러 종류의 '듣고 말하는' 경험에 대한 이야기가 들어 있었다. 그 이야기들은 모두 이제까지 해왔던 것과는 다른 방식으로 읽고, 보고, 느끼고, 생각하는 일을 다루고 있다. 이 세계에서는 이제까지 봐왔던 사물, 글자, 심지어 자신의 몸도 처음 본 것처럼 낯설어지고, 꿈 속의 사람이나 죽은 자의 말도 들을 수 있게 된다.

예를 들자면, 일본 여자 그림이 있는 참치 통조림을 땄을 때, 그 안에 들어 있는 한 덩어리 참치 살이 그림 속 여자가 변한 것으로 보인다('통조림 속의 낯선 것'), 하드롤빵이나 물고기에게서 영혼의 생김새를 떠올리고,

티베트 고승의 목소리에서 죽은 사람의 말을 듣는다('영혼 없는 작가'), '유럽'은 보이지 않으면 언제든지 사라질 수 있다는 걱정을 갖고 있는, 보이고 싶어 하는 몸으로 이해된다.("유럽이란 원래부터 없었다고 아무에게도 이야기해서는 안 된다"), 독일어를 처음으로 배우는 과정에서 연필은 남자로 타자기는 여자로 느껴지고(독일어 명사에는 성(性)이 있다), 비가 온다('es regnet')라고 말할 때 'es'(그것)가 하늘에서 물이 쏟아지게 만든 것처럼 느껴진다(「엄마말에서 말엄마로」) 등.

사실 이 모든 이야기들은 자신의 맥락을 갖고 있는 어떤 통찰을 각기 담고 있는데, 이제까지 우리들 자신이 의식하지 못할 정도로 당연하게 생각하고 보아왔던 것들로부터 거리 두는 일을 요구한다는 점에서는 공통적이다. 익숙한 말과 익숙한 내 주변의 물건들, 잘 안다고 생각했던 나의 몸이 낯설어지고, 생활하다 보면 금방 잊힐 뿐인 잠 속의 꿈이 밥 먹고 양치질하고 똥 싸고 일하는 일상의 매 순간에 침입한다. 이 이야기들은 모든 것이 뭔가 제자리에 있지 않은 것 같다는 기묘한 느낌을 주면서도, 곧 숨은 그림을 찾은 것처럼 왜 이제야 이것을 발견했는지 의아해지게 만드는 효과를 갖고 있기도 하다.

"나는 글을 쓰는 동안 나의 몸으로부터 이야기를 듣고자 시도할 것이다. 내가 이들 이야기를 열심히 들으면 나는 내 세포 방들이 내게 얼마나 낯선지를 알게 된다. 이 세포 방들은 유전으로 물려받은 것과 먹어서 생긴 것으로 구성되어 있다. 그래서 내가 내 몸에게서 들은 어떤 이야기가 시간적으로나 지리적으로 아주 멀리 떨어져 있는 것으로 생각되는 일이 종종 있다."(22쪽)

이 문장이 말하고 있듯이, 자신이 살아온 방식과 거리를 두는 일은 이미 자기 안에 들어와 있던 낯선 것들을 발견하고 그것의 말을 들을 때에 비로소 가능하다. '우리' 또는 이곳에 있는 무수한 '나'는 미리 주어진 본성과 같은 것이 없어 고정되어 있지 않고, 각자 변할 수 없는 부분과 변할 수 있는 부분들로 이루어져 있다. 그리고 변할 수 있는 부분은 오로지 나에게 익숙하지 않은 말과 이야기들을 들음으로써만 작동된다. '영혼 없는 작가'도 이렇게 이야기하지 않는가. "인간의 몸 또한 통역 작업이 행해지는 여러 방을 가지고 있다. 내 추측에는 여기에서는 원본이 없는 통역이 일어나고 있다."(23쪽)

사물의 말, 죽은 자의 말, 꿈의 말이 적힌 이야기들은 익숙해져 버린 일상에서 "경험할 수 없는 것을 들을 수 있게"(28쪽) 하고, 그러한 일상의 이미지에 묶여서 제대로 보지 못하는 "눈을 해방시키는 기회"(80쪽)를 준다. 다와다 요코의 다른 책 제목이기도 한, '벌거벗은 눈'으로 세계를 보는 일이 중요한데 이것은 동요 없는 상태를 지향하는 내면의 관조나 명상과 같은 것이 아니라, 이제까지 편안하게 보아왔던 모든 것들과 그것에 대한 자신의 사고방식과 싸우는 것에 더 가깝다. 맨눈으로 보는 것, 주변의 다른 목소리에 귀 기울이는 일, 그리고 새로운 이야기의 생성은 모두 구분하기 어려울 정도로 함께 이루어지는 일들이며, 기존의 익숙한 시선과 익숙한 이야기와의 갈등을 느끼면서 진행되는 활동 과정이다.

'낯선 말'과 다른 만남

한 모임에서 '소통'이라든가 '타자'라든가 하는 말들이 오가고 있는데 문득 그 말들이 공허해짐을 느낀 적이 있다. 그 공허함은 그러한 이상적인 형태의 소통이나 타자와의 만남이 현실에서 가능한가 가능하지 않은가의 문제가 아니라, 그 자리에 있는 사람들이 그 말들의 의미를 너무나도 잘 알고 있다는 듯이 말하고 듣고 있는 데서 생겨난 것이었다.

나 역시도 그러한 말들을 당연한 듯이 듣고 말하고 있었는데, 어느 순간 그 말의 의미 자체가 모호해짐을 느꼈다. 그때는 바로 그곳에서 그 말들에 대해 더 이상 어떤 설명도 요구되지 않는다는 것을 알게 된 순간이었다. 그 말들이 중요하게 부각되게 된 각자의 경험의 맥락이 지워지고, 말의 의미나 내용을 통일해야만 이야기가 진행될 수 있다는 듯이 합의를 방해할 것만 같은 어긋나는 말들은 무시되거나 차단되었다. 그런 가운데서도 '소통'이나 '타자'라는 말들은 형식만 남은 채로 사람들의 입에서 편안하게 들어왔다가 나갔고, 모임이 끝나자마자 버려졌다.

형식만 남은 말은 생각을 추동시키지 못할 뿐만 아니라, 다루어야 할 문제들을 해결된 것처럼 착각하게 만든다. 그리고 어떤 사물, 사람, 사건을 만났을 때 그들에게서 항상 같은 것만을 보게 만든다. 변화의 가능성이 사라지고 움직이는 삶을 굳어버리게 한다. 익숙해진 말과 익숙한 인식 틀의 폐해를 현대 철학에서는 "재현의 폭력"이라고 표현하기도 하는데, 이 책에서는 다음과 같이 표현한다.

"나는 유창하게 모국어를 말하는 사람들을 보면 가끔 구역질이 났다. 그 사람들은 말이란 그렇게 착착 준비되어 있다가 척척 잽싸게 나오는 것이고 그 외의 다른 것은 생각하거나 느낄 수 없다는 인상을 주었기 때문이다."(14쪽)

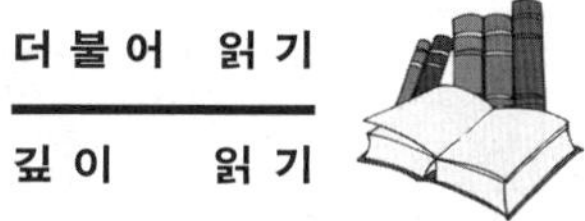

더불어 읽기

깊이 읽기

1) 다와다 요코, 『목욕탕』, 최윤영 옮김(을유문화사, 2011). 다와다 요코의 또 다른 책. 『영혼 없는 작가』에 언급되었던 작품 속 일화들이 들어 있어서 한께 읽기 좋다. 이 책에는 꿈과 현실, 죽은 자의 세상과 산 자의 세상이 기묘하게 얽혀 있음을 드러내는 이야기들이 담겨 있다. 그녀의 다른 글들과 마찬가지로 당연하다고 생각했던 일상의 경험들을 낯설게 만든다.

2) 서경식, 타와다 요오꼬, 『경계에서 춤추다』, 서은혜 옮김(창비, 2010). 여기서 타와다 요오꼬는 다와다 요코와 같은 사람이다. 이 책은 서경식과 다와다 요코의 편지글 모음으로, 언어, 목소리, 이름, 집, 여행 등에 대한 그들 각자의 생각을 담고 있다. 이 책을 통해 우리는 그들 각자의 생각이 부딪히고 어우러지는 모습을 볼 수 있을 뿐만 아니라, 우리 주변에 있는 익숙한 사물들과 이름들을 다시 보는 경험을 할 수 있을 것이다.

양창아 / 동서대학교 강사

어떻게 좋은 엄마가
될 수 있을까?

『마음의 집』 / 김희경 글, 이보나 흐미엘레프스카 그림

마흔이 넘어 아이를 선물 받아 낳고 기르자니 정말 예쁘다. 매일 우리 아가에게 엄마에게 와줘서 고맙다고 말한다. 사실 나는 우리 아기를 만나기 전까지는 아이들을 크게 좋아하는 사람은 아니었다. 그들과 소통할 방법을 잘 몰랐고 아이가 없으니 절실히 노력할 이유도 없었다. 하지만 이제 내 생활의 가장 큰 자리를 꿰어 찬 아이 덕분에 매일 공부하는 마음으로 그를 만나고 새로 엄마로 성장하기 위해 노력 중이다. 모든 엄마들이 그렇듯이 나 역시 '어떻게 하면 좋은 엄마가 될 수 있을까'라는 문제 앞에서 오랫동안 고군분투해야 할 것이다.

우리는 종종 모성애와 한없는 사랑의 이미지를 연결시키지만 현실의 엄마들은 모성애라는 가면의 폭력 가운데서 허우적대기 십상이다. 그래서 (특히 딸들의 경우) 어린 시절에 받은 상처의 가해자는 대체로 엄마들이다. EBS가 방영한 다큐멘터리 〈마더 쇼크〉는 그것이 배려 깊은 사랑을

받아본 적 없는 이전 세대의 일반적인 대물림이라는 점을 지적하고 있다. 다큐는 자식 세대가 자식을 낳고 엄마 세대와 화해에 이르는 과정을 보여준다. 근대화 과정은 먹고산다는 논리로 가장 가까운 이들 사이의 배려와 이해를 삭제 가능하다고 치부했던 것일까. 특히 우리 사회에서는 가족 구성원들의 개별성을 인정하고 자식을 인격적으로 존중하는 수고를 감당하지 않는다.

그렇지만 마음의 상처를 미처 다 살피지 못한다 하더라도 모든 위해로부터 자식을 보호하려는 것은 엄마 된 사람의 본능에 가까울 것이다. 더구나 우리 사회는 이미 어린아이들과 관련한 여러 가지 사건 사고가 증명하듯이 위험 사회에 들어왔다. 우리 아이들에게 줄 수 있는 무균실은 없다. 오히려 현실은 허허벌판에서 누가 빨리 뛰나 경주시키고 그 와중에 서로 찌르고 할퀴고 자해하는 것을 내버려두면서 잘못 뛰면 가차 없이 차별하고 멸시한다. 그렇다. 우리 아이들은 언제나 각종 괴담이 난무하고, 대체로 그것이 진실인 무시무시한 '학교'라는 곳을 통과한다. 그러면 제도권 학교라는 지옥을 피한다고 문제가 해결될까. 우리의 학교는 우리 사회의 바로미터일 뿐인데 말이다. 아이를 사회와 격리시켜 반쪽 인간으로 살아가게 할 수도 없는 노릇이다. 그렇다면 내가 엄마로서 가질 수 있는 현실적 바람과 조력해야 할 부분은 그가 육체적으로 성장하면서 동시에 자기 마음의 크기와 넓이, 그리고 깊이를 키워갈 수 있도록 하는 것이 아닐까.

『마음의 책』(김희경 글, 이보나 흐미엘레프스카 그림, 창비 펴냄)은 아직은 타인의 마음을 공감하거나 이해하기 어려운 아이의 시선으로 마음에 대해 묻고 생각하기를 권하는 책이다. 그런데 '타인의 마음을 공감하거나 이해하기 어려운' 것은 아이 시절에 국한되지 않는다. 대다수 사람들은 죽을 때까지 관계가 만드는 문제와 그로 인해 받은 상처에서 벗어나는 것이 어렵다. 이 어려운 문제를 도대체 어떻게 접근할까. 이 책은 아이들이 보는 그림책이라 글이 거의 없다. 『마음의 책』은 자기 마음을 이해하고 동시에 타인의 마음에 접근하는 철학적인 과제를 그림으로 돌파한다고 할 수 있을 정도로 그림의 비중이 크다. 이 책의 그림은 글 작가의 글에 단지 그림을 입힌 수준이 아니라 그림만으로도 많은 이야기를 전해 주고 깊은 감응을 일으켜 아이들과 어른 모두를 사색하게 한다. 얼핏 보면 이탈리아 화가 키리코를 연상시키는 이보나 흐미엘레프스카의 그림은 그 이국적이고 신비로운 분위기 때문인지 타인의 여리고 다치기 쉬운 마음을 응시하게 하고, 그와 다르지 않은 자신의 마음을 겹치고 돌아보게 만드는 힘이 있다.

　책의 처음은 "우리의 마음은 어디에 있을까?"라는 아이의 물음으로 시작한다. 아이는 자신에게서 출발해서 가까이 있는 사람들에게로 시선을 옮긴다. 말이 없는 엄마, 구석에서 혼자 노는 친구, 혼자 밥 먹는 아빠, 이제 막 태어난 동생, 시각 장애인, 대머리 교장 선생님 등. 그들은 아이에게 가까이 있지만 실제로는 멀리 있는, 아이가 다가가기 힘든 이들이다. 그러나 아이는 "(그들에게도) 마음이 있어. 그런데 마음은 잘 알 수가 없어"라며 속내를 보여주지 않는 그들과 관계 맺기 어렵지만 그들의 마음을 상상하려고 한다. 사실 알 수 없는 건 그들의 마음만이 아니지 않던가. 내 마음도 한결같지 않고 제어하기 힘든데 타인에게 쉽게 마음을 보여주지 않는다고 나무라서는 안 될 일이다. 같은 사물을 보고도 그때그때 기분이 다르고, 같은 날에도 만나는 사람에 따라 마음 상태가 다른 것이 우리 마음이기 때문이다. "마음은 도대체 무엇일까?"

쉽게 보이지도 않고, 알 듯하면 달라지는 변덕쟁이 마음을 집에 비유하니 그제야 조금씩 윤곽이 드러난다. 우리가 사는 집이 서로 다른 모양을 가지고 있듯이 마음의 집도 제각각이다. 그 집에도 문이 있다. 누구는 문을 조금 열어두고 누구는 활짝 열지만 어떤 이는 아예 닫고 산다. 거기 있는 방은 여러 사람들이 들어갈 수 있는 넓은 방도 있고 자기 몸 하나 겨우 들어가는 좁은 방도 있다. 그뿐만이 아니다. 흐린 마음과 밝은 마음을 보는 창문, 힘든 일을 견뎌내는 동안 오르는 계단, 자기 마음을 표현하기 위해 요리하는 부엌, 드러내지 못하는 비루한 마음들을 버릴 수 있는 화장실 등 집에 있는 건 거의 다 갖추고 있다. 거기다 우리네 집들이 그렇듯 마음의 집의 주인도 종종 바뀐다. 어떤 마음이 집을 지배하느냐에 따라 마음의 집의 분위기와 내부 구조가 달라지게 마련이다.

복합적이고 복수적인 마음들이기에 그 마음 사이의 관계 맺기는 어려울 수밖에 없고, 언제나 어떤 효율성을 기준으로 생활하는 우리는 관계의 문제를 힘들어 할 수밖에 없다. 그래서 우리는 손쉽게 '내 마음 같지 않다'는 말을 자주 하는가 보다. 그럴 때마다 '그냥 생긴 대로 살아야지'라고 황급히 관계의 문제를 제쳐 버린다. 종종 우리는 나와 너의 다름을 강조하고 다름이 단절의 알리바이인 양 쉽게 선을 긋거나 등을 돌려버린다. 그러나 다르기 때문에 그의 마음을 내 마음대로 재단하지 말아야 하며, 다르기 때문에 내 마음의 창을 그에게 조금 더 많이 열어야 하는 수고를 져야 하는 것은 아닐까. 어쩌면 우리는 집에 대해 예의를 지키면서도 곁에 존재하는 사람들의 여린 마음에 대해서는 쉽게 무시하고 지나쳐버리고 있었던 것이 아닐까. 남의 집을 엿보거나 불쑥불쑥 들어가는 것을 실례라 여기지만 타인의 마음에 대해서는 우리는 종종 얼마나 폭력적인가. 문이 닫힌 집 앞에서는 무슨 이유가 있겠거니 하고 돌아서면서도 마음을 닫고 사는 이들에 대해서는 서슴지 않고 손가락질을 하기도 한다.

이런 의미에서 이 책은 뒤늦게 엄마가 된 내게 오히려 내 안의 아이를 돌아보게 해주었다. 내 오랜 생각은 아이 가장 가까이에서 마음의 문을 활짝 열어주어야 하는 의무를 지닌 부모가 부모의 몫을 다하지 못할 때 아이는 가장 깊이, 그리고 오래 상처받는다는 것이었다. 결국 상처는 그의 마음자리가 되고, 그 사람의 정체성을 만들게 되기 때문이다. 『마음의 집』은 그 아이의 '생긴 대로'를 만드는 구체적인 영향 관계 때문에 아이를 염려하지만 동시에 이 세상에는 무수한 마음들이 있다고 아이를 위로하고 응원한다. 우리는 계속 관계 맺고 내 마음을 통로로 다른 이들을 상상하고 공감하고 다른 마음들을 만나고 배울 수 있기에 말이다. 그런 배움이 삶이라면 우리는 말이 없는 엄마를, 혼자 밥 먹는 아빠를 오래 미워하지는 않을 것이다. 어떤 이유로 인해 문을 닫아걸거나 문을 빼꼼히 열고 있는 이들, 자기도 들어가기 힘든 방에서 괴로워하는 이들의 마음을 이해하고 위로할 수 있는 마음은 또 그들 곁에서 관계 맺기를 원하고 소통하기를 바라는 우리일 수밖에 없기 때문이다.

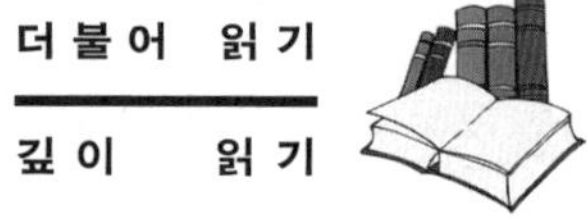

1) 최광현, 『가족의 두 얼굴』(부키, 2012). 저자는 그 이름도 낯선 가족치료사

다. 독일과 한국에서 가족치료사로 활동한 저자는 서로 아끼고 보듬고 사랑을 키워야 할 가정이 잘못하면 불행의 싹을 자라게 하는 인큐베이터가 될 수도 있는 것이 오늘날의 가족이라고 말한다. 이 책은 가족이 갖고 있는 두 얼굴의 실체를 적나라하게 보여 주고 나와 가족을 바라보는 새로운 시선을 갖게 하고, 이를 통해 내 안의 상처를 다독이고 위로한다.

2) 한기연, 『나는 더 이상 당신의 가족이 아니다』(씨네21북스, 2012). 상담심리 전문가인 저자는 이 책이 가족에게 받은 상처를 스스로 치유하고, 가족에서 벗어나 새로운 인생을 살고 싶은 대한민국의 모든 아들딸들을 위한 책이라고 한다. 여기서 가족을 벗어난다는 것은 가족을 버린다거나 포기한다는 뜻이 아니다. 한 사람의 어른으로 세상에 똑바로 서기 위해 가족과 나의 관계를 재정립한다는 뜻이다. 나의 행복과 공존하지 않는 가족의 행복이란 없다는 것을 생각하면 가족을 내게서 떼어내어 숙고해 볼 필요가 있다.

김명주 / 부산대 비정규 교수

4장

현대를 사유하기,
비판과 성찰의 힘

‘슈퍼스타 K’ 1등, 허각!
허각만 기억하는 사회, 허걱!

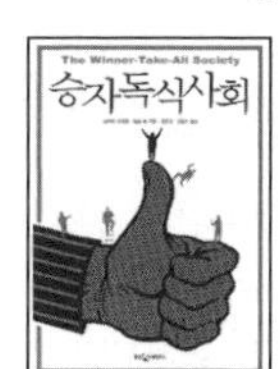

『승자독식 사회』 / 로버트 프랭크 & 필립 쿡

1등만 기억하는 세상

얼마 전 모 케이블 방송에서 방영하였던 〈슈퍼스타 K〉라는 프로그램은 케이블 방송 사상 최고의 시청률을 기록하였다.

'기적을 노래하라'라는 슬로건을 내세운 이 프로그램은 134만 6402명 중 단 한 명의 슈퍼스타를 선발하는 쇼였다. 최고의 노래와 춤 실력 그리고 스타성을 가졌다고 평가받은 단 한 명, 어마어마한 경쟁에서 승리한 1등은 큰 액수의 상금과 고가의 부상을 수여받고 연예계에 진출할 수 있는 특혜를 제공받았다.

높은 시청률과 이 프로그램이 방영되고 있을 당시 많은 사람들의 입에서 회자되었다는 것만 보더라도 분명 성공(?)한 프로그램이었음에는 틀림없다는 생각이 든다. 그렇다면 무엇이 사람들에게 이 프로그램이 그토록 매력적이었는가?

어떤 칼럼에서는 이 프로그램의 성공 요인으로 '정의에 대한 대중들의 열망'을 충족시킨 점을 들고 있다. 허각이라는 최종 승자는 환풍기를 다는 노동자였는데, 오늘날의 기준으로 보았을 때 키가 큰 것도 아니며 몸매가 좋은 것도 아니었다. 하지만 그는 수많은 경쟁자들을 따돌리고 1등을 차지하였다. 이런 점을 미루어 그 칼럼의 필자는 장관 딸 특채와 같은 부정의(不正義)한 사회적 문제로 얼룩진 우리의 사회에서 오로지 '실력'으로 성공할 수 있다는 민주주의의 정의를 보여주었다고 말한다.

이 말은 이전에 영화 〈슈퍼맨〉을 보면서 대중들이 열광했던 것처럼, 대중이 최종 승자와 자신을 동일시하면서 대리만족을 느꼈다고 본다면 이해가 된다. 배경도 없고 돈도 없어 늘 사회적 경쟁에서 불이익을 당한다고 생각하는 대중은 자신들과 별 다를 바 없는 사람이 당당히 경쟁에서 오직 실력만으로 1등을 차지하는 모습을 보면서 정의가 세워지는 것으로 여길 수 있다. 그렇게 본다면 이 프로그램에서 내세운 '기적을 노래하라'는 슬로건에서 '기적'은 다른 의미를 가진다. 그것은 바로 정의로운 것들이 부정의한 것들을 뒤집어엎을 수 있다는, 현실적인 불가능성을 가능성으로 바꾸는 바로 그러한 '기적'이다.

하지만 그러한 기적에 대한 열광에는 불편함이 남는다. 그 불편함은 어느 코미디언이 외치는 "1등만 기억하는 더러운 세상!"이라는 유행어를 떠올리며 시작한다. 왜 1등에게만 상금과 부상을 수여하는가? 왜 오직 단한 사람의 승자만이 모든 분배를 '독식'하는가? (물론 최종 승자인 허각 외의 사람들이 비록 상금과 부상을 받지는 못했지만 연예계에 진출하면서 나름의 보상을 받았다고 볼 수 있다. 하지만 여기서 문제 삼고자 하는 것은 그 쇼의 목적이 어쨌든

                                    철학자의 서재 2

최후의 승자 1인을 선출하는 것이었으며 그 1인에게만 상과 부상을 수상함으로써 1등의 의미를 크게 부각시키고 있다는 점이다.)

그리고 그것은 어떠한 문제를 야기하는가? 이 물음에 대한 단초를 제공해 주는 책이 바로 로버트 프랭크와 필립 쿡의 『승자 독식 사회(*The Winner-Take-All Society*)』(김양미 옮김, 웅진지식하우스 펴냄)이다.

이긴 자가 모두 가지는 사회

이 책에 따르면 〈슈퍼스타 K〉의 모습은 '이긴 자가 모두 가지는 사회', 즉 승자 독식 사회의 모습과 같다. 저자는 승자 독식 사회는 "상대적인 능력차에 의해 보상을 받"으며 "승자에게 돌아가는 보상이 몇몇 최고 실력자들에게 집중되고, 재능이나 노력의 미미한 차이가 엄청난 소득의 차이로 이어진다는"(43~44쪽) 특징을 지니고 있다고 말한다.

이러한 승자 독식 사회는 "최고 실력자가 고부가 가치를 창출할 수 있어야 할 뿐만 아니라 그들의 서비스를 얻으려는 경쟁이 있"(81쪽)을 때 만들어진다. 이는 오늘날 유명한 연예인의 한 달 수입만 보더라도 이해가 된다. 최종적으로 선발되는 우리의 슈퍼스타는 그만큼의 충분한 고부가 가치를 생산할 수 있으며, 그러한 슈퍼스타를 원하는 기획사가 있으며, 그에게 열광하는 수많은 팬이 있다. 비단 승자 독식 사회의 모습은 연예계만 국한된 것이 아니다. 그것은 정치, 경제 등과 같은 많은 영역에서 찾아볼 수 있는 모습이다. 즉, 한국 사회 전반에 걸쳐 승자 독식의 구조가 엄연히 자리 잡고 있다는 것이다.

문제는 이 승자 독식 사회에서의 경쟁이 지위 군비 경쟁을 부추긴다는 데 있다. 그것은 대학의 서열화(192~215쪽)만 보더라도 확인할 수 있다. 일류 대학을 나온 자는 그렇지 못한 자들에 비해 더 많은 수입과 사회적 권력을 얻을 수 있는 지위를 확보할 확률이 크다. 따라서 일류 대학에 진학하려는 경쟁은 심화될 수밖에 없으며, 그 경쟁에서 이기기 위해 지출되어야 하는 비용(예컨대 사교육비 증가)은 증가할 수밖에 없다.

이는 곧 '소득=학력'이라는 구조로 연결된다. 한 신문사의 조사에 따르면 고소득 가구일수록 학력 수준이 높으며 그러한 가구의 자녀가 소위 명문 대학에 진학할 확률이 높은 것으로 드러났다(〈경향신문〉 2009년 3월 15일자) 부와 학력의 대물림 현상이 발생하고 있는 것이다. 저자는 머턴의 말을 인용하여 이런 현상을 "무릇 있는 자는 받아 풍요하게 되고 없는 자는 그 있는 것까지 빼앗기리라"는 〈마태복음〉의 구절을 따서 '마태 효과(Matthew effect)'(57쪽)라고 부른다.

경쟁과 사회적 욕망 그리고 승자와 패자

그렇다면 승자 독식 사회에서의 경쟁을 부추기고 있는 근본적인 요인은 무엇인가? 저자가 인용하고 있는 보크에 따르면 그것은 "욕망에 대한 사회적 승인"(99쪽) 때문이다.

그것은 저자가 예를 들어 설명하고 있는 내용들을 미루어 본다면 한편으로 '차이=차별'이라는 도식을 사회적으로 인정하면서 이루어진다는 것을 알 수 있다. 특히 소비 사회에서의 차이는 대부분의 사람이 가진 것과

철학자의 서재 2

소수의 사람이 가진 것, 그 소수의 사람과 그보다 더 소수의 사람이 가진 것이라는 구분을 통해 차별이 된다. 소유의 차이가 동일하지 않음의 강조로, 그리고 비동일성이 결핍의 이름으로 명명되고, 나아가 그 결핍을 충족시키는 것을 욕망으로 코드화한다.

이것을 좀 더 확장하여 말하자면 우리는 마르크스가 『자본론』에서 설명하는 '물신주의'를 떠올릴 수 있다. 마르크스가 말하는 물신주의는 양화할 수 없는 대상의 가치를 화폐 가치와 동일하게 놓고 평가하는 것을 말한다. 마르크스에게 있어 이것은 허위의식이라는 의미에서 이데올로기 효과의 결과이다. 그래서 마르크스는 "그들은 그것을 알지 못한 채 행하고 있다(Sie wissen das nicht, aber tun est)"고 말한다.

지젝이라는 철학자는 이러한 마르크스의 명제를 다시 해석한다. 지젝에 따르면 우리가 교환을 하면서 '모르는 것'은 물신주의적인 환영에 의해 조종당하고 있다는 점이다. 이는 우리가 아무리 '냉소적 거리두기'를 하여도 마찬가지이다. 값비싼 고급 승용차의 화폐 가치가 그 사람의 가치와 동일하지 않다는 점을 의식적으로 안다는 냉소적인 이성을 작동시켜도 여전히 그것을 '행하고' 있다는 점에서 오히려 그것은 "초연함으로 이데올로기적인 환상의 근본적인 수준을, 이데올로기가 사회적인 현실 자체를 구조화하는 수준"을 방치하는 것에 불과한 것이 된다. 그렇다면 '그럼에도 불구하고' 그것을 행하게 하는 환영은 어디에서 발생하는가?

지젝에 따르면 이 환영은 잉여 향락에 따른 믿음의 전이에서 발생한다. 우리의 몸은 오랜 관습적인 생활에서 그것에 따라 행동할 때 어떤 잉여를 전유할 수 있다는 것을 안다. 다시 말해 자본주의 사회에서 사물의 가치를 자신의 사회적 지위와 동일시하는 것은 많은 유용성을 가져다준다는 것이다.

지젝이 들고 있는 예를 옮기자면, 유태인이 우생학적으로 열등하지 않다는 것을 알지만 그럼에도 불구하고 그렇다고 믿는 이유는 자신이 유태인이 아니기 때문에 그리고 유태인이 그렇다고 믿음으로써 자신에게 어떠한 잉여가 주어지기 때문이다. 그런 의미에서 지젝에게 이러한 믿음은 사유를 통해 형성되는 앎이 아니다. 그것은 잉여 향락을 경험하였거나 기대하는 우리 몸의 경험을 통해 무의식적으로 형성되는 '현실 추상화'의 결과이다. 그런 의미에서 개개인의 욕망은 신체의 행위와 관계하는 것인 동시에 사회적이고 문화적인 욕망이다. 또한 그 욕망이 사회적이고 문화적이라는 점에서 우리가 믿는 것은 타인의 믿음이 된다.

타인의 믿음을 믿는 것은 우리를 사회적 욕망 속에 계속해서 잡아둔다. 그 욕망은 차이를 생성하면서 한편으로는 그 차이를 제거하려는 긴장 속에서 지탱된다. 최고는 최고가 아닌 것과 차이를 확인하고자 한다. 그리고 최고가 아닌 것은 최고와 차이를 좁히기 위해, 더 정확히는 또 다른 최고가 되려고 한다. (이는 소위 사치품이라 불리는 신분재(status goods), 지위재(positional goods)의 가격 상승률이 여타의 것보다 훨씬 빠르다는 점에서도 확인된다.)(64쪽)

이것은 우리 안에서 모두가 욕망해야 하는 욕망이다. 그렇지 않다면 자신의 욕망은 정상적인 것이 되지 못하기 때문이다. 따라서 그 욕망을 가지지 않는 자는 나약하거나 꿈이 없거나 괴상한 자 곧 비정상이 된다. 그리고 사회로부터 어떤 잉여를 향유할 수 없는 경계 밖의 '그 무엇', 어떠한 보상도 받지 못하거나 기껏해야 아주 작은 보상을 받는 패배자가 된다.

　　　　철학자의 서재 2

승자 독식 사회를 벗어나기 위하여

저자는 이 책을 통해 승자 독식 사회가 우리를 무한한 경쟁의 쳇바퀴 속으로 밀어 넣고 있다는 점을 보여주고 있다. 그 쳇바퀴는 차이와 동일성의 경계, 승자와 패자의 경계를 의미한다. 승자 독식 사회에서 우리는 그 경계 밖으로 밀려나지 않기 위한 고단하고 무한히 회귀적인 마라톤을 하고 있는 것이다.

이 책의 마지막은 이러한 승자 독식 사회를 벗어나기 위한 방안들로 조세 제도의 개혁 등 몇몇 분야에서의 구체적인 대안을 제시하고 있다(270~294쪽). 하지만 오히려 이 책의 저자가 우리에게 던져주고 있는 주목할 만한 방안은 글의 전반에 걸쳐 관통하고 있는 내용 속에서 읽어야 할 것 같다. 그것은 우리가 가진 '환상을 가로지르는 것'이다.

연봉이 몇 억이 되는 CEO, 톱스타는 그것을 희망하는 수많은 사람 중 지극히 소수이다. 나머지는 그 최고를 만들기 위해 필요한 최고가 아닌 것이 될 뿐이다. 그래서 그것은 지속되어야 하는 환상이다. 그 환상은 모두에게 동일한 꿈을 꾸게 하면서 자신의 내적 에너지를 허비하게 만든다.

따라서 저자가 이 책을 통해 전달하고자 하는 바의 핵심은 오히려 '각자가 각자의 꿈'을 꾸라는 것에 있는 것 같다. 그때에 비로소 경쟁의 과잉 밀집을 막고 그로 인해 발생하는 삶의 고단함을 극복할 수 있기 때문이다.

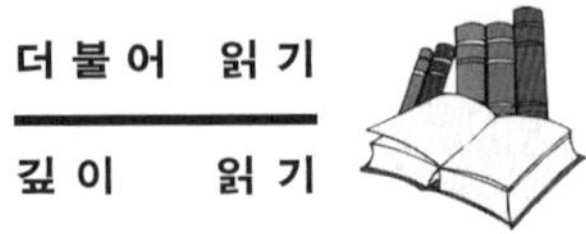

1) 로버트 프랭크 저, 『리치스탄』(더난출판사, 2008). 리치스탄은 부자의 의미인 리치와 나라를 의미하는 스탄의 합성어이다. 즉, 부자나라를 의미한다. 제목에서 알 수 있듯이 이 책은 오늘날 승자 독식 시장을 통해 백만장자들의 부의 축적 과정을 보여주는 한편 그들이 정치, 경제, 사회, 문화에 얼만큼의 영향을 행사하고 있는지를 보여준다.

2) 슬라보예 지젝, 『믿음에 대하여』(동문선, 2003). 이 책은 직접적으로 승자 독식 사회에 대해 언급하지는 않지만, 승자 독식 사회에서의 경쟁을 부추기는 사회적 욕망에 대해 잘 설명하고 있다.

김종곤 / 건국대학교 강사

휴대폰 · 트위터……
넘치는 말, 외로운 나!

『침묵의 세계』 / 막스 피카르트

말의 범람 속의 소통의 부재

손 안의 휴대전화는 침묵할 때도 말의 세계로 연결한다. 핸드폰, 이메일, 트위터, 온통 말 천지다. 매체는 말에 속도를 붙여 직접 만나지 않아도 빨리 수많은 말을 주고받게 한다. 인터넷 강의를 생각하면 늘 말하고 있는 것 같은 착각도 든다. 이메일에는 즉각 답해야 하고 여력이 없으면 차라리 열어보지 않는 게 상책이다.

그러면 무엇하는가. 내내 말에 둘러싸여 있지만 어떤 말을 하고 있는지 성찰할 여유가 없다. 말을 하기 전의 긴장이나 숙고, 때로 설렘은 끼어들 자리가 없다. 말을 듣는 상대의 기분이나 처지에 관심을 갖지 못하고 말할 때도 많다. 이러한 즉각적이고 자신만을 향한 말은 독백이 되고 결국 서로를 괴롭게 하거나 외롭게 한다.

소통을 가르치는 강좌와 책이 쏟아져 나오지만 다분히 기능적이고 전략적 화법에 치우쳐 있다. 이러한 상황에 막스 피카르트의 『침묵의 세계』(최승자 옮김, 까치 펴냄)는 말에 대한 다른 접근을 시도한다. 말이 아닌 침묵, 말을 위한 침묵에 대해 이야기한다. 오늘날 무엇보다 무용한 것으로 치부되는 침묵의 가치를 되찾으려 한다.

잡음어에 가려진 참된 말

하이데거는 『존재와 시간』에서 현대인의 공담(空談)을 비판했다. 공담은 자신의 말과 글이 아닌 평균적인 세인(世人)의 말과 글, 즉 의미가 비어 있는 말이다. 공담은 근거 지을 수 없는 피상성, 일시적이고 즉흥적인 호기심, 결단이 결여된 애매함을 특징으로 한다. 하이데거가 현대인의 비본래적인 말을 분석한다면, 피카르트는 그러한 비본래적인 말의 현상학을 보여주면서 침묵에 주목하도록 유도한다.

"오늘날 말은 더 이상 침묵으로부터 나오는 것이 아니라, 다른 한 말로부터 다른 말의 잡음으로부터 나오고 있다. 반면 침묵으로부터 나오는 말은 침묵으로부터 말 속으로 나아가고 다시 침묵 속으로 되돌아가서 침묵으로부터 새로운 말로 그리고 거기서 다시 침묵 속으로 되돌아간다."

'침묵으로부터 나오는 말'과 '말에서 나오는 말'은 어떻게 다른가? 피카르트는 '침묵으로부터 나오는 말'은 참된 말이고 '말에서 나오는 말'은 잡음어라 규정한다. 잡음어란 "소리없는 공허를 덮어버리는 소리나는 공허"
로 소음과 달리 침묵과 대치해 있지 않고 침묵이 존재했다는 사실을 감추
는 말이다. 이는 "인간의 말이 아닌 죽은 말들의 세계에서 튀어나온 망령
들"로 자신이 소멸되리라는 불안을 피하려고 끊임없이 피해 다니는 말,
자신의 불확실함을 피하려고 퍼뜨리는 말, 개개의 사건들이 구별되지 않
게 똑같이 만들어버리는 말이다.

피카르트는 잡음어를 생산하는 주된 매체로 라디오를 지목한다. 그가
이 글을 쓸 당시 라디오는 소통의 새로운 매체였고, 히틀러는 라디오를 전
체주의를 위한 대중 지배에 사용했다. 피카르트는 쉴 새 없이 쏟아지는 라
디오의 말이 인간의 사유를 방해하고 내면을 지배한다고 비판한다. "인간
은 라디오를 통해서만 세계와 만나고 인간이 아니라 라디오가 관계를 세
운다"는 것이다.

오늘날 우리는 라디오보다 더 즉각적인 매체들에 둘러싸여 있다. 양방
향 소통이어서 사정이 다르다 해도 정보의 소스가 진실인지 알 방법이 없
다는 점에서 더 심각한 지경에 이르렀다. 말의 시뮬라크르 속에서 무엇이
진실인지 모른 채 스스로 말의 주체가 되지 못하고 말을 나르고 또 나른다.
피카르트의 잡음어 분석이 현재적이라고 말할 수 있는 지점이 여기에 있다.

잡음어를 가로막는 수직의 침묵

말이 고속도로처럼 잘 나가지만 같은 속도의 무의미함으로 돌아와 부
서지는 날이 있다. 내 안에만 갇힌 자폐적인 말, 수없이 인용된 상투적인

말, 목적을 위해 설계된 전략적 말들이 그러하다. 반면 길 없는 길을 가는 것처럼 말이 끊기고 턱턱 막히지만 상대에게 도달할 것 같은 기분이 드는 때가 있다. 자신의 경향성을 이기고 타자를 돌아보는 말, 아직 구체적이지는 않지만 이전과 다른 사유로 나아가려는 말, 자신의 욕망을 내려놓는 말들이 그러하다. 이런 경험을 피카르트는 다음과 같이 기술한다.

"문장의 흐름은 침묵에 의해서 가로막힌다. 언제나 수직의 침묵이 문장의 수평적 흐름을 향해서 튀어나와 그 흐름을 가로막는다. 그와는 반대로 잡음어는 가로막힘이 없이 수평으로 나아간다. 잡음어에게는 무언가를 의미하는 것이 아니라 계속적으로 증대시켜 나간다는 것만이 중요할 뿐이다."

피카르트의 관찰처럼, 자기 증식이 존재 이유인 말은 유창하게 잘 흘러가지만 새로운 의미나 관계를 형성하는 말은 그렇지 못하다. 자신과 타인 사이에서 진정한 의미를 생산하는 말은 서로의 반응 속에서 나오므로 수직적 침묵을 동반한다. 맞지 않는 조각들이 이리저리 맞추어져야 하므로 상처 나고 아물면서 하나의 형상을 만들어나갈 시간이 필요하다. 이런 말, 즉 독백이 아닌 서로 간의 말은 침묵 속에서만 준비될 수 있다. 피카르트는 참된 말이 만들어지기 전 침묵의 역할을 다음과 같이 언급한다.

"진리의 말을 이해하기 위해서는 침묵과의 연관이 꼭 필요하다. 그러한 연관이 없이는 진리는 지나치게 엄격하고 경직된 상태가 되기 때문이다. 그렇게 된다면 다만 개개의 진리가 있을 뿐이다. (……) 말은 침묵 속에 가라앉아 망각된다. 그리고 그 망각은 용서를 준비하고 있다. 그것은 언어의 구조

속에 사랑이 짜여 들어 있다는 한 표시이다. 말은 인간이 망각 속에서 용서하
도록 인간의 망각 속으로 가라앉는다."

피카르트는 말 이전의 침묵, 이러한 수직적 침묵의 순간이 갖는 성찰
과 치유의 힘을 강조한다. 실제로 자신의 한계를 넘어서거나 타인의 마음
을 돌아보려면 침묵이 필요하다. 말을 하는 동안 모순으로 보였던 것들이
침묵하는 동안 조화롭게 자리 잡을 때가 있다. 말로는 용서가 안 되는 것
들이 침묵하는 동안 자신을, 타인을 용서할 때가 있다. 침묵은 새로운 사
유로 나아가거나 자신과 타자를 감싸 안을 수 있는 차원으로, 이는 침묵이
말보다 더 큰 공간 즉, 인간의 넓고 복잡한 사유의 궤적을 감당할 만한 넉
넉한 공간을 갖고 있기 때문인 것 같다. 피카르트는 이러한 침묵의 힘을
다음과 같이 들려준다.

"침묵은 서로 대립되는 것들 사이에 존재하면서 그것들이 서로에게 공격
적으로 되지 않도록 작용한다. 한 쪽이 다른 쪽에 닿으려면 그 드넓고 유화적
인 침묵의 평면을 넘어가야만 한다. 그렇게 서로 대립되는 것들 사이에서 침
묵하는 실체가 중재한다. 그럴 때에만 인간은 자기 자신의 모순을 초월하게
되며, 그럴 때에만이 인간은 유머를 갖게 된다."

이러한 대목이 판단 중지나 부당한 화합에 승복하는 소극적이고 타협
적인 것으로 읽힐지도 모르겠다. 그러나 나는 이것을 일단 자신의 모순과
혼란을 돌아보고 그런 시간을 견뎌낸 결과 새로운 시각과 마음의 도량을
얻는 것으로 이해했다. 그만큼 해보고도 안 되면 그때는 자기를 주장하여

야 할 것이다. 그러나 그런 대립의 말조차 이러한 침묵의 시간을 거친 후에야 의미 있게 전달될 수 있을 것이다.

침묵 뒤에 오는 말

피카르트는 『침묵의 세계』에서 여러 차례 '침묵을 위한 침묵'이 아닌 '말을 위한 침묵'임을 환기시키고 있다. 말이 마음 놓고 문장과 사상 속으로 멀리까지 움직여갈 수 있도록 그 밑에 드넓은 침묵을 펼쳐 놓아야 한다는 것이다. 침묵은 소통의 종결점이 아니라 소통을 위한 동력인 것이다.

『침묵의 세계』을 잊고 지내던 중 〈위대한 침묵〉이란 다큐멘터리를 보았다. 이 둘은 오래전 잃어버린 기억을 하나로 잇는 듯 잘 어우러졌다. 〈위대한 침묵〉은 그랑드 샤르트뢰즈 수도원의 일상을 담은 것이다. 관심 있게 본 부분은 침묵 수행 중 허용되는 산책 시간에 나누는 수사들의 대화였다. 침묵의 담금질을 거친 말은 빛나는 추상이나 복잡한 논리를 가진 말이 아닌 계절의 변화, 성당의 대소사, 안부를 묻는 것 등 일상에 관한 말이나 소박한 감사의 말이었다.

이 글을 쓰면서 침묵 뒤에 오는 말이 어떤 것일지 생각해 본다. 오랜 골몰 후에 내미는 과작인 작가의 글, 인생의 뒤안길을 돌아온 노인이 건네는 느린 안부, 삶의 마지막 순간 긴 여행을 떠나는 이가 힘겹게 숨결처럼 밀어내는 감사의 말이 그려진다. 침묵을 견딘 말은 단순하지만 근본적이고, 설득하려 들지 않지만 이미 공감되고, 자신을 내려놓은 자만이 나누어 줄 수 있는 온기를 지녔다.

강아지 소리를 통역해 주는 기구를 판다는 애기를 들었을 때 사람 간에도 그런 것이 있으면 좋겠다고 생각한 적이 있다. 그런 불가능한 생각이 들 만큼 소통은 어렵다. 소통은 단지 말의 교환이 아닌 욕망, 처지, 상황의 이해와 나눔이어야 하기에 그렇다. 그래도 우리는 말에 의존하지 않을 수 없다. 말이 없이는 서로 닿을 수 없기 때문이다.

다행히 침묵은 자신과 타인 사이에서 서로에게 닿을 수 있는 서툰 말을 생성하는 시간을 준다. 물론 너무 침묵하면 옆 사람이 괴로울 것이므로, 돈오점수의 마음으로 침묵의 세계에 다녀와야 한다.

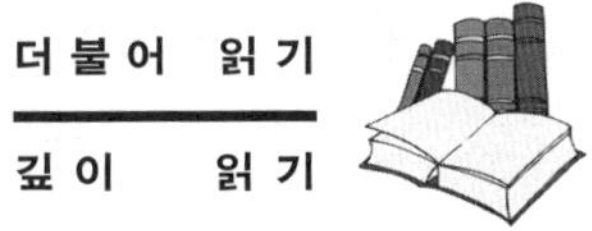

침묵에 대해 피카르트 식의 관심을 갖고 쓰여진 것은 많지 않다. 따라서 조금 거리가 먼 듯하지만 필자가 읽은 것 중 말에 관해 의미 있게 읽었던 책을 소개하고자 한다. 이 책들은 침묵을 주제화하지는 않았지만 왜 때로 침묵이 필요한지를 보여주고 침묵을 넘어 어떤 말을 해야 하는지 방향을 제시한다.

1) 마르틴 하이데거, 『존재와 시간』, 이기상 옮김(까치글방, 1998). 이 책은 현대인의 수평적 말의 문제점을 지적하는 피카르트의 생각과 맞닿는 부분이 있다. 하이데거는 현대인의 말을 의미를 갖지 못하는 공담(空談)으로 규정하고 이러한 빈 말이 우리를 본래적인 삶에서 멀어지게 한다고 비판한다. 현대인의 비본래적인 삶과 말의 연관에 관한 근본적 이해를 갖고자 한다면 읽어보

면 좋을 것이다.

2) 프리드리히 니체, 『인간적인 너무나 인간적인 II』, 김미기 옮김(책세상, 2008). 이 책은 침묵을 넘어서서 궁극적으로 무엇을 말해야 하는지 보여준다. 니체는 현대인이 잡담을 넘어서서 가장 자기다운 말, 자신을 극복한 결과로서의 말을 해야 한다고 주장한다. 침묵을 뚫고 무엇을 말해야 할 것인지 고민된다면 해당 부분을 한번 보면 좋을 것이다.

3) 한나 아렌트, 『예루살렘의 아이히만』, 김선욱 옮김(한길사, 2006). 이 책은 사유와 분리된 말이 어떤 특징을 갖고 그것이 어떤 가공할 결과를 가져오는지를 보여준다. 아렌트가 나치 전범 아이히만의 말의 방식을 분석한 부분은 무사유와 악의 연관성을 보여준다. 전체주의의 말을 되풀이하는 아이히만의 상투적 말은 피카르트가 말하는 수직적 침묵의 순간이 필요함을 방증한다. 기만적 말과 거리를 둘 수 있는 내면의 침잠의 순간이 필요함을 알게 한다.

현남숙 / 가톨릭대학교 초빙교수

문제를 일으키는
"페미년"이 되고 말 테다!

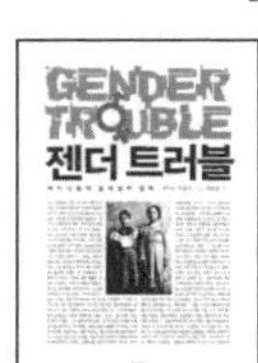

『젠더 트러블』/ 주디스 버틀러

그래, 나 페미년이다!

"나는 페미니스트는 아니지만, 그래도" 증후군이라는 것이 있다.

『페미니즘 사전』(리사 터틀 지음, 유혜련 옮김, 동문선 펴냄)에 나온 설명을 보면, "성차별이 존재하고, 여성이 그것으로 고통 받고, 페미니즘(즉 그것과 닮은 것이나 될 수 있으면 다른 호칭을 갖는 것으로서)이 필요한 것을 자각하나, 페미니스트라는 딱지가 붙여지면 추하고 유머도 알지 못하고, 교조주의적인 남성 혐오를 갖는 레즈비언으로 생각되는 것을 두려워하는 심리 상태"를 가리키는 말이라고 한다.

즉, 페미니즘의 이슈에 대해 공감하거나 어떤 입장을 가지고 있으면서도 '페미니스트'라는 딱지가 붙는 것에 대한 거부감이나 두려움 때문에 "나는 페미니스트는 아니지만"을 덧붙인다는 것이다. 하기는, "꼴페(꼴통 페미니스트)", "페미년" 등 페미니스트를 비하하거나 페미니스트에 대해 부정적인 표현들을 보면, "나는 페미니스트다"라고 인정하는 건 일종의 "커밍아웃"처럼 여겨지기도 한다. 도대체 왜, 무엇 때문에 "페미니스트"가 마치 하나의 낙인인 것처럼 여겨지게 되었을까?

페미니즘 윤리학과 관련된 주제로 석사 논문을 준비하던 시기에 종종 듣던 질문이 바로 "너, 페미니스트였어?"라는 것이었다. 처음에는 나도 "나는 페미니스트는 아니지만, 그래도" 증후군을 갖고 있었던 것 같다. "나는 페미니스트는 아니지만, 그래도 이 주제가 재밌고 중요하다고 생각되니까 이걸 공부하는 거야"라는 식으로 대답하곤 했으니까 말이다. 그러다 점점 궁금해졌다. 페미니스트가 된다는 건 무슨 의미일까? 페미니즘이 대체 무엇이기에? 어째서 나는 "맞아, 나 페미니스트야"라고 대답하지 못했던 걸까?

페미니스트로서 스스로를 정체화하기 시작할 무렵부터는 이런 질문을 받았다. "그럼 너도 분리주의자야?" 내지는 "그럼 너는 여성 우월론자야?" 맙소사! 나는 여성 우월론자도 아니고, 분리주의자도 아니다. 정말이지 나는 여성이든 남성이든 모든 사람들이 조화롭게, 행복하게 살기를 바랄 뿐이다.

질문은 계속 들어온다. "그럼 왜 페미니즘을 공부하는 건데?" 그야 당연히 "조화로운 삶"을 불가능하게 하는 어떤 문제가 있고, 그 문제에 대한 해답을 페미니즘에서 찾을 수 있다고 생각하기 때문이다. 설마, 나에게 질문을 던졌던 그 사람들은 페미니즘의 문제제기야말로 오히려 불화와 혼란을 일으키는 것이라고 생각했던 것일까? 그러니 그냥 닥치고 이대로 조용히 살라고 얘기하고 싶었던 걸까? 만일 그런 것이라면, 반드시, 그리고 기꺼이, "문제를 일으키는" "페미년"이 되고 말 테다!!!

여자는 태어나는 것이 아니라 만들어지는 것이다

어려서부터, 이런 얘기를 종종 들었던 것 같다. "여자애라서 안 돼." "여자애라 별 수 없구나." "계집애가 어딜!" 혹은 "여자애가 여성스럽지 못하게 그게 뭐니?" 도대체 어쩌란 말인가? "여성스럽게" 행동하면 여자라서 어쩔 수 없다고 비난받고, 반대로 행동하면 "여성스럽지 못하다"고 비난받는다. 어려서는 여자아이가 남자아이와 다를 게 뭐가 있냐며, 여자아이도 남자아이처럼 이것도 할 수 있고 저것도 할 수 있다고, 여자아이도 남자아이처럼 이러이러하게 해야 한다고 가르치던 어른들이 어느 순간부터는 나에게 "여성스러울 것"을 강요하기 시작했다. 넌 남자가 아니잖아. 여자애는 그렇게 행동하면 안 돼.

"여성스러움", "여자다움", 이런 것들이 의미하는 것은 무엇일까? 여성다움의 표본이라도 있는 것일까? 아니, 그보다, 도대체 "여자"라는 것은 무엇을 의미하는 것일까? 시몬 드 보부아르에 따르면, 여자는 태어나는 것이 아니라 만들어지는 것이다. 타고난 기질이나 성향에 의해 "여성스럽게" 자라는 것이 아니라, "여성스럽도록" 길러진다는 것이다.

몸의 표식에 의해 아이들은 태어나면서부터, 혹은 태어나기 이전부터 "공주님"이라고 불리거나 "왕자님"이라고 불린다. 공주님이나 왕자님으로 지칭되는 바로 그 순간, 길러지는 방식이 결정된다. 여자아이에게는 분홍색 옷을 입히고, 남자아이에게는 하늘색 옷을 입힌다. 남자아이가 무척 개구쟁이일 경우엔 씩씩하다고 칭찬받지만 여자아이가 개구쟁이일 경우에는 너무 나댄다느니, 얌전하지 못하다느니 하는 꾸중을 듣는다.

반대로 얌전한 남자아이에게는 좀 더 활동적일 것을 요구한다. 몸짓,

태도, 말씨 하나하나까지 여자아이는 이러이러해야 하고 남자아이는 이러이러해야 한다는 것을 암묵적으로 가르친다. 여자뿐만 아니라 남자도 태어나는 것이 아니라 만들어지는 것이다. 여자는 이러이러해야 하고 남자는 이러이러해야 한다는 젠더의 가면을 쓰도록 길러지는 것이다. 『젠더 트러블』(조현준 옮김, 문학동네 펴냄)에서 주디스 버틀러의 의문도 바로 이 점에서 출발한다.

유아가 인간이 되는 것은 이러한 질문, "남자아이인가 여자아이인가?"에 대답이 주어지는 순간부터이다. 어느 쪽 젠더에도 맞지 않은 몸의 형태들은 인간됨의 외부로 나가떨어지고 사실상 탈인간화 영역과 비체(abject)의 영역을 구성한다. 인간됨이라는 것 자체는 이런 탈인간화와 비체 영역에 대립되는 것이다. 젠더가 인간됨의 자격이 무엇인지 미리 결정하면서 언제나 거기 있는 것이라면, 마치 젠더가 무슨 추신이나 문화적 후기라도 되듯 그런 젠더로 만들어지는 인간에 대해 우리는 어떻게 말할 수 있단 말인가?(293쪽)

쉽게 말하면 이런 것이다. 아이들은 남성인 몸으로 태어나거나 여성인 몸으로 태어난다. 남성인지 여성인지 식별할 수 없는 몸은 비정상적인 것이어서 차후에 외과적인 수술을 동원해서라도 식별할 수 있는 몸으로 만들어야 한다. 성별화되어야만 인간으로 인식된다는 것이다. 그리고 바로 이 점에서 생물학적 성(섹스)에 젠더가 개입한다. "젠더는 섹스에 대한 다양한 문화적 구성이자 성별화된 몸이 야기하는 문화적 의미의 무수히 열린 가능성인 것이다."

버틀러는 여기에서 섹스와 젠더의 경계 자체를 허무는 데까지 나아간다. "섹스와 젠더는 아무 차이가 없으며 '섹스'의 범주는 그 자체가 젠더화된 범주이고 전적으로 정치적으로 부과된 것이며, 자연화되어 있지만 자연스럽지 않은 것이다." "'섹스'란 몸에 대한 정치적이고 문화적인 해석이기 때문에, 전통적 계보의 섹스/젠더 구분이란 없다. 젠더는 섹스로 만들어지고, 섹스는 처음부터 젠더였음이 입증되는 것이다."

섹스는 처음부터 젠더였다. 그러나 성에 대한 담론은 섹스를 자연스러운 것으로 명명하면서 그것이 문화적·정치적으로 구성된 것임을 은폐시킨다. 버틀러는 섹스와 젠더의 경계를 허물면서 성의 범주가 정치적으로 구성된 범주임을 폭로하고자 하는 것이다.

성이 정치적으로 구성된 범주라면, 또한 성이 언제나 젠더였다면, 젠더는 반드시 여성적인 것을 지칭하거나 남성적인 것을 지칭하는 것이어야 하는가? 버틀러는 젠더가 남성/여성만을 지칭하도록 만든 것은 "강제적 이성애"라는 규범 때문이라고 주장한다. 남성과 여성을 구별하는 성 범주는 "재생산적 섹슈얼리티라는 목적을 수행하기 위해 특정한 자연 범주를 정치적으로 활용한 용례"라는 것이다.

이성애만이 재생산이라는 목적에 부합한다. 이성애는 남녀를 구분해야만 가능하다. 그렇기 때문에 이성애의 규범은 인간의 몸을 남성과 여성으로 나눈다. 이런 측면에서 성이 정치적으로 구성된 범주라는 것이 보다 분명하게 드러난다. "'남성'과 '여성'은 정치적인 범주일 뿐, 자연적인 사실이 아니다." 따라서 버틀러는 "성의 범주와 그것의 근원인 강제적 이성애 체계" 둘 다를 전복해야 한다고 주장한다.

성의 범주와 당연시된 이성애 제도야말로 구성물이며, 사회적으로 제도화되고 규정된 환영물이거나 '페티시'이다. 이들은 자연스러운 범주가

아니라 정치적인 범주이고, 이런 맥락에서 볼 때 '자연스러운' 것에 의지
하는 것은 언제나 정치적이라고 입증된 범주이다.(323쪽)

이처럼 성이 정치적으로 구성된 범주라는 것이 드러나면 젠더의 수행
은 남성/여성의 이분법을 넘어서는 어떤 내적 전복력이 될 수도 있다. "여
성이 된다는 것은 여성으로 만들어진다는 것이지만, 이 과정은 결코 고정
되어 있지 않기 때문에 남자로도 여자로도 진실하게 묘사할 수 없는 어떤
존재가 되는 것이 가능"하기 때문이다.

트러블러가 되자!!!

어떤 사람에 대해 평가할 때, "여자보다 더 여자 같은"이라는 수식어를
붙이거나 "양성의 좋은 특성을 두루 갖춘"과 같은 수식어를 붙이는 경우
를 종종 본다. 이러한 표현들은 젠더 정체성을 나타낸 것이다.

그러나 앞서 살펴본 바와 같이 성은 정치적으로 구성된 범주이며, 젠더
는 강제적 이성애의 규범으로 인해 남성/여성으로 나타나는 것일 뿐이다.
젠더는 고정된 명사와 같은 것이 아니라 수행을 통해 의미를 획득하는 동
사와 같은 것이다. 따라서 젠더 정체성 역시 수행을 통해 획득되는 것이
다. 젠더는 "양식화된 행위의 반복을 통해서 시간 속에 희미하게 구성되
고, 외부 공간에 제도화되는 어떤 정체성이다. 젠더 효과는 몸의 양식화를
통해 생산되고, 따라서 이 효과는 몸의 제스처, 동작, 그리고 다양한 종류
의 양식들이 안정된 젠더 자아라는 환영을 구성하는 일상적 방법임을 이
해해야 할 것이다."

어떤 날은 예쁘게 화장하고, 하늘하늘한 원피스를 입고, 높은 하이힐을 신고, 태도도 다소곳하게 하며 한껏 "여성스럽게" 보이고 싶을 때가 있다. 또 어떤 날에는 화장도 안 하고, 머리도 아무렇게나 묶고, 헐렁한 티셔츠와 바지를 입고, 실제 사이즈보다 약간 큰 운동화를 신으면서 "여성스러운 것과는 거리가 먼" 듯이 행동하기도 한다. 여성스러움을 흉내 내거나 흉내 내지 않는 것, 이런 "연기"를 한다는 점에서 젠더는 행위이다. 이런 행위는 사회적 규범을 반복하는 것일 수도 있고, 규범을 비트는 것일 수도 있고, 규범을 넘어서는 것일 수도 있다. 젠더의 수행은 "고정된 정체성이라는 환영적 효과가 정치적으로 빈약한 구성물에 불과한 것임을 폭로한다."

버틀러의 말을 빌리면, "젠더의 속성과 행위들, 몸이 자신의 문화적 의미를 보여주고 생산하는 다양한 방식들이 수행적인 것이라면, 어떤 행위나 속성이 재단될 수 있는 선험적 정체성이란 없다." 여성스러움, 여성스러운 것, 이런 것은 어떤 본질적인 속성이 아니라 이성애의 규범이 만들어 낸 허구일 뿐이다. "본질적 섹스와 진정하거나 고정된 남성성 혹은 여성성의 개념 자체도 젠더의 수행적 성격을 감추는 전략의 일부로서 구성된 것이며, 남성의 지배와 강제적 이성애라는 규제적 틀 바깥에 있는 젠더 배치를 증식시킬 수행적 가능성을 감추려는 전략의 일부로 구성된 것"이다.

그러나 이런 "허구적" 정체성을 전복시키는 것 역시도 반복된 의미화 실천의 내부에서만 가능하다. 트러블러로서 나는 규범을 반복하지만 동시에 규범을 비틀고, 그렇게 함으로써 규범의 억압적 구조에 균열을 일으킨다. 그렇게 문제를 일으키면서, 조화로운 삶을 가능하게 하는 조건들을 만들어 낼 수 있기를 바란다.

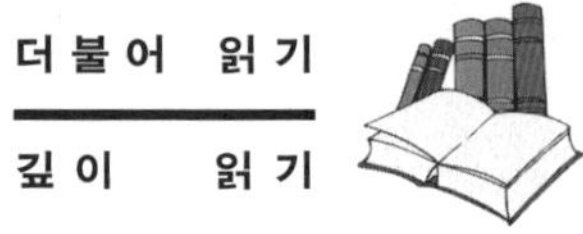

　주디스 버틀러의 문체는 난해하고 까다롭기로 정평이 나 있다. (미국의 한 학술지에서는 매년 '그해 출판된 학술서나 논문 가운데 가장 유감스러운 문체를 구사한' '최악의 저자'를 선정하는데, 버틀러는 1999년에 바로 그 '최악의 저자'로 선정되었다고 한다.) 이런 어려움을 조금이나마 덜어줄 수 있는 개설서로 『주디스 버틀러 읽기(젠더의 조롱과 우울의 철학)』(임옥희 지음, 여이연, 2006)와 『주디스 버틀러의 철학과 우울』(사라 살리 지음, 김정경 옮김, 앨피, 2007) 등이 있는데, 버틀러의 이론을 주제 별로 살펴보고 싶다면 『주디스 버틀러 읽기』를, 연대기 별로 살펴보고 싶다면 『주디스 버틀러의 철학과 우울』을 읽어보길 바란다.

조주영 / 한국철학사상연구회 회원

우리의 트라우마 그리고
고통에 대한 연대적 감수성

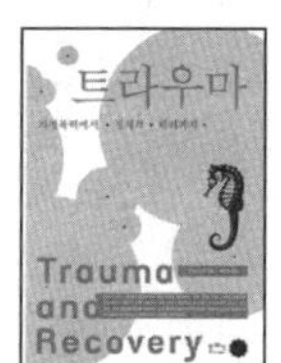

『트라우마』 / 주디스 허먼

나의 트라우마

나에게는 트라우마가 있다. 하지만 뭐 그리 특별할 건 없다. 왜냐하면 고통의 기억으로 새겨진 나의 트라우마는 군대를 경험한 남자에게서 쉽게 관찰되는 '군대 트라우마'이기 때문이다.

입대하기 전날 느꼈던 조급함과 불안감, 막막한 이등병 생활에서 느꼈던 좌절과 상처, 병장 시절 느꼈던 알 수 없는 짜증과 답답함이 고스란히 꿈에서 느껴져 벌떡벌떡 잠에서 깬 경험이나, 남들의 군대 얘기에 나도 모르게 흥분하는 경험 등을 살펴보면 나에게 이 '군대 트라우마'는 군 제대 후 10여 년이 지난 지금까지 치유되지 않은 채 남아 있는 것 같다.

트라우마는 쉽게 얘기해 '충격적 경험을 한 사람들이 보이는 다양한 심리적, 신체적 증상들의 총체'로 설명된다. 따라서 '군대 트라우마'는 '군대 생활에서 충격적 경험을 한 사람들이 보이는 다양한 심리적, 신체적 증상들의 총체'로서 규정될 수 있다. 다만 트라우마를 겪는 사람들은 과거의 경험이 생생하게 떠오르고 공포와 슬픔에 빠져 정상적인 삶을 살 수 없게 된다는 점에서 이 '군대 트라우마'는 다른 트라우마와 조금은 다르다고 할 수 있겠다.

그런데 치유되지 못한 '군대 트라우마'가 남아 있는 나에게 주디스 허먼이 지은 『트라우마』(최현정 옮김, 플래닛 펴냄)는 그 속에 담긴 가슴 아픈 여러 사례들을 통해 내 고통의 왜소함을 반성케 해줬으며, 타인의 고통에 대한 연대적 감수성을 환기시켜 주었다. 왜냐하면 허먼은 내가 겪었던 고통과는 비교할 수 없는 성폭력과 가정 폭력, 전쟁의 고통, 고문 등에 의한 트라우마에 자신의 주된 관심을 집중하고 있으며, 그러한 트라우마의 치유에 대한 방법으로서 사회적 지지와 연대의 감정을 제시하고 있기 때문이다.

트라우마의 메커니즘: 공포, 단절, 속박

최근 들어 트라우마에 대한 사람들의 관심이 증가하면서 이 용어가 많이 등장하고 있다. 하다못해 만화 제목으로까지 등장하는 트라우마에 대해 우리는 과연 얼마만큼 이해하고 있을까. 주디스 허먼이 이 책에서 설명하고 있는 트라우마를 이해하기 위해선, 트라우마를 불러일으키는 다양한 사건들을 몇몇의 사례로 줍힐 필요가 있다. 허먼이 연구해온 트라우마는 성폭력과 가정 폭력 그리고 전쟁과 고문에 의한 트라우마에 집중된다.

허먼은 트라우마의 메커니즘을 '공포'-'단절'-'속박'이라는 단계적으로 연결된 단어들로 설명한다. 우선적으로 트라우마는 무력한 이들의 고통이자, 그들이 느끼는 고통에 대한 공포심의 표현이다. 트라우마를 불러일으키는 다양한 사건은 사람들이 갖는 자기 자신의 통제감, 다른 이들과의 연결감, 그리고 사회 안에서의 일상적인 보살핌의 체계를 훼손한다. 따라서 "강렬한 두려움, 무력감, 통제 상실, 붕괴의 위협에 관한 느낌은 트라우마의 공통 분모이다."(70쪽)

허먼이 제시하는 트라우마의 메커니즘인 공포는, 또다시 위험이 닥칠 것이라는 불안의 감정인 '과각성(hyperarousai)', 트라우마를 갖게 하는 사건의 고통이 지워지지 않은 채 피해자들에게 고스란히 남아 있는 '침투(intrusion)', 그리고 그러한 사건을 회피하려는 피해자들의 의식적인 거부 반응인 '억제(constriction)' 등으로 표현된다.

두 번째로 트라우마는 우리가 맺는 기본적인 인간관계에 대한 의문을 제기한다. 즉 트라우마는 "세상이 안전하고, 자기는 가치 있으며, 세계 질서에는 의미가 있다는, 피해자가 가지고 있었던 기본적인 전제를 파괴한다."(97쪽) 이 기본적인 전제의 파괴는 곧 우리들이 갖는 사회에 대한 기본적인 신뢰감 상실과 사회와의 단절을 의미한다.

따라서 트라우마를 겪는 환자들은 가족, 공동체, 종교와의 결합으로부터 소외감과 단절감을 느끼게 된다. 트라우마가 개인적인 통제력을 상실시킬 뿐만 아니라 그것을 넘어 개인과 공동체 사이의 연결을 부수고, 사회에 대한 신뢰를 위태롭게 한다는 것이다. 이와 같은 신뢰의 훼손으로부터 발생하는 혼란, 수치심, 죄책감, 열등감, 사회적 생활 속에서의 불안감, 이 모든 것은 트라우마 환자를 그들이 맺는 사회적인 관계로부터 도망치게 만든다.

허먼이 제시하는 트라우마 메커니즘의 마지막 단계는 '속박'이다. 그에 따르면 단일한 트라우마 사건은 언제 어디에서나 일어날 수 있다. 반면에 만성적이고 반복적인 트라우마는 속박된 환경, 예컨대 "정치적 속박, 가정 안에서 여성과 아동이 당하는 속박, 종교 집단의 속박, 포로나 인질, 아동 학대, 계속된 성폭력 등에서 일어난다."(134쪽) 이러한 속박 속에서 피해자는 가해자와 끊임없이 만나게 되며, 그 결과 피해자의 일생에서 가해자는 가장 강력한 사람이 되며, 피해자의 심리 상태는 가해자의 행동과 신념에 따라 형성된다. 즉 "가해자의 목표는 피해자를 노예로 만드는 데 있다."(136쪽)

따라서 트라우마 메커니즘인 '속박'은 다른 말로 가해자들의 피해자들에 대한 심리적 지배를 의미한다. 허먼이 지적하는 것처럼 한 인간이 다른 인간을 노예로 만드는 심리적 지배의 기법들은 놀랍게도 유사하다. 심리적 지배는 피해자에게 우선 공포와 무력감을 주입시키고, 다른 사람과 관계를 맺고 있다는 사회적 감정을 파괴시킨다. 반복적인 폭력을 통해 공포와 무력감을 겪도록 하는 가해자의 목적은 피해자로 하여금 가해자는 전지전능하고, 저항은 헛된 것이며, 전적인 순종을 통하여 자신의 인생이 가해자의 너그러움을 획득하는 데 달려 있다고 느끼게 하는 것이다.

죽음에 대한 두려움뿐만 아니라, 삶을 허용해 주었다는 감사함을 느끼게 하고, 나아가 역설적이게도 피해자는 가해자를 구세주처럼 느끼게 되는 과정이 그것이다. 그것과 동시에 가해자는 피해자에게 변덕스러운 너그러움을 선사한다. 가정 폭력 가해자의 사과, 사랑한다는 표현, 변화하겠다는 약속, 충실과 열정의 호소를 통한 설득 등을 통해 가해자는 피해자에게 두려움과 모욕감의 원천이면서도 위안의 원천이 된다.

심리적 지배의 마지막 단계는 완전한 속박의 단계이다. 피해자가 다른 누군가와 연결을 유지하는 한, 가해자의 힘은 제한되기 마련이다. 이 때문에 일반적으로 가해자들은 피해자 주위 사람을 떼놓는다거나, 상징적인 어떤 물건을 빼앗는다거나 해서 바깥 세계와의 연결감을 철저하게 훼손시킨다. 그러한 과정 속에서 피해자는 생존이나 기본적인 신체적 욕구뿐만 아니라 심지어 정서적 지지를 위해서 가해자에게 점점 더 의존하게 된다. 피해자는 두려움이 커질수록, 오직 하나의 허용된 관계인 가해자와의 관계에 더욱 매달리게 된다. 그 결과 공포, 간헐적인 보상, 고립, 그리고 강요된 의존은 복종적이고 순종적인 포로를 완성시킨다.

그러나 불행하게도 속박의 메커니즘은 단순히 거기에 머물지 않는다. 허먼이 말하고 있는 피해자의 심리가 완전히 통제당하고 마는 최종 단계에서는 피해자 스스로가 자신의 원칙을 위반하고 인간에 대한 기본적인 애정을 버리게 되는 것, 예커대 자기 혐오와 스스로 다른 이를 희생시키는데 동참하는 것, 가정 폭력 피해자가 가해자와 함께 자신의 아이들을 학대하는 행위를 수행하게 된다. 허먼이 보는 궁극적인 최종 단계는 이러한 트라우마가 피해자의 완전한 항복으로 나아가는 단계, 다시 말해 트라우마 환자가 "'완전하게 수동적인 태도'를 취하게 되는 최후의 단계이다."(151쪽)

트라우마의 치유

허먼이 말하는 트라우마의 끔찍한 최종적인 단계를 극복할 가능성은 있을까. 트라우마 환자인 피해자들에게 제3자가 말하곤 하는 '잊어버려'라는 식의 충고는 트라우마에 대한 '망각이라는 해법'이다. 하지만 이것은 트라우마의 치유가 아닌 트라우마로부터의 도피, 다시 말해 결코 완성될 수 없는 도피에 불과하다.

이와는 달리 허먼이 말하는 트라우마 치유의 핵심은 피해자의 총체적인 '기억의 복구'이다. 즉 트라우마 극복의 가능성은 피해자의 안전과 그것에 대한 자각, 트라우마 사건의 의식적이고 적극적인 재구성과 극복, 그리고 피해자와 공동체 사이의 끊어진 연결망의 복구에 있다. 그것의 목적은 피해자 자신의 잃어버린 세계를 되찾는 것이고 그러기 위해선 개인의 기억과 신념, 그리고 타인과의 끊어진 연결망을 회복하여야만 한다.

우선 치유의 단계에선 트라우마에 대한 기억을 적극적으로 대면하려는 시도와 선택이 필요하다. "회복 단계에서 트라우마를 경험한 사람은 자신이 피해자였다는 사실을 인식하고, 피해로 인한 결과를 이해한다."(327쪽) 이것은 트라우마를 지배하고자 하는 피해자의 힘겨운 시도이며, 심리적인 안정을 이끌어 내려는 노력 그리고 잃어버린 '자기감(sense of self)'의 새로운 형성을 위한 도전이다. 트라우마를 가져다 준 사건에 대한 직접적인 직면과 도전은 가장 강도가 높은 마지막 단계를 마치고 나면, 분열된 자신의 '행동 체계'를 다시 구축할 수 있게 해준다. 이러한 훈련을 통해 생존자는 신체적인 반응과 정서적인 반응을 통제할 수 있는 능력을 확립하고, 자기 안의 힘을 긍정한다.

이러한 과정이 지나면 피해자들은 왜곡된 사회적 시선을 벗어나 타인과의 새로운 관계망을 재구성할 힘을 얻게 된다. "생존자는 현재에도 자신을 피해자의 역할 속에 가둬두려는 지속적인 사회적 압력의 원천을 확인하게 된다."(332쪽) 이 단계에서 피해자들은 다른 이들과 주체적으로 대면하고자 한다.

자신을 학대하는 가족 사이에서 성장한 피해자는 침묵이라는 규칙에 협조하기를 거부하고 수치심, 죄책감, 책임감이라는 무거운 짐을 내려놓는다. 이 단계에서 피해자는 자기의 주인이 자기 자신임을 확고히 한다. 또한 자신의 시간 중 가장 가치 있었던 자신의 측면을 이끌어내 이상적이지만 현실적인 새로운 자기를 창조한다. "회복 단계를 거치면서 생존자는 새로운 자부심을 느낀다."(339쪽)

트라우마 치유의 마지막 단계에서 피해자는 더 넓은 세계에 참여하여 사회적인 활동을 통해 개인적인 비극에 담긴 의미를 전환시킨다. "사회적인 활동은 생존자의 주도성, 활력, 자원에 힘을 실어주고, 개인의 능력을 능가할 만큼 그 힘을 증폭시킨다."(344쪽) 생존자는 트라우마의 극복이라는 목적을 공유하는 사람들과 동맹할 수 있는 기회를 갖고, 특정 시간과 공간에만 소속된 자기 한계를 초월한다.

이제 다른 이들을 도울 수 있다는 신념을 바탕으로 생존자들은 자신들의 경험을 말하기 시작한다. 이러한 활동은 스스로 치유되기 위한 활동이기도 하다. 이 단계에서 생존자는 가해자를 향한 개인적인 원망을 초월한 원칙의 문제를 이해하게 된다. 그리고 동시에 가해자에게 보상 또는 복수가 아닌 범죄의 책임을 묻는 것이 공동체를 위해 중요한 일임을 깨닫는다.

우리의 트라우마

과연 허먼이 제시하는 것처럼 트라우마는 이러한 과정을 통해 치유될 수 있을까 하는 반문이 생긴다. 이 책 앞부분에서 허먼은 트라우마 연구의 어려움에 대해 호소한다. "은폐와 침묵이야말로 가해자의 첫 번째 방어책이다"(26쪽)란 말처럼 가해자들의 은폐와 침묵, 혹은 그들이 행하는 피해자들에 대한 신뢰성 공격에 의해, 우리들은 사건에 대한 왜곡된 시선과 피해자들에 대한 무감각적 시선을 가지게 된다.

이러한 시선 속에서 피해자의 트라우마는 계속 커져만 간다. 따라서 허먼이 은연중에 요구하는 것은 어쩌면 그들이 겪고 있는 고통에 대한 우리들의 연대적 감수성이 필요하다는 점일지도 모른다. 허먼이 이 책에서 주되게 강조하는 것은 트라우마의 극복을 위한 사회적 지지의 필요성이다. 가족, 동료, 친지, 주위 사람이 보여주는 적대적이거나 부정적인 반응은 트라우마를 더욱 심화시키는 반면, 그들이 보여주는 이해와 사랑은 트라우마의 영향력을 완화시킨다.

그렇다면, 허먼이 제시하는 트라우마의 메커니즘과 치유의 기본적 방법론이 우리에게 주는 시사점은 무엇일까. 우리에게는 해결해야 할 트라우마가 남아있다. 한국의 근·현대사를 살펴보면 깊은 트라우마를 만들어내는 다양한 사건들을 발견할 수 있다. 한국전쟁이 그렇고, 4·3이 그렇고, 5·18 등이 그러하다.

트라우마의 메커니즘인 '공포'와 '단절'은 5·18 당시 광주 시민이 느꼈을 '공포'와 '단절감'과 유사하게 설명될 수 있다. 동료와 친지가 죽어나가는 시간은 남겨진 이들에게 커다란 공포였으며, 광주를 제외한 사회적 무관심은 그들에게 깊은 단절감을 안겨다 주었을 것이다. 또 수십 년의 기간 동안 보여줬던 정부의 반성과 설득, 변화의 약속과 애도심 표현 등은 당시 광주 시민들의 트라우마를 고착화시키는 '속박'의 메커니즘으로 작동했을 것이다. '공포', '단절', '속박'이라는 트라우마의 메커니즘 속에서, 광주 시민은 광주 시민대로 그 밖의 사람들은 그 밖의 사람대로 또는 연구자는 연구자대로 각기 고립되고 분열되면서 동시에 광주 시민의 트라우마는 커져만 갔다.

허먼의 지적처럼 트라우마 경험과 고통을 다른 이들과 적극적으로 나누는 것은 트라우마 회복을 위한 필수 조건이다. 하지만 그것만으론 충분하지 않다. 반대로 우리도 또한 5 · 18 당시 느꼈을 광주 시민의 경험과 고통을 적극적으로 공유하고 이해하며, 우리의 가슴으로 느끼고 받아들여야 한다. 그리고 이러한 '고통에 대한 연대적 감수성'과 함께 그들이 단절감과 소외감을 채워주어야 한다.

허먼의 말처럼 공동체의 반응은 트라우마의 궁극적인 해결에 강력한 영향력을 행사한다. 우리에겐 역사적 사건이 가해자가 되어 발생된 사회적 트라우마가 아직 많이 남아 있다. 우리는 그들의 아픔을 사회적으로 인정해야 하며, 나아가 우리는 반드시 당시 사건에 대한 책임을 분담하고, 그들의 상처를 치유하기 위한 행동을 취해야 한다.

지금은 '고통에 대한 연대적 감수성'이 더욱더 필요한 시기이다.

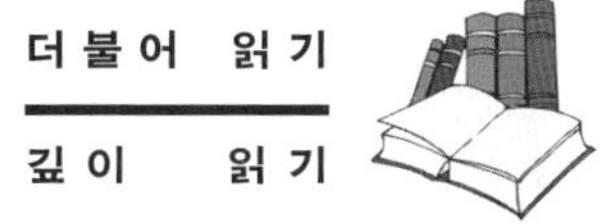

1) 주디스 허먼, 『근친 성폭력, 감춰진 진실』, 박은미 외 옮김(삼인, 2010). 이 책은 40여 명의 근친 성폭력 피해 여성에 관한 임상 연구 등을 바탕으로, 근친

성폭력이 갖는 엄청난 폭력성과 잔인함을 슬프게 보여주고 있다. 또한 근친 성폭력의 치유와 예방의 가능성을 모색하고 있다.

2) 존 앨런, 『트라우마의 치유』, 권정혜 외 옮김(학지사, 2010). 이 책은 정신의 학뿐만 아니라 철학과 신경과학 등과 같은 최신 이론들을 망라하면서 트라우마에 대해 다루고 있다. 특히 트라우마 환자들의 생생한 사례를 보여주고 있으며, 트라우마의 치유에 대한 다양한 접근법과 해결책을 서술하고 있다. 뿐만 아니라 트라우마와 관련된 다양한 정신적 장애에 대한 사례와 설명을 곁들이고 있는 것이 특징이다.

3) 전갑생, 『한국전쟁과 분단의 트라우마』(삼인, 2011). 이 책은 한국전쟁과 분단을 원인으로 발생하게 된 정신적 외상 사례를 설명하고 있다. 물론 정신의학적인 설명은 없지만 재일 조선인, 좌익 활동가, 전쟁 포로 등 다양한 사람들의 사례를 통해 전쟁과 분단이 주는 정신적 피해상을 절실히 보여주고 있다. 무엇보다 우리의 역사를 통해 겪게 된 전쟁과 분단이라는 점 때문에 쉽게 이해되는 장점을 갖는다.

박민철 / 동남보건대학 강사

성실한 그대여,
언제나 학살자가 될 수 있다네!

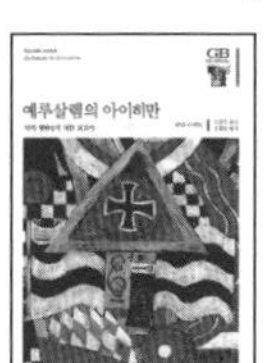

『예루살렘의 아이히만』 / 한나 아렌트

나쁜 역사의 반복

지나간 과거 속에서 현재를 발견하는 것은 좋은 일이기도 하고 나쁜 일이기도 하다. 과거에서 발견되는 좋은 측면이 이 시대에 반복된다면, 삶이 희망적이다. 그러나 과거의 나쁜 측면이 반복된다면, 미래가 걱정스럽고 어떤 경우에는 두려움과 공포까지 야기된다.

나쁜 역사의 반복 때문에 혹시라도 두려움과 공포가 야기된다면, 나쁜 조짐이 나타날 때 얼른 과거로 되돌아가서 그때 그 사건이, 그때 그 사람이 어떤 양태와 행동을 보여줬는지, 그 원인과 대안은 무엇인지를 철저하게 진단할 필요가 있다. 만약 그 진단이 우리 시대를 교정하는 데 도움을 준다면, 앞으로 펼쳐질지 모르는 엄청난 악행을 막아준다면, 과거의 나쁜 역사를 마주할 때 안도의 한숨을 쉴 만한 일말의 여지가 생긴다. 현재 우리의 삶과 관련된 나쁜 역사로 거슬러간다면, 그 역사는 도대체 언제의 역사인가?

나쁜 인간의 반복, 아이히만

나쁜 역사로 거슬러 가면, 거기에는 당연히 나쁜 인간이 있다. 나쁜 인간의 하나로 아우슈비츠 수용소 부소장을 지낸 아이히만이 발견된다. 역사상 전무후무한 악행이었기에 더 이상 언급할 필요가 없을 만큼 자명한 아우슈비츠 문제를 왜 다시 상기하는가? 왜 아이히만인가? 차라리 유대인 학살을 야기한 히틀러를 언급하는 것이 더 낫지 않을까?

히틀러는 평범한 사람은 아니다. 분명 그도 시작은 평범했지만, 평범하지 않은 사람이 되었다. 그에 반해 아이히만은 평범한 사람이고 평범함을 벗어나기를 꿈꾸면서 산 사람이다. 아이히만의 행동과 그 결과는 평범한 것은 아니지만, 그의 내면과 행동 양태를 들여다보면 초라한 한 시민이 위대해지기를 꿈꾸지만, 위대해지지 못한 데서 발견되는 평범함이 있다.

여기에서 평범함에 주목할 이유가 있는가? 아이히만을 평범하다고 규정해도 되는가? 아이히만은 과거의 그 시절, 과거의 그 사람, 즉 지나간 악인, 지나간 인간에 지나지 않는다. 그러나 아이히만이 저지른 범행에 관한 논쟁이 아직도 유효하다면, 그리고 아이히만의 성격과 사고방식을 철저히 분석한 한나 아렌트의 책, 『예루살렘의 아이히만』(김선욱 옮김, 한길사 펴냄)을 살펴본다면, 그는 분명 지나간 인간이 아니다. 그의 성격과 사고방식은 한국 정치인에게서도, 무한경쟁에 맞추어 춤을 추는 우리들에게서도 발견된다. '우리들의 자화상'. 평범한 우리의 자화상이 과거로 거슬러 갈 때 만나는 자가 있다면, 그 자 또한 평범한 인간의 자화상이다.

아렌트는 아우슈비츠 수용소 부소장을 지낸 사람 정도라면 엄청난 악인이고 특이한 폭력성을 지닌 사람일 것이라고 예상했다. 그러나 종전 후에 아르헨티나에 숨어 살다가 1960년 5월 11일에 부에노스아이레스에서 붙잡혀서 1961년 12월 15일에 사형당하는 아이히만, 그의 예루살렘 법정 재판 과정을 취재하고 보도하는 동안 아렌트는 충격에 휩싸인다. 아이히만은 흉악무도한 사람이 아니라, 사적으로는 가정에 충실하고 공적으로는 맡은 일을 성실하게 수행하는 평범한 시민이었기 때문이다.

지적 능력이 다소 떨어지기는 하지만, 아이히만이 보여주는 준법 의식과 관료적 성실성은 그를 무조건 나쁜 인간으로 일컫는 것을 어렵게 만들었다. 성실하고 평범한 인간이었기에 아이히만의 악행은 성실한 인간에게서 재생, 반복될 수 있는 요소를 지닌다. 아렌트는 이런 깨달음을 표현하기 위해 '악의 평범성'이라는 독특한 개념을 만들어서, 선악 구분의 어려움을 표출한다. 악의 평범성은 누구나 악인이 될 여지와 공범 가능성을 지니거나 정당화할 위험이 있기 때문에, 유대인의 민족적 관점으로는 도저히 용납할 수 없었다. 그래서 그녀의 책은 암묵적으로 금서로 처리되는데, 그럼에도 불구하고 악의 평범성 논의는 유행처럼 번져 나간다.

그렇다면 성실하고 평범한 누구나 악인이 된다는 것인가? 여기에는 조건이 하나 더 붙는다. 즉, 평범한 성실성을 지닌 아이히만이 역사적으로 반복되는 나쁜 인간, 심지어 우리 시대의 자화상으로까지 비유되는 요인은 무엇인가? 아이히만이 지닌 '근본적인 인격적 결함', 아니, 그의 '사유의 결함'이다. 아이히만은 심문 과정에서 유대인 대학살이라는 엄청난 악행을 저지르고도, 자신은 유대인을 직접 죽인 적이 없으며 오히려 유대인을 도와주고 심지어 유대인을 좋아했다고 증언한다.

게다가 그는 성실하기까지 하다. 이런 발언을 듣고 충격을 받은 아렌트는 아이히만의 모순적 발언은 사유 능력의 결핍에 기인하다고 판단한다. 이것은 반성 능력의 결핍으로 보편화된다. 아이히만은 사유 능력이 부족했고, 그로 인해 모순적 행동에 대한 반성 능력도, 사회 전반에 대한 성찰 능력도 부족하다는 것이 드러난다. 사유 능력의 결핍은 궁극적으로 '타인의 입장에서 생각하는 데 무능력함'(106쪽)으로까지 확장된다.

무조건 성실하게 살아가는 아이히만, 성실할 뿐이지 자기모순은 자각하지 못하는 아이히만의 문제점을 지적하라면, 세 가지로 압축할 수 있다. 1. 아이히만은 유대인 대학살을 자행한 아우슈비츠 수용소 부소장이다. 그러나 그는 시온주의자이다. 2. 좋은 사회의 기준은 히틀러처럼 높은 지위에 누구나 오를 수 있는 사회이며, 그런 사람에게 경의를 표하는 사회이다. 그렇다면 유대인 지도층에게도 경의를 표해야 한다. 3. 히틀러가 만든 법은 국가의 실정법이다. 히틀러의 법은 나의 법이기도 하다. 나의 법은 양심에서 나온 칸트의 도덕법과 일치한다. 나는 국가법에 따라서 대학살을 수행했으니, 정당하다. 이러한 세 가지 자기모순을 순서대로 얘기해 보도록 하자.

시온주의자, 아이히만

아이히만은 1932년에 나치당원이 된 뒤로, 유대인 이송과 관련하여 전문 역량을 인정받는다. 최후에는 아우슈비츠 수용소 부소장으로 임무를 마감한다. 자신에게 주어진 임무를 충실히 완수하는 과정에서 그는 시온주의자가 되며, 끝까지 시온주의를 버리지 않는다.

1934년에 아이히만은 하인리히 힘러가 창단(1932년)한 친위대 제국지휘관소속 보안대(SD)로 소속을 옮긴다. "그의 첫 임무는 프리메이슨(초기의 나치스 이데올로기 사상에는 프리메이슨 사상이 유대교와 가톨릭과 공산주의와 함께 섞여 있었다)에 관한 모든 정보를 정리하고 프리메이슨 박물관 건립을 돕는 것"(92쪽)이었다.

그 뒤로 아이히만은 유대인 관련 부서로 발령을 받는다. 그의 상관은 그에게 "시온주의의 고전인 테오도어 헤르츨의 『유대인의 국가』를 읽게 했는데, 이 책으로 인해 아이히만은 곧바로 그리고 영원히 시온주의자로 개종했다."(96쪽) 히틀러가 1938년 11월 유대인에 대한 조직적 학살(Kristallnacht)을 할 때, 아이히만은 유대인 전문가가 되어 있었고, 히틀러와 달리 참된 시온주의자가 되어 있었다. 그래서 헤르츨의 무덤을 모독한 자들에 대해서 항의(1939년)하기도 하고, 헤르츨 사망 35주년 기념행사에 사복을 입고 개인 자격으로 나타나기도 한다.

게다가 그는 또 한 권의 시온주의 저서인 아돌프 뵘의 『시온주의의 역사』를 자발적으로 찾아서 읽는다. 시온주의자가 되었기 때문인지, 그는 유대인 지도층을 만나는 것을 기뻐했고, 심지어 그들을 존경하기도 한다. 마지막 순간까지 아이히만은 시온주의를 하나의 이상주의로 견지한다. 그는 이상주의가 유대인 대학살과 모순된다는 점을 자각하지 못하거나, 반성하지 못한 채로 살아간다.

좋은 사회의 시민, 성공과 출세를 꿈꾸는 아이히만

아이히만은 독일이 좋은 사회라고 생각한다. 독일이 좋은 사회인 근거로 히틀러를 염두에 둔다. 히틀러는 평범하고 초라한 한 시민이었다. 그러나 자신의 노력으로 하사에서 총통으로까지 올라간다. 목표를 설정하고 열심히 노력하면, 누구나 히틀러처럼 성공하고 출세할 수 있다. 이렇듯 평범한 시민에서 총통으로까지 성공할 가능성을 지닌 사회는 좋은 사회이다.

누구나 성공할 수 있는 좋은 사회, 그런 조건을 갖춘 독일에서 아이히만은 성공과 출세를 꿈꾸면서 차근차근 발판을 밟아나간다. 일단 성공한 사람이 만든 질서를 충직하게 따르는 것은 당연하다. 이와 더불어 자신의 노력으로 성공한 사람은 존경할 만한 사람이고, 존경도 해야 한다. 아직 성공하지 못한 아이히만은 사회 지도층에게 경의를 표한다. 자기보다 높은 지위의 사람에게 경의를 지닌다면 그들을 공손한 태도로 대하는 것이 기본이다.

좋은 사회의 시민이라면, 그 기준에 따라서 유대인 지도층에게도 당연히 경의를 표해야 한다. 히틀러는 평범한 한 시민에서 최고 지위로 올랐기 때문에, 아이히만의 역할 모델이면서 존경받는 모델이다. 그렇듯이 유대인 지도층도 성공한 사람들로서 존경받는 모델이다. 좋은 사회라면, 좋은 사회의 시민이라면 유대인 지도층도 역할 모델이 되며 존경과 공손한 대우를 받아야 할 모델이 된다.

수용소에 유대인을 감금하고 관리하고 이송시키고 최후에는 대학살을 자행하는 아이히만은 이 모든 과정을 좋은 사회의 시민으로서 충직하게 수행한다. 그러다 보니 문제가 생긴다. 유대인 수용소를 효율적으로 관리하기 위해 나치당원들은 수용소 안에서 유대인 지도층을 관리자로 활용하는데, 어느 날 상황 변화를 거부하는 유대인 지도층 인사가 저항하자, 아이히만은 어쩔 수 없이 따귀를 때린다. 그는 이로 인해 양심의 가책을 느낀다.

"그가 무엇인가 양심에 걸렸다면 그것은 살인이 아니라 나중에 그가 좋아하게 된 유대인 가운데 한 명인 빈의 유대인 공동체의 수장 요제프 뢰벤헤르츠 박사의 따귀를 때린 점이다. (당시 그는 그의 요원들 앞에서 사과하긴 했지만, 이 사건은 계속 그를 근심하게 했다.)"(103쪽)

그는 대학살에 대해서는 양심의 가책을 분명하게 드러내지 않는다. 지신을 정당화하기에 급급하다. 그러나 유대인 지도층의 따귀를 때린 점에 대해서는 계속해서 근심하는 모순적 태도를 지닌다.

양심과 국가법의 일치, 칸트의 도덕법을 따르는 아이히만

아이히만이 예루살렘 법정에 서게 된 이유는 히틀러의 명령과 국가법을 거부하지 않고 충실하게 따랐기 때문이다. 일종의 국가 관료로서 총통의 명령과 실정법을 따르는 것은 시민의 의무이다. 성실한 시민이면서 충직한 관료인 사람은 국가가 요구하는 법을 잘 지켜야 한다. 성공과 출세를 위한 기본 자세 때문이기도 하지만, 국가법이 지닌 정당성 때문이기도 하다.

그러나 아이히만은 이에 그치지 않고, 총통의 명령과 국가법을 따르는 것은 자신의 양심에 비추어서 도덕법을 따르는 것이라고 생각한다. 국가법을 따르는 것은 도덕법을 따르는 것과 마찬가지라서, 자기 행동은 도덕적으로 정당화될 수 있다는 것이다. 아이히만은 그 근거로 자신이 칸트의 『실천이성비판』을 공부했다고 하면서, 국가법 준수는 칸트의 도덕법 준수와 일치하며 의무론적 윤리설에 따른 행동이라고 주장한다.

칸트에게 인간의 실천 이성적 도덕법은 개개인이 지닌 양심에서 나온다. 그리고 누구나 양심을 지니기 때문에 누구나 동일한 보편적 도덕법을 만들 수 있다. 그렇듯이 히틀러가 만든 법은 히틀러 양심에서 나온 것이면서, 아이히만의 법이기도 하다. 히틀러의 양심에서 법이 나오듯이, 아이히만의 양심에서도 법이 나오며, 히틀러와 아이히만의 법은 일치한다. 히틀러가 만든 국가법은 아이히만의 양심법이기도 하므로, 국가법을 지키는 것은 도덕적 정당성과 당위성을 지닌다. 그런 맥락에서 국가법과 명령에 따라서 유대인을 학살하는 것은 정당하며, 자신의 행동은 도덕적으로 정당화될 수 있다.

여기에서 아이히만이 자각하지 못하는 결정적 문제가 있다. 칸트의 도덕법은 국가법이나 실정법과 일치하지 않는다는 점이다. 칸트는 도덕과 정치를 일치시키려고 노력했지만, 현실에서는 실제로 그런 일치가 실현되지 않는다는 것을 철저히 자각하고 있었다. 그래서 칸트는 '당위' 내지 '요청'을 강조하며, 정치인도 도덕적 정치(가)와 정치적 도덕(가)를 구분한다. 그럼에도 불구하고 아이히만은 자기 입맛대로 칸트를 변형하여 악용하고 있다.

평범한 인간, 무엇이 될 것인가?

아이히만처럼 이성법과 국가법을 혼동하고, 도덕법과 실정법을 혼합하

철학자의 서재 2

는 방식으로 나간다면, 칸트 철학은 의무론적 윤리설로서 강점을 발휘하기보다는, 엄청난 악을 합리화하는 무서운 무기가 된다. 도덕을 무서운 무기로 만드는 것은 엄청난 악인이라기보다는 아이히만처럼 자기모순을 파악하지 못하는 것, 즉, 반성 능력의 결핍이다.

아이히만은 사유 능력이 결핍되어서 반성 능력이 부족하고, 도덕 이론도 자기 방식대로 왜곡하여 사용한다. 자기모순을 파악하지 못하는 것뿐만 아니라, 타인의 입장에서 상황을 바라보는 능력도 철저하게 상실하는 데로 나아간다. 반성 능력이 부족하여 모순적 행동을 하는 것은 일상생활에서 순식간에 엄청난 악행을 저지르는 데로 나아갈 수 있다.

나쁜 역사의 반복, 나쁜 인간의 반복은 반성 능력 결핍의 반복에서 찾을 수 있다. 반성 능력의 결핍은 평범한 우리들에게서 끝도 없이 나타난다. 게다가 더 무서운 것은, 현재 우리의 삶이 반성 능력을 더욱더 상실하게 만드는 시공간 속에 던져져 있다는 것이다. 이기적 인간을 지속적으로 창출하는 무한경쟁의 시공간 속에 던져져 있는 우리는 사유하지도 않고, 반성하지도 않고, 타인을 배려하지도 않을 가능성이 높다.

평범한 인간, 즉, 사유 능력이 없고 반성 능력이 없는 평범한 인간, 그러나 끊임없이 성공과 출세를 꿈꾸는 평범한 인간은 좋은 사회의 시민으로서 성실하고 충직하게 살아간다. 그러나 성실하고 충직해서 타의 모범이 되어야 할 평범함이 어느 날 엄청난 악행을 저지르는 평범함으로 돌변할 수 있다. 생각 없이 산다면, 반성 없이 산다면, 자기만 알고 타인을 배려하지 않고 산다면, 평범한 그대, 얼마든지 악인으로 돌변할 수 있다. 그러나 반전도 가능하다. 평범한 그대, 칸트처럼 양심에 따르는 도덕법 창출자로서 사회의 엄청난 개선과 도덕적 실현을 야기하는 선인으로 돌변할 수 있다.

1) 임마누엘 칸트, 『이성의 한계 안에서의 종교』, 신옥희 옮김(이대출판부, 1984). 칸트는 종교를 도덕 신학의 관점에서 이해하기 때문에, 세상에 존재하는 종교들을 이성적인 보편 종교의 관점에서 설명하고자 한다. 기독교에서는 원죄를 전제하지만, 칸트는 이 책에서 인간 본성과 선악의 관계를 도덕적 차원에서 다루려고 한다. 선악 행위의 원인을 인간의 성향과 소질을 통해서 설명하며, 이성 이외에도 감성, 감정이 선악에 영향을 미치는 부분을 제시한다. 도덕 법칙을 도출하는 이성을 감성, 감정이 제압할 때, 인간들은 반이성적 행동을 하는데, 이성과 감성의 관계가 전도되는 것을 칸트는 근본악으로 주장한다. 아렌트가 주장하는 악의 평범성을 칸트의 근본악과 비교하면 인간 이해에 도움이 된다.

2) 한나 아렌트, 『인간의 조건』, 이진우, 태정호 옮김(한길사, 2003). 역사에 유례가 없는 유대인 대학살을 겪은 아렌트는 건전한 지성인들이 존재하는 서유럽에서 그런 일이 일어난 것에 대해 충격을 받는다. 그래서 서유럽 안에서 대학살을 주도, 용인하는 방향으로 나아가게 된 배경과 이유들을 『전체주의의 기원』에서 분석한다. 그리고 나서 인간을 인간답게 대우하지 않는 일이 다시는 일어나지 않도록 인간이 어떤 조건을 갖춰야 하는지를 분석하기 위해 이 책을 저술했다.

이정은 / 연세대학교 외래교수

박정희의 '늪'에 빠진 보수,
'덫'에 걸린 진보

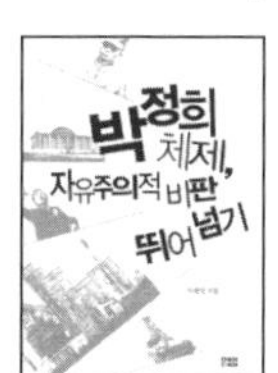

『박정희 체제, 자유주의적 비판 뛰어넘기』 / 이광일

죽은 제갈량이 산 중달을 쫓았다

『삼국지』를 시간 때우기 책으로 읽는다. 때우는 책읽기이므로 대중없이 읽는다. 그러다 보면 같은 부분을 반복해서 읽는다. 제일 재미있는 부분은 적벽대전 이야기다. 반면에 삼국지의 초기 영웅들이 사라진 후반부는 별로 흥미를 느끼지 못한다.

그래도 제갈량과 사마중달의 전투 부분은 이루지 못한 꿈의 아쉬움 때문인지 들여다보게 된다. 제갈량은 죽어가면서도 꾀를 내어 사마중달을 퇴각시킨다. 이 대목이 "죽은 제갈량이 산 중달을 쫓았다(死諸葛, 能走生仲達)"는 고사를 남긴 부분이다. 해석은 각자의 몫이라 생각한다. 나의 경우 제갈량의 지략에 감탄할 때도 있지만, 사마중달의 신중함에 공감할 때도 있기 때문이다.

2010년 6월 2일 제5회 지방선거가 있었다. 이것의 결과에 대한 평가도 각자의 몫이겠다. 정치평론가들의 평가 중 하나가 이른바 '친노 진영 인사의 부활'이었다. 그들이야 자신의 소신과 자질로 당선된 것이지만, 나의 머리를 스치고 지나가는 것은 위의 고사였다. 죽은 노무현이 산 이명박을 쫓았다!

가끔 술자리에서 선생님들의 한탄을 듣는다. 존경하는 위인이나 대통령으로 박정희가 상위 랭크에 있을 때다. 특히 젊은이들의 지지율이 높다는 보도에 침통해한다. 나야 박정희 시대가 어린 시절이라 기억이 별로 없지만, 그분들은 자신의 젊은 시절의 아픔을 기억하고 있기 때문에 더욱 그러하다.

여론조사를 보면, 전직 대통령 중 박정희가 부동의 1위이고, 현직 정치인 중 차기 대통령 1위 후보는 그의 딸이다. 내 머리를 스치고 지나가는 생각은 다시 '박통의 시대'가 돌아오는가 하는 것이다. 이것은 누구를 쫓는 것이 아니라 그 자체가 부활처럼 보인다.

박정희 시대를 바라보는 시각들

사태의 심각성을 모르는 나야 소위 '박정희 신드롬'을 소 닭 보듯 해왔다. 보수 논객이나 학자들이 박정희를 찬양할 때는 신자유주의 세계화에서 밀려난 보수파의 허탈함에 대한 자기 위안이라 생각했다. 그래서 그들의 주장을 '향수와 위안'으로 이해했다. 젊은이들의 경우 높은 등록금과 취직의 어려움이란 현실의 고통을 외면하는 현 정치 권력에 대한 반작용

                                          철학자의 서재 2

으로 이해했다.

그래서 그들의 선택을 '비판과 좌절'로 이해했다. 이광일은 『박정희 체제, 자유주의적 비판 뛰어넘기』(메이데이 펴냄)에서 현재의 어려움을 "제 2의 박정희'와 같은 탁월한 엘리트의 출현"으로 대체하려고 하는 것은 아닌지 묻는다.

여기까지가 정치권과 여론에 나타나는 박정희 현상에 대한 나의 인상이다. 반면에 '박정희 신드롬'을 학문적인 방법으로 평가하려는 여러 시도들이 있었다. 그 중 하나가 박정희 시대, 달리 표현하면 개발 독재 시대의 재평가가 필요하다는 것이다. 주요 공식은 경제와 정치를 분리하여 평가하는 것이다. 경제 성장의 부분은 긍정적으로 평가하고, 그의 독재 체제 특히 유신 체제는 부정적으로 평가하는 것이다.

나아가 현재의 민주화를 위한 경제적 초석으로서 '필요악'이란 관점에서 재평가를 해줘야 한다는 주장도 있다. 심지어 이를 바탕으로 산업화 시대와 민주화 시대의 연합의 필요성을 주장하기도 한다. 이러한 주장들이 중간의 입장에서 공과 과를 객관적으로 평가한 공정한 입장이라는 생각이 들면서도 과연 그러한가라는 의문이 항상 든다.

박정희를 어떻게 평가할 것인가?

이광일은 이 책에서 "'한강의 기적'으로 상징되는 경제 성장이 '반인권, 억압의 정치'와 분리될 수 있는가라는 질문에 대한 숙고"가 필요함을 주장한다. 그의 문제의식은 '경제 성장'과 '정치 억압'이 분리되어 있는 것이 아니라 동전의 앞뒷면이라는 것이다. 나아가 정치와 경제의 분리를 통한 평가가 "죽은 자들의 정치"를 극복하기 어렵게 만드는 것이 아닌지 묻는다.

가치중립적으로 보이는 기존의 방식은 설득력이 있어 보인다. 예를 들어 성적표로 말하면, 경제는 A고, 정치는 F다. 그러면 합산 평균이 그의 평점이어야 하고, 최소한 경제는 성적을 잘 받은 것 아니냐는 평가다. 이러한 방식을 통해 나도 평가받으며 성장하였다. 지금도 많은 영역에서 객관성과 공정성에 근거한 평가라는 이유로 지배적 평가 방식으로 사용하고 있다. 이러한 삶의 조건이 박정희의 공과 과를 객관적으로 평가한다는 주장에 고개를 끄덕이게 만든다.

그러나 저자는 묻는다. 우리의 "자유주의적 이분법에 근거한 평가들이 국가, 그리고 근대 정치 및 그 핵심인 민주주의 문제를 사회와 경제 등의 외부에 존재하는 사물(thing), 혹은 그 어떤 중립자로 인식"하고 있는 것은 아닌가? 그리고 다시 그는 묻는다. 민주주의가 정치 권력과 경제 권력의 외부에서 떡고물을 뜯어먹는 하이에나가 아니라, '자기 통치'와 '자기 의지의 실현'으로서 재구성될 수 있는 길은 무엇인가. 그는 박정희를 경제와 정치의 분리에 근거하여 평가하는 것이 얼마나 위선적이며, 과거 지향적인지 보여준다.

경제와 정치의 씨줄과 날줄로 엮기

박정희 시대는 나의 초등학교 시절이기 때문에 직접적인 추억거리가 없다. 나의 철없는 기억들은 내가 생각해도 어이가 없다. 육영수 여사가

서거했을 때 채널 권을 넘겨주지 않는 외할아버지를 야속해하며 장기판 알까기로 그 마음을 달랬다. 박정희가 서거했을 때도 문화방송(MBC) 10대 가요제를 연기하고 정규 방송을 중단한 방송국의 행태에 불만이 더 많았다.

국민교육헌장을 외우고 형과 누나에게 자랑했더니, 자신들은 빵을 상으로 받았다는 말에 억울해했다. 누구는 빵을 주고 누구는 빵을 주지 않는 학교의 행태에 섭섭했던 기억이다. 물론 선생님들이나 부모님들이 이런저런 말씀을 하셨겠지만, 구슬과 딱지치기에 미친 아이에게는 소귀에 경 읽기였을 것이다.

이광일은 기억도 가물가물하고 철없던 시기에 무슨 일이 있었는지 파노라마처럼 보여준다. 요즘도 가끔 볼 수 있는 '대한 뉘우스'가 소개하듯이, 뉴스와 홍보 차원에서 보여주는 사건들의 단편은 아니다. 저자는 경제와 정치의 씨줄과 날줄을 엮어 박정희 시대의 모순을 밝혀내고, 그것이 서로 분리될 수 없음을 보여준다. 그 과정에서 민주주의는 어떻게 외재화되었는지 그리고 또 그 바깥에서 어떻게 투쟁했는지 보여준다.

박정희 시대와 이 시대의 유사성

이 책은 박정희 시대를 통사적으로 정리한 책이 아니다. 경제와 정치를 통일적으로 사고함과 동시에 민주주의를 올바로 이해하려 할 때 빠지기 쉬운 이론적 함정이 무엇인지를 보여준다. 그리고 시대의 지표와 담론들을 엮어 보여줌으로써 박정희 시대를 분석하기 위한 통합적 모델을 제시한다.

책을 읽으면서 계속 느꼈던 점은 그 시대나 지금이나 민중의 삶은 고단하다는 것이다. 경제 개발이란 구호 아래 대기업은 국가 정책의 여러 지원을 받으며 성장한다. 잊을 만하면 터지는 정경 유착 형식의 스캔들은 당시에도 있었다. 경제가 양적으로 빠르게 성장하는 시기였음에도 불구하고, 중소기업의 상대적 박탈감과 어려움은 그 당시에도 여전하다.

대기업 중심의 경제 정책을 펼치던 현 정부도 선거가 다가왔기 때문인지 아니면 뒤늦게 사회적 양극화의 폐해를 깨달았는지 '동반 성장' 구호를 내세운다. 이광일이 '종속성'으로 표현하는 대기업과 중소기업 간의 불균형은 뿌리가 깊다. 공작 기계나 기초 및 중간 부품을 조달하는 중소기업의 육성보다는 수입을 통한 조달과 대규모 사업 확장에 주력한 대기업의 입장에서 '동반 성장'이란 염두에 없었다. 사실 '공정 거래'라는 규범적 원칙도 잘 지키지 않았기 때문이다.

"경제 성장을 위한 저곡가 정책"에 시름하던 농민의 어려움도 마찬가지다. 오늘날 그 양태는 조금 바뀌었다. 저곡가 정책이 아니라 세계화라는 미명 아래 진행되는 개방 농정에 농민의 어려움은 가중된다. 경제 성장의 주력군으로 호명되었던 노동자들의 장시간 노동과 저임금은 오늘날 비정규직의 그것과 닮았다. 총인구의 65퍼센트에 달했던 농민의 해체에 따른 이농과 도시 인구 증가는 오늘날 수도권 집중 현상으로 이어진다.

그리고 이러한 집중화 속에 도시 빈민의 삶은 또한 오늘날 용역 업자에 이러 저리 쫓겨 다니는 그 삶과 다르지 않다. 땅주인과 개발 업자가 얻는 이익과 도시 빈민들이 쫓겨나면서 얻는 이익은 비교가 되지 않는다. 오죽하면 '토건 국가', '부동산 공화국'이란 말이 생겼을까? 이광일이 명시적으로 표현하고 있지 않지만, 경제의 독점과 종속적 성격이 정치의 독재적 형태와 연결되어 있음을 책 전반에서 잘 보여주고 있다.

운동으로서의 민주주의 급진화

어쨌든 책을 읽으면서 과거의 경제와 정치를 읽는 것이 아니라 바로 오늘의 그것을 읽고 있다는 느낌을 지울 수 없다. 그 이유는 이광일의 다음과 같은 물음에 있다.

과연 이 당시의 경제 성장은 박정희의 공적인가? 아니면 민중의 땀과 피눈물의 산물인가? 경제 성장을 위해 민중들이 동원되었지만, 언제나 경제와 정치의 권력 바깥으로 배제되지 않았는가? 박정희 시대에 줄기차게 벌어진 민중의 권리 쟁취와 반독재 운동은 단순히 독재자를 대체하거나 타도하려고 했던 것이 아니라 민중의 민주주의를 확립하려고 했던 것이 아니었는가?

이광일은 '박정희 체제, 자유주의적 비판을 뛰어넘기' 위하여 "민주주의의 급진화"를 결론으로 내세운다. 이 부분은 이론적 쟁점이 더 연구되고 토론되어야 한다. 어쨌든 이광일은 자신의 입장이 무폐와 라클라우 유의 '급진적 민주주의'와 다르다고 강조한다. 물론 그도 "노동 중심성이라는 과거의 유령"에 집착하는 것보다 "각 운동(정치)의 입장에서 어떻게 자본을 넘어설 것인가를 고민하고 그 실천 프로젝트를 제출하는 것이 더 생산적"이라 본다.

그는 그동안의 박정희에 대한 평가가 비민주성과 반민주성을 비판하면서도, "민주주의의 동력인 운동으로서의 민주주의 문제를 충분히 고민하고 다루지 않았다는 점"을 비판한다. '운동으로서의 민주주의'는 박정희 시대를 평가하는 방법임과 동시에 오늘날 실천의 그것이다. 만약 그것을

회복하지 못하면, 박정희는 '자유주의자들에겐 늪'이고 '진보에게 덫'이
될 것이다.

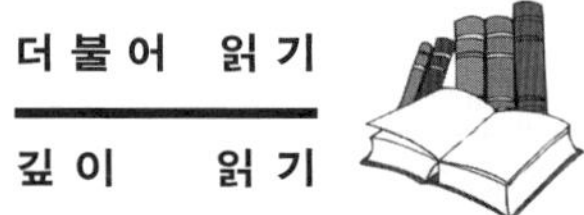

1) 공제욱 엮음,『국가와 일상- 박정희시대』(한울, 2008). 거시적인 권력은 항
상 일상의 미시적인 관계들을 매개로 해서만 효과적으로 작동할 수 있다. 공
개적 독재 체제로서의 박정희 체제 또한 마찬가지이다. 이 책은 박정희 체제
가 단지 억압적인 국가 기제들을 동원할 뿐만 아니라 새마을운동, 징병제, 주
민등록제도, 혼분식장려운동, 가정의례준칙, 가족계획운동 등을 통해 어떻게
그 구성원들을 규율하는가를 드러냄으로써 그 시대의 전체적인 지배상을 쉽
게 이해할 수 있게 해주는 의미 있는 저작이다.

2) 김수행, 박승호 지음,『박정희 체제의 성립과 전개 및 몰락』(서울대출판부,
2007). 이 책은 박정희 체제에 대한 기존의 다양한 입장을 비판적으로 검토
하고 사회경제적 변화와 맞물려 표출되는 계급, 계층들 사이의 모순 및 대립
을 매개로 박정희 체제의 성립과 전개, 몰락의 과정을 다룸으로써 이 체제에
대한 상이한 논의들의 성과와 한계, 그리고 이 체제의 성격을 이해하는 데 좋
은 길잡이가 되는 저작이다.

김광호 / 한국철학사상연구회 회원

뉴라이트부터 대장금까지……
다 '꼼수'다!

『누구를 위한 역사인가』 / 키스 젠킨스

역사의 이미지와 사극

중학교와 고등학교 때 배운 국사와 세계사를 아마 필자를 비롯한 대다수 사람들은 암기 과목 가운데 하나쯤으로 기억할 것이다. 입시를 위한 공부에서는 묻거나 따질 필요 없이 일단 외워야 점수가 잘 나오기 때문이다. 그래서 교과서에는 수많은 사건과 인물들이 나오지만, 이들이 왜 그렇게 중요한지는 잘 모른다. 그저 시험에 나오기 때문에 중요할 뿐이었다. 그래서 필자는 지금도 막연히 고등학교 시절의 '역사'를 생각하면 '퀴즈쇼'가 떠오르곤 한다. 앞뒤 맥락은 모른 채 그저 나열된 사실과 용어만 외우면 끝이었기 때문이다.

TV를 켜면 사극이 꾸준히 인기를 얻고 있음을 알 수 있다. 사극이라는 장르는 참 오묘하다. 가깝게는 몇 십 년 전, 멀게는 천 년 전의 인물이 살아나 수많은 사건들이 화면에서 진짜처럼 펼쳐지기 때문이다. 그래서 항상 궁금한 게 많았다. 도대체 어디까지가 허구이고 어디까지가 진실인지. '대장금', '선덕여왕', '추노'를 예로 들어보자. 대장금은 실록에 등장하는 실존 인물이지만, 주변 인물들과 대부분의 사건들은 작가의 상상력이 빚어낸 산물이다. '선덕여왕'에는 미실이라는 매력적인 여성 인물이 등장한다. 하지만 그녀는 『삼국사기』나 『삼국유사』에는 나타나지 않고 『화랑세기』라는 필사본에만 등장하는 인물이다. '추노'의 경우 역사적인 배경은 있지만 주인공들은 모두 역사에서 배제된 민초들이다. 역사의 무대가 고대로 올라갈수록 그리고 기록이 소략할수록 재현은 상상력에 의존할 수밖에 없다. 역사에 등장하지 않는 자들의 역사가 과연 가능할까?

그렇다면 역사가들은 과연 이러한 물음에 답할 수 있을까? 교과서에서는 분명 답이 정해져 있었기 때문에 정답이 있을 법도 하다. 그런데 이런 추측에 자신 있게 아니라고 대답하는 책이 있다. 『누구를 위한 역사인가』(키스 젠킨스 지음, 최용찬 옮김, 혜안 펴냄)는 상당히 도발적인 대답을 내놓는다. 우리가 알고 있던 고정된 역사의 이미지를 하나하나 반박하며 새로운 방식의 역사 보기를 제안하기 때문이다.

포스트모던의 시대, 하나가 아닌 여럿의 역사학

실증사학이 가능하다고 주장하는 학자들은 일종의 제한 조건들을 달기는 하지만 역사 연구를 통해 결국 진실 탐구에 이르게 된다고 말한다. 진실 탐구에 이르는 방법은 꼼꼼한 방법상의 규칙을 발현해내는 것이다. 그

                                                      철학자의 서재 2

들은 사료란 소략하고 불완전하기 때문에 정교한 방법을 통해 과거가 스스로 말하도록 놔두고 역사가는 그저 증거 앞에 가만히 있기만 하면 역사가 자신의 '도덕적' 개입을 축소시킬 수 있다고 주장한다.

그러나 젠킨스는 해석이라는 행위 자체에 이데올로기적 성격이 있다고 본다. 게다가 완벽한 실증의 추구 자체가 편견이라고 지적한다. 그리고 엄밀한 방법의 사용에 동의한다면 그동안 제시된 수많은 방법론 가운데 무엇이 가장 엄밀한지 판단하여 선택할 수 있느냐고 되묻는다. 그는 역사를 이데올로기적 담론의 산물로 보면서, 역사란 권력 관계에 다양한 영향을 받는 사람들에 의해 끊임없이 재구성, 재정리된다고 이해한다. 재정리 과정은 종종 논쟁의 형식으로 드러난다. 이때 담론의 지배자와 피지배자는 각자 자신의 이해를 지지해 줄 사람을 동원하기 위해 애쓰게 되고, 이러한 갈등 속에 역사는 '날조'된다.

젠킨스는 '역사란 무엇인가?'라는 물음이 '누구를 위한 역사인가?'라는 물음으로 대체되어야 한다고 주장한다. 다양한 형태로 서술된 역사는 각자의 입장을 옹호하고 있기 때문이다. 따라서 보수주의자가 원하는 역사와 혁명가가 원하는 역사는 달라질 수밖에 없다. 그러므로 있는 그대로의 단일한 역사는 불가능하다. 다양한 입장이 반영된 여럿의 역사가 곧 앞서 말한 사극 속 주인공의 탄생을 가능하게 만든다.

예를 들어 동학농민운동을 살펴보자. 동학은 동학농민운동, 동학농민혁명, 동학농민봉기, 갑오농민전쟁 등 다양한 이름으로 불리는데, 이는 각 역사가의 이론적인 입장, 곧 담론이 투영되어 나타난 결과이다. 이러한 예는 우리의 경험에서도 찾을 수 있다. 과거의 같은 시기에 일어난 사건을 두고서도 누군가는 행복한 이미지로, 누군가는 매우 슬픈 이미지로 기억할 수 있다. 다수의 기억이라고 부를 수 있는 역사는 이렇게 다양한 입장을 반영하며 모습을 드러낸다.

젠킨스는 결국 역사란 세계를 해석하는 여러 담론 가운데 단지 하나에 불과하며, 범주상 과거와 다르다고 본다. 과거는 일어난 일이다. 과거는 이미 사라져버렸고, 사라진 과거는 역사가를 통해 다시 살아난다. 젠킨스가 보기에 역사가들은 책 논문 기록 등 다양한 수단을 통해 과거에 발생한 사건을 원상태와 별로 일치하지 않는 형태로 다시 옮겨놓을 뿐이다. 따라서 역사는 역사가의 작업을 통해 만들어진 과거에 대한 일종의 구성물이다.

우리가 어떤 역사가의 책을 통해 조선시대 임진왜란을 공부한다고 해보자. 책의 내용을 완전히 외우고 이해했다고 해서, 우리가 있는 그대로의 임진왜란을 알았다고 할 수 있을까? 임진왜란은 단일한 하나의 사건이 아니며, 다양한 사료들과 해석의 집합체이다. 어떤 사료를 어떻게 구성하느냐에 따라 전혀 다른 임진왜란이 서술될 수 있다. 우리는 그저 한 역사가에 의해 재구성된 임진왜란을 공부했을 뿐이다. 역사는 결국 서술의 주체가 누구냐에 따라 성격이 달라질 수 있다.

문제는 역사가의 의도가 겉으로 잘 드러나지 않는다는 점이다. 책에 인용된 헤이든 화이트(Hayden White)의 말을 들어보자.

"역사학과 역사철학의 근본적 차이는 바로 이것이다. 역사철학은 역사적 사실들을 담론을 통해 자리매김하고자 할 때 자신이 사용하는 개념적 틀을 텍스트 표면 위로 솔직하게 드러낸다. 반면 이른바 순수 역사학은 이 개념적 틀을 이야기 안으로 깊숙이 파묻어버린다. 이때 이 개념적 틀이 바로 이야기를

만들어내는 은닉된 또는 내포된 형성 장치의 작용을 하게 된다."(22~23쪽)

역사는 기본적으로 치밀한 방법론을 토대로 서술된다. 그 방법론과 내용, 개별적 사실들에만 집중하면서 무엇이 진실인지에만 몰두한다면, 역사가의 의도나 담론은 알 수 없게 된다. 담론은 역사가의 치밀한 서술 깊숙한 곳에 숨어 있다. 우리는 지금껏 서술 자체에 집중하느라 무엇을 위한 서술인지에는 별 관심을 두지 않았을지도 모른다.

그럼 역사 연구는 왜 하는가?

젠킨스가 정의한 역사는 다음과 같다.

"역사는 유동적이며 문제투성이인 담론이다. 겉보기에 이는 세계의 한 단면인 과거에 관한 담론이다. 그러나 그것은 현실에 얽매여 있는(대체적으로 월급을 받는) 연구자 집단이 만들어낸다. 이 연구자들은 인식론, 방법론, 이데올로기와 실천적 측면에서 일정한 입장을 갖고 있다는 사실을 서로 인정하는 방식으로 작업을 시작한다. 이 연구자들이 만들어낸 생산품은 일단 유통되면 논리적으로 무한히 이용되고 남용된다. 그러나 현실 속에서 그것은 주어진 일련의 권력 토대에 부합되고 지배 주변의 스펙트럼을 따라 역사의 의미를 구조 지으며 유포시킨다."(89쪽)

역사 연구의 결과물이 진실과는 거리가 멀고 상대적일 뿐이라면 역사가는 혼란스러워진다. 모든 역사가 상대적일 뿐이라면 역사가들이 역사를 연구하는 이유는 무엇일까? 젠킨스의 대답은 아주 담담하다. 그냥 여럿의 역사가 존재할 수밖에 없는 현실을 인정하자는 것이다. 그는 무한한 상대주의의 늪에 빠지는 것을 '불행한 상대주의'라고 이름 붙였다. 반대로 '행복한 상대주의'가 가능하다는 말이다. 그의 주장에 따르면 회의적 시각은 오히려 적극적인 방식이며, 역사 연구에 도움이 될 수 있다. 다른 사람의 역사를 해체하는 작업이 곧 자신의 역사를 세우는 전제가 될 수 있다는 것이다.

포스트모던의 시대, 역사는 무엇인가?

복수의 다양한 역사가 가능한 시대에, 일방적인 지식 전달 수준의 역사 교육이 과연 얼마나 의미가 있을까? 지금도 다양한 집단이 각자의 입장을 대변하는 역사를 서술하고 있다. 역사 교육의 방향은 이 다양한 역사가 존재하는 현실에서 각 역사에 서술된 내용이 어떤 맥락에서 서술되었고 누구를 위한 것인지 판단할 능력을 기르는 방향으로 나아가야 한다. 철저한 균형과 객관은 불가능하더라도, 최소한 본인의 입장을 대변하는 역사가 무엇인지 판단할 수 있는 시각이 필요한 것이다. 역사 교육의 축소가 우려되는 현실에서 기존의 역사 교육을 유지시키려는 노력도 필요하지만, 역사 교육의 방식에 대한 고민도 중요하다. 크로체(Benedetto Croce)의 말대로 '모든 역사가 현대사'라면 끊임없이 변화하는 현실에서 단순한 지식 전달 위주의 역사 교육은 문제가 있다. 오히려 역사를 어떻게 바라볼 것인지,

　　　　　　　　　　　　철학자의 서재 2

서술된 역사가 현실과 어떤 관계가 있는지를 가르치는 일이 더 중요하다.

민족 담론을 중심으로 한 '국사'에 대한 반성도 필요하다. 겉보기에 역사 논쟁은 지나간 과거의 충돌처럼 보이지만, 실제로는 현실의 정치적 역학관계가 대입된 경우를 자주 볼 수 있다. 대표적인 예가 중국의 동북공정, 일본의 새 역사교과서이다. 이들 역사 서술은 같은 시기 같은 사건 속에 각각의 현실적인 이해관계를 반영하여 과거를 재구성해 내고 있다. 『만들어진 고대』(삼인 펴냄)라는 책에서 이성시는 고대사 연구에 투영된 근대 민족국가의 욕망을 잘 보여주고 있다. 이런 현실을 민족담론만으로 대응한다면 역사 분쟁은 끝낼 수 없다. 민족 담론에서 벗어난 다양한 형태의 역사 연구가 이러한 분쟁의 대안을 마련해 줄 수 있다. 한중일의 공동 역사를 지향하는 '동아시아' 담론은 이러한 노력의 산물 가운데 하나이다.

젠킨스의 지적대로 우리가 포스트모던 시대에 살고 있음은 부정할 수 없다. 그래서 뉴라이트의 대안 교과서가 정말 이름처럼 대안이 될지도 모른다. 그러나 그들의 대안은 수많은 대안 가운데 하나일 뿐이다. 그들의 담론은 겉으로는 완벽한 실증을 표방하고 있지만, 앞서 살핀 것처럼 완벽한 실증이란 불가능한 편견이다. 게다가 실증을 표방하는 것과는 달리, 기존 학계의 연구물을 의도적으로 왜곡시키거나 누락시키는 폐쇄적인 전략을 쓰고 있다. 이러한 경향은 2011년 교과부가 교과서 집필 기준 발표에서 5·18 민주화운동을 삭제시키려는 움직임에서도 볼 수 있다. 5·18 민주화 운동은 유네스코 세계문화유산으로 등록된 문화유산이며, 지금도 수많은 사람들의 기억에 남아 있는 살아 있는 역사이기도 하다. 이를 삭제하여 없었던 일처럼 만들려는 역사는 과연 누구를 위한 역사인가?

그래서 앞서 인용한 헤이든 화이트의 지적은 적절하다. 현실을 반영한 여럿의 역사 가운데 일부는 '진실'이라는 이름을 빌려 아무도 모르게 기득권의 의식을 주입시키려는 '꼼수'를 부릴지도 모르기 때문이다. 다양한 역사 연구는 역사가들의 몫으로 돌리더라도, 독자인 우리들은 누구를 위한 역사인지를 깨닫고 거짓된 '진실'의 유혹에 넘어가지 않는 혜안을 지녀야 할 것이다.

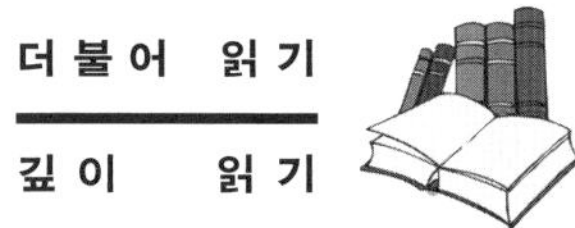

1) 이성시, 『만들어진 고대』(삼인, 2001). 근대 국민국가의 욕망이 고대사 서술에 어떤 방식으로 투영되어 있는지 보여주는 책이다. 동아시아 삼국의 고대사 서술 방식의 한계를 지적하면서, 동아시아라는 틀을 대안으로 제시하고 있다.

2) 김기봉, 『역사를 통한 동아시아 공동체 만들기』(푸른역사, 2006). 동아시아 담론을 구체적으로 소개하면서, 국사(國史)가 지닌 위험성과 한계를 지적하는 책이다. 동아시아 담론이 역사에 실제로 적용 가능한 것인지에 대해서도 함께 논하고 있다.

김정철 / 한국철학사상연구회 회원

"뼛속까지 친미-친일"
대통령이 나온 이유는……

『친일파는 살아 있다』 / 정운현

친일파에게 호연지기를 기대할 수 있는가?

이 땅 최고 책임자들 가운데서 김홍집만큼 염치라도 있는 사람이 과연
몇 명이나 될까?

"이름 앞에 애국자라는 수식어가 붙어 다니는 친일파가 한 사람 있다."
"일본의 선진 문물을 보고서 그는 불과 한 달 만에 친일로 기울어 있었다."
(169쪽)

하루아침에 친러파 세상이 되어버리자 친일파 역적으로 지목된 그는
신변이 위태로운 상황이었다. 그런 와중에 그는 사인교를 타고 고종이 머
물고 있던 정동 러시아 공사관으로 향하고 있었다. 이 광경을 본 일본군이

그의 사인교를 가로막으며 소리를 질렀다. "대감! 지금 군중들이 대감을 죽이려 하고 있습니다. 우리와 같이 얼른 이곳을 피하셔야 합니다. 그러자 김홍집은 "일국의 총리로서 동족의 손에 죽는 것은 천명이오. 구차하게 남의 나라 군인의 도움으로 살아남고 싶은 생각은 없소!" 그가 탄 사인교는 군중들의 몽둥이가 기다리는 광화문 쪽으로 향했고, 그는 결국 길바닥에서 맞아죽었다. 그의 시체는 새끼줄에 묶여 개 끌리듯 종로로 끌려가서 발길질과 팔매질에 온갖 수모를 겪었다.(171쪽)

장면은 김홍집만 못하다. 박정희가 쿠데타 일으킬 때 줄행랑쳤다. 그가 김홍집처럼 죽음을 무릅쓰고 군을 이끌었으면 대통령 역할을 제대로 했다는 평가를 받았을 것이다. 최규하가 전두환 부하들한테 위협 당했을 때, 저들이 원하는 것을 대통령답게 물리치고 군을 이끌고 전두환 군을 막았으면 그는 역사에 이름을 떳떳하게 올렸을 것이다. 중국 사상가 맹자가 말한 호연지기를 그들이 지녔으면 하는 아쉬움이 남는다.

노무현은 한나라당과 연정을 제안했다. 우리 군을 이라크에 보냈다. 삼성과 친하게 지냈다. 한미 '매국' 협정을 급하게 시작했다. 부동산 정책을 펼칠 때 뚝심 있게 밀어붙이지 못했다. 그렇지만 노무현은 김홍집처럼 호연지기는 확실했다. 정치 검찰이 자신을 표적 수사할 때 둘레 사람들을 지키기 위해서 부엉이 바위에서 스스로 목숨을 끊었다.

'첫 단추를 잘 끼워야 한다'는 말이 있다. 친일파 청산에 있어서 우리나라는 첫 단추를 잘못 끼웠다. 그럴수록 프랑스가 부럽다. 프랑스는 나치 협력자 청산을 모범적으로 했다. 레지스탕스 조직은 '거리의 정의'라는 비상 군법 회의 재판을 통해서 8000~1만 명을 처형했다. 드골은 1944년 6월 25일 전국에 '협력자 재판소'를 설치했는데, 6763명이 사형 선고를 받았

철학자의 서재 2

으며 그 가운데 767명은 처형되었다.

대한민국에서는 이승만 정권에 의해서 친일 청산이 실패했다. 그런 결과로 이 나라는 상식이 지켜지지 않는 나라가 되었다. 이 사회는 검증받아야 할 인간들이 검증해야 할 사람들을 검증하는 희한한 사회가 되었다. 의열단에서 활동한 독립 운동가 김원봉 선생이 해방 후 친일파 형사 노덕술한테 고문당한 일이 본보기가 될 것이다.

정운현이 글 쓰는 방식

정운현은 이 책에서 담담하게 글을 썼다. 화를 드러내는 이름씨(명사), 꾸밈씨(관형사), 움직임씨(동사)가 이 책에서는 별로 나오지 않는다. 정운현은 친일파들이 행한 못된 짓을 담담하게 기록한다.

어떤 순간에도 사실을 바탕 삼아 글을 써야 한다는 언론인 정운현, 역사가 정운현의 참됨을 보여주는 부분이라고 생각한다. 한 순간의 분노만으로는 친일파 청산이 이루어지지 않을 것이다. 정운현은 친일파 청산에 대한 꾸준한 관심, 공부, 의지, 더 나아가 친일파 청산을 위한 행동을 바라면서 이 책을 썼을 것이다.

친일파를 청산하는 첫 번째 행동은 이 책을 사서 읽는 것이다. 밑줄 쫙쳐 가면서 읽는 것이다. 월 3000원 하는 진보 월간지 〈작은책〉에서 백금렬이 말했다. "사상의 완성은 실천이고, 자본주의 사회에서는 지갑을 열 때 진정한 실천이 시작된다."(2011년 1월호) 나는 지갑을 가지고 다니지 않기 때문에 호주머니 돈을 털어서 이 책을 샀다.

정운현의 담담함은 박정희에 관한 글에서 크게 돋보인다. 정운현은 임종국처럼 철저하게 바탕 자료에 뿌리를 내리고 글을 쓴다. 가상 공간에서는 틀린 정보가 참 정보인 양 퍼져 있다. 그 가운데 하나가 박정희와 이어진 것이다. 박정희가 만주에서 독립군과 싸웠다는 내용이다.

"8단 본부에서 그와 함께 근무했던 중국인 동기생 고경인(高慶印)은 1997년 필자와의 인터뷰에서 박정희는 부관이 되기 전 2~3개월간 제2중대(?)(고경인 씨의 기억이 정확하지 않아 물음표 넣음) 소속 소대장으로 있으면서 이 토벌 작전에 참가했으나 팔로군과 교전한 적은 없는 것으로 안다고 밝힌 바 있다. 따라서 그가 독립군을 토벌했다는 일각의 주장은 다소 과장된 듯하다. 그러나 그의 부대가 잦지는 않았지만 토벌 작전에 참가했던 것도 또한 분명하다."(245~246쪽)

2011년 10월, 민주노동당 당원이 개인적으로 한미 매국 협정 독소 조항 열두 가지 자료를 가상 공간에 올렸다. 이 자료는 틀린 곳이 많다. 그래서 정부는 이 자료를 가지고 한미 매국 협정을 반대하는 민주 시민에게 무기로 쓴다. '한미 매국 협정 괴담'이라는 이름으로 말이다. 민주 시민이라면 언제든 남을 비판할 때 확실한 증거를 가지고 비판해야 한다. 그렇지 않으면 그 자료가 부메랑이 되어서 민주시민 뒤통수를 친다. 그런 뜻에서 정운현은 훌륭하다.

정운현 사랑방(블로그) 이름이 보림재이다. 보림재란 임종국을 보배로 삼는 서재라는 뜻이다. 나는 〈오마이뉴스〉를 통해서 정운현을 알게 되었다. 임종국 선생의 『친일문학론』이라는 책은 정운현을 알기 전에 읽었다.

그 책을 읽으면서 욕이 나왔다. 중고등학교 때 국어 교과서에서 그들 글을 읽었는데 그들 다수는 일본을 도와주는 글을 썼다. 제 동포들이 죽도록 꾀는 글을 썼다.

친일파 청산 첫걸음은 이 책을 사는 것이다

〈작은책〉에서 서정홍의 글을 읽었다. 서정홍이 사는 마을에서는 아이들을 억지로 학교에 보내지 않는다고 한다. 아이들이 학교에 가든 말든 내버려 둔다고 한다. 아이들이 글 배워봤자 나쁜 짓 할까 봐서 그런다고 한다. 『친일파는 살아 있다』를 읽고 서정홍이 한 말이 참말로 이해가 되었다.

나도 우리 딸 쌍둥이 공부시키지 말까? 고민된다. 하지만 어쩌랴? 이미 우리 쌍둥이는 어린이(초등)학교 6학년이 되었으니 말이다. 이미 한글을 깨쳤으니 말이다. 쌍둥이한테 『친일파는 살아 있다』라는 책을 한 권씩 사줘야겠다. 친구들하고 함께 돌려가며 읽으라고 당부해야겠다. 서로 먼저 읽겠다고 싸우지 말고 읽으라고 당부해야겠다.

내가 당부해도 책이 너무 재미있고 쉬워서 서로 싸울 것 같다. 아예 쌍둥이한테 세 권 사줘야겠다. 이러면 쌍둥이가 친구들과 싸우지 않고 오순도순 이 책을 읽겠지? 최소한 염치 있는 사람으로 살겠지? 최소한 괜찮은 사람에게 표를 던지는 민주시민으로 자라나겠지? 기대해 본다.

전 국방장관들은 전시 작전권을 미국한테서 받아오면 안 된다고 한다. 이 지구 위에서 전시 작전권을 외국군에게 바친 나라는 대한민국과 이라크 두 나라뿐이다. 강정구가 한 말이다. 창피한 일이다. 이 인간들이 과연 국방 장관인가? 이 인간들은 광개토태왕, 연개소문, 양만춘, 을지문덕, 서희, 강감찬, 이순신 장군한테 혼나야 한다.

나는 나한테 물었다. 나라를 지켜야 할 국방 장관들이 민주 시민이 낸 세금으로 월급 받으면서 왜 이런 행동을 할까? 나는 그 대답을 들었다. 어디서? 정운현이 쓴 『친일파는 살아 있다』에서. 책이 대답한다. 저 인간들은 허깨비 국방 장관이었단다. 저 인간들은 뼛속까지 친일파, 친미파란다. 저들보다 더 심한 인간들이 일제 강점기 때에는 더 많았단다.

『한국 철학 에세이』를 쓴 김교빈이 말했다. 인도는 영국한테서 나라를 다시 찾았을 때 제일 먼저 한 일이 있다. 땅 이름을 영국 식민지 겪기 전 이름으로 바꿨다. 민족 정기를 확실히 세웠다. 대한민국은 아직까지 그 일을 못하고 있다. 나는 알았다. 아직까지 친일파가 살아 있기 때문에 이 땅 이름이 일본 놈들이 지은 이름 그대로 남아 있다는 것을 뼈저리게 깨달았다. 『친일파는 살아 있다』, 이 책을 읽고 나서야 깨달았다. 상식이 지켜지지 않는 나라에서, 민족정기가 죽은 나라에서 제 나라 땅 이름 다시 찾기가 가능한 일이겠는가?

21세기 대한민국 최고 집 부자는 혼자서 1083채를 소유하고 있다. 2위는 819채, 3위는 577채, 4위는 512채, 5위는 476채를 소유하고 있다.(『부동산 계급 사회』, 241쪽) 땅 투기 원조 공주 갑부 김갑순 이야기는 혀를 내두르게 한다. 김갑순의 투기 수준은 저들 부동산 투기꾼을 기죽이는 수준이다. 그는 서울 갈 때 절반은 남의 땅을 절반은 자기 땅을 밟고 다녔을 정도로 조선 제일의 땅 부자였다. 그가 공주, 대전에서 소유한 땅은 1011만여 평에 이른다. 지금 가장 넓은 대학 교정이 100만 평인 것을 보면 그가 소유한 땅 크기를 가늠해 볼 수 있을 것이다.

그가 소유한 땅 가운데서 대전 땅만 총 22만 평이었다. 당시 대전 시내 전체 토지의 40퍼센트가 그의 땅이었다. 도대체 그는 어떤 수를 써서 그 많은 땅을 가질 수 있었을까? 세금 횡령, 인맥을 총동원해서 얻은 사전 정보 등을 통해서 그는 땅 부자가 될 수 있었다. 그는 인맥 관리를 위해서 자식들을 전부 힘 있는 자들 자식들과 정략 결혼 시켰다.

"이름을 다스리는 사람이 세계를 다스린다." 정운현은 말한다. 무심코 잘못 쓰는 역사 용어들을 고쳐 써야 한다고 한다. 임진왜란은 소수 일본인들이 이 땅에 와서 난을 일으킨 것이 아니라고 기록한다. 7년간에 걸쳐서 이루어진 대규모 전쟁이라고 이른다. 그래서 임진왜란이라는 이름을 '임진조일전쟁(壬辰朝日戰爭)'으로 고쳐 불러야 한다고 주장한다.

'병자수호조약'이라는 이름도 고쳐 써야 한다고 말한다. 첫째, 이 이름에는 조약을 체결한 당사자가 드러나지 않는다. 둘째, '수호'란 "나라와 나라가 서로 사이좋게 지냄"을 말하는데 이 조약은 정반대이다. 그래서 정운현은 병자수호조약은 '병자조일불평등조약'으로 바꿔 부를 것을 요구한다.

'을미사변'은 '명성황후 살해 사건'으로, '을사조약'은 '을사늑약'으로, '한일병합'은 '한일병탄'으로, '3·1 운동'은 '3·1 만세 의거' 또는 '3·1 만세 항쟁'으로, '6·10 만세 운동'은 '6·10 만세 의거' 또는 '6·10 만세 항쟁'으로 고쳐 불러야 한다. 앞으로 역사학자들과 역사 선생님들이 이런 이름에 대해서 관심을 갖고 정운현이 고친 이름을 써 주길 기대해 본다.

민주노동당은 2006년에 한미 자유무역협정(FTA)을 한미 매국 협정이라고 이름 지었다. 한미 매국 협정이 맞다. 우리나라 대표들이 미국 스파이(contacts) 일을 해대니 이것이 한미 매국 협정이 아니고 무엇이겠는가? 그들은 우리 정보를 미국 대표들에게 알려줬다. 이명박 대통령 형인, 이상

득 한나라당 국회의원은 "이명박 대통령은 뼛속까지 친미, 친일이니 그의 시각에 대해서는 의심할 필요가 없다"(『위키리크스』가 공개한 2008년 5월 29일 주한 미대사관 외교 전문, 〈경향신문〉 2011년 9월 7일)라고 버시바우 주한 미 대사한테 말했다. 민주노동당은 한미 매국 협정 이름을 다시 목 놓아 불러야 한다. 모든 민주 시민들이 한미 FTA를 한미 매국 협정으로 불러야 한다.

우리는 을사오적에 대해서 잘 안다고 생각한다. 하지만 이완용 한 명을 빼고는 을사오적 이름을 잘 알지 못한다. 정운현은 그만큼 우리 근현대사 교육이 껍데기 교육이었음을 비판한다. 을사오적은 이완용, 이지용, 이근택, 박제순, 권중현이다. 이들 가운데 이완용만 이재명 의사에게 피습돼 고통을 겪었을 뿐 나머지 인간들은 잘 먹고 잘 살았다. 천수를 누렸다. 죽은 뒤에는 후손에게 작위를 물려주었다. 독립군 자손은 힘들게 살고, 친일파 자손은 부귀영화를 누린다는 말이 사실임을 우리는 을사오적 후손을 통해서 확인할 수 있다.

일본인보다 더 일본인이 되려고 투철하게 일본에 충성한 조선인들이 있었다. 현영섭은 조선어를 쓰지 말자고 주장한 인간이다. "조선어를 존속하도록 허용하는 한 조선적인 사상 경향도 존속한다" "조선 민족의 독립을 공상하는 돈키호테 같은 족속들에게는 조선어가 필요할 것이다"(104쪽)라고 말했다. 이 말을 "한글은 목숨이다"라고 말한 한글학자 최현배 선생이 들었다면 기가 찼을 것이다. 영어 공용화론을 주장한 복거일이 들었으면 좋아했을지도 모르겠다.

현영섭이 뱉은 헛소리는 또 있다. 그는 '조선적인' 것에 애착을 갖는 민족주의자들을 페스트에 비유하며 "자살을 해주었으면 좋겠다"(104쪽)는 독설도 서슴지 않았다. 급기야는 미나미 총독한테 조선어를 없애달라고 애걸복걸했다. 조선어를 없애면 조선 민중의 반발이 심할까 봐서 미나미 총독도 현영섭의 주장을 받아들이지 못했다. 오죽하면 일본인들마저도 현영섭에 대해서 "눈을 가리고 싶어진다"(105쪽)고 말했겠는가?

현영섭을 뛰어넘는 친일파가 있었으니, 그가 바로 이영근이다. 그 인간은 일본인이 아니면 죽음을 달라고 외친 인간이다. "자유가 아니면 죽음을 달라" 이 말처럼 비장미가 느껴진다. 끼리끼리 논다고 이영근은 현영섭 소개로 녹기연맹(綠旗聯盟)에 들어간다. 이 단체에서 발행하는 기관지를 가지고 있으면 현해탄을 편하게 건널 수 있었다고 한다. 이 단체의 힘을 느끼게 하는 사실이다. 그는 조선 청년들에게 "일본인이 되지 못하면 죽음을 달라" 외치라고 꼬였다.

나는 『친일 인명 사전』을 아직 사지 못했다. 이회영 선생은 지금 돈으로 600억 원을 이 나라 독립시키려고 썼는데, 나는 고작 30만 원을 아끼려고 『친일 인명 사전』을 아직 못 샀다. 한두 달 막걸리 값 아끼면 되는데 아직 그 책을 못 샀다. 혹시 독자들 가운데서 『친일 인명 사전』을 못 사서 죄책감을 느끼는 사람이 있다면 『친일파는 살아 있다』, 이 책이라도 꼭 사보기 바란다. 이 책을 일곱 번 읽으면 30만 원짜리 『친일 인명 사전』을 살 수 있는 힘이 생긴다.

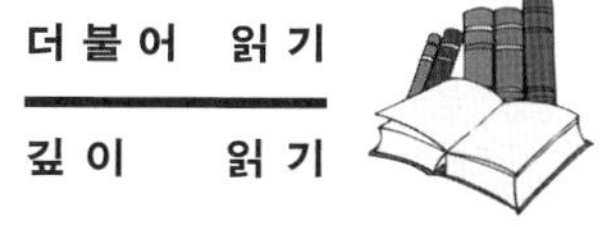

1) 정운현, 『임종국 평전(벼락이 떨어져도 나는 내 서재를 뜰 수가 없다)』(시대의

창, 2006). 일제 친일 청산의 발판을 마련한 임종국의 생애와 저술 활동, 사상
에 대한 총체적 해설을 제공하는 책. 글쓴이가 친일 연구에서 얻은 자료와 임
종국 선생의 주변 인물들과의 인터뷰를 통해 생동감 넘치게 쓴 독특한 평전이
다. 선생의 인간적 모습과 고뇌, 연구 집필에 대한 단상 등을 세세하게 묘사하고
있다.

2) 친일인명사전편찬위원회(엮은이), 『친일인명사전』 전3권(별책부록: 금단의 역
사를 쓰다, 18년간의 대장정)(민족문제연구소, 2009). 『친일인명사전』은 친일파
연구가 임종국 선생이 만든 '인명카드'에서 출발했다. 2003년 12월 국회 예
결위 계수조정 과정에서 국회의원들이 사전 편찬 기초 사업인 '일제단체인물
연구'에 대한 지원 예산 5억 원 전액을 삭감해 버렸다. 인터넷 언론 〈오마이뉴
스〉를 통해서 2004년 1월 7일부터 대대적인 모금운동이 전개되었다. 그 달에
7억여 원이 모금되어 이 책이 나오는 데 큰 힘이 되었다.

나태영 / 한국철학사상연구회 회원

    철학자의 서재 2

5장

위험한 책:
전복과 연대의 힘

선거의 계절?
아니, 투쟁의 계절!

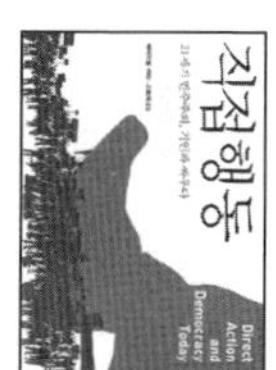

『직접 행동』 / 에이프릴 카터

철이 없는 세상

2011년 가을은 좀 이상하다. 그래서 놀라는 일이 많다. 일단 날씨부터 좀 문제다. 11월이 되면 철을 마감하는 낙엽과 함께 찬바람에 코트 깃을 여미는 낭만적 행동이 남발되어야 할 법한데 낮밤의 기온이 늦은 봄 날씨의 그것을 상회하고 있으니 에어컨 바람이 없는 만원 버스와 지하철에서 쪽잠이라도 자려고 힘들게 앉아 있을라치면 철에 맞게 갖춰 입은 옷 덕분에 등줄기는 축축해지고 이마에는 어느새 땀이 맺힌다.

그뿐인가. 얼마 전에는 내년에 보기로 약정한 사과 꽃이 다시 피었다. 농민들은 내년 농사에 대한 걱정이 한 가득이다. 오늘도 학교 교정을 걷다 보니 화단 옆의 목련나무에는 목련 꽃봉오리가 맺혀 있더라. 이 대목에서 나는 한 번 놀란다.

그러다가 집에 와서 TV 뉴스를 보고 있으면 2008년에 보았던 정치권의 철없는 행보가 다시 반복되는 것 같아 다시 한 번 놀란다. 당시 국가 수장으로서 국민의 아무런 동의 없이 순식간에 미국으로 건너가 간이며 쓸개며 다 내준 대통령의 미국산 광우병 쇠고기 외교에 민심은 동요했고 쇠고기 파동으로 촉발된 촛불의 연대를 국가는 공권력으로 무자비하게 탄압했다.

결국 대형 할인점과 음식점에서 꺼림칙한 미국산 소고기를 대하게 되는 지금 현실에서 다시 미국으로 건너가 국민의 동의를 얻지 못한 한미 자유무역협정(FTA) 협상을 하고 돌아와 또 한 번 예전에 했던 것과 같은 업적(?)을 자랑하고 있다.

중요한 것은 명백하게 드러나는 바이기도 하지만 국가의 명암과 흥망을 좌지우지할 대사에 국민·시민들의 의사는 전혀 개의치 않는 태도이다. 지금 청와대를 비롯한 여당 지도부에서 항상 하는 말이 한미 FTA는 노무현 정부와 현재의 민주당 측에서 추진했고 지지했기에 지금 한미 FTA를 반대한다는 것은 어불성설이라고 한다. 하지만 대다수 국민은 노무현 정부 당시에도 이 사안에 대해서 반대했다는 것은 모르는 것 같다. 모르는 것이 아니라 모르는 척하는 것이 맞다.

검찰에서는 한미 FTA에 대한 괴담이나 유언비어를 퍼뜨릴 경우 구속 수사하겠다고 발표하기도 했다. 이것이 과거 유신헌법을 추진하면서 유신헌법에 대한 일체의 논의를 금지시키고, 일체의 집회 시위 및 정치 참여를 금지하게 한 긴급 조치 9호와 다를 바 뭐가 있을까.

진실에 대한 발언이 괴담과 유언비어가 되고 2011년의 실정이 2008년으로, 1970년대로 자꾸만 역행하는 현실은 철을 몰라도 한참 모르는 철부지의 모습이다. 앞으로 이 시대는 아마 철부지의 시대로 명명될지도 모르겠다.

민주주의는 정말 '민주' 하는가?

이런 현실을 두고 보면 국민이 정치의 주된 위치를 선점하고 있다는 민주주의의 기조가 무색해진다. 그리고 과연 우리가 알고 있는 민주주의는 우리가 체화하고 있고 체화할 수 있는 대상이 맞는지, 아니면 국가의 교육에 의해 실체를 보지 못하고 착각하고 있는 허상인지 의문을 가질 수밖에 없다.

'민주(民主)'라는 말을 다시 상기해 보자. 데모크라티아(demokratia)에서 유래한 것으로 백성(Demos)의 지배(kratia)를 의미한다. 이것이 초기 아테네 도시 국가 체제에서는 직접 민주주의의 성격을 지니고 있었지만 결론적으로는 소수 시민에 의해 지배되는 과두정치(寡頭政治)로 나타났고 보편적 인권의 개념도 존재하지 않았다.

근대에 들어와서는 개인이 정치의 주체로 인식되었으나 여러 가지 제한 여건상 대의 정치 제도를 택하게 되었고 대의 제도 역시 중세 유럽의 귀족들 사이에서 발전한 제도이다. 서구의 민주주의는 그 태생이 궁극적인 '민주'를 구현하는 것과는 거리가 있고 서양의 정치 역사에서 확실한 기능을 유지했다고 보기 어렵다.

사실 대한민국이 건국되고 나서 진행해 온 일련의 정치 현실에서 국민이 주인으로 받들어지고 실질적 권리를 행사하는 경우가 얼마나 있었는가? 이것은 비단 한국의 경우만이 아니라 전 세계적으로 민주주의를 주장하는 대부분의 나라에서 볼 수 있는 문제일 것이다.

미국의 경우 링컨이 게티즈버그 연설에서 언급한 "of the people" "by the people" "for the people"의 진정성이 미국의 현실 정치에서 과연 얼마나 투명하고 명백하게 이루어졌는지는 의문이다. 한국에서 자유민주주의를 바탕으로 신자유주의를 외치는 정치권 인사들이 모델로 삼는 미국의 민주주의가 이미 자유로운 이성적 판단과 그에 따른 사회의 진취적 혁명성을 상실한 채 사회와 정치 체제가 보수 반동화(reaction)를 되새김질하는 반민주적 형태로 나가고 있음은 자명한 사실이다.

과거의 예로 1940년대 말부터 1950년대까지 미국의 대중을 히스테리 상태로 몰아넣은 매카시즘의 억압적 분위기는 수많은 인사들을 공산주의로 몰아 탄압하였고 나치의 폭압을 피해 미국으로 귀화하여 컬럼비아 대학 교수로 있던 헤르베르트 마르쿠제는 나치보다 더 심각한 미국의 억압적 폭력을 이기지 못하고 다시 독일로 돌아가기도 하였다.

현재 미국의 대중들이 월가에서 벌이는 대규모 시위는 단순히 서브프라임 모기지 정책 이후 금융권에 대한 불만에서 촉발된 것만이 아닐 것이다. 계속되는 국가의 억압적 폭력, 시대가 앞으로 나가면서 함께 진보해야 할 사회적, 인간적 가치의 증대가 봉쇄되고 소수의 이익과 안위만이 보장되는 반민주의 현실에 대한 근본적인 문제 제기요 대중의 투쟁이다.

'직접 행동'은 정당하다

미국 대중들의 월가 점령과 그 투쟁을 보면서 미국의 모습을 그대로 따라해 왔고 따라가는 한국의 현실과 그 가까운 미래를 생각하면 앞으로 어떻게 행동해야 하는가 하는 질문을 스스로 던지게 된다. 그리고 불완전한 현실의 민주주의를 완전하게 만들 방도를 강구하게 될 것이다.

　　　　　　　　　　　　　　　　　　철학자의 서재 2

에이프릴 카터는 『직접 행동』(조효제 옮김, 교양인 펴냄)에서 대부분의 국가에서 채택하고 있는 대의 민주주의는 그 자체로 완전한 민주주의라고 할 수 없다고 주장한다. 그 이유를 요약하면 다음과 같다.

첫째, 다수에 의해 소수의 의견이 묵살되는 불합리한 결과를 초래할 수 있다. 둘째, 민주주의 체제의 국가 권력과 정치에 있어서 실질적 지배 권력인 파워 엘리트를 양산해 내어 '민주'의 의미를 퇴색시킨다. 셋째, 지배 엘리트들은 대다수 대중과 거리를 두면서 사회 전반의 이익을 독점하는 결과를 낳을 수 있다.

대의 민주주의는 민주 사회의 기치를 창달하는 데 실패했고 사회 경제적 불평등 구조를 생산하여 지배력과 피지배력 사이에 힘의 불균형을 야기한다. 지배 세력은 이 구도에 탄력을 주면서 양자의 격차를 더욱 크게 만든다. 끊임없이 자기 지배력이 적용되는 범위를 확대하는 과정에서 선점된 중심은 더욱 배타적이 되면서 민주주의를 철저히 파괴한다.

카터는 이런 현실의 타개를 위해 직접 행동을 말하고 그 정당성을 주장한다. 특히 직접 행동은 새로운 정치 모델을 창조하는 것을 목적으로 하지 않고 기존 민주주의의 결손 부분을 보완하는 방책이라고 한다. 직접 행동은 민주주의를 바로세우는 노력이며 사회적 불의에 대항하는 정당한 행동이다. 그리고 이 행동의 주인공들은 '보통 사람들'이다.

직접 행동은 지배 엘리트 계층에 대해 자기 이익을 잘 반영하지 못하고, 별다른 정책 지렛대도 지니지 못한 사람들이 채택하는 방식이다.(43쪽)

억압적 체제에서 반체제 운동에 참여하는 것은 흔히 진정한 민주적 활동을 할 수 있는 유일한 수단이기도 하다. 그렇지 않으면 조작된 선거에 의한

가짜 '민주주의'에 참여하는 수밖에 없다.(75~76쪽)

중심을 선점한 자들의 자기 보신주의는 대부분 온당치 않고 불법이다. 과거 역사에서도 중국에서는 춘추 전국 시대에 난신적자(亂臣賊子)가 창궐하여 제후국이 천자국에 대해 시해와 난을 일으켰고 그리스에서는 과두정(寡頭政)과 참주정(僭主政)을 통해 정치 권력을 불법으로 찬탈했다. 이후 서양의 민주 정치 사회나 동양의 유교 민본 정치 사회는 모두 추상론에 빠져 허우적거리게 되었다. 현대 민주주의가 추상화되고 형해(形骸)만 남게 된 원인도 같은 맥락이다. 공적 사회 기조가 추상화된 사회는 개인의 자유를 위협하기에 딱 알맞다.

정부가 개인의 자유를 위협할 가능성이 팽배한 상황에서는 법원의 힘만으로는 충분치 않고 법원이 개인의 권리를 언제나 옹호해 주는 것도 아니다. 정부가 개인 자유를 침해하는 것에 대항해 비타협과 시민 불복종을 벌이는 행위는 자유주의 원칙에 비추어 정당화될 수 있으며, 대중의 저항 의지를 북돋우는 데 효과적일 수 있다.(183쪽)

책에서 인용한 그람시와 토크빌의 말을 빌리면 시민 사회는 대중이 민주적인 공공의 영역에서 권력과 시장 경제의 위협을 견제하며 국가 통제를 받지 않는 자발적 시민의 결사체와 활동 공간이라고 한다. 그리고 카터는 대중 혹은 민중들은 이 공간을 기반으로 국가와 지역 내부의 운동이라는 한계를 벗어나 각 국가 대중 간의 연계를 통한 초국가적, 전 지구적인 직접 행동에 나서야 한다고 주장한다.

이 초국가적 사회 운동과 전 지구적 연대 투쟁을 통해서 신자유주의의 지구화에 따른 초국적 기업의 횡포, 국가 간 자유무역협정, 민영화, 탈규제, 전 지구적 빈곤, 환경 문제의 해결에 기대를 걸 수 있다. 필리핀의 사회학자 월든 벨로에 의하면 "전 세계 단일 모델형 처방"을 막아내는 것이 목적이다. 이는 또한 탈중앙화, 다원주의, 권력에 대한 감시와 견제를 뜻한다.

인간의 자유가 곧 민이 주인 되는 길

20세기의 탁월한 정치철학자인 한나 아렌트는 전체주의 체제에서 나타나는 불복종과 저항을 높이 평가했다. 아렌트에게 있어 인간의 본질은 '자유'였기 때문에 전체주의의 승리는 곧 인간성의 파괴를 의미했다.(393쪽)

직접 행동은 전체주의적 국가 폭력의 구도에서 개인과 인간의 보편적 자유를 옹호하고 다양한 사람들의 특성과 문화 양식을 존중하여 발양시키기 때문에 인간 집단의 테두리를 좀 더 밝고 활기차게 만드는 데 일조한다. 이런 경우에 이른바 시민 사회에서 능동적인 시민의 덕성을 가진 것이라 말할 수 있겠다.

능동적인 시민들의 직접 행동은 부패하고 패퇴(敗頹)할 수 있는 법과 민주 제도를 항상 생생하게 만드는 근본이 된다. 또 자기 목소리를 내는 데 당당해져서 자존감과 자부심, 자기 존재의 존엄과 확신을 갖게 한다. 신자유주의의 경제 논리로 위축된 개인의 역량이 발휘되면서 민주적 참여

의지와 주체성이 배가 된다. 민주문(民主門)에 진입하는 것이다.

『직접 행동』에서 논의하는 내용과 수많은 사례들은 모두 서양이 200년 넘는 민주주의 과정을 겪으면서 도출한 공과 실의 경험적 교훈을 바탕으로 하고 있다. 반면 서양과 비교하여 상대적으로 시민 사회 형성과 민주주의 역사가 짧은 우리는 국가적 억압과 폭력에 대항하고 궁극적인 인간의 자유를 염원하는 불복종 저항의 전통이 존재하지 않았다고 단정할 수도 있다. 그러나 이러한 직접 행동의 상상력은 과거 진보적 지식인들에 의해 이미 논의된 적이 있다.

아마 조선의 허균이 구분한 항민(恒民), 원민(怨民), 호민(豪民)의 이른바 호민론(豪民論)이 그것일 것이다. 법을 지키며 윗사람에게 부림을 당하는 사람을 '항민'이라 하고, 권력에 시름하고 탄식하며 원한을 품고 있는 것이 '원민' 그리고 사회에 관한 문제의식을 갖고 시대의 변고가 있음을 기다렸다가 편승할 시기가 오면 원민, 항민을 다 일으켜 무도한 인간들을 쳐 죽이는 데 선봉에 서는 '호민'이 있다.

물론 계속 언급한 직접 행동은 비폭력 저항의 효과와 효율을 폭력 저항보다 높게 본다. 허균 역시 호민이 창란(倡亂)하는 사회를 바람직한 사회로 보지는 않았다. 하지만 허균이 주장한 호민론은 당시 민본 정치가 선행되지 않은 사회에서 위정자들을 비판하고 제대로 된 민본의 기치를 세우려는 시대정신을 내포하고 있다. 합당하지 않은 사회의 불의와 싸우고 제대로 된 사회로 바꾸려는 호민의 모습은 인간의 자유의지를 표출하는 상징이다.

지금 현대 사회를 말하면서 조선 사회를 빗대 말한다면 민주와 민본 사이의 간극을 무시하는 태도일 수 있지만 인간의 자유가 곧 '민주'라는 의미에서 비록 개념 간의 간극은 있다 해도 옛날과 지금 사람들이 모두 갈망하던 주인으로서의 삶은 아마 동일할 것이다. 우리는 이 주인의 삶에 대한 열망을 도덕과 윤리의 관념으로 포장하지 말고 현실 속에서 생생하게 풀어내야 한다.

과거나 지금이나 철부지들은 항상 자기의 이익을 최우선시하고 유아독존하려 한다. 지금 우리나라에서 사람들을 놀라게 하는 철부지들은 자신의 생존과 자본의 연결을 자신들 삶의 전부라고 생각한다. 언제나 지배와 피지배의 관계를 유지하고 자신이 그 중심에 서 있어야 안정된다.

그러면서 결국 호민들을 부채질하고 있다. 과거 부채질하던 자들은 이미 박제가 되어 대대로 지탄을 받고 있으니 그렇다 쳐도 박제된 표본을 보고도 지금 부채질하는 자들은 얼마나 철이 없는 자들인가.

1) 황종희, 『명이대방록』, 김덕균 옮김(한길사, 2000). 뜬금없이 웬 고전(?)이 아니다. 명말청초 시기를 살았던 17세기의 인간 황종희는 이미 '민이 주인'이라는 주장을 이 책을 통해 밝히고 있다. 황종희는 말한다. "천하의 백성이 주인이고, 군주는 객(客)이다." 고전은 현실을 환기시키고 문제의식의 중심을 잡아주는 힘이 있다. 필독서다.

2) 하승우, 『참여를 넘어서는 직접행동』(한양대학교출판부, 2004). 제목이 닮았

다. 그러나 다른 책이다. 아나키즘의 얘기다. 에이프릴 카터가 얘기한 직접행동과는 다른 맥락에서 대안으로 삼을 정치 행위를 주장한다. 저자의 주장대로라면 카터의 얘기가 앞뒤가 안 맞거나 애매하게 느껴질 수 있다. 카터 책의 부족분을 채워주는 책이다.

3) 소준섭, 『직접 민주주의를 허하라』(서해문집, 2011). 따끈한 책이다. 그래서 지금 얘기를 많이 한다. 상위 1%가 민주주의를 가짜로 만들고 있다. 대의 민주제 자체의 태생적 한계성, 그 체제 안에서 방조한 독락주의 엘리트들 그리고 왕따 당하는 민중들의 실상을 조목조목 드러내면서 우리 사회에서 가능한 대안을 제시한다.

진보성 / 대진대학교 강사

아, 지금이야말로
녹색당이 필요한 때다!

『세 가지 생태학』 / 펠릭스 가타리

지구 온난화로 인한 기후 변화, 생태 순환의 지류를 바꾼 '4대강 살리기' 사업, 수많은 무고한 생명이 죽어간 구제역 사태, 청정에너지에서 절멸의 에너지로 정체를 드러낸 후쿠시마 사고, 이 정도 상황에서 위기라는 얘기가 안 나온다면 이상한 일이다.

육식 문명, 화석 문명, 원자력 문명 등 문명의 그늘은 짙게 드리우고 있다. 이런 사태의 위중함을 인식한 이상 무엇인가를 해야 한다는 강박감이 들게 마련이다. 후배들에게 한국 사회에도 녹색당 운동이 필요하지 않느냐고 제안하고 다니면서 내게 큰 의지가 된 책이 있다. "어려워요!" 한마디의 반응으로 상황이 곧 정리되고는 했지만 그래도 계속 주변에 권해주던 주옥같은 책, 위기의 상황에서 큰 위안이 되고 지지대가 되어준 책이 바로 펠릭스 가타리의 『세 가지 생태학』(윤수종 옮김, 동문선 펴냄)이다.

이 책을 처음 서점에서 사 들고 금방 읽어버렸지만 다시 읽게 되고 또 다시 그런 식으로 반복해서 읽게 되었다. 문고판이라서 그런지 부피감은 한없이 얇지만 비중감은 한없이 높은 책이다. 전 세계 생태주의자들 중에서도 녹색당 운동가들에게서 지금까지 회자되며, 널리 읽히고 있는 책이다.

"왜 하필이면 두 가지가 아니라 세 가지인가?" 느닷없이 후배가 질문했다. 주춤거리며 나는 주저리주저리 대답했다. 단지 세 가지에 대한 집착에서 나온 것은 아닐 게다. 세 가지가 갖는 장점은 두 가지와 달리 n개의 지평으로 향할 수 있는 조합이 얼마든지 가능하지 않나 등등. 나중에 한참 읽고 나서야 알게 되었지만 세 가지는 마음 생태, 사회 생태, 자연 생태였다. 마치 신조어증처럼 만들어지는 가타리의 특이한 개념은 약간 사람들을 당황하게 만든다. 그러나 잘 들여다보면 그 속에는 생태적 지혜를 엿볼 수 있다. 생태적 지혜는 창의적 관계가 특이한 것을 만들어내는 '관계성 창발'이라고도 볼 수 있다.

처음 이 책을 휴가 때 봇짐 속에 넣고 갔다. 그리고 봇짐에서 들락날락거리면서 자꾸 햇볕을 쬐게 해주었다. 처음에는 어려웠지만 마치 딱딱하게 굳은 빵에 우유가 스미듯이 나의 두뇌 속에도 생태적 지혜가 들어오는 느낌이었다. 휴가 한철 동안 이 책 하나로 충분했다.

가짜 녹색을 넘어 녹색의 향연으로

사상가마다 조금씩은 정치적 색깔이 있기 마련이다. 가타리는 말년에 녹색이었다. 그것도 진한 녹색이어서 초록색이라고 불려야 되는 인물이었다.

그는 녹색당 지방의회 후보 리스트의 마지막 명단에도 올랐던 인물이었다.

가타리의 생태주의와 녹색당에 대한 애정만큼이나 이 책에는 곳곳에 많은 애정이 들어가 있다. 이 책은 좌파 생태주의와 우파 생태주의 모두를 포괄하고 있다. 그래서 생태주의가 좌우의 공리계를 넘어서 있다는 점은 가타리의 이 책에서 드러나는 사상적 면모이다. 마음 생태, 사회 생태, 자연 생태 이 세 가지 생태의 영역은 환경관리주의, 사회생태주의, 근본생태주의를 동시에 겨냥하고 있다.

'자연 생태'라고 언급되었던 환경관리주의는 환경 보전과 보존, 기업에 의한 환경오염에 대한 견제와 감시 등의 움직임을 의미한다. 태안 사태가 터졌을 때 내 강의를 듣는 학생들과 함께 태안으로 기름 제거 작업을 위해 현장수업을 나갔다. 그곳에서 양동이를 들고 걸레를 들고 겨우 몇 리터의 기름을 훔쳤던 기억이 있다. 막강한 환경 파괴에 한국 사회는 인해전술로 응답했다. 그 역동적인 움직임의 배후에는 환경 파괴의 몫은 인간에게 특히 미래 후손에게 되돌아온다는 생각이 있었다. 더 이상 환경은 인간의 도구나 수단이나 원료가 아니다.

'사회 생태'라고 언급되었던 사회생태주의는 사회 변혁과 과학기술의 재전유를 추구하는 움직임이다. 생태를 살리기 위해서 자본주의 사회를 변혁해야 한다는 생각은 4대강 살리기 사업, 원자력 발전소 수출, 녹색 성장의 가짜 녹색들을 보면서 구체화되었다. 강물은 흘러야 한다, 원자력은 죽음의 에너지다, 성장과 녹색은 함께 하기 어렵다 등등 이 모든 생각의 배후에서 자본주의를 어떻게 넘어설 것인가의 문제가 도사리고 있었다.

'마음 생태'라고 언급되었던 근본생태주의는 생명 파괴적인 삶의 방식을 거부하고 삶의 변화를 추구하며 생태 영성에 따른 대안적 삶으로 나아가려는 움직임이다. 근본생태주의와의 만남은 지율 스님의 도롱뇽 소송 때가 처음이었다. 지율 스님이 100일간 단식을 하는 동안 한국 사회에서는 한 사람의 분자 혁명이 만들어낸 한 편의 드라마가 펼쳐졌다. 그때 한 사람의 마음이 여러 사람의 마음을 움직일 수 있다는 것을 처음으로 알았다.

펠릭스 가타리는 마치 수학 시간에 그렸던 것처럼 슥슥 세 개의 다이어그램을 겹치게 한 다음 하나의 그림에 그려낸다. 복잡한 생태주의 지형은 마음 생태, 사회 생태, 자연 생태의 원 다이어그램이 된다. 아마 수학자들이라면 이 그림이 그려낸 통합적 이미지에 만족하며 "너무 좋은 걸" 하면서 그 의미를 음미할지도 모른다. 서로 분리되어 있을 것 같았던 운동은 서로 겹쳐 있기도 하고 공명하는 부분이 많을 것이다. 이 세 가지 영역은 주체성의 문제, 사회적 관계의 문제, 자연과 인간의 관계의 문제 등을 각각 의미한다.

이 책의 곳곳에서 가타리는 '주체성 생산'의 중요성을 역설한다. 전에 학생회에서 회의를 할 때 여러 가지 안건들이 나온 적이 있었다. 이것 해보자 저것 해보자 그러다 보니 해야 할 일들이 많아졌다. 그런데 누가 할 것인가의 문제에서 선뜻 나서지 못하고 조용히 서로 바라보기만 했던 적이 있다. 그래도 회의는 의미가 있었다고 생각한다. 그렇게 생각하고 있는 바로 자신을 생산하니까 말이다.

주체성 생산의 문제는 특이한 움직임을 어떻게 만들 것인가의 문제이다. 모든 생명은 특이하다. 생태적 연결망은 특이한 것을 생산한다. 그러한 생태적 연결망처럼 공동체나 네트워크에서도 특이한 움직임이 형성되는 것이 매우 중요하다. 그것이 생명 현상과 같이 변화의 시작이기 때문이다. 작은 변화는 서로 연결된 네트워크에서 눈덩이처럼 뭉쳐져 큰 변화를 만들 수 있다. 작은 특이함과 다름을 만드는 것은 세상을 재창조한다.

녹색당 운동의 특이점, 펠릭스 가타리

펠릭스 가타리는 고등학교 졸업이 최종 학력 전부다. 소르본 대학의 약학과에 입학해서 전도양양한 대학 생활을 시작했던 그였지만, 곧 아카데미가 갖고 있는 반동적인 메커니즘을 깨닫고 대학을 뛰쳐나온다. 가타리의 대학 자퇴는 고려대학교를 자퇴한 김예슬을 생각하게 만든다. 대학이 가르치는 커리큘럼은 자유로운 정신을 마비시키고 학문적 틀로 고정시킨다. 대학은 취업 준비 공간이자 스펙 쌓기의 공간이 되고 있는 현실에서 가타리의 행동은 시사점을 준다.

대학을 떠난 가타리는 자유로웠다. 특이한 노동자들을 만나러 다니고 심리 치료를 공부하고 다녔다. 가타리에게는 어떤 고정된 틀도 어울리지 않는 자유로움이 있다. 늘 횡단하며 움직이는 열정적인 인물이었다. 그는 별난 사람들을 좋아했다. 투쟁의 현장에서 좌익 공산주의 계열의 정체 모를 특이한 운동을 하는 노동자인 이스파노와 어울려서 활동했다. 이들과 함께 68년 혁명의 도화선이 되었던 3·22 운동을 주도했다. 또한 그는 심리 치료사로서 프랑스 최초의 사설 클리닉인 보르드 병원을 장 우리와 함께 이끌며 정신 의학의 대안을 탐색했다. 그리고 친구의 소개로 들뢰즈를 만나 『앙띠 오이디푸스』(최명관 옮김, 민음사 펴냄), 『천개의 고원』(김재인 옮김, 새물결 펴냄) 등의 실험적인 책을 저술하기도 했다.

가타리는 프랑스 사회 생태 운동의 두 가지 축인 '녹색당'과 '생태세대'

두 영역으로부터 인정받는 유일한 사람이었다. 가타리가 정열을 쏟아붓고 활동했던 녹색당 운동 시절에 대해서는 많이 알려지지 않고 있다. 그 이유는 가타리가 보이지 않는 움직임을 만드는 일에 전념했기 때문이다. 미디어나 신문 매체에 알려지고 이름이 나기보다는 보이지 않는 변화가 가타리에게는 더 중요했다. 저변에 흐르는 물길을 만들기 위해서 네트워크 활동에 주력했던 가타리의 실천은 시사하는 바가 크다.

녹색은 적색의 미래다

적색은 녹색과 만나야 한다. 이런 생각은 가타리의 실천에서 중요한 명제였다. 왜 그랬을까? 그 이유는 적색이 성장주의와 개발주의로부터 자유롭게 되기 위한 방안이기 때문이다. 적색은 발전주의적 시각에서 벗어나 생명·아이·소수자 등과 만나야 한다. 그랬을 때 성인-백인-자국민-인간이라는 고정된 틀에서 벗어나게 된다. 적색의 진보의 내용이 자본주의적 진보로부터 벗어나 색다른 대안을 제시하려면 녹색과의 만남은 필수적이다. 한국 사회의 진보 진영에서도 녹색과의 만남을 중시하는 흐름이 형성되고 있다고 들었다. 아주 작은 움직임이지만 그것은 적색과 녹색 모두에게 좋은 일이다. 녹색은 적색의 미래다.

통합된 세계 자본주의인 제국은 외부가 없다고 네그리가 지적했다. 그러나 잘 들여다보면 내부에 외부가 있다는 것을 알 수 있다. 아이·생명·광인과 같은 소수자들은 자본주의가 식민화하고자 하지만 자본주의의 외부이다. 그것이 녹색의 대안을 의미한다. 적색과 녹색과의 만남은 사회 발전의 움직임과 또 다른 움직임을 유통시킨다. 그것은 소수자 되기라는 색다른 부드러움이다. 또한 그것은 사랑과 욕망의 흐름이다. 반자본주의 투쟁과 비자본주의 간의 연대는 대안 사회를 발전의 결과물이 아니라, 이 사회의 내부에 있는 공동체 속에서 찾도록 만든다.

적색이 유토피아적 공산주의로부터 결별할 때 녹색과 가까워진다. 현존하는 비자본주의적 공동체 속에서 대안을 발견하기 때문이다. 가타리는 네그리와 함께 『자유의 새로운 공간』(조정환 옮김, 갈무리 펴냄)이라는 문건에서 코뮤니즘이 재창안되어야 한다고 역설했다. 그리고 이후 이 기획은 적녹 연정의 실천으로 이어진다. 펠릭스 가타리의 적녹 연정의 시도는 비록 성공하지는 못했지만, 이러한 실험적인 실천은 『세 가지 생태학』의 내용이 되었다.

생태 위기 시대에 생태적 지혜를 모아야 할 때

가타리의 생태는 자연에 머무는 것이 아니다. 사회, 더 나아가 마음까지 생태의 원리가 적용된다. 따로 떨어진 100그루 나무보다 서로 연결되어 숲 생태계를 구성한 50그루의 나무가 더 외부 조건에 맞설 수 있다. 그리고 이 숲 생태계 속에서 벌레, 동물, 버섯 등의 생명들이 생성되며 창발될 수 있다. 마음도 사회도 자연도 생태를 이룬다는 생각은 어렵게 느껴지는 개념이다.

그러나 네트워크를 생각해 보면 금방 그림의 구도를 그릴 수 있다. 생태계는 마치 네트워크처럼 직조되고 연결되어 있다. 그리고 그 가장자리나 주위에서 끊임없이 특이한 것을 생산하는 창조적인 관계망이다. 나무와 태양, 바람과 물, 나비와 꽃, 동물과 인간과 같이 연결망은 보이지 않는다. 숲에 조용히 누워 있으면 미세한 변화마저도 마음을 자극한다는 것을 알 수 있다. 숲은 조용하지만 보이지 않는 강렬한 흐름이 지나가는 공간이다. 그래서 숲은 생명을 창발한다. 이러한 '생태적 지혜'의 원리를 가타리는 '주체성 생산'이라는 개념으로 언급한다.

사회적 관계망에서는 욕망과 물질, 에너지가 순환된다. 부엌조차도 오페라의 공간이다. 물의 흐름, 불의 흐름, 음식물의 흐름, 쓰레기의 흐름이 지나가는 곳이다. 그 흐름이 자본주의와 다른 방향으로 움직일 수 있다. 그것은 특이한 움직임이 만들어질 때이다. 특이한 움직임은 관계망에 색다른 에너지와 힘을 전달한다. 그러면서 이전 관계망과 완전히 다른 관계망으로 만들어버린다. 네트워크에서 별난 사람들이 만나면 사람들이 흥미를 갖고 그것에 전염되는 것과 마찬가지의 원리이다.

생명 현상 전부는 특이한 것의 생산이다. 그러므로 특이함이 공동체와 네트워크에서 나타나는 순간은 생명의 들꽃이 작렬하며 발화하는 순간처럼 혁명의 순간이다. 네트워크와 공동체의 연결망은 작은 변화에도 민감하다. 그래서 분자 혁명과 같이 색다른 주체성의 움직임이 앞으로 공동체 전부의 행로를 결정한다. 아주 미세한 영역에서의 변화는 전체 네트워크와 공동체에서 전대미문의 변화를 촉발할 수 있다.

그러한 섬광과 같은 변화를 위해서 생태적 지혜를 모으자는 것이 바로 『세 가지 생태학』이 말하는 바이다. 『세 가지 생태학』은 생태 위기의 시대에 생태적 지혜를 배울 수 있는 책이다. 오랜 시간 동안 음미할 수 있는 뜨거운 녹차처럼 울림과 감동이 긴 책이다. 울림이 떨림이 되기를.

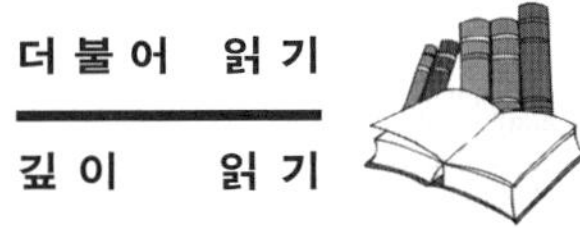

　1) 윤수종, 『욕망과 혁명』(서강대학교 출판부, 2009). 가타리의 혁명 사상과 실천 활동을 개괄한 책이다. 이 책을 통해서 가타리가 68년 혁명을 경유하면서 어떤 실천을 했으며, 어떻게 이질적이고 색다른 주체성을 사유했는지를 탐색할 수 있다. 마치 하나의 지도 그리기 작업처럼 쓰인 책이다. 윤수종 교수는 새로운 사유를 추구하면서 다채로운 개념을 창안했던 가타리의 이론과 실천을 분류하고 추적하면서 소수자 운동과 미시 정치의 관점에서 주해를 하고 있다. 난해한 가타리 사상에 대해서 접근 가능성을 높인 귀중한 책이다.

　2) 펠릭스 가타리, 『카오스모제』(동문선, 2003). 『세 가지 생태학』을 읽던 독자들은 『카오스모제』를 통해서 가타리의 색다른 생태학 개념의 전개와 발전 과정을 파악할 수 있다. 특히 이 책은 숲 생태계에서 하나의 도토리가 떡갈나무 혁명을 일으키듯이 '주체성 생산'이 전체 생태계의 심원한 변화의 원동력이라는 점을 밝히고 있다. 이 책은 가타리의 생태철학의 엑기스를 원하는 독자에게 낯선 이론적 공간으로의 여행을 떠나게 해준다. 독자들은 복잡한 개념의 지도 속에서 길을 잃고 헤매면서도 이 책을 결코 손에 놓을 수 없는 매력이 이 책에 있다는 것을 느끼게 될 것이다.

신승철 / 동국대학교 강사

"덫에 갇힌 슬픈 짐승"
스파르타쿠스의 진실

『스파르타쿠스 전쟁』 / 배리 스트라우스

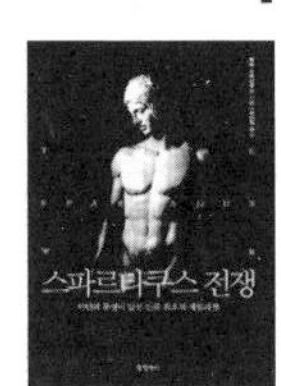

1

나는 자주 영화와 역사 그리고 건축 사이의 유사성에 대해 언급해 왔다. 이 세 가지는 언뜻 보면 서로 무척 다르지만 딱 한 가지 점에서는 공통된다. 영화 미학의 개념을 차용하자면, 이것들은 모두 주관적 시선을 담고 있다고 보겠다.

영화는 사건을 객관적 시점이 아니라 주관적 시점에서 묘사할 수 있다. 영화가 등장인물의 시선으로 사건을 보여줄 때 관객은 등장인물과 자기를 동일시하면서 사건을 직접 체험하는 듯한 느낌을 받는다. 건축도 마찬가지다. 건축은 결코 멀리서 관찰되는 대상인 것만은 아니다. 우리는 건축 속에 들어가서 건축을 에워싸고 있는 환경을 바라볼 수 있다. 그 순간 우리는 조금 전에 자신이 서 있던 곳을 바라보면서 마치 나 자신을 거꾸로 바라보는 듯한 감정을 느낀다.

그렇다면 역사는 어떤가? 많은 역사책은 교과서적이다. 그런 책은 현재의 시점에서 그리고 일반적인 사람의 관점에서 역사적 사건을 돌아본다. 이런 교과서적 역사는 역사 속에서 현재에 대한 교훈을 찾으려는 입장이 지배적이다. 그러나 최근의 많은 역사책은 이런 교과서와 구분된다. 대표적인 예를 들자면 너무나도 널리 알려진 시오노 나나미의 『로마인 이야기』(한길사 펴냄)를 들 수 있겠다.

이런 역사책은 역사를 과거의 시점에서 그리고 그때 그 사건을 경험했던 인물을 통해서 생생하게 경험하게 하려고 시도한다. 이런 역사책은 독자가 역사를 통해 인간에 대한 이해를 넓히는 데 기여한다. 이런 생생한 역사책들을 놓고 볼 때 역사가 영화나 건축과 마찬가지로 주관적 시선을 담고 있다고 말하는 것도 무리는 아닐 것이다.

2

『스파르타쿠스 전쟁』(최파일 옮김, 글항아리 펴냄)은 바로 이처럼 주관적 시선을 담고 있는 생생한 역사책이다.

이 책의 저자는 미국 코넬 대학교 교수 배리 스트라우스다. 그는 이 책 외에도 『살라미스 해전』, 『트로이 전쟁』과 같은 책을 지었다고 한다. 역사 학계에 문외한인 나로서는 이 책에 소개된 저자의 약력을 가지고서는 그저 아, 미국의 일류 대학 교수네, 주로 고대의 전쟁사에 관심을 가지고 있구나 하는 정도밖에는 알지 못한다.

그런데 이 책『스파르타쿠스 전쟁』을 읽다 보면, 학자로서 스트라우스의 성품이 손에 잡힐 듯이 생생하게 다가온다. 그는 냉정하게 느껴질 정도로 밝혀진 사실만을 언급한다. 그는 문학, 예술과 같은 다양한 기록은 물론이거니와 최근의 고고학적인 증거를 충분히 끌어 모은다. 그런데 기원전 73년 로마에서 일어난 사건, 그것도 지배자의 역사에서 본다면 그저 주변적인 사건에 지나지 않는 노예 반란에 관한 증거는 아무래도 한계가 있다.

스트라우스는 이 정말 제한된 증거들을 가지고 독자들을 역사 속으로 끌어들인다. 그는 말을 가능한 한 아끼면서 당시의 상황을 직접 느낄 수 있도록 복원한다. 그는 독자들이 전대미문의 노예 반란을 이끌었던 스파르타쿠스가 그 당시에 어떤 상황에 처했고 또 무엇을 느꼈으며, 어떻게 고민했는가를 이해할 수 있도록 하고 싶은 모양이다. 그렇다고 그는 흔히 성급한 역사가들이 그렇듯이 어떤 윤리적 판단이나 전술적인 평가에 빠지지 않는다. 그는 지극히 담담하게 스파르타쿠스의 반란을 사실적으로 묘사한다.

그런데도 불구하고 나는 이 책을 읽으면서 스파르타쿠스의 복수와 좌절에 대하여 정말 가슴이 미어지는 것 같은 느낌을 받았다. 그것은 어떤 신경 강박증에서 느껴지는 듯한 쾌감과 죄책감이 뒤섞인 기묘한 감정이었다. 냉정하고 담담한 역사적 서술이 독자에게 이런 감정을 줄 수 있다니! 정말 놀라운 역사책이 아닐 수 없었다.

3

나는 이 책을 다 읽은 다음 당장 시오노 나나미의 『로마인 이야기』를 찾

　　　　　　　　　　　　　　　　　　　　　　철학자의 서재 2

아 스파르타쿠스와 관련된 부분을 다시 읽었다. 그야말로 내가 만난 최초의 경이로운 역사가가 아니었던가?

스트라우스의 『스파르타쿠스 전쟁』을 읽었을 때 과거의 역사를 독자 앞에 생생하게 복원해 주는 역사 서술 방식이 시오노와 너무나도 흡사해서 혹 그녀가 지은 것을 스트라우스가 영어로 번역한 것이 아닌가 의심했을 정도였다. 그러기에 나는 두 사람의 서술을 당장 비교해 보고 싶었던 것이다.

그런데 시오노는 스파르타쿠스에 관해 약 한 쪽 정도로 가볍게 묘사하고 지나쳤다. 그녀의 서술은 마치 백과사전의 인물 란에서 발견되는 것과 크게 다를 바가 없다. 더구나 그녀는 스파르타쿠스의 노예 반란이 로마사에 미치는 영향은 전혀 없는 것처럼 단정하는 듯하다. 시오노의 그 냉담함 아니 차라리 무관심은 오히려 작가 자신에 의해 의도된 듯하게 느껴졌다.

물론 『로마인 이야기』가 로마사의 통사이므로, 사건을 다루는 비중이 아무래도 다를 수밖에 없다고 할지라도 이것은 너무 심하지 않을까? 특히 술라에 관한 서술과 비교해 보면 더욱 그렇게 느껴진다. 술라는 누구인가? 자신의 조국 로마를 향하여 최초로 군대를 진군시킨 쿠데타의 주역, 로마 공화정을 개혁하려던 민중파의 시도를 무산시키고 귀족 지배 체제를 확립시킨 독재관이 아니었던가? 이 부분에 대한 시오노의 장황한 서술, 지저분한 변명은 도대체 무엇 때문에 필요했던 것일까?

결국 스파르타쿠스에 대한 그녀의 역사 서술은 귀족 체제를 지향하는 보수주의자 시오노의 관점이 역설적으로 가장 잘 드러나는 부분이라고 하겠다.

시오노의 서술에 역겨움을 느낀 나는 차라리 영국의 탁월한 영화 감독

스탠리 큐브릭이 만든 영화 〈스파르타쿠스〉를 보면 어떨까 싶었다. 스파르타쿠스의 자유에 대한 갈망과 그의 아내에 대한 사랑의 감정이 이 영화 전체에 흘러 넘쳤다. 그러나 안타깝게도 영화는 역사적 사실과는 너무나도 달랐다.

영화 속의 스파르타쿠스는 근대 혁명가의 이미지를 너무 닮았다. 자주 TV 드라마에서 보듯이 실제 역사가 아닌 상상에 바탕을 둔 역사 드라마는 박진감을 주기는 하지만, 현재를 넘어서 실재에 접근하려는 치열한 의식이 결여되어 있다. 그것은 무의식적인 실재에 대한 접근 없이 최면술로 심리적 상흔을 처리하려는 심리요법과 다를 바 없는 것이다.

4

다행히 이런저런 비교를 통해서 비로소 스트라우스의 역사 서술이 왜 그토록 내 가슴을 미어지도록 만들었는지가 어렴풋이 짐작되었다. 이제 스트라우스가 그려낸 스파르타쿠스의 형상을 살펴보자.

'독 안에 든 쥐'라는 속담이 있다. 의미는 다들 잘 알 것이다. 그런데 만일 역사라는 것이 그런 덫이라면 어떻게 될까? 내가 느끼기에 스트라우스가 그려낸 스파르타쿠스는 바로 고대 세계라는 역사의 덫에 사로잡혀 울부짖는 짐승이라는 이미지였다.

군사적인 역량만을 가지고 본다면, 한낱 트라키아 출신 검투사 노예인 스파르타쿠스는 로마의 대장군에 결코 미치지 못했다. 그는 기원전 73년 봄 검투사 양성소를 탈출했다. 그 이후 그는 그를 추격하는 두 명의 프라

이토르(법무관)를 격파했으며 이어서 파견된 두 명의 콘술(집정관)을 양면에서 상대하면서 궁지로 몰아넣었다.

그는 갈리아 속주 총독(전 집정관)의 군단을 돌파했다. 최후로 그는 로마가 파견한 독재관(프로콘술 임페리움) 크라수스를 맞아 싸웠다. 그를 바다로 쓸어 넣으려는 크라수스와 그는 맞섰다. 기원전 71년 봄, 돌연 크라수스를 향하여 정면에서 최후의 돌격을 감행하기까지 그는 일진일퇴를 거듭했다.

이렇게 탁월한 군사적 능력을 지녔음에도 그에게는 길이 없었다. 탈출한 그에게 두 가지 길이 있었다. 아마도 그가 가장 원했던 길은 알프스를 넘거나 시실리 섬을 통해 아프리카로 탈출하는 길이었을 것이다. 다른 하나는 그의 동지인 크릭수스가 고집한 대로 유격전을 벌이다가 마침내 로마를 향해 진군하는 길이었다.

우선 탈출은 불가능했을 것이다. 그것은 알프스가 웅장하거나 메시나 해협이 깊기 때문이 아니었을 것이다. 오히려 그 너머의 세계에서조차 도망 노예인 그가 안식할 수 있다는 확신을 얻을 수 없었기 때문이 아니었을까? 결국 그는 알프스와 메시나 해협 앞에서 다시 뒤로 돌아섰다.

그렇다면 로마 진군은 가능했을까? 그가 탈출하자 수많은 도망 노예들이 그의 반란에 가담했다. 처음 검투사 74명과 한 명의 여인으로 이루어졌던 집단은 곧바로 수만 명(기원전 72년 말에는 6만 명에 이른다고 한다)에 이르는 대부대로 성장했다. 당시 로마의 인구 가운데 노예가 20퍼센트였고, 그 숫자는 100~150만 명이었다 하니 충분한 예비 부대도 있었을 것이다. 그러나 이런 부대로도 로마를 이길 수는 없었을 것이다. 그것은 로마의 시민이 노예 반란에 가담하지 않았기 때문이다.

당시 이미 고대 로마의 시민 공화국 체제는 무너졌다. 공화국의 주축인 자유 시민(자영농)은 대부분 몰락하여 노예와 다름없는 처지에 떨어졌다. 일부는 채무 노예가 되었지만 대다수 몰락 시민들은 다른 길을 택했다. 그들은 병사가 되었다. 그들은 전리품을 통해서 살아갔고 은퇴해서는 로마가 건설한 식민지에 토지를 얻었다. 결국 그들은 장군의 사병이 되어서 로마의 공화국 체제를 유린했다. 스파르타쿠스의 반란으로부터 머지않아 로마 제국이 세워지는 과정을 본다면 로마 시민이 전락하는 모습을 그릴 수 있을 것이다.

로마 시민은 반란을 일으킨 노예들을 외면했다. 그러니 노예만으로 일으킨 반란으로 무엇이 가능했던 것인가? 스파르타쿠스의 로마 진군은 유혈이 낭자한 복수일 수 있었으나, 그 이상은 아니었다.

길은 없었다. 스파르타쿠스를 중심으로 고대 노예들은 반란을 일으켰다. 그러나 그들은 자신들을 묶고 있는 차꼬가 무엇인지도 몰랐다. 더구나 그들은 이 차꼬를 어떻게 벗어던질 수 있는지는 더더욱 몰랐다. 그들은 심지어 '노예 해방'이라는 구호조차 외칠 줄을 몰랐던 것이다. 그들은 다만 이탈리아 전역을 돌아다니면서, 짐승같이 싸우고 또 싸울 뿐이었다. 역사라는 덫 안에 든 짐승의 절망적인 거친 숨소리가 지금도 들리는 듯하다.

마침내 스파르타쿠스는 자신이 타고 있던 말을 베고, 그를 추적한 크라수스를 향해 최후의 돌격을 감행한다. 로마군이 던진 창이 그의 무릎을 관통했으나 그는 결코 무릎을 굽히지 않았다. 알려진 바에 의하면 크라수스는 그의 시체를 찾을 수 없었다고 한다. 크라수스는 잔존한 반란군 6000여 명을 십자가에 매달았으나 스파르타쿠스를 매달 수는 없었다.

5

스트라우스는 스파르타쿠스의 아내로 보이는 여인에 주목한다. 그녀는 스파르타쿠스와 마찬가지로 트라키아의 여인이었다.

스트라우스에 따르면, 그녀는 디오니소스 무녀로 보인다. 트라키아 여인은 스파르타쿠스를 신이 점지한 사내로 예언했다고 한다. 스파르타쿠스가 주로 활동한 무대는 남부 이탈리아의 산악 지대였는데 이곳은 대규모 농장이 많아 무장한 목축 노예들이 많았고, 또 디오니소스 신앙이 널리 퍼진 곳이라 한다. 스파르타쿠스의 반란에 디오니소스 신앙이 개입하고 있다는 증거이다.

스파르타쿠스와 디오니소스 신앙의 관계는 또 하나의 종교를 상기시킨다. 스파르타쿠스의 반란이 실패로 돌아간 뒤 고대 세계에 찾아온 것이 바로 기독교이다. 헤겔은 『정신현상학』의 '자기의식' 장에서 노예가 노동을 통해 자기의식을 찾았으나 현실에서 실현할 수 없었다고 한다. 그러자 노예는 불행한 의식에 빠지고 그것이 기독교의 기원이라 말한다.

자유를 찾으려던 노예들의 반란은 실패로 돌아갔지만 그 기억은 남아 있다. 그 역사적 기억은 인류 역사의 트라우마이다. 그러기에 그 기억은 항상 되풀이 돌아온다. 반란의 쾌감과 좌절의 죄책감이 그 기억을 둘러싸고 있다. 저 멀리 부산 한진중공업의 크레인 위에서 또 한 명의 스파르타쿠스를 만난다.

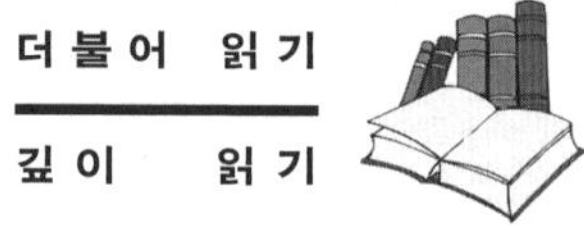

1) 하워드 패스트, 『스파르타쿠스』, 김태우 옮김(미래인, 2008). 미국의 소설가 하워드 패스트의 대표작 『소설 스파르타쿠스』. 이 소설은 1960년 커크 더글러스가 주연을 맡고 스탠리 큐브릭이 감독한 영화로 제작되기도 했다.

2) 시오노 나나미, 『로마인 이야기 3: 승자의 혼미』, 김석희 옮김(한길사, 1995). 전체 15권 되는 책 가운데 특히 3권이 로마 공화국이 멸망에 처하고, 로마 제국이 등장하기까지 역사를 다룬다. 바로 이 시대에 스파르타쿠스가 출현했다. 이 책은 스파르타쿠스가 출현했을 당시 로마 시대의 역사를 매우 실감나게 그리고 있다.

이병창 / 전 동아대학교 교수

왜 두 개의 달인가? 질문을 던지는 순간
우리의 미래가 바뀌기 시작한다

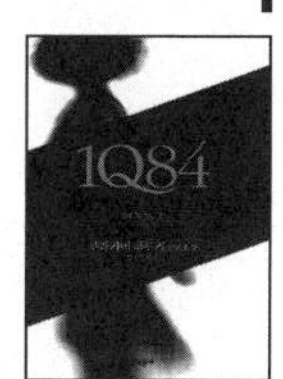

『1Q84』 / 무라카미 하루키

부양가족은 없지만 두어 개의 대학 강의만으로는 혼자 먹고 사는 일이 빠듯한 편이다. 하는 일은 많은 것 같은데 돈이 되는 일은 별로 없어 달마다 결제를 바라는 카드 빚이 쌓여만 간다. 먹고사는 일과 반복되는 일상에 파묻히다 보면 학문 연구자임에도 전공에만 몰두할 뿐 문학 작품을 접할 기회도 부족하고, 마음은 그렇지 않은데 예술·문화에 동참하는 일 또한 번거롭고 사치스럽게만 느껴진다. 다른 이들은 보다 여유 있고 충만한 삶을 살길 바라지만 대한민국의 많은 중, 장년들이 필자의 경우와 크게 다르지는 않을 것이다.

한때는 무라카미 하루키를 읽으며 실존과 고독, 상실에 공감하고 힘을 얻던 때가 있었으나, 아이들이 『해리 포터』를 즐기듯이 스릴과 모험이 넘치는 '소설'을 읽는 여유를 바라는 것이 이제는 쉬운 일이 아니다. 서평을 쓰는 일이 아니었다면 3권이나 되는(혹은 그 이상일) 『1Q84』(전3권, 양윤옥 옮김, 문학동네 펴냄)의 하루키를 다시 만나기는 어려웠을 것이다.

오랜만에 읽는 장편 소설이라 이 책에 몰입하는 데만 2주 이상이 걸렸다. 그러나 처음 몰입이 힘들었을 뿐 인간과 현대성에 대한 통찰로 가득한 이천 페이지가 넘는 모험담은 쉼 없이 읽혔다. 그리고 일상의 지배와 자명함을 잠시 보류한 채 이제 하루키처럼 하나의 달이 아닌 두 개의 달이 뜨는 세상에 대해 곰곰이 생각해 보려 한다.

개인과 전체, 선과 악, 현실과 비현실, 완전과 불완전 등 이분법적 세계의 구분 가능성에 대해 의심해 볼 것. 그리고 질문을 던질 것. 이것이 하루키가 제목 안에 삽입한 Q, 즉 'Question mark'의 의미이기 때문이다.

『상실의 시대』, 현대인의 고립과 고독

하루키 소설 전반에 일관되게 흐르는 것은 20세기 산업화, 문명화 사회에서의 고립된 개인과 그리고 그들의 고독한 세계였다. 너와 나를 잇는 인간관계나 소속감의 허구성이 드러날 때 남는 것은 상실된 자리, 즉 공백이다. 따라서 주인공들은 있어야 할 자리에 있어야 할 것이 어딘가로 사라져 버릴 때의 그리움과 미련, 존재하지 않음에 대한 아픔과 슬픔 등의 이중, 삼중적 감정을 껴안으며 방황하거나 아예 상실감을 내면화하며 인형처럼 되기도 한다. 현대인이 처한 이러한 상황과 심정이야말로 자신만의 이야기와 상처를 가진 우리의 모습이며 현실이기에 공감하고 동의하지 않을 수 없었다.

『상실의 시대』(정확하게는 『노르웨이의 숲』)에서부터 『1Q84』까지 하루키 소설에는 자극적인 성관계와 충격적인 폭력이 자주 등장하며, 재즈, 캔 맥주, 비틀즈, 피츠제럴드, 스파게티 등 현대를 상징하는 기표들로 내용이 가득 차 있기에 그 장식들을 배치하고 연결하는 저자의 문제의식을 발견하기란 쉽지 않다. 하루키는 십대 후반 체험한 학생운동에 실망해 이념보다 자본주의 물질문명을 선택한 것인가? 아니면 비합리적인 현실성을 고발하고, 허구와 환상으로 가득 찬 세계 속으로 도피하려는 것인가?

물론 초기 하루키 작품들 속에는 개인주의와 감상주의의 면모가 다분히 있으며, 타인과 적극적으로 교감하고 소통하려는 섣부른 시도보다는 적당히 거리를 유지한 채 내면에 머물고자 하는 경향이 적지 않았다. 그러나 그의 소설을 관통하는 보다 근본적인 의지는 세계의 심층에 대한 해명과 이를 통한 개인의 자유를 확보하는 것의 문제이다.

이를 위해 먼저 인물들이 처한 시대적, 감정적 상황을 치밀하게 분석하고 서술하는 것에서 출발한다. 그렇기 때문에 그의 인물들은 아무리 주변부 인물이라도 구체적이고 생생하게 꿈틀거린다. 한 평생을 NHK 직원으로 조직 안에서 살다 혼령이 되어서도 문을 두드리며 밀린 세금을 독촉하는 아버지, 볼품없는 외모 때문에 사람들에게 따돌림 받으며 자신을 자립시킨 용의주도한 추적자 우시카와, 재일외국인으로 유능한 보호자이자 킬러라는 상반된 역할을 떠맡는 다마루 등 『1Q84』에서도 우리는 선명하고 압도적인 캐릭터와 마주치게 된다.

하루키는 현대인의 고립과 단절, 그리고 고독과 체념에 대해 누구보다 예리하게 진단한 작가로 유명하지만, 단지 그것에 머물거나 안주한 베스트셀러 작가는 아니다. 이러한 상황이 발생한 원인에 대해 자신의 방식대로 진단하는 것, 그리고 무시하거나 체념하는 대신 치유와 회복의 가능성에 대해 모색해 보는 것, 사실 무뚝뚝하고 건조한 문체 속에는 세계와의 대결이라는 승부사로서의 끈질김과 치열함, 그리고 현대인이 처한 막다른 상황을 돌파하려는 용기가 숨어 있다.

그 승부 근성이 『1Q84』에서 정점에 이른다. 따라서 하루키 소설의 판타지, 폭력성, 낭만성 등의 요소는 독자를 즐겁게 하려는 엔터테인먼트 요소라기보다는 이러한 문제의식의 답을 얻기 위한 하루키 나름의 치밀한 장치들로 보아야 한다. 즉 폭력과 숭고, 선과 악, 죽음과 재생, 물질과 정신 등 세계의 근본을 이루는 문제들이 궁극적으로 자유를 확보하기 위한 질문들과 연결될 때 섹스, 폭력, 종교, 판타지 등을 소설 전면에 도입하고 배치한 이유가 설명될 수 있으며, 하루키 소설의 미시와 거시의 전체적 틀이 이해될 수 있다.

오웰의 『1984』 혹은 하루키의 『1Q84』

『1Q84』를 이해하기 위한 또 다른 길은 조지 오웰의 『1984』를 읽어보는 것이다. 『1984』에는 텔레스크린과 같은 기계를 동원해 사람들을 감시하면서, 사회를 지배하는 '빅 브라더'라는 독재자가 등장한다. 사람들은 이러한 체제에 묶여 자립적으로 생각하는 능력과 힘을 잃게 되고, 막연한 불안과 무력감을 안고 살아갈 수밖에 없으며, 이러한 시스템 속에서 서서히 자멸하고 말 것이라는 것이 1930년대에 진단한 오웰의 암울한 인류의 미래상이었다.

즉, 오웰은 공산주의 체제가 아무리 이상적일지라도 (무력으로 개인을 통제한다면) 궁극적으로 인간의 자유를 억압하는 불합리한 체제가 될 뿐이라고 예측했던 것이다. 하루키는 이러한 오웰의 세계관에 경도된 듯하며, 인간을 지배하는 시스템의 위험성에 동의하는 한편, 이를 해체하고 극복하는 모험으로까지 이야기를 끌고 간다. 즉, 『1Q84』는 『1984』의 연장선 위에 있다.

그러나 만일 빅 브라더가 체제를 지배하고 인간을 조정하는 위험인물이라면 스탈린을 숙청하듯이 이들을 제거하면 간단한 일일 것이다. 그러나 『1984』에서도 빅 브라더의 실체가 끝내 공개되지 않듯 빅 브라더는 실존하는 인물이 아니라 인간들의 불안과 공포가 만들어낸 절대적인 힘을 가진 실체 없는 실체일 뿐이다.

그러므로 인간들의 세계관이 바뀌지 않는 한 어느 시대나 상황에서도 빅 브라더는 형태를 바꿔 존재할 수 있다. 돈이나 권력이라는 이름으로, 때론 종교나 이념의 형식을 빌려 인간을 규정하고 억압할 것이다. 하루키는 시스템이 곧 인간성의 부산물임을 간파한다. 자본주의 사회의 소시민들의 사유와 내면에 자리한 이러한 심층적인 악에 대해 하루키는 '빅 브라더'가 아닌 '리틀 피플'이라는 개념을 사용하고 있다.

공기 번데기를 만들어내는 리틀 피플은 단지 소설 속에 등장하는 가상 존재가 아니라 지각하는 자(퍼시버)들에게 메시지를 보내 인간들을 조종하고 지배하는 실체다. 나아가 인간과 분리된 개별 실체가 아니라 인간을 이용해 존재하는 기생 실체며, 인간의 이면성 자체라고 보아도 무방할 것이다.

선과 악, 허구와 실재, 언어와 행위, 현실과 비현실이 맞물리고 뒤섞여 돌아가는 하루키의 세계관은 이처럼 다층적이고, 다차원적이기 때문에 단지 그의 소설을 추리물이나 판타지, 연애 소설로만 단정하는 것은 바람직하지 않다.

열망이 세계를 바꾼다

『1Q84』에서 두드러진 점은 주인공들의 활동성이다. 이제 주인공들은 캔 맥주나 마시며 재즈에 빠져 있던 냉소적인 현실의 방관자는 아니다. 자신의 트라우마를 안고 무기력해지는 대신 덴고와 후카에리가, 아오마메와 노부인이 그랬듯이 공유하고 소통하며, 협력하고 대처하는 가운데 새로운 삶의 영역을 발견한다.

이러한 변화가 가능하게 된 것은 시스템으로부터 인간의 자유를 지키고자 하는 하루키의 작가로서의 고민과 책임감 덕분이기도 하지만, 현실에 대한 새로운 세계관을 작가가 정립했기 때문이기도 하다. 그 세계는 다차원적이고 다층적일 뿐 아니라, 언어가 세계를 형성하고, 존재가 의미를 가질 수 있고, 가짜가 진짜가 될 수 있는 변화 가능한 세계이다.

빅 브라더가 지배하는 『1984』에서는 체제를 보존하기 위한 방편으로 언어를 축소하고 개념과 표현을 한정시키며 국민을 통제한다. 그러나 『1Q84』에서는 언어의 창조적 능력과 힘이 역이용되어 시스템을 해체하고 새로운 세계를 도래하게 하는 방편이 된다. 주인공 덴고가 수학 강사이면서 대필 작가가 되는 것은 이와 관련이 있다.

수는 존재하는 세계를 추상한 것이므로 제자리에 두면 모자이크가 맞추어지듯 논리적으로 정합한다. 하지만 그 이상으로 나아가거나 세계를 창조하기는 힘든 일이다. 소설의 세계는 세계를 작가의 눈으로 재구성하는 작업이다. 작가가 어떻게 세계를 바라보느냐에 따라 세계는 다른 모습으로 재구성되거나 창조될 수 있다. 덴고는 애초에 논리적으로 배치하는 데는 강하지만 직관적으로 파악하는 것에는 약했다. 다른 관점을 갖기 위

 철학자의 서재 2

해, 처음에는 지각하는 자(퍼시버)인 후카에리가 필요했으나 그는 곧 자신의 세계를 만들어가게 된다.

어린 시절에 헤어져 20년간 만나지 못한 남녀 주인공이 번갈아 등장하면서 사건이 전개되는 것은 도달하지 못하는 평형 세계를 의미한다. 우시카와와 같은 추적자의 변주가 끊임없이 개입하지만 평형 세계를 붕괴시키는 것은 결국 상대에 대한 그리움과 사랑의 힘이었다. 아오마메에 대한 덴고의 사랑과 열망은 두 개의 달이 뜨는 세계를 창조하여 이곳으로 아오마메를 소환시키며, 사랑이 없으면 거짓 세계일 뿐이라며 아오마메가 자신의 세계관을 전환하는 순간에 그녀는 덴고에게 도달하게 된다.

이야기가 현실이 되며, 열망이 행위가 되고, 사랑이 세계의 구조를 바꾸게 되는 순간, '레일 포인트가 전환되듯이' 그들은 만나게 되는 것이다. 과학적으로 해명되기는 어렵겠지만 그렇다고 불가능한 일이라고 단정할 수도 없다. 우리가 자명하다고 여기는 이 세계 역시 사유의 산물이다. 선과 악의, 현실과 초현실의, 가상과 실재의 선명한 경계선이 언제 우리에게 있었던가?

이 세계, 이 체제가 유일하고 완벽한 것인가?

마냥 청년일 듯한 하루키가 벌써 육순이 넘었다고 한다. 소설가의 연륜 덕분인지, 문제의식 덕분인지 『1Q84』에서 플롯은 더욱 탄탄해졌고, 상상력은 기발하며, 세계관은 더욱 깊고 넓어졌다.

예전 작품들이 고독하고 정적인 인물과 사건의 감각적 묘사에 주력했다면, 이번 책에서는 추리 소설적인 기법을 도입하여 긴장과 기대감을 불러일으키며, 구성 또한 다층적이고 정교하며 흐름도 매우 빨라졌다. 그럼에도 『1Q84』가 성공적으로 문학적 성취를 이루었는가의 평가에 대해서는 잠시 보류해야 할 듯하다.

3편으로 완결된 이야기가 아니라는 점에서 일단은 그 이유를 찾아야 할 것이며, 길고 지루하게 되풀이하곤 하는 작가의 설명조의 서술은 절반쯤 줄이거나 정제했으면 싶다. 캐릭터에 침투시키지 못한 채 킬러인 다마루의 긴 서술로 이어가는 비트겐슈타인, 융 등의 개념들은 소설의 리얼리티를 반감할 뿐이다.

남녀 주인공이 고문 앞에서 세뇌당해 서로의 관계와 사랑을 부정하고 마는 것으로 조지 오웰은 『1984』의 이야기를 종결한다. 이는 빅 브라더의 힘 앞에서는 어떠한 숭고한 사랑조차도 퇴색하고 만다는 독재와 무력을 향한 경고였다. 오웰과는 다르게 순수한 사랑의 힘에서 구원의 단초를 찾는 하루키의 작업이 성공적이었나 하는 것에 대해 단정하는 것은 잠시 보류하자. 아직도 덴고와 아오마메의 모험이 남아 있기 때문이다.

그 무엇보다 『1Q84』의 가치는 두 개의 달이 뜨는 세상을 보여줌으로써 '이 세계, 이 체제가 유일하고 완벽한 것인가?'라는 질문을 우리에게 던졌다는 점에서 찾아야 할 것이다. 생계와 생존에 대한 인간의 불안이 유일 불변하는 절대적인 세계를 구축하고 그 세계에 철옹성 같은 법과 질서, 시스템을 허한다. 완고한 법과 제도, 테두리뿐인 가족 관계와 인간관계 속에서 현대인은 고독하며 더욱더 고립될 뿐이다.

민주주의든 자본주의든 그 어떤 이상적인 제도와 체제든 간에 관심과 저항, 그리고 내용이 없으면 체제는 경직될 뿐 아니라 곧 부패하고 만다.

그러한 체제에 종속되어 있는 한 우리는 여전히 빅 브라더의 손아귀 안에 잡힌 꼭두각시일 뿐이다. 하루키는 문학적 상상력을 발동하여 불완전한 세상을 숙고해 볼 것을 요구한다.

사유와 비판의 힘은 일상에서는 보이지 않는 노란색 달 곁의 초록색 달을 보여줄 것이다. 그리고 우리가 간과한 사각(死角)의 영역에 또 하나의 리얼한 세계가 숨어 있다면, 우리는 그것을 무시하거나 포기할 것인가?

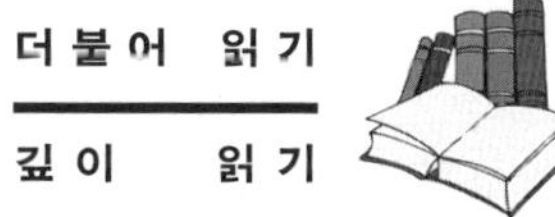

1) 조지 오웰, 『1984』. 『1Q84』를 읽은 독자는 언어와 사유가 통제, 감시당하는 사회에서 인간의 존엄성을 유지하며 살아남는 것이 얼마나 어려운지를 보여주었던 조지 오웰의 명작, 『1984』를 놓치지 않는 것이 좋겠다. 오웰이 그토록 암울하게 보았던 '1984년'이라는 기점을 역전시키려는 하루키의 의지로부터 『1Q84』가 출발하고 있기 때문이다.

2) 무라카미 하루키, 『상실의 시대』. 하루키 소설을 처음 접한 독자라면 그 유명한 초기작인 『상실의 시대』도 읽어보면 좋을 것이다. 사회적 관습이나 특정 이데올로기에 휩쓸리지 않고도 상처를 봉합하고 재생시키는 개인의 힘을 놀랍도록 잘 보여주는 작품이다.

3) 앙리 베르그송, 『창조적 진화』. 『1Q84』에서 '두 개의 달이 뜨는 세계'는

환상이나 비유가 아니라, 직관과 모험으로 성취할 수 있는 변화 가능한 우리의 미래를 의미한다. 이러한 주제를 앙리 베르그송의 철학에서 만나볼 수 있다. 『창조적 진화』에서 베르그송은 시간과 공간을 부동의 폐쇄적인 차원으로서가 아니라 운동 변화하는 가변적인 것(지속)으로 직관할 때 창조적인 미래와 생명의 진화가 이루어질 수 있음을 학적으로 논증해 보여준다.

길혜연 / 건국대학교 강사

21세기 중국은 생각한다,
고로 존재한다!

『중국은 무엇을 생각하는가』 / 마크 레너드

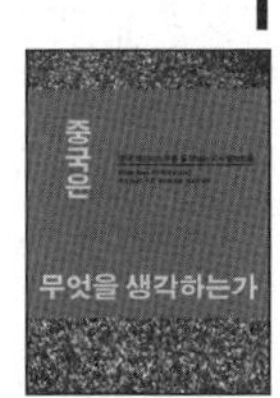

세계적으로 중국이 '문제'가 되고 있다. 그래서인지 몰라도 이미 중국에 관한 책들이 많이 출판되어 나왔고, 현재도 쏟아져 나오고 있고, 앞으로도 그럴 것이다. 하도 많은 책이 나오니까 명색이 중국을 공부한다는 나도 주말 일간지에 실린 책 소개란을 통해 출간 소식은 들었지만 읽어보지 못한 책이 대부분이다.

더구나 가끔 큰마음 먹고 대형 서점에 나가 보면 어디서 "듣도 보도" 못한 중국 관련 책들이 수북이 쌓여 있어 참담한 심정이 들 정도이다. 완전히 촌놈이 상경한 것처럼 눈이 휘둥그레진다. 이렇듯 중국에 관한 많고 많은 책 중에서도 마크 레너드의 『중국은 무엇을 생각하는가』(장영희 옮김, 돌베개 펴냄)라는 책은 조금 특별하다.

왜냐하면, 중국을 대상으로 한 것은 기타 여느 책과 다를 바가 없지만 단순히 중국을 대상으로 한 것이 아니라, 주체로서 중국이 무엇을 생각하는지를 묻고 있기 때문이다. "나는 생각한다, 고로 존재한다"는 데카르트의 유명한 명제가 있거니와 단순히 사물이나 대상으로가 아니라 생각하는 주체로서 중국을 다루고 있는 점이 여느 책과 다른 점이다. 더구나 두께가 얇은 게 맘에 든다. 주변의 지인의 말을 들으니 요사이 두꺼운 책이 대세라는데 게으른 나는 왠지 얇은 책이 좋다.

지극히 당연한 말이지만 중국은 예전부터 존재했다. 중국의 유구한 역사와 찬란한 문화에 대해서 누가 부정하겠는가. 하지만 중국은 아편 전쟁 이후 근 100여 년 동안 서구의 입장에서 볼 때 하나의 대상에 불과했다. 사자는 사자지만 잠자는 사자, 잠자다 갈가리 뜯긴 사자! 결국 수많은 혁명과 전쟁을 통해 서양과 일본의 제국주의를 물리치고 새로운 중국으로 거듭 태어났지만 냉전의 시대에는 서구와 전혀 다른 가치 체계를 가지고 죽의 장막 속에 숨겨진 적대 국가에 지나지 않았다.

개혁 개방 시대에 들어와서도 민주주의와 시장 경제라는 '탄탄대로'를 놓아두고 검은 고양이건 흰 고양이건 쥐만 잘 잡으면 된다거나 중국 특색의 사회주의니 사회주의 시장 경제라는 알다가도 모를 '이상한' 개념을 내세우면서 "돌다리를 더듬어 가면서 강을 건너 왔다." 중간에 천안문 사태라는 곡절이 있었지만 소련처럼 한순간에 해체되거나 동유럽처럼 몰락하지 않았을 뿐만 아니라 세계가 놀랄 정도의 속도로 점점 발전해 왔다.

돌이켜 보면 마오쩌둥의 사상도 마찬가지이다. 그걸 사회주의라고 말할 수 있지만 또 달리 보면 사회주의가 아니라고도 볼 수도 있다. 정통적 마르크스주의에 따르면 자본주의가 발전한 상태에서 그 모순이 폭발하여 사회주의로 진입하여야 하는데 중국은 그렇지 않았다. 도시의 노동자가 봉기하여 농촌을 포위하는 노선은 모두 실패하였고, 거꾸로 농촌이 도시를 포위하는 마오쩌둥의 노선이 성공을 거두었다.

이론의 무덤: 중국

중국은 이른바 '보편적' 이념이나 이론의 무덤이라고 말할 정도로 일반적 룰이 적용되지 않는 나라라고 말할 수 있는지 모르겠다. 우선 신중국의 성립부터가 그러하다. 서구의 경우 제국이 여러 나라로 해체되어 민족 국가 혹은 국민 국가(nation-state)가 탄생했는데 중국의 경우는 그렇지 않았다. 신중국은 청 제국이 펼쳐놓은 판도를 거의 그대로 이어 받으면서 탄생했다.

루시앙 파이라는 미국의 학자는 중국을 "국민 국가 혹은 민족 국가의 옷을 걸친 제국"이라고 하였지만 사실 일반적 민족 국가라고 부르기도 어색하고 제국이라고 부를 수도 없는 국가가 중국이다. 그렇지만 이런 중국적 특색의 길이 실패로 끝났다면 우리가 크게 관심을 가질 필요조차 없다. 헌데 많은 중국 관찰자의 예상을 비웃듯이 중국 붕괴론을 뒤로 하고 현재도 빠른 속도로 발전을 거듭하고 있다.

물론 도시와 농촌의 불균등 발전, 점점 심화되는 빈부 격차, 날로 심각해져가는 환경 문제, 변방 소수 민족의 갈등 등 여전히 많은 문제를 안고 있기는 하지만 말이다. 최근에는 우연한 기회에 베이징의 집값에 대한 생생한 소식을 들은 일이 있는데 베이징에서 우리로 치면 서울의 강남도 아닌 마포 같은 곳의 30평짜리 집을 사려면 농촌 사람의 경우 평균 소득을

500년 동안, 도시 사람은 100년 동안 돈을 모아야 살 수 있을 정도라고 한다. 다시 말하면 농촌 사람은 당나라 시대부터 돈을 모았어야 하고 도시 사람은 청나라 시대부터 돈을 모아야 한다는 이야기니 서민들에게 집 문제가 얼마나 심각한지 알 수 있다.

중국 특색의 사회주의와 미국 특색의 자본주의

이처럼 많은 내부 모순을 안고는 있지만 2010년에 중국은 국내 총생산 규모 세계 제2위의 경제 대국으로 부상하였다. 일본을 따라잡았다고 세계 각 언론에서 앞 다퉈 이 소식을 대서특필했지만 정작 중국에서는 이러한 변화에 거의 환호하지 않는 분위기가 지배적이다. 도리어 1인당 국민 소득을 볼 때 갈 길이 멀다는 분위기다. 그런 가운데 2008년 세계 경제를 강타한 금융 위기 이후 중국의 인터넷에서 유행한 말은 우리의 주목을 끈다.

"1949년에는 사회주의만이 중국을 구할 수 있었고, 1979년에는 자본주의만이 중국을 구할 수 있었으나, 1989년에는 중국만이 사회주의를 구할 수 있었고, 2009년에는 중국만이 자본주의를 구할 수 있다!"

과장된 언사지만 중국이 그동안 이념이나 주의의 적용 대상에 머물렀다면 이제 주체로 서게 된 중국인의 자부심과 희망을 담고 있는 말이라고 할 수 있다. 또한 그렇기 때문에 이 말이 크게 유행했는지 모른다. 이제 더 이상 생각은 미국이나 유럽이 하고, 중국은 그런 '보편적' 생각을 적용해야 할 대상이 아니다. 다른 식으로 말하면 중국은 더 이상 서구의 단순한 학생의 신분이 아니라는 것이다.

100여 년 동안 열심히 서양을 선생님으로 모시고 공부했건만, 금융 위기를 맞고 보니 선생님이 꼭 옳은 것만이 아니라는 사실을 절실하게 깨달았다. 사실 지난 1997년 아시아 금융 위기 당시 미국이 가장 많은 지분을 가지고 있는 국제통화기금(IMF)이 우리나라에 돈을 빌려주면서 요구한 조건과 이번에 미국의 경우를 보면 너무도 달랐다. 완전 차일시피일시(此一時彼一時)다.

은행은 거꾸로 '국유화'했고 금리는 거의 제로에 가까워졌고 달러를 마구 찍어서 왕창 풀었다. 이걸 그럴 듯하게 양적 완화라고 한다. 천문학적인 숫자의 돈이 풀리니 물가가 폭등하여 중동에서는 몇 나라의 정권이 바뀌었고, 지금도 전 세계가 인플레이션 문제로 고통을 받고 있다. 그래서 중국에서는 미국 자본주의는 일반적 자본주의가 아니고 미국 특색의 자본주의라고 비꼬기도 한다.

아무튼 중국은 이제 목적어에서 주어로 탈바꿈하고 있다. 그렇다면 문제는 이제 중국이 무슨 생각을 하고 있는가로 바뀌어야 한다.

현대판 유럽의 제갈량?

마크 레너드는 바로 이런 점에 주목했다. 그는 중국을 전문적으로 연구하는 학자형 인물이라기보다는 영국의 전 수상 토니 블레어가 만든 싱크

탱크인 유럽개혁센터의 외교정책연구소 초대 소장 등을 역임한 젊은 국제 전략 분석가이다. 제국을 운영한 경험이 있기 때문에 전략적 사고가 발달한 영국 출신이고, 이념적으로는 좌파나 혹은 우파 어느 한쪽에 치우친 인물이 아니다.

비록 이 책에서는 이른바 중국의 신좌파에 속하는 인물의 사상을 소개하는 데 많은 지면을 할애하고 있지만 이는 중국 지성계의 현실을 반영한 것이지 그의 지적 편향 때문이 아니다. 이 책을 내기 전 그가 2005년에 출판한 『유럽의 세계 지배』(윤덕노 옮김, 매일경제신문사 펴냄)라는 책은 비교적 유명해서 18개국의 언어로 번역되기도 하였다.

그 책의 요지를 간단하게 말하면 미국과 유럽을 비교해 볼 때 21세기에는 유럽이 미국보다 잘 나가리라는 것이다. 그가 볼 때 냉전이 종식된 이후의 세계엔 미국과 유럽이라는 두 개의 모델이 있는데 미래의 가능성의 측면을 볼 때 유럽 모델이 미국 모델보다 훨씬 매력이 있으며 미국의 모델은 점차 쇠락할 것이라고 주장하였다. 그 근거를 여러 가지 들고 있지만 간단히 말하면 미국은 일방주의를 주장하고, 유럽은 다자주의를 펼치기 때문이다. "미국은 세상을 잠재적 적국으로 간주하지만, 유럽은 세상 모두를 잠재적 친구로 생각한다!"

그는 이내 이런 자신의 주장이 커다란 도전에 직면한 것을 발견한다. 유럽의 모델이 미국의 모델을 대체할지라도 결국 21세기도 서양이 세계의 틀을 짜고 지배할 것이라고 낙관했는데 이런 서양의 지배에 도전할 강력한 타자인 중국의 부상이라는 문제에 부닥쳤다. "광활한 영토와 경제적 역동성, 지도자의 정치적 수완 등을 고려할 때 장기적으로 국제무대에서 주도권을 다투게 될 가장 강력한 도전자는 다름 아닌 중국이었다." 그래서 2005년부터 부지런히 중국을 방문하여 정책 결정에 커다란 영향력을 행사하는 "큰 그림을 그리는" 다양한 지식인들을 만나게 된다.

처음에 이 책을 읽으면서 중국 전문가도 아닌 사람이 짧은 시간에 중국 사상계 지형도의 핵심을 어떻게 요령 있게 잘 파악할 수 있었을까 하는 의문이 들었다. 또한 유럽을 기준으로 지난 책에는 미국을 다루고, 이번에는 중국을 다루는 폼 새가 삼분천하(三分天下)해서 융중책(隆中策)을 설파하는 영국판 혹은 유럽판 제갈량을 마주한 느낌이 들었다.

나중에 알고 보니 당시 중국 측에서 그가 영국 수상 블레어의 참모라고 해서 상당히 높은 격으로 대접해서 여러 사람을 만날 수 있게 배려하였다고 한다. 그렇기 때문에 당시 웬만한 중국인도 잘 몰랐던 충칭이나 다른 촌락의 기층 민주주의 실험을 알 수 있었고 보통의 학자라면 만나기 어려운 중요한 사람들을 비교적 짧은 시간에 한꺼번에 만날 수 있었다. 중국말에 "그대와 한 자리에서 이야기를 나누니 10년 공부하는 것보다 낫다"는 말이 있지만 정말 그런 모양이다.

중국도 꽤 예쁘지만 유럽이 더 예뻐!

이 책의 결론은 간단하다. 유럽 모델을 위협할 중국 모델(간양이나 왕후이 같은 학자는 규범적 느낌이 강한 모델이라는 용어를 그다지 선호하지는 않지만), 혹은 중국의 세계관은 한마디로 토머스 프리드먼이 말하는 "평평한 세계"와 다른 주권이라는 '성벽'이 세워진 세계이다. "중국적 세계 질서의 핵심이란 외부의 간섭 없이 운영되는 국가 주권과 권리의 배타성이 그 안에 살고 있는 국민의 인권보다 더 중시되어야 한다는 가치의 또 다른 표현이다."

이런 중국 모델은 경제적으로는 크게 보면 황하 자본주의, 정치적으로는 협의형 독재 체제, 국제 관계의 측면에서는 종합 국력의 추구라는 세 요소로 이루어져 있는데, 21세기에 유럽과 마찬가지로 상당히 경쟁력이 있을 것이라고 예상한다. 국가의 간섭을 반대하고 민영화, 강력한 재산권, 급진적 경제 개혁에 찬성하는 워싱턴 컨센서스가 파산한 것과 달리 혁신을 위한 공적 자금의 사용, 공유 재산 보호의 지지, 경제 특구 방식의 점진적 개혁을 지지하는 황하 자본주의는 아프리카 대륙을 넘어 브라질, 러시아 등 전 세계로 확대되고 있다고 진단한다. 더구나 이런 중국 모델의 매력이 우리나라에서 미국의 영향력을 밀어낼 정도라고 평가하고 있는 점은 특기할 만하다. 정말 그런가?

하지만 결론은 역시 중국의 매력은 유럽보다 못하다는 것이다. 직접적으로 말하지 않았지만 결국 그의 숨은 의도는 바로 이것이다. 자세히 보니 너도 꽤 예쁘지만 나보다는 안 예뻐! 이는 아마도 대부분의 유럽 지식인들의 일반적 생각일 것이다. 작금의 유럽발 재정 위기 때문에 유럽의 매력이 무엇인지 잘 알 수 없게 되었지만 좀 더 관심을 갖고 지켜볼 일이다.

마지막으로 사족 삼아 굳이 덧붙이자면 중국 사상계에서 상당한 영향력을 행사하는 간양(甘陽)을 자세히 다루지 않은 점, 유교를 위시한 전통 문화의 부흥에 대해 언급이 거의 없는 점 등은 아쉽다. 일반적으로 알려져 있듯이 신좌파와 자유주의라는 이분법으로 잘 파악되지 않은 다양하고 역동적인 중국의 생각을 엿보거나 이런 중국을 통해 세계를 새롭게 조망해 보고 싶은 이들에게 일독을 권하고 싶다. 단순히 경제만 발전하고 있을 뿐만이 아니라 중국은 지금 생각 중이다.

1) 헨리 키신저, 『헨리 키신저의 중국 이야기』, 권기대 옮김(민음사, 2012). 만약 30여 년 전에 중국이 미국과 수교하지 않았다면 오늘날 중국은 물론, 세계의 모습은 달라졌을 것이다. 헨리 키신저는 이런 중미 수교의 막후에서 작업한 저명한 외교관이자 전략가형 학자이다. 이 책은 우리가 살고 있는 세계가 어떻게 형성되어 왔는지 잘 이해하게 만들어준다. 특히 한국전쟁에 관한 내용은 우리의 흥미를 끈다.

2) 마틴 자크, 『중국이 세계를 지배하면』, 안세민 옮김(부키, 2010). 중국을 접근할 때 주의해야 할 점. 첫째 중국은 2000년 동안 체제를 이어 오면서 서양식의 '국민 국가'가 아닌 '문명 국가'로서의 정체성을 확립했다. 두 번째 서구 사회에서 국가를 외부자로 바라보는 것과 달리 중국에서는 가족의 일원으로 바라본다. 세 번째 중국의 13억 인구 가운데 90% 이상이 '한족'이라는 하나의 정체성을 갖고 있다. 중국을 제대로 이해하는 것은 세계 전체를 공평하게 이해하는 데 큰 도움을 준다.

황희경 / 영산대학교 교수

중국의 시대에
대처하는 우리의 자세

『장성, 중국사를 말하다』 / 줄리아 로벨

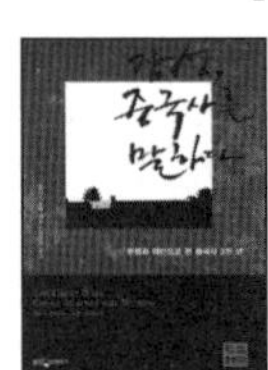

문명 의식과 중화주의

이른바 '중국'이란 무엇을 지칭하는가. 요순우탕(堯舜禹湯)의 다스림이 있기 때문에 중국이라고 하며 공자, 안연, 자사, 맹자의 학문이 있기 때문에 중국이라고 한다. 지금 중국이라고 할 만한 것이 어디에 존재하는가. 성인의 다스림과 학문이라면 우리나라가 이미 얻어 옮겨 왔다. 어째서 다시 먼 곳에서 구하려 하는가.(卽所謂中國者, 何以稱焉. 有堯舜禹湯之治之謂中國, 有孔顏思孟之學之謂中國. 今所以謂中國者何存焉. 若聖人之治, 聖人之學, 東國旣得而移之矣. 復何必求諸遠哉.)

이 문장의 주인공은 위대한 실학자로 평가받는 정약용이다. 이 문장에서 우리는 조선에서 '중국'이라는 개념이 어떻게 작동하고 있었는지를 명확하게 볼 수 있다. 명나라를 역사의 무대에서 퇴출시키며 등장한 오랑캐의 나라, 청(淸)과 대면해야 했던 조선 후기 지식인으로서, 정약용은 조선이 영원히 중국 밖 변방의 이민족일 수밖에 없다는 숙명 앞에 당당하다.

정약용의 자신감은 현실의 중국(淸)이 아니라 이념의 중국(中華)만을 인정하는 태도에서 온 것이다. 정약용에게 중국이란 지리적 경계가 아니라 올바른 정치와 학문으로 대표되는 '문명' 그 자체였던 것이다.

원래 중화(中華)라는 말은 하(夏), 화(華), 화하(華夏) 등과 더불어 한(漢)민족이 자신들의 거주 지역을 가리키기 위해 사용하던 지리적-공간적 개념이었다. 이후 중화 개념은 지리적 경계를 넘어 '문화적 중심'의 의미로 확장되었고 결과적으로 중국인들의 대외 인식을 규정하는 핵심 개념으로 작동해 왔다. 중화 개념이 문명 개념인 한 이는 지리적 경계를 뛰어넘은 보편성과 초월성을 획득하게 된다. 지리적 이(夷)에 속하면서도 명나라로부터 문명의 핵심을 전승받은 문화적 화(華)라는 자기 정체성을 세웠던 조선의 이중적 자기 인식이 이를 잘 보여준다.

500년 조선의 역사는 진정한 문명의 계승자 즉 소중화(小中華)로서의 문화적 자부심과 변방의 이민족이라는 열등감이 만들어내는 이중적 변주였다 해도 과언이 아니다. 물론 오랑캐가 세운 청나라의 등장과 '서학'으로 대표되는 서양 학술의 전래는 조선 지식인으로 하여금 지리적 중심으로서의 중국 관념을 벗어나게 해주었다. 그러나 현실의 중국을 상대화시킨 조선인들이라 해도 이념의 중국 즉 '중화'는 여전히 국가와 사회 운영의 목표이자 지향점이었다.

이는 춘추대일통(春秋大一統) 등 대의명분을 강조하던 권력층만의 문제는 아니었다. 예를 들어 청과 서양으로부터의 문물을 수용하자고 주장했던 북학론자들 누구도 문화적 이념으로서의 중화 의식을 벗어난 이는 없었다. 중심으로서의 청나라를 부정할 수 있다 해도 '중화'에 대한 신념과 자부심은 포기하지 않았던 것이다. 조선에서 '이념의 중화'는 언제나 '현실의 중국'을 압도하고 초과했다.

현재의 눈에는 시대착오적으로 보일 이들의 중화 의식은 사실 중국이라는 국가에 대한 추종과 관련이 없다. 조선인들에게 중화는 특정 국가가 아니라 문명 의식 그 자체였기 때문이다. 바로 이 문명 의식 덕택에 조선인들은 물리적 열세에도 불구하고 언제나 문화적 자긍심으로 안을 통일시키고 국가적 명분을 세울 수 있었다. 문명적 자부심을 통해 조선 지식인들은 자신들을 문명의 주체로 세울 수 있었고, 이런 태도를 바탕으로 중국뿐 아니라 서양의 문물과 기술까지도 자유롭고 주체적으로 수용하자는 목소리가 나올 수 있었기 때문이다.

주지하듯 조선이 문명 의식으로서의 중화에서 벗어날 수 있었던 것은 침략적인 서양 열강 그리고 일제라는 폭압적 타자와 조우한 뒤였다. 그러나 이때는 이미 이념이나 태도만으로는 문제를 해결할 수 없는 강력하고 폭력적인 전환의 시대였다. 조선은 대체 가능한 전망이나 지향도 없이 서구의 시선으로 세계를 바라보도록 시력 전체를 교정받지 않을 수 없었다. 일본을 통해 유입된 서구 문명의 우월성 앞에서 문명 국가로서의 조선의 자긍심과 주체성은 모두 도산한 은행의 채권처럼 휴지조각이 되었다.

그 후 조선에서 중국은 서구 제국주의적 문명 관점에서 비루하고 무능한 타자로 전락하고 대신 서양과 일본이 새로운 발전의 모델로 설정되게 된다. 따르고 싶은 타자로서의 서양과 민족의 원수로서의 일본, 그리고 전근대적 낙후성의 상징으로서의 중국의 이미지는 우리의 일상에까지 깊이

　　　　　　　　　　　　　　　　　　철학자의 서재 2

뿌리내려져 있다. 중화가 아닌 새로운 문명 개념이 우리 사회에서 작동하면서 과거와는 다른 방식의 이중성을 내면화하기 시작한 것이다. 이 복잡하고도 비주체적인 경험은 여전히 우리 사회에서 강력하게 작동하고 있다.

태도를 요청하는 중국

회고하건대 2010년은 어느 해보다 중국에 관련된 책들이 많이 출판되었던 것 같다. 국내 전문가들의 성과물인 『G2 시대: 중국 발전의 빛과 그림자』(대선 펴냄)를 비롯해 중국의 대국화를 바라보는 미국의 시선을 담은 『왜 중국은 서구를 위협할 수 없나』(에드워드 스타인펠드 지음, 구계원 옮김, 에쎄 펴냄), 서구 근대와 다른 중국형 발전의 토대를 짚어내는 『중국이 세계를 지배하면』(마틴 자크 지음, 안세민 옮김, 부키 펴냄)같이 중국의 성장을 주제로 한 도발적이고 선정적인 제목의 책들이 2010년 하반기에 쏟아져 나왔다.

잠시 숨을 돌려 생각해 보면 국내외의 학자와 전문가들은 호들갑스러울 정도로 주요 2개국(G2) 시대의 개막을 앞 다투어 선언하면서 작금의 상황과 미래에 대한 전망을 제시하고자 하는 자리에 서려는 듯하다. 이런 긴장과 알 수 없는 다급함은 어디에서 오는 것인가?

'G2'라는 단어는 공포에 가까운 심경을 불러일으키며 순식간에 세계 전체에서 승인되었다. 실제 경제적 수치와 관계없이 그리고 누구의 관점인지 상관없이 'G2'는 초월적인 힘을 가지고 전 세계의 경제, 정치, 문화 등에 그림자를 드리우며 말의 힘을 확장시켜 가고 있다 해도 과언이 아니다. 이제 세계에서 중국은 그런 존재다. '아시아'는 중국에게 좁은 무대이며 심지어 전략적인 차원에서만 붙는 상징적 기호가 되어버렸는지도 모른다.

이 모든 상황은 우리에게 그 어떤 '태도'를 요구한다. 중국이 우리에게 실질적 행위에 영향을 미치며 이후 벌어질 일들에 대한 평가의 기준이 될 '태도'를 요구한다. 그런데 이런 상황은 중국의 변화를 자신들이 이끈다고 믿으며 그 관리의 방안을 창출하고자 애써왔던 미국뿐 아니라 우리에게도 낯설다. 왜 중국이라는 국가가 우리에게 특정한 태도를 요구한다는 사실 자체가 낯선가? 지정학적 위치상 전 세계 그 어떤 나라보다도 오랫동안 그리고 강력하게 중국에 대한 태도를 요구받았던 우리가 아니었던가?

중국은 우리에게 태도를 요구했지만 우리는 그 요구를 언제나 과거형으로 받아들여 왔다. 10여 년 전까지만 해도 중국을 떠올릴 때 우리는 안전하고도 평탄한 자리에 서 있었다. 예를 들어 중국 철학을 중심에 두고 동서양 철학을 20여 년 공부해 온 나 같은 사람이 제일 좋은 예일 것이다. 학문으로 접하는 중국은 책 속에만 있었고 책으로부터의 도전은 읽는 사람이 나름대로 조절할 수 있는 평면적인 것이었다.

현실의 중국이 어느 자리에, 어떤 위상에 있건 나의 연구에 큰 영향을 주지 못했다. 철학, 사학, 문학 등 인문학으로 중국에 접근하는 연구자들은 대체로 과거형으로 중국의 사상과 문화를 끌어내서 안전하게 중국을 소비할 수 있었고 따라서 현실의 중국 상황과 충분한 거리를 둘 수 있었을 것이다.

물론 중국에 대해 보다 역동적인 경험을 한 사람은 다를 수도 있다. 그렇지만 단순하기는 마찬가지다. 20세기에 사업으로로건 여행으로건 발로 경험하고 눈으로 느낀 중국은 과거의 영광과 관계없이 낙후된 저개발의 사회 그 자체였기 때문이다. 평면으로 중국을 만났건 날것으로 중국을 만났건 적어도 중국이 이처럼 국제 사회에 강력하게 부상하기 전에는 우리

　　　　　　　　　　　　　　　　　　철학자의 서재 2

에게 복잡한 태도를 요구하지 않았음은 분명하다. 서구적 근대 세계가 심어놓은 새로운 문명의 관점은 중국을 과거의 호랑이로 박제시킬 만큼 충분히 강력했고 유효했기 때문이다.

그러나 지금은 다르다. 미국을 상대할 수 있는 유일한 대국이 된 현재 중국의 국제적 지위와 경제적 위상은 티베트와 신장 지역에 대한 탄압, 동북 공정으로 대표되는 역사적 접근의 고압적이고 일방적인 태도, 문화 혁명 때 폐기처분되었다가 최근 다시 최고의 문화적 수출품으로 변모한 공자 등을 포함하며 우리에게 이전에 경험한 적 없는 강력한 도전으로 다가오고 있다. 과연 우리에게 중국은 무엇인가?

장성으로 중화주의 읽기

더 이상 안전한 각도에서 중국을 소비하거나 대상화할 수 없다면 무엇이든 우리의 태도를 결정하는 데 도움이 될 만한 것들을 찾아야 할 것이다. 영국의 젊은 역사 연구자 줄리아 로벨이 쓴 『장성, 중국사를 말하다』(김병화 옮김, 웅진지식하우스)를 읽는 것도 탐색 과정의 한 출발점이 될 수 있을 것이다.

이 책은 우주에서도 보인다는 왜곡된 신화로, 중국 민족주의의 상징으로, 동서양 전체의 경외와 찬탄을 받아온 만리장성을 바늘 삼아 3000여 년의 중국사를 꿰뚫는 독특한 방식의 역사책이다. 저자는 원래 흙으로 쌓아올린 벽에 불과했던 장성이 위대한 장성으로, 그리고 온 세계로서 '만리'에 이어져 있는 거대한 중국의 상징으로 굳어지는 역사적 과정을 추적하고 있다.

사실상 장성의 역사는 정착 생활을 하면서 삶의 경계와 테두리를 분명히 해야 하는 농경 민족과 끝없이 이동하면서 삶의 경계와 테두리에 갇힐 수 없는 유목 민족의 생존을 건 대결의 역사다. 저자는 이런 역사적 갈등 관계에 얽힌 인물과 일화들을 통해 장성이 북방의 기마 민족들을 막는 물리적 장벽의 기능뿐 아니라 이른바 오랑캐(夷)와 중화(華)를 가르는 중화주의의 상징이었다는 점을 드러내고자 한다.

본래 진나라에 축조되기 시작한 장성은 방어용이면서 동시에 초원으로 팽창해 나가고자 하는 팽창주의 정책의 일환이었다. 이렇게 본다면 천문학적인 경비와 인력을 소진하면서 농경지에서 수백 킬로미터씩 떨어진 곳에 성벽을 세우는 비경제성과 비효율성은 충분히 설명될 수 있다. 타자와 자기를 가르는 이념적 표지이자 외부 세계로 확장해 가는 팽창주의의 상징으로서 장성은 엄청난 경비와 인력 손실을 보전하고도 남은 자기 선언이자 타자 정복의 논리였던 것이다.

이 책은 장성을 둘러싼 역사적 장면들을 스케치하듯 정리하면서 그 속에서 작동한 이념적 장성에 대해 생각하도록 제안한다. 중화주의로 대표되는 이민족에 대한 중국의 배타주의, 고립주의, 폐쇄주의가 중국의 내외에 그리고 과거뿐 아니라 현재까지도 어떻게 작용했는지 살펴보라는 것이다. 이런 제안은 G2 시대를 맞는 우리에게 유효하다. 중국인들이 여전히 장성 속에서 살고 있고, 우주에서 장성이 보이지 않는다는 사실과 관계없이 장성을 민족의 표상으로 삼을 것이기 때문이다.

이들이 장성 안에 그리고 장성을 담고 산다는 사실은 중국을 상대해야 하는 모든 이들이 가장 먼저 알아야 할 전제가 될 것이다. 그런 맥락에서 저자는 현대 중국인들까지 장성의 신화에 동참하는 한 장성이 이들에게 '마음의 감옥'이 될 것이라고 충고한다. 이 마음의 감옥이 어떤 양상으로 나타나는지 중국 정부가 정보를 통제하는 수단인 인터넷 방화벽을 통해서 확인시켜 주기도 한다.

그렇지만 저자의 이런 제안 앞에서 우리는 이 책을 보는 서양인들과 같은 태도의 자리에 설 수 없다. 우리는 미국의 중국학자나 중국 전문가들처럼 중국이 결코 서양을 이길 수 없으리라는 낙관의 자리에 설 수도, 중화주의를 오리엔탈리즘에 버금가는 중국 중심주의로 보면서 일방적으로 부정하는 비판의 자리에 설 수도, 일시적일 것이 분명한 현재의 경제적 우위에 안주해 낙후된 저개발 사회로 무시하는 조악한 우월의 자리에 설 수도 없기 때문이다.

그러니 진짜 긴장해야 하는 것은 우리 자신일지 모른다. 지리적 중화도, 문화적 중화도 벗어나 서양 중심의 세계사에 포섭된 우리가 과연 현재의 시점에서 중국을 객관적으로 바라보고 평가하고 상대할 수 있을까? 우리의 시선과 태도에 영향을 끼쳐 왔던 것이 무엇이었는지, 그 각각의 성분들을 확인해 보지 않으면 안 될 것이다. 누구의 시선으로 중국을 보고 있는지, 누구의 뒤에서 두려워하고 또 안도하고 있는지 살펴보지 않으면 안 될 것이다.

21세기 중화주의는 중국이 세계사에 독보적 존재로 등장하는 강도만큼이나 주의가 필요한 주제다. 그러나 우리는 여전히 느리거나 혹은 둔감하다. 우리 안에 중국을 보는 냉정한 눈도, 현명한 눈도 찾기 어렵다는 느낌이다. 역사적으로 다양한 '중국들'과 여러 맥락에서 부각되는 새로운 '중국들'을 바라볼 통찰력이 절실히 요구되는 시대다. 경제적 맥락뿐 아니라 정치적 맥락에서조차 미국의 중국학을 넘어서지 못하며 우리와 중국의 관계를 과거의 역사 안에서만 조명하거나 혹은 경제적 관계로만 조명하려는 단선적 시선이 앞으로 우리에게 어떤 부담으로 다가올지 생각해 봐야 할 때다.

1) 니시노 히로요시, 『말과 황하와 장성의 중국사』, 김석희 옮김(북북서, 2007). 일본 연구자가 쓴 『말과 황하와 장성의 중국사』는 『장성, 중국사를 말하다』와 짝지어 읽을 만한 책이다. 이 책은 말, 황하, 만리장성이라는 세 조각을 들고 중국이라는 역사적 현실에 진입해 보고자 한다는 점에서 『장성, 중국사를 말하다』와 같은 전략을 취하고 있지만 방향과 관점이 조금씩 다르다. 양자를 비교함으로써 동아시아에서 읽는 중국과 유럽에서 읽는 중국의 차이를 살펴보는 것도 흥미로울 것이다.

2) 니콜라 디코스모, 『오랑캐의 탄생: 중국이 만들어 낸 변방의 역사』, 이재정 옮김(황금가지, 2005). 원제: *Ancient China and Its Enemies: The Rise of Nomadic Power in East Asia History*(2002). 저자는 중국과 북방 민족간의 관계가 사마천의 지배 서사라는 렌즈를 통해 형성된 것이라고 전제한 뒤 중국 중심의 역사관을 넘어서 이른바 '대등한 역사 공동체들 간의 교류'라는 관점에서 동아시아 역사를 읽어내고자 한다. 이런 시도는 현재 중국이 자기 이미지와 이념을 어떻게 지리적으로 확장하고 정치적으로 구현하는지를 비판적으로 조망하는 데 도움을 줄 수 있다.

김선희 / 이화여자대학교 강사

동물 사랑은 채식주의자?
엉성한 논리다!

『동물 해방』 / 피터 싱어

동물과 함께 산다는 것

이전에 나는 개를 무척 무서워하였다. 개를 무서워하다 보니 어쩌다 개 키우는 집 방문하는 일이 생기면 여간 스트레스가 아니었다. 대문 들어서기가 무섭게 사납게 짖어대는 개는 말할 것도 없으려니와 꼬리를 살랑대며 친한 척 다가오는 작은 강아지도, 소위 족보 있다는 견공도 나에게는 그저 공포의 대상일 뿐이었다. 그런 내 속내를 드러내 보이는 것은 강아지 주인에게 실례일 것 같아 귀여운 척 억지로 손을 내밀어 쓰다듬어 보지만, 그때 전해지는 뜨듯하면서 물컹한 감촉은 얼마나 내 오금을 저리게 했던지…….

그런 나에게 어느 날 팔자에 없이 개를 키우게 되는 우연한 사건이 발생했고 그 덕에 지금은 개에게서 남다른 감정을 갖곤 한다. 처음엔 가족들이 개를 좋아하는 바람에 억지 춘향이로 개 키우는 데 승낙을 하였지만,

내 옆에는 다가오지 못하도록 바리케이드를 치고 몽둥이를 들고 다니면서 멀찍이서 위협적인 몸동작을 하며 지냈다. 몇 달을 그렇게 지내면서 아주 천천히 개에 대한 친밀한 감정이 생겨났고 지금은 그 뜨듯하고 물컹한 감촉이 예전처럼 아주 싫은 것만은 아니게 되었다. 그리하여 나도 개와 친하게 되었고 개를 사랑하게 되었으며 개를 이해하게 되었다고 종종 자부하곤 한다.

그런데 그런 한편으로 마음 한 구석에는 내가 동물을 사랑하게 되었다고 말하는 것이 맞는지 아닌지가 늘 의심스럽다. 왜냐하면 간식을 줄 때나 사료를 줄 때 산책을 할 때 등 시시때때로 나는 나의 행동이 개 중심인지 내 중심인지가 헷갈리기 때문이다. 많은 사람들이 사료를 먹이는 것이 개의 건강을 위해 바람직하다고 하지만 사실은 용변에서의 냄새를 피하기 위한 핑계가 아닌가 싶고, 개의 마음을 안다고 하지만 사실은 그게 개의 마음이 아니라 내 마음대로 해석하는 것은 아닌가 하는 생각이 들기 때문이다. 아니 어쩌면 개를 집에서 키우는 것 자체가 인간 중심적인 것인지도 모른다는 생각이 더 많이 든다. 동물을 아낀다는 미명하에 옷을 입히고 미용을 하며 자주 목욕시키고 신발을 신기는 행동들이 과연 동물의 입장을 헤아린 것인가를 자꾸만 떠올리게 한다.

애완동물을 키우는 사람과 동물 애호가

이런 문제의식 안에서 나는 늘 애완이란 말을 사용하면서 동물과 함께 살아가는 사람과 동물을 사랑하는 사람이 같은 것인지 아닌지를 고민한

 철학자의 서재 2

다. 애완동물이란 개념 자체가 진정한 의미의 동물 사랑과는 거리가 있는 말인 것을 떠올려 보면 분명 애완동물을 키우는 사람이 동물을 진정으로 사랑하는 사람은 아닌 듯싶다.

그럼 동물을 사랑하는 사람은 누구인가? 동물에게도 권리가 있다고 주장하는 사람이 있다. 그런 사람들은 인간에게 할 수 없는 일은 동물에게도 결코 할 수 없다고 강조한다. 즉 동물들도 생명을 빼앗기지 않을 권리나 이유 없이 고통을 당하지 않을 권리가 있다는 것이다. 예컨대 인간이 인간을 먹을 수 없듯이 동물을 먹을 수 없으며 인체 실험을 할 수 없는 것과 마찬가지로 불필요한 동물 실험도 합당한 것이 아니라고 말한다.

이런 주장을 하는 사람들은 인간에게 할 수 없는 일을 동물에게 하는 것은 성차별이나 인종 차별과 마찬가지 의미의 종 차별주의라 한다. 이 정도면 동물을 진정으로 사랑하는 사람이며, 인간 중심주의를 벗어난 사람이라고 말해도 좋을 것 같다.

피터 싱어의 『동물 해방』(김성한 옮김, 인간사랑 펴냄)은 이런 관점을 견지한다. 그는 "해방 운동으로부터 무언가를 배울 게 있다면 그것은 효과적으로 지적을 받아 깨우치지 않는 이상 어떤 집단을 대하는 태도에 숨겨진 편견은 의식하기가 어렵다는 점을 배워야 한다는 것"이라고 말한다. 싱어에 의하면 "해방 운동은 도덕적 지평의 확장을 요구하는 것이며 그렇게 함으로써 이전까지는 자연스럽고도 불가피하다고 생각되었던 관행들이 정당화될 수 없는 편견의 결과임을 알게 된다"고 한다. 이러한 입장에서 그는 채식주의자가 될 것을 제안한다.

동정적으로 동물의 이익을 고려하는 것과 동물의 이익을 염두에 두면서 계속 그들을 먹는 것 사이에는 아무런 모순이 없을 수 있다. 동물에게 고통을 가하는 데에는 반대하면서도 고통 없이 죽이는 데에 반대하지 않는다면 모든 고통으로부터 자유롭게 살았고 즉각적이고도 고통 없이 도축된 동물을 계속해서 먹을 수 있을 것이다. 하지만 인간 아닌 동물들에게 관심을 갖는 동시에 그들을 계속 먹을거리로 사용하는 것에 일관성을 부여할 수는 없다. (……) 우리가 아무리 연민을 느낀다 하더라도 결국 돼지, 소, 그리고 닭을 우리가 이용할 무엇으로 간주하고 있는 것이다.

사실 현대인의 육류 소비량은 엄청나다. 명절이나 제사 때만 목구멍에 기름칠을 할 수 있었다는 이야기는 눈만 돌리면 고기집이 즐비한 요즘 세상에서는 가히 신화적이다. 동네 어귀마다 치킨 집이 있어 전화 한 통이면 집에 가만 앉아서도 닭다리를 뜯을 수 있고 삼겹살은 대학가에서 즐겨 찾는 흔한 안주 메뉴가 될 만큼 저렴한 가격으로 공급된다. 도시락 반찬으로 계란을 싸가서 영웅이 되었다던 선배들의 이야기는 가공의 허풍처럼 들린다. 아직도 지구의 한편에서는 굶어죽는 사람이 있다지만 그럼에도 불구하고 인간들의 육류 소비가 엄청나게 증가한 것은 부정할 수 없는 사실이다.

동물 사랑하는 데에도 방법이?

달포쯤 되었을까? 한 TV 프로그램에서 전통식 농장의 자연스런 조건을 박탈당한 채 공장식 사육장에서 사육당하고 있는 동물들의 모습을 방영하였다. 거기에는 태어난 지 하루 된 병아리들이 창문 하나 없는 인공 부화장에서 사육당하는 모습, 열악한 환경에서 자연적 본성을 펼치지 못하도록 감금된 어미 닭들, 극심한 스트레스 상황에 놓여 서로의 꼬리를 무는 돼지와 그 '나쁜 습관'의 제거를 위해 꼬리 잘림을 당하는 돼지들, 비좁은 외양간에 감금된 채로 일생을 살아가는 송아지의 모습 등이 있었다. 인간이라는 종만이 아니라 다른 종의 구성원에 대해서도 관심을 갖게 한다는 점, 더 나아가 그 관심을 일상의 삶에서 실천한다는 점에서 피터 싱어의 논의는 분명 인간 중심주의를 해체하는 철학적 경향과 만난다.

싱어가 종 차별주의를 말하고 동물의 도덕적 지위를 논의할 때 근거로 두는 것은 이성이다. 그러기에 그는 동물의 이익을 위해 일할 때나 동물의 도덕적 지위를 논의할 때 비합리적이거나 감상적이거나 감정적으로 흐르지 않을 것을 강조한다.

싱어가 동정심 같은 감정을 비판하고 이성에 기반을 둘 것을 강조하는 이유는 이러하다. 감정은 변화무쌍한 것이고 잘못된 믿음에 기초할 수 있으며 비판과 반성적 측면을 고려하지 않는다는 것이다. 동정심은 누구나 다 갖는 것도 아닌데, 어떤 사람은 도살장에서 죽어가는 소를 보고 동정심을 느끼지만 또 다른 어떤 사람은 별 다른 감정을 느끼지 않을 수 있다는 것이다.

싱어는 또한 우리가 어떤 고통 받는 동물을 접하게 되었을 때 동정심을 느끼고 그래서 그 동물을 돌보게 된다고 하더라도 그때의 그 감정이나 행위는 사적인 것에 그칠 뿐이며 보다 확대되어 보편적인 윤리를 말할 수 없다고 비판한다. 고통 받는 동물에게서 동정심을 느끼고 그래서 돌봄의 행위로까지 이어지게 된다 하더라도 그것은 나와 친한 사람, 같은 지역, 같은 민족, 같은 인종, 같은 성별의 사람으로 제한될 가능성이 농후하다는 것이다.

그러나 동물에게 관심을 갖고 동물의 고통을 중지시키려는 노력과 더불어 동물에게도 도덕적 지위를 부여하고자 할 때 이성이나 권리에 입각한 논리들로 다 해결할 수 있는 것은 아니다. 윤리적 문제를 해결하고자 할 때 감정이 지니는 한계성 때문에 감정이 불필요하다고 간주하는 것은 잘못이다. 윤리학에서 감정은 이성에 못지않은 역할을 한다.

동물의 권리와 복지를 보장하기 위해서는 이성적인 추론과 더불어 동정심이나 돌봄과 같은 감정 역시 필요하다는 사실을 간과하지 말아야 한다. 공장식 사육장이나 도살장을 방문한 사람이 거기서 잔인하게 고통받는 동물의 현실을 보았다고 할 때 느끼는 그 느낌은 현장을 보지 않았을 때와는 분명 다를 것이기 때문이다. 이런 측면에서 보면 현장에서 느낀 사적인 동정심이라도 그것을 기반으로 '도덕적 상상력'을 발휘할 수 있고 그래서 그와 비슷한 처지에 놓인 다른 모든 동물들에게까지 도덕적 추론을 하고 그것을 확장시킬 수 있다는 논의가 가능해진다.

동물을 사랑한다면, 채식주의자가 되어야 할까?

하지만 그렇다고 해서 우리 모두가 채식주의자가 될 필요는 없을 것이다. 인간이 동물을 먹는 것에 반대하는 많은 사람들은 동물도 고통을 느낀다는 것을 이유로 든다. 동물들이 고통을 느낀다는 것은 많은 신경학적 특히 해부학적 증거를 통해 증명된다. 동물들이 비록 말로 표현하지 못한다고 해서 그것이 그들의 고통을 무시해도 좋다는 근거가 되지는 않는다. 그것은 신생아 혹은 한 살짜리 어린 아이가 언어로 자기 고통을 표현하지 못

                                          철학자의 서재 2

한다고 해서 고통을 느끼지 못하는 존재라 간주할 수 없는 것과 동일한 이치이다.

그런데 이렇게 동물들이 느낄 고통에 주목하면서 채식주의가 될 것을 말하는 논리는 어딘가 빈틈이 있어 보인다. 채식의 주재료인 식물은 고통을 느끼지 못한다고 말할 수 있는가의 문제에 곧바로 봉착하기 때문이다.

이즈음에서 동양적 사고를 떠올려 보게 된다. 유교나 불교에서 생태계 문제는 먹고 먹히는 논리로 설명되는 것이 아니라, 서로가 서로를 먹이며 서로를 살리는 상생의 관계 안에 놓여 있다. 만물은 한 몸이기 때문에 인간은 다른 사물의 고통을 느낄 줄 알고 하나의 기(氣)로 이루어져 있기에 동물, 식물은 인간을 먹이고 병을 치료할 수 있다.

그렇기 때문에 인간이 동물, 식물을 먹을 수 없다는 논의로 치닫는 것이 아니라 오히려 한 몸이기 때문에 서로에게 먹이고 치료하는 감응, 사랑, 상생의 관계가 된다. 중국 명대의 유학자, 왕양명이 말하는 만물일체의 사랑에 대한 이야기를 소개하면서 글을 마친다.

"바람, 비, 이슬, 우레, 해, 달, 별, 새, 짐승, 풀, 나무, 산, 냇물, 흙, 돌 등은 원래 사람과 한 몸이다. 그러므로 오곡과 금수 같은 종류의 것은 모두 사람을 기를 수 있고 약초나 돌 같은 종류의 것은 모두 인간의 병을 치료할 수 있다. 이것들은 다만 일기(一氣)로 이루어져 있기 때문에 서로 통할 수가 있는 것이다."

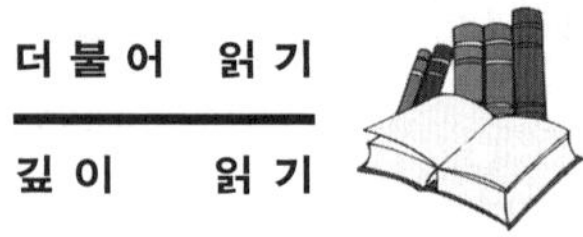

1) 마크 배코프,『동물권리선언』, 윤성호 옮김(미래의 창, 2011). 이 책은 동물의 존재에 대해 생각해 보기와 인간이 어떻게 동물을 대하고 이해하고 그들의 권리를 인정해야 할지 등에 대해 숙고하는 기회를 가질 것을 권유한다.

2) 짐 메이슨, 피터 싱어,『죽음의 밥상』, 함규진 옮김(산책자, 2008). 이 책은 생산에서 소비까지 현대 식생활에 대한 논쟁들을 담고 있다. 먹거리를 둘러싼 불편한, 그러나 현실적인 사실을 고발하고 그것을 넘어설 실천 방법들을 제시하고 있다.

3) MBC스페셜 〈고기랩소디〉, 2011년 6월 10일 방영.

김세서리아 / 성신여자대학교 연구교수

누가 괴담을
만들어 내는가

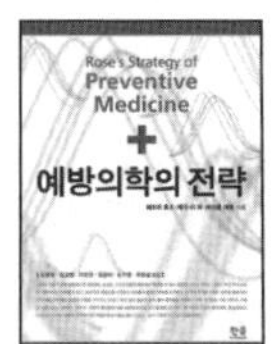

『예방 의학의 전략』 / 제프리 로즈, 케이_티 콰, 마이클 마못

황당할 정도로 꼭 닮았다. 2008년 광우병 사태와 2011년 일본 후쿠시마 원전 사태에 대한 한국 사회의 반응은 마치 쌍둥이 같다. 2008년에는 미국산 쇠고기 수입을 앞두고 광우병 발병률과 위험성에 대한 논쟁이 치열했었다면, 2011년 현재는 (최소한 인터넷에서는) 한국인의 피폭 가능성에 대한 논쟁이 진행 중이다.

이 두 논쟁의 공통점은 그 전개가 '정부 및 전문가 vs 시민사회 및 대중'이라는 양상으로 흘러갔다는 것이다. 광우병에 걸릴 확률은 벼락 맞을 확률보다 낮으며 따라서 미국산 쇠고기는 안전하다는 정부와 정부 측 전문가들의 입장은 현재, 사고 원전에서 배출되는 방사성 물질의 한국 유입 가능성은 극히 희박하며 따라서 한국인은 원전 사태로부터 안전하다는 주장으로 되풀이되고 있다. 한편, 광우병의 낮은 발병률보다 문제가 되는 것은 안전의 불확실성이며 따라서 미국산 쇠고기를 수입해서는 안 된다는 시민

단체와 대중들의 주장은 현재, 한국 및 일본 정부가 발표하는 방사성 물질의 확산 경로와 방사선량을 못 미더워하는 입장으로 재현되고 있다.

'과학 vs 괴담'이라는 허구

주목할 만한 또 하나의 공통점은 이 두 사태가 모두 '과학 vs 괴담'이라는 양상을 띠고 있다는 사실이다. 두 경우 모두에서 정부와 정부 측 전문가의 입장은 '과학적 진실'을 대변하는 것으로 여겨졌으며, 이와 다른 입장은 '괴담'으로 취급되었다. 지난 3월에는 외국 기상청의 발표를 근거로 한국에도 방사성 물질이 상륙할 것이라는 내용을 트위터에 올렸던 한 네티즌이 루머를 유포했다는 죄목으로 검거되기까지 했다.

그리고 가장 중요한 공통점은 논쟁의 대상이 되는 두 사태가 모두, 전 국민의 건강과 직결된 문제라는 것이다. 즉, 공중보건의 문제라는 것이다. 만일 '과학적 진실' 측이 옳다면, 전 국민은 보다 '값싸고 질 좋은 쇠고기'를 즐길 수 있을 뿐 아니라 방사능의 위협 따위에 에너지를 낭비할 필요가 없게 된다. 그러나 만일 '괴담' 측이 옳다면, 전 국민은 현재로서는 치료법이 없는 광우병에 노출될 위험뿐 아니라 치료 부담이 막대한 피폭 위험까지 감수해야 한다. 양측의 차이는 결과에 있어서는 아니라 하더라도 그 의미에 있어서만큼은 극과 극이라 할 만하다.

'괴담' 혹은 '루머'가 끊임없이 제기되는 이유는 바로 이 때문이다. 비전문가인 보통 사람들이 정부 측 주장과 '괴담' 중 어느 쪽이 맞는지를 정확하게 판단할 수 있는 능력은 아마 없다고 보는 것이 적절할 것이다. 그럼에도 불구하고 사람들은 일상에서 매순간 선택을 해야 한다. 이미 수입되고 있는 미국산 쇠고기를 먹을 것인지 말 것인지, 우유나 해산물을 먹을 것인지 말 것인지, 외출 시 마스크를 착용할 것인지 말 것인지⋯⋯. 정부 측 주장을 그대로 믿기에는 불안감이 크다. 만일 내가 후일 광우병이나 암에 걸린다 해도 아무도 책임져 주지 않을 가능성이 많다. 그렇다고 괴담을 믿자니 괜히 어리석은 사람 취급을 받는 것 같다. 유난스럽다고 비웃는 주위의 시선도 견디기가 쉽지 않다. 선택은 이제 온전히 개인의 몫으로 떨어졌고, 이 난감한 상황에서 자신과 가족이 최대한 안전을 보장받을 수 있는 선택을 지향하는 사람들을, 다시 말해 '괴담'을 믿는 사람들을, 비난하기란 힘들다.

괴담이 대량으로 광범위하게 유포되고 수용되는 사회는 분명 건강한 사회가 아니다. 괴담 속에 객관적 사실이 묻혀버린다면 그것 또한 큰 문제이다. 그러나 지금 현재 우리 사회처럼 괴담이 끊임없이 제기되는 상황이라면, 그리하여 괴담이 끊임없이 사회적 논쟁을 야기하는 상황이라면, 단지 괴담만을 탓해서는 안 된다. 대체 괴담은 왜 발생하는지, 누가 어떻게 괴담과 과학적 사실을 구분하는지, 괴담이 정말 괴담에 불과한 것인지 등등, 괴담 그 자체 및 괴담을 둘러싼 상황 전체에 대해 관심을 가져야 한다. 그리고 최종적으로는 '과학 vs 괴담'이라는 논쟁의 구도 자체가 과연 타당한지에 대해 의문을 가져야 한다.

논쟁이 더 이상 소모적으로 흘러가지 않으려면 광우병 사태든 원전 사태든 새로운 관점에서 바라봐야 한다. 무엇이 과학적 진실이고 무엇이 괴담인가를 따지느라 혹시 문제의 본질을 놓치고 있는 것은 아닌지 생각해야 한다. 본질이란, 과연 무엇이 우리 모두의 건강에 보다 도움이 되는가이다. 정말로 '과학'이 문제라면, 여러 과학 분야 중에서도 특히 그 대상을 직접 다루는 분야로부터 출발하는 것이 합리적이지 않겠는가. 그렇다면 광우병 사태나 원전 사태에 대한 일차적 접근은 공중 보건학의 관점이 되어야 한다. 공중 보건학이 주로 다루는 것이 바로 이 사태의 본질, 즉 우리 전체의 건강 문제이기 때문이다. 공중 보건학은, 광우병이나 원자력을 집중적으로 다루는 전문 의학이나 확률을 따지는 수학, 우리 인간 자신이 아니라 사물을 다루는 공학과는 또 다른 관점을 제시해 줄 수도 있을 것이다.

공중 보건학 입문자들의 고전과도 같은 책이라는 제프리 로즈의 『예방의학의 전략』은, 예방을 해야 하는 이유를 설명하는 데서부터 논의를 시작한다. '아프거나 죽는 것보다는 건강한 것이 낫다. 이것이 예방의학에 대한 유일하고 진정한 논거의 시작이자 끝이다. 이것으로 충분하다.'

'건 강'과 '질 병'은 구 분 할 수 없 다

제프리 로즈는 개인에 초점을 맞추는 임상의학과 인구집단에 초점을 맞추는 역학 및 공중 보건학의 접목을 평생의 주제로 삼았다고 한다. 공중 보건에서 가장 중요한 원칙인 예방을 위해, 개인이 아니라 집단 전체로 시야를 돌려야 한다는 생각은 1980년대부터 선구적으로 시작되었고, 로즈는 그에 입각하여 예방의학에 거대한 혁신을 주도해 왔다. 1992년 처음 출간된 이 책은 그러한 로즈의 연구를 종합한 결과물이다.

이 책은 상식과는 다른, 놀라운 사실들을 담고 있다. 우선, 식별 가능한 질병의 실체란 존재하지 않는다는 내용이 그렇다. 건강과 질병 사이의 자연적인 구분은 존재하지 않으며, 이러한 구분 자체가 의학적 가공물일 뿐이다. 예를 들어 각종 감염병은 분명한 임상적 증상을 보이는 환자에서부터 특별한 검사로만 확인할 수 있는 무증상 감염까지, 하나의 인구 집단 내에서 다양한 수준으로 나타난다. 의학은 이중 치료가 필요하다고 생각되는 심각한 사람들을 골라 질병에 걸린 환자로 분류하고, 나머지는 건강한 사람으로 분류한다. 이때 분류 기준은 자연적 사실에 따르는 것이 아니라 의학적 필요에 따라 자의적으로 결정된다.

즉 환자란 질병에 걸린 사람이 아니라 그 질병의 증상이 특히 심해서 치료가 필요한 사람이다. 건강한 사람이란 질병에 걸리지 않은 사람뿐만 아니라, 질병의 증상이 나타나지 않거나 약해서 치료가 필요하지 않은 사람까지 포함하게 된다. 우울증 환자는 항우울제 치료를 받아야 한다고 분류되는 사람이다. 거꾸로, 우울증 환자가 아니라고 해서 우울증과 전혀 관련 없는 사람이 되는 것은 아니다. 우울증 증상이 나타나기는 하지만, 그 정도가 심각하지 않아 굳이 치료를 받을 필요는 없는 사람일 수도 있다. 암이나 임신, 노인성 치매 등도 마찬가지로 설명될 수 있다. 그렇다면 '치매에 걸렸나요?'라는 질문은 타당하지 않게 된다. '어느 정도나 치매인가요?'라는 질문만이 타당하다.

1954년 조지 피커링이 이와 같은 혁명적인 주장을 처음 내놓기 이전까지는 건강과 질병, 건강한 사람과 환자만을 구분하는 단순한 이분법적 질병 모형이 지배적이었다. 그러나 엄청난 논란 이후 그의 주장이 점점 사실로 검증되면서, 이제 질병이 분명하게 정의될 수 있고 정상과 엄격하게 구분될 수 있다는 가정은 힘을 잃게 되었다.

그렇다면 진단의 개념 역시 바뀔 수밖에 없다. 의사의 진단이란 질병의 실체를 확인하는 것을 의미하지 않는다. 진단은 질병이 얼마나 심각한 상태인지를 측정하고 그중 치료해야 할 사례를 가려내는 일이 된다. 이는 불건강이라는 개념에 대해 의사와 대중이 각자 다른 관점을 지니고 있다는 것을 의미한다. 의사들에게 불건강의 척도가 치료받아야 할 상태라고 한다면, 대중들에게 불건강의 척도는 자신들이 일상생활에서 어떻게 느끼고 장애를 경험하는지가 될 수 있기 때문이다.

이분법적 질병 모형에 기초한 고위험 전략

이러한 의사들의 관점은 물론 현실적인 필요에 의한 것이다. 제때 필요한 치료에 들어가고 치료가 필요 없는 사람을 과잉치료 하지 않기 위해서, 또는 심각한 전염병 환자를 격리하여 다른 사람들에게 감염되는 것을 막기 위해서 등등 여러 가지 이유 때문에, 의사는 질병 모형이 어떻게 바뀌었든 지금도 여전히 이분법적으로 환자와 환자 아닌 사람을 정확하게 분류해 내야만 한다. 이 이분법적 관점은 지금도 여전히 환자 개인들의 건강을 위해 반드시 필요하고 또 중요한 관점이다.

이분법적 질병 모형이 공중 보건학에 적용되면 고위험 예방 전략이 된다. 고위험 예방 전략이란 특별히 위험성이 높은 소수의 개인들을 선별해서 그들 위주의 예방 조치를 취하는 것이다. 이러한 전략 하에서는 특별히 주의가 필요치 않은 다수의 사람들에게 노력을 기울일 필요가 없기 때문에 자원의 낭비를 막을 수 있다는 장점이 있다. 따라서 고위험 전략은 가장 큰 위험에 처한 개인들을 선별하는 데 집중하게 된다. 그러나 이분법적

　　　　　　　　　　　　　　　철학자의 서재 2

질병 모형이 더 이상 타당하지 않다면 그에 기반한 고위험 예방 전략은 한계를 가질 수밖에 없다. 개인이 아니라 집단 전체를 고려할 때, 과연 위험한 개인들로 분류된 사람들만이 위험에 처해 있는지, 나머지는 정말로 괜찮은지가 문제되는 것이다.

질병이 소위 '환자'와 '건강한 사람' 모두에게 다양한 수준으로 나타난다는 것은, 다시 말해 질병이 하나의 인구집단 전체에 연속적으로 분포한다는 것을 의미한다. 즉 그 인구집단에 속하는 사람들은 단지 서로 정도의 차이만 있을 뿐, 질병에 대한 위험성을 모두 함께 골고루 안고 있다는 것이다. 이때 고위험 전략은 환자로 분류된 사람만을 신경 쓸 뿐, 정상으로 분류된 사람은 환자가 될 가능성을 안고 있음에도 불구하고 방치할 수밖에 없다는 문제를 안게 된다. 더구나 실제로 대부분의 질병은 소수의 고위험군에서보다 낮은 위험에 처한 다수의 사람들 사이에서 더 많이 발생한다.

만일 이러한 문제를 해결하기 위해 더 많은 사람을 고위험군으로 분류하고자 한다면, 고위험군으로 분류된 환자가 정말로 위험에 처해 있다는 점을 입증하는 것이 점점 힘들어질 수밖에 없다. 거꾸로 더 적은 사람을 고위험군으로 분류한다면, 전체적으로 질병 예방 효과는 점점 미미해질 수밖에 없다. 결국, 어떻게 분류 기준을 정해야 하는지가 문제로 남는 것이다.

다양한 질병의 원인들을 고려할 때 분류 기준의 문제는 더 복잡해진다. 예를 들어, 안압은 사람들마다 다양하게 나타나지만 이중 일정 기준을 넘어서는 안압을 가진 사람들은 녹내장이 발생할 위험에 처하게 된다. 즉 안압과 녹내장의 관계에는 역치(위험이 전혀 존재하지 않는다고 가정되는 수치)

가 존재한다. 이 경우에는 역치를 기준으로 삼아 정상인과 환자를 분류하면 되므로 큰 문제가 발생하지 않는다.

그러나 역치가 존재하지 않는 경우도 있다. 흡연과 폐암의 관계, 방사선과 암의 관계가 그러하다. 역치가 존재하지 않는다는 것은 담배연기나 방사선과 같은 위험에 노출될수록, 정확히 그에 비례해 암 발생률이 높아질 수 있다는 의미이다. 따라서 이때 가장 이상적인 예방법은 모든 위험을 완전히 제거하는 것이 된다. 그러나 현실적으로 위험을 완전히 제거할 수 없다면, 고위험 전략은 정상인과 환자의 분류 기준을 결정하기가 힘들게 된다. 고작해야 '받아들일 수 있는 위험의 수준'이라는 모호한 기준을 내밀 수 있을 뿐이다. 고위험 전략은 결국 이 모호한 기준을 넘어서서 고위험군으로 분류되는 사람들만을 위해 노력할 뿐, 기준치 이하의 사람들은 돌보기 힘들게 된다.

고위험 전략의 대안, 인구집단 전략

이때 대안으로 제시될 수 있는 것은 인구집단 전략이다. 인구집단 전략은 이분법적 질병 모형이 아니라 질병의 위험이 하나의 인구집단 전체에 연속적으로 분포한다고 보는 새로운 질병 모형을 채택한다. 이때 환자란 이 분포의 극단에 위치하여 고위험에 노출된 사람들을 의미한다. 그리고 인구집단 전략은 이 환자만을 예방 대상으로 보지 않는다. 예방 대상은 해당 집단에 속한 인구 전체이다. 집단 전체를 바꿈으로써 분포의 극단에 위치한 환자들까지 위험으로부터 벗어날 수 있도록 만든다는 것이다. 즉, 개

  철학자의 서재 2

인을 기본 단위로 삼는 고위험 전략과 대조적으로 인구집단 전략은 하나의 집단 전체를 기본 단위로 삼는다.

유전적 다양성이나 사회적·문화적·교육적 환경 차이, 개인 각자의 독창성과 같은 요소는 사회 안에 다양한 특성의 개인들을 만들어낸다. 그러나 또 한편, 유전적·환경적 생존 조건이나 사회적 규범 등과 같은 요소는 개인들의 다양성을 제한하고 사회를 통일시키는 방향으로 압력을 가한다. 따라서 한 사회 안에서 일어날 수 있는 다양한 변이의 범위는 이러한 다양성과 통일성이 균형을 이루는 지점에서 결정된다. 즉, 변이는 이 균형을 깨트리지 않는 선에서만 나타날 수 있다. 이 균형이 이루어지는 지점이 인구집단의 평균이라고 한다면, 이러한 사회의 평균에서 변이가 벗어날 수 있는 범위는 애초에 제한돼 있는 것이다. 다시 말해, 평균이 변이 정도를 결정한다. 정상이 비정상을 결정한다. 그러므로 집단의 일탈자에 대한 책임은 일탈자 개인이 혼자 떠맡아야 하는 것이 아니라 집단 전체가 함께 져야 하는 것이다.

환자도 마찬가지이다. 환자는 정상인에 비해 특정 질병에 대해 특별히 예민하거나 또는 특정한 위험에 특별히 지나치게 노출되어 나타나는, 일종의 극단적 변이라고 생각할 수 있다. 그렇다면 환자가 변이될 수 있는 범위 역시 그 인구집단의 평균에 달려 있다. 즉 정상인들의 평균이 환자가 나타날 수 있는 범위를 제한한다. 따라서 환자의 위험을 줄이는 가장 근본적인 방법은 사회의 평균을 변화시키는 것이다. 즉, 환자와 정상인을 모두 포함하는 인구집단 전체를 변화시키는 것이다.

그러므로 고위험 예방 전략이 이미 위험에 심각하게 노출된 개인들만을 대상으로 위험 요소를 제거하거나 줄이는 방법을 사용한다면, 이와 달리 인구집단 예방 전략은 집단 전체가 위험에 노출될 기회를 제거하거나 줄이는 방법을 사용한다. 즉 인구집단 전략은 각 개인이 위험에 노출될 수 있는 가장 기저의 원인, 이른바 '원인의 원인'을 찾고 이를 조정하고자 한다. 예를 들어 고위험 전략이 혈중 콜레스테롤 수준이 높은 사람들만을 대상으로 식단 조절이나 약물 치료 같은 조치를 실행하여 이들의 심장질환 발병률을 낮추고자 한다면, 인구집단 전략은 집단 전체를 대상으로 적절한 소금 섭취량에 대한 보건교육을 실시함으로써 집단의 평균적인 혈중 콜레스테롤 수준을 낮추고자 한다. 결국 질병의 원인을 임시적으로만 해소하는 고위험 전략과는 달리, 인구집단 전략은 질병 원인을 근본적으로 해결하고자 하는 것이다.

사실 이는 우리에게 어느 정도 익숙한 방법이다. 깨끗한 식수 공급과 같은 19세기의 공중보건 개혁은 인구집단 전체의 평균적인 위생 상태를 개선함으로써 집단 전체가 질병의 위험에 노출될 기회 자체를 줄였다. 또, 집단 전체를 대상으로 하는 예방접종의 실시는 전염병에 대한 집단 전체의 평균적인 면역력을 높임으로써 세균이 번식할 수 있는 환경 자체를 최소화한다. 이로써 인구집단 예방 전략은 질병의 위험 요소가 인구집단 전체에 연속적으로 분포한다는 사실에 대응할 수 있게 된다. 위험에 심각하게 노출된 소수의 고위험군뿐 아니라, 비교적 적게 노출된 다수의 정상인들까지 배려할 수 있게 되는 것이다.

그런데 이러한 인구집단 예방 전략은 사실 실행하기가 쉽지 않다. 위험의 기저 원인은 대부분 주거나 노동 환경, 생활 습관, 교육과 같이 경제적·사회적·문화적 요소에 의해 좌우되기 때문이다. 또, 예방 전략을 실행하기 위해서는 예방책이 정책적으로 도입되어야 한다. 그러므로 의학은 반드시 정치와 결합될 수밖에 없다. 이에 제프리 로즈는 강조한다. '의학과 정치는 분리될 수 없으며, 분리되어서도 안 된다.' '사회적이고 정치적인 접근만이 질병의 근본 원인들에 대적할 수 있다.' 건강 문제는 결코 불건강한 사람들만의 문제가 아니다. 건강하다고 분류되는 사람들도 이미 불건강에 노출되어 있고, 또 건강이 불건강을 결정한다. 즉, 건강 문제를 해결하는 가장 근본적인 방법은 사회의 건강 불평등을 개선하여 평균적인 건강 상태 자체를 개선하는 것이다.

불확실성에 대한 책임

인구집단 전략의 더 큰 문제는 질병의 직접적 원인이 아니라 기저 원인에 대응하고자 하기 때문에 예방책과 효과의 인과적 확실성을 입증하기가 쉽지 않다는 것이다. 이는 어떤 예방책을 과연 사회적 비용을 감수하면서까지 정책적으로 도입할 가치가 있는가 하는 문제로 나타날 수 있다. 예컨대, 인구집단 전략에 따르면 우리 사회 전체의 건강을 가장 확실하게 도모할 수 있는 방법은 광우병 유발 위험이 조금이라도 있는 쇠고기를 애초에 수입하지 않는 것이다. 그러나 단지 '벼락 맞을 확률보다 낮은 가능성' 때문에 우리 사회는 다른 더 확실한 기회들을 포기해야만 하는 것일까? 또 이는 광우병의 위험을 감수하고서라도 '값싸고 질 좋은 쇠고기'를 즐기고 싶은 개인들의 자유를 침해하게 되는 것은 아닐까?

제프리 로즈에 따르면 이러한 예방 정책들에 대한 책임은 온전히 시민 전체의 몫이 되어야 한다. 정책을 도입할 것인지 말 것인지를 선택하는 것도 시민의 몫이고, 그 결과를 책임지는 것도 시민의 몫이다. 따라서 예방 정책은 반드시 그 도입 이전에 시민 전체의 의사를 충분히 반영해야 한다. 이때 중요한 선결조건은 시민들에게 선택을 위한 충분한 정보가 제공되어야 한다는 것, 그리고 시민들이 건강 관련 정책을 결정하는 이들을 충분히 통제할 수 있어야 한다는 것이다. 시민들 스스로가 위험 및 각종 기회비용을 충분히 숙고하여 선택한 정책만이 정당성을 얻을 수 있다.

물론 시민들이 전문적인 각종 정보를 완전히 이해하고 해석할 능력이 있다고 기대할 수는 없다. 여기서 중요한 것이 전문가의 역할이다. 단, 전문가는 시민들을 대신해서 선택하거나 결정하려고 해서는 안 된다. 전문가는 단지 시민들이 스스로 선택할 수 있도록 도울 수 있을 뿐이다. 과학 분야의 전문가는 자신이 기술적 전문가이지 사회적 가치나 정치적 사안에 대한 전문가가 아니라는 사실을 명심해야 한다. 전문가에게 주어지는 것은 사람들에 대한 기술적 영향력이지, 무엇이 사람들에게 최선인지를 결정할 권리가 아니다. 바로 이 점을 전문가들이 혼동할 때, 전문가에 대한 대중의 불신이 생겨난다. 시민 각 개인은 전문가의 조언을 들을 수 있지만, 그러나 여전히 시민은 그 전문가의 결론을 신뢰할 것인지 아닌지 선택할 자유를 갖는다. 더 나은 선택을 하는 것도, 더 어리석은 선택을 하는 것도, 모두 시민의 자유이다.

그러므로 전문가는 가능한 한 투명한 정보를 사람들에게 전달하기 위해 애써야 한다. 전문가의 정보 해석이 대중의 조작을 목적으로 해서는 안 된다. 정보의 불완전성을 감추고 특정 정보의 확실성을 과장해서는 안 된다. 다양하고 상충되는 정보들 배후에 놓인 특정 집단의 이해관계까지 명료하게 드러내서, 사람들이 보다 잘 선택하고 결정할 수 있도록 돕는 데

　　　　　　　　　　　　　철학자의 서재 2

최선을 다해야 한다. 이것이 시민들이 더 나은 선택을 할 수 있도록 돕는 최선의 방법이다.

결국, 미국산 쇠고기 수입 정책과 일본 원전 사태 관련 정책에 대한 선택과 결정은 시민들이 책임져야 할 몫이다. 그러므로 이러한 정책들은 반드시 그 도입 이전에 시민 사회의 민주적 의사 수렴 과정을 거쳤어야만 했고, 또 거쳐야만 한다. 나아가, 다양한 정보 가운데 무엇이 괴담이고 무엇이 믿을 만한 정보인지를 결정하는 것 역시 시민들의 자유이다. 전문가의 역할은 어떤 정보가 괴담인지를 일방적으로 결정하고 이를 시민들에게 주입시키는 데 있는 것이 아니라, 괴담이 괴담일 수밖에 없는 이유를 과학적으로 입증해 내고 설득하는 데 있다.

물론, 전문가라고 해서 항상 백 퍼센트 확실한 과학적 입증을 해낼 수는 없다. 전문가에게 무엇이 위험한지 아닌지 당장 확실하게 말해 보라고 강요할 수 없다. 제프리 로즈가 말하는 것처럼 현재 우리는 불확실성의 시대를 살고 있기 때문이다. 광우병에 대해서도, 후쿠시마 원자력 발전소의 현재 상황에 대해서도, 현재 우리 그 누구도 완전하게 확실한 정보 따위는 가지고 있지 않다. 우리의 선택은 어쨌거나 불확실한 근거 위에 이루어질 수밖에 없다. 이러한 상황에서 우리는 제프리 로즈의 조언을 귀담아 들을 필요가 있다. '확실성은 행동의 전제 조건이 아니다.' '정부의 존재 이유는 선견지명이 아니라(그럴 능력도 거의 없다), 도전과 위기에 대한 실용적인 반응이다.'

그러므로 후쿠시마 원전 사태처럼 당장 우리 사회가 어떤 대응책을 마련해야 할 때, 즉 미국산 쇠고기 수입 문제처럼 의견 수렴을 위한 충분한 시간을 벌 수 없는 상황일 때, 우리가 기댈 수 있는 가장 최선은 공중 보건학의 입장일 것이다. 피폭량 같은, 현재로서는 불확실할 수밖에 없는 정보의 확실성에 대해 논쟁하기보다는, 인구집단 예방 전략에 따라 사회 전체의 피폭량을 낮추기 위한 최선의 방안을 강구하는 것이 더 좋은 방법일 것이다.

결국, '과학 vs 괴담'이라는 논쟁 구도는 소모적일 뿐이다. 그리고 이 구도가 만들어진 일차적 원인은 전문가 및 정부가 시민들이 정보를 취사선택할 수 있는 자유를 침해한 데서 비롯된 것이다. 이는 과학적 입증의 불확실성이라는 사실 자체를 부인하는 전문가의 오만일 수 있다. 칸트가 수학이나 물리학 같은 자연과학을 모든 학문의 모범으로 정립시킬 수 있었던 것은, 칸트가 이성에 대한 '비판'을 수행했기 때문이다. 즉, 우리의 이성이 무엇을 할 수 있고 또 무엇을 할 수 있는지를 정확하게 판단해 내고자 했기 때문이다. 다시 말해 칸트는 자연과학이 자신의 한계를 스스로 인식하고 그 한계를 벗어나지 않으려고 한다는 점에 최고의 의의를 둔 것이다. 자연과학에 기댄 모든 주장은 이러한 칸트의 기획을 잊어서는 안 될 것이다.

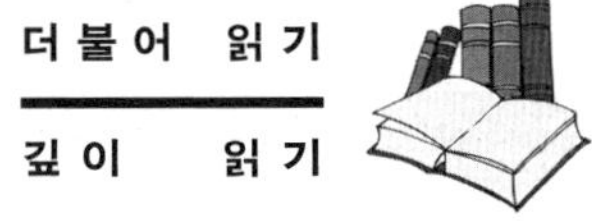

1) 앨런 어윈, 『시민과학—과학은 시민에게 복무하고 있는가』, 김명진 · 김병수 · 김병윤 옮김(당대, 2011). 과학기술은 과학자들만의 전문 영역이며 대중은 무지몽매한 계몽의 대상이라고 보는 전통적인 과학주의에 의문을 제기한 선구적 저작. 광우병, 제초제, 원자로, 산성비 등의 실제 사례를 바탕으로 과학의

역할과 한계에 대해 성찰한다.

    2) 다카기 진자부로, 『시민과학자로 살다』, 김원식 옮김(녹색평론, 2011). 『원전을 멈춰라』, 『원자력의 거짓말』, 『원자력은 아니다』 등 반핵과 탈핵에 대한 책이 많이 나와 있지만, 『원자력 신화로부터의 해방』을 쓴 다카기 진자부로의 자서전 『시민과학자로 살다』는 그냥 지나치기 어렵다. 핵화학 분야의 연구자였던 그가 기업과 대학이라는 공간에서 느낀 절망감, 실험실을 뛰쳐나와 농민들을 만나며 얻게 된 겸허함은 과학 또는 학문이 대체 누구의 것인지, 누구를 위한 것인지를 끊임없이 묻게 한다.

양정진 / 한국철학사상연구회 회원

6장

희망의 책:
99%의 좋은 시민 되기

농부 시인이 가르쳐 준
자연과 인간의 협동 노동

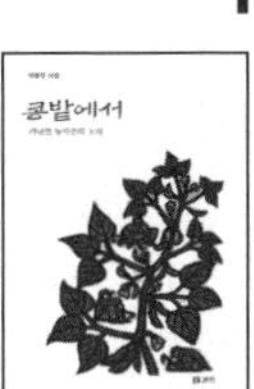

『콩밭에서』 / 박형진

농부 시인

박형진 시인은 전라북도 변산군 모항리에 사는 농부다. 날마다 농사일로 고된 생계를 잇는 농부 시인이 10년 만에 세 번째 시집을 냈다.

요즘 귀농을 하는 사람들이 늘어난다고 하지만 일이 고돼서 좌절하는 경우도 많다고 들었다. 나는 하물며 농사일을 거의 해본 적도 없이 입으로만, 손가락으로만 농사 운운하고 있으니 한심한 노릇이지만 『콩밭에서』를 읽으며 뜨거운 시심(詩心)을 억제할 수가 없어 독자들과 함께 읽어보려고 한다.

일하다 지쳤는지 / 꽃들은 늘어지고

당신들도 좀 쉬세요 / 호밀랑은 걸어놓고

뒤이어 이파리들 / 푸르게 푸르게 일어선다

—등나무

도시 생활에 찌들 대로 찌든 나는, 1950년대 말에 변산반도 작은 어촌에서 태어나 자라고 평생 고향을 떠난 적이 없는 시인의 삶을 짐작하기가 어렵다. 솔직히 말해 초등학교만 나온 사람이 이토록 아름답고 매력적인 시를 쓸 수 있는 것에 놀랐다. 시인 박형진에 궁금한 것이 많아 인터넷 검색을 해보니 초등학교 시절을 쓴 자전 동화『갯마을 하진이』(보리 펴냄)도 올해 출간되었다.

책을 구해 읽고서 알았지만, 그 당시 가난한 어촌에서 초등학교를 졸업하기도 결코 쉬운 일이 아니었다. 더구나 시인이 열일곱 살 때에는 어린 시절부터 함께 뛰놀던 동갑내기 친구들 열여덟 명이 전부 도시로 일하러 떠났고, 그 후로 시인은 고향에 홀로 남아 농사를 지으며 살았다.

가난한 갯마을 하진이

"……동무들이 하나 둘 떠나갈 때마다 하진이는 괴로웠습니다. 도시로 떠나갈 수밖에 없는 동무들의 아픔을 누구보다 잘 알기 때문이지요. 그럴수록 하진이는 동네를 더욱 잘 살게 만드는 방법은 갯벌을 막는 것밖에 달리 방법이 없다고 생각했습니다.

하지만 시간이 흐르면서 하진이의 생각이 바뀌었습니다. 부자로 사는 것만이 잘 사는 것이 아니고, 갯벌은 그대로 보존하는 것이 가장 좋다는 것으

로요. 갯벌을 막으면 그곳에 살던 귀중한 생명들이 모두 사라지고 마니까
요.(……)"

—'글쓴이가 들려주는 이야기', 『갯마을 하진이』 중

시인의 집 앞에 펼쳐진 텃밭에는 갖은 채소와 작물들이 빼곡히 들어차
있었다. 사시사철 밭농사 논농사를 함께 지으면서 언제 아름다운 시심을
길러 좋은 시를 쓰냐고 할지 모르지만 시인이라면 강단에 서건, 번역을 하
건, 농사를 짓건 삶이 곧 시요 시가 곧 삶이다. 박형진 시인도 매일 뙤약볕
아래 논밭에서 골병 든 몸을 던지며 농사를 짓는다. 그러는 동시에 가슴속
에서도 시를 짓는다. 그리곤 한밤중에 홀로 깨어 종이 위에 쓴다.

소쩍새도 낮에 / 힘든 일 했나 보다
그렇지 않고서야 / 왜 저리 울고 있나

—새벽

시인의 목소리

시인을 만난 건 3년도 더 전이다. 내가 몸담고 있는 연구원과 자매 단
체 격인 변산공동체를 찾아가 며칠 지내고 오는 길에 동료들과 그 댁에 들
렀다.

박형진 시인은 직장 동료의 아버지이지만 그 무렵까지 나는 시인의 작
품을 읽어보지 못했기에 내게 훌륭한 시인이 아니라 그저 좋은 직장 동료

의 좋은 아버지였던 셈이다. 햇볕이 쏟아지던 5월 한낮에 그는 작물이 빽빽이 들어찬 밭 한가운데에 몸을 파묻고 있었다. 더없이 바쁜 때 큰딸 직장 동료들이 왔으니 못 본 체 일만 할 수도 없고, 거기서 하던 일을 멈출 수도 없었을 것이다. 한참 밭일을 더 하고서야 시인은 마당으로 들어섰다. 손에 들린 자루는 딸과 손님들 챙겨줄 작물로 묵직했다.

> 양파밭 매다가 / 감자밭 매다가 / 돌아서 양파밭 매고 / 또 돌아서 감자밭 매고
> 논에 갔다가 / 집에 갔다가 / 또 논에 갔다가 / 밭에 가는데
> 니미럴!
> 낮잠 자다 하품 하냐 / 뻐꾸기 우는 소리 너무 한가해 / 내 발걸음도 느려진다
>
> —오월

꾸밈없는 농군의 입담으로 농사가 바쁘다고 말하고 짬짬이 본 사물에게 몇 마디 뇌까렸을 뿐인데 이렇게 재미난 시가 나온다. 평범하고 속된 언어로 강약과 완급을 조절해서 감동적인 노래를 부를 수 있는 이가 시인이다. 더욱이 농부 시인은 논밭을 바쁘게 오가며 곡식과 채소를 돌보고 허리는 절반으로 휘면서도 자신만의 노랫가락을 멈출 수 없다. 땅과 곡식, 관절염과 신경통이 한바탕 전쟁을 치르고서 나오는 노래다.

농사나 시나 아무런 매개 없이 열매를 얻을 수 없다. 농부가 땅을 파고 김을 매려면 농기구가 필요하듯이 시인이 현장에서 시구를 건져 올리려면 일과 자신을 통틀어서 진실되게 털어놓는 자신의 목소리가 나와야 한다.

철학자의 서재 2

생명이 하는 노동

학창 시절에는 신경림 시인의 『새재』(창비 펴냄)를 들고 눈으로 뒤덮인 문경새재를 넘기도 하고, 『남해 금산』(문학과지성사 펴냄)을 쓴 이성복 시인처럼 기막힌 시를 쓰고 싶어서 밤낮으로 시를 생각하며 습작도 했지만 어줍지 않게 학문을 하겠다고 대학원에 들어간 뒤로는 시가 지닌 진실된 힘과 그 아름다움을 점점 잊고 살아왔다. 학자에게 농부의 농기구나 시인의 목소리 같은 것은 무엇일까.

이제까지 철학자나 과학자와 같이 학문을 연구하는 사람들은 세계관이니 가치관이니 방법론이니 또 관점이니 법칙이니 하면서 그들의 방대하고 심오한 학문 세계를 여러 각도에서 파헤치고 설명하려고 애썼다. 그런 노력들도 물론 필요하고 중요하지만, 곰곰이 생각해 보면 학문을 연구하는 사람에게 먼저 필요한 것은 자연과 인간이 주고받으며 살아온 노동의 역사를 배우는 일이다.

인간이 자연에 노동을 가해서 먹고 살아온 역사와, 풀과 나무와 곡식들이 물·흙·햇볕·바람들과 협동하며 노동해온 생태계의 역사를 배우려는 자세다. 그렇지만 이런 절실한 배움, 깨달음은 학자들이 아니라 시인들로부터 자꾸만 울려나온다. 박형진 시인도 농사를 하면서 자연계와 주고받은 생명 노동에서 자신이 배운 것을 들려준다.

못난 놈 못난 놈아 / 이 봄동을 보아라 / 일찍이 포기 차서 단단한 배추는 / 스스로 / 부드러운 속을 감싸고 있는 그것 때문에 / 역설적이게도 겨울 찬바람에 / 얼고 썩지만 거름을 못 얻어먹고 늦되어 / 이파리들을 다 오므리지도 못하는 봄동은 / 아무리 얼어도 썩지 않고 / 오히려 그것 때문에 이파리가 / 얼음장처럼 두꺼 워지지 않더냐……

—대한에 서서

쉽게 읽히면서도 시인의 깨달음이 그득하게 울려나오는 이 시처럼 학문을 하는 학자들도 대중에게 쉽게 읽히고 삶의 근원에 도움이 되는 글을 생산해야 한다. 그러려면 읽어야 할 책도 많고, 공부만 할 수 없으니 생계도 꾸려야 하는데 갈수록 생존이 힘든 세상이다.

벼랑에 몰린 노동

그 얼굴을 차마 쳐다볼 수 없을 정도로 이 나라 농민들의 생존은 어려운 상황에 놓여 있다. 지금 이 순간에도 여의도 국회의사당 안팎은 굴욕적인 한미 자유무역협정(FTA)을 강제로 통과시키려는 한나라당과 그것을 막으려는 시민, 농민, 노동자, 야당이 팽팽하게 대립하고 있다.

특히 농민이 시위를 하면 무조건 붙잡아 가두려는 것이 이명박 정부의 생각이다. 농민들의 시위가 들불처럼 번져서 전국 농민이 다 들고 일어날까 걱정이 되나 보다. 그러나 생존이 위태로운 지경에 놓인 사람들은 목숨을 걸고 싸울 수밖에 없다.

(……) 논농사는 지어온 지 이제 십 년이 되지만 / 상환료 갚느라 쌀은 다

철학자의 서재 2

돈사야 하고 / 일 년 열두 달 / 다시 빚일 수밖에 없는 돈으로 / 이렇게 한 가마씩 팔아먹어야 되는 일 / 아랫니 빼서 윗니 박는 꼴이다 / 그 희디흰 쌀이 방앗간에서 다 / 팔려 나갈 때 / 나는 기껏 손으로 한 줌을 쥐어 본다 (……)

―쌀

자본주의 체제의 근본 모순과 불평등을 견디며 하루하루 힘겹게 살아온 농민들은 지금도 돈만 있으면 얼마든지 쌀을 사먹을 수 있다고 생각하는 도시 사람들에게 식량을 대느라 정작 자신들의 노동의 열매를 누리지 못한다. 농민이 절벽에 내몰려 있다는 것은 비유나 수사가 아니다.

용산 철거 현장에서 경찰의 사냥 놀음에 구석까지 몰려 살해된 도시 빈민들, 굶어죽기 전에 자살을 택한 쌍용차 해고 노동자들, 300일이 넘도록 타워크레인에 올라가 해고된 노동자들을 위해 싸우는 한진중공업 김진숙 지도위원과 똑같은 벼랑 위에 농민들이 있다. 그 벼랑 위에서 시인이 춤을 춘다.

(……)

춤을 춰라! / 저 불타는 벼 논 속에서

노랠 불러라! / 야적의 나락 가마 옆에서

농사꾼이 / 지은 농사 팔지 못하고 / 쌓아놓고 나눠 먹을 때 / 역설적이게도 이것은 / 우리가 바라는 세상 / 유토피아다 춤을 춰라 / 세상을 바꾸는 전복의 춤 / 세상을 갈아버리는 맷돌질의 노래

투쟁의 제단에 바치는 / 농투산이의 거친 영혼에 바치는

―춤

시인이 낳은 자식들

시인의 딸은 지금은 함께 일하지 않지만 늘 곁에 있는 것처럼 느껴진다. 소위 존재감이 생생하게 살아 있는 것이다. 작은 일 하나라도 남을 속이는 법이 없고 자신을 미화하는 일도 없는 친구였다. 언제나 솔직한 생각을 자연스레 말하고 행동하면서도 말이 행동을 앞서거나 넘쳐 피로감을 준 적이 없다.

그런 됨됨이가 너무 기특해서 어느 날 내가, 아직 20대 초반인데 사람이 어찌 그리 담백하냐고 물었다. 그녀는 오히려 정색을 하며 내가 평소에 무엇이든 긍정적인 면을 과장하고 너무 좋게 보는 버릇이 있다고 말했다. 사람이건 사물이건 여러 측면을 가지고 있는데 부정적인 면은 접어두고 긍정적인 면만 두드러지게 하는 것은 바람직한 습관이 아니다. 그녀의 충고는 앞으로도 오래 내 가슴에 남을 것이다.

열 받아서 돌아버리겠거든 / 지하철 2호선이나 타고 돌아라 / 사방이 턱턱 막힌 옥탑방 2층 / 손바닥 같은 선풍기가 밤새 돌아도 / 저 고층건물의 에어컨을 낳겠느냐 / (……) 제정신 가지고는 한시도 살 수 없는 이 열탕지옥 같은 비정의 욕망세상 / 또 한 대의 순환선이 굉음을 울리며 달려든다 / (……) 아아 잠들 수 없는 옥탑방의 몸부림

—옥탑방의 딸에게

이 시는 제목 밑에 "서울 딸애들 사는 곳에서 하룻밤 묵다 더위 때문에 도저히 잠들 수 없어서 나와 새벽에 지하철 속에서 쓰다"라는 설명이 붙

철학자의 서재 2

어 있다. 나는 시인이 낳은 사람 자식, 열매 자식, 그리고 시 자식, 그 모든 자식들을 하나로 묶어 생각하게 되었다. 세상 모든 자식들은 그 부모를 닮기 마련이다. 시인의 자식은 당연히 시인을 닮는다.

더하지도 않고 덜하지도 않은 나름 정직한 오관(五官)으로 자신과 사물을 대할 줄 아는 것이야말로 철학자의 바람직한 태도일 뿐 아니라 좋은 시인이 가진 힘이기도 하다. 그런 힘을 시인의 자식들은 빼닮아 갖고 있다. 나도 이 시인이 낳은 자식들처럼 보랏빛 꽃을 피우고 싶은 마음이 간절하다. 그 뚜렷한 갈증을 갖고 천천히 소리 내서 읽는다.

던져야 했다 / 몸뚱이 / 호미 쥔 손끝이 아닌 / 손끝에 머무는 마음 언저리가 아닌 / 무릎 꿇고 / 두 손 받들어 입 맞추듯이 / 땅에 바쳐야 했다 몸뚱이
동이 땀을 쏟아야 했다
정수리에서 흐른 땀은 / 가슴을 타고 / 배꼽을 타고 / 자지 끝에 이르러 길을 찾다가 / 뜨겁게 신음하는 땅의 불두덩 위에 / 비처럼 쏟아지고
물에 잠긴 낙엽같이 / 땀에 전 살은 썩어 / 육즙의 냄새마저 말갛게 사라져서는 / 그 실금 같은 / 삼베 올만 남아야 했다
이윽고 / 하얗게 바랜 뼈가 / 툭! 하고 일어설 때 / 환생하듯 피어나는 저 / 보랏빛 새끼 꽃들 / 꽃들 (……)

―콩밭에서

1) 박형진, 『변산바다 쭈꾸미 통신』(소나무, 2005). 속으로 읽거나 소리내 읽어도 눈과 입에 달라붙어 떨어지지 않는, 생생한 언어가 숨쉬는 이야기 책이다. 이런 글(말)솜씨는 고향 바다에 사는 뭇생명들과 사람들에게 시인이 배운 삶의 솜씨다.

2) 이준모, 『생태철학』(문사철, 2012). 물, 흙, 햇볕, 바람과 같은 자연계 물질들은 생명을 기르기 위해 본래의 자기동일성을 부정하고 다른 물질들과 결합한다. 이른바 자연의 노동이다.

농부는 자연의 이 자립적인 노동을 인정하고, 자연을 도와서 노동하는 사람이다. 이 책은 이러한 농성(農性)에 뿌리를 두고 동서양의 역사와 문화와 철학에서 소외된 노동의 개념을 통찰하고, 농사를 통해 열리는 생태적 인류의 모습을 그렸다.

송종서 / 민족의학연구원 상임연구원

1등 · '증권맨' · '엄친딸'이
부러운 당신에게

『아름다운 응급실』/ 조너선 케플런

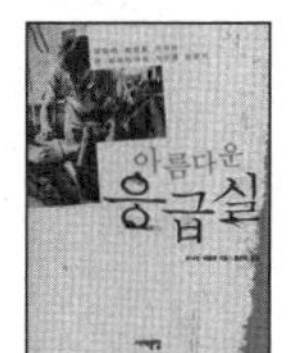

나는 경쟁에서 살아남은 사람일까

　나는 초등학교에 입학할 때부터 지금까지 거의 20년 가까이 '남보다
더'라는 말에 혈안이 되어 살아왔다. 초등학교 다닐 때에는 옆의 아이보다
그림을 더 잘 그리고, 인기가 더 많기를 원했다. 중·고등학교를 다닐 때
는 다른 친구들보다 공부를 더 잘하기를 원했다. 대학에 와서는 다른 학생
들보다 더 재밌는 대학생활을 하고자 했고, 대학원에 와서는 다른 학우들
보다 더 논문을 잘 쓰고 똑똑해지고자 했다.

　나는 지속적인 경쟁을 통해서 능력을 키운다면 원하는 자리나 위치에
오를 수 있으리라는 확신을 갖고 살았다. 내가 처한 상황이나 환경이 최고
의 조건은 아닐지라도 꾸준히 능력과 자질을 갈고 닦는다면, 바라던 것을
얻으리라 믿었다. 그래서 끊임없이 다른 사람과 내 자신을 비교하였고, 내

가 남보다 잘했다고 생각이 들 경우에는 그 사람을 폄하하고 그보다 더 낫다고 생각되는 사람을 새로운 경쟁 대상으로 정했다. 내가 남보다 잘하지 못했다고 생각이 들 경우에는 자신을 비하했다. 이러한 경쟁심이 사람을 조급하고 신경질적이게 만든다는 사실을 모르는 것은 아니지만, 경쟁을 통해 얻는 성과를 볼 때면 그러한 불편한 진실은 바로 외면해 버렸다.

계속 남과 비교하고 경쟁을 하던 생각에 문제가 있다는 것을 절감하게 된 일이 있었다. 다양한 학교 · 학과 출신의 사람들이 모인 자리에서 이름 난 학교를 다니는 한 사람이 자신의 부모는 이른바 '사'자 들어가는 직업에 종사하지만, 돈을 너무 못 벌어서 좀 그렇다는 식의 얘기를 하였다. 그는 뒤이어 내가 볼 때 사치스럽다고 생각되는 생활을 자신이 누리는 것에 대해서 당연한 것마냥 얘기하였고, 동문들과 그들만이 웃고 즐길 수 있는 얘기를 하였다. 그가 당연시하다 못해 하찮게 생각하는 그의 생활은 내가 그토록 갈망하고 꿈꾸던 것이었다. 그리고 나는 그 옆의 나랑 비슷하다고 혹은 속으로 나보다 못하다고 폄하했던 사람들의 얼굴을 보았는데, 그들의 얼굴 역시 내 얼굴처럼 굳어 있었다. 그때 나는 내가 승자가 아니라 패자임을 알게 되었다. 무한한 경쟁에서 한두 번은 이길 수 있을지 몰라도, 결국 나는 패자이다.

이러한 무한 경쟁이 결코 공정하지 않은 게임이라는 것도 알게 되었다. 어떤 사람은 좋은 집안과 외모, 재능 등을 고루 갖추고 있고, 어떤 사람은 그 중 한두 개를, 그리고 어떤 사람은 어느 하나 가진 게 없다. 이 사람들이 똑같이 시험을 보고 평가를 받는다면, 이것이 공정하다고 할 수 있을까? 그 모임에 모여 있던 사람들은 무한 경쟁이라는 불공정한 게임을 하고 있었다. 그리고 유감스럽게도 불공정한 게임은 그 모임뿐만 아니라 내

　　　　　　　　　　　　　　　　　　철학자의 서재 2

삶의 전반에 걸쳐서 진행되고 있었다. 광고나 영화에 나오는 예쁜 여자들을 보면서 얼굴과 몸매를 비교하고, 국제적인 학자들을 놓고서 학력이나 외국어 능력을 견주며, TV에 나오는 재벌집을 보면서 집안의 경제력을 비교했다. 나는 이 불공정한 게임을 그만두기보다는 이를 통해서 조금이라도 나은 위치 혹은 재능을 획득하기 위해서 발버둥을 칠 뿐이었다.

경쟁의 거부

『아름다운 응급실』(조너선 캐플런 지음, 홍은미 옮김, 서해문집 펴냄)이라는 책을 읽었는데, 여기서 나와 비슷한 무력감과 회의를 느낀 사람을 만났다. 그의 이름은 조너선 캐플런(Jonathan Kaplan)인데, 그는 남아프리카 공화국의 백인 의사 집안에서 태어났다.

그 역시 그의 부모님처럼 의사가 되었는데, 그의 조국에서만큼은 승자의 위치에 서서 승자가 누리는 혜택을 누렸다. 싸움·폭동·질병으로 인해 병원을 찾은 하층민들이 그의 풍부한 '의료실습대상'이 되어 주었기 때문이다. 그리고 그는 군복무를 하지 않으려고 승자의 위치를 이용해서 영국으로 도피하였다. 그런데 영국에 가자 승자가 아닌 패자의 위치에 서게 된다. 영국의 의사들은 혈연과 학연으로 단단한 유대관계를 맺고 있었기에 아프리카에서 온 '빽' 없는 의사가 올라갈 수 있는 위치는 이미 정해져 있었다.

영국 의료계에서 주류로 편승할 수 없었던 그는 미국이라는 활로를 찾아갔다. 미국에 간 그는 영국에서보다는 비교적 자유롭게 의학 연구에 참여하고 활동할 수 있었다. 하지만 미국의 의료계는 철저히 돈의 흐름을 따랐다. 제약회사와 손잡고 시장성이 있는 약품이나 의료기구 개발에 심혈을 기울인다. 그래서 간단한 약물요법으로 가능한 치료를 비싼 의료기계로 치료한다든지 혹은 치료법 개발이 시급한 질병이 있더라도 그 치료제가 시장성이 없다면 시판하지 않는 경우가 많았다. 그는 이윤 추구에 집중하는 미국의 의료계에서 일하는 것에 회의가 들었고, 자신이 진정한 의료인이라는 위안을 얻기 위해서 다시 아프리카로 떠났다.

아프리카의 분쟁 지역에서 의료봉사를 하던 그는 아프리카에 온 구호 단체들조차도 전쟁 난민의 구호보다는 그들 간의 권력 다툼에 더 집중하는 사실과 몇몇 국가나 기업이 전쟁을 지속시키는 모습을 보면서 자신의 의료 행위로는 이러한 전쟁과 그것에 따른 사람들의 고통을 종식시킬 수 없다는 회의에 빠지기도 했다. 또 자신이 몇 사람을 치료하는 것보다는 수로관 엔지니어가 난민촌에 배수로를 파서 수많은 사람들을 살려내는 광경을 보면서 자신의 의료 행위가 얼마나 보잘것없는 일인지를 깨달았다.

자신의 역할이 얼마나 초라하고 미미한 것인지를 깨달은 그는 전쟁에서 다친 몇 사람을 구하는 것도 중요하지만, 전쟁의 실상이 얼마나 끔찍하고 잔인한지를 외부 세계에 알리는 언론을 만드는 것이 더욱 시급하다는 사실을 깨닫는다. 그래서 그는 모잠비크에 갔을 때 난민 치료가 아닌, 전쟁 난민의 실상을 담은 다큐멘터리를 제작하려고 했다.

그가 분쟁 지역으로 구호 활동만 다닌 것은 아니다. 그는 비행기 안의 승객이나 환자를 먼 지역의 병원으로 이송할 때 동행하는 역할을 하는 항공의사로서 일하기도 했다. 또 크루즈의 선의(船醫)가 되어서 각국의 다양한 사람들을 만나고 다양한 임상 경험을 쌓았다.

   철학자의 서재 2

선의로서든 항공의사로서든 어떤 위치에 있건 간에 그는 지난번 아프리카의 전쟁으로 고통받는 사람들의 얼굴을 잊지 못했다. 그래서 그는 또다른 분쟁 지역인 미얀마로 떠났다. 미얀마에서는 소수민족 사람들이 정치세력의 다툼으로 인해 아파도 제대로 된 치료를 받지 못하는 상황이었다. 이러한 상황을 접한 그는 소수민족들이 이용할 수 있는 지역에 병원을 세우려고 하였다.

더반에서는 의료 행위가 아닌 다큐멘터리를 찍음으로써 사람들을 도와주려고 하였다. 거기서는 다국적 기업의 공장에서 일하는 사람들과 그 지역 사람들이 수은 중독으로 많은 피해를 입었다. 이 사실을 폭로하는 다큐멘터리를 만들었는데, 그 결과 주민들은 이전보다 나은 보상을 받게 되었고 그 기업 역시 이전보다 많은 벌금을 냈다. 그는 이 작업을 통해서 진부하다고 생각했던 공중위생, 산업재해, 유행병과 관련된 의학 분야에 관심을 갖게 되었다. 그는 영국으로 다시 돌아와 증권가 사람들 혹은 기업 간부들의 직업병을 연구하고 치료하였다.

이 책에서 그려내는 그의 삶을 살펴보면, 그가 무한 경쟁에서 빠져나와 새로운 삶의 방식을 모색하였음을 알 수 있다.

그가 자신의 집안 배경이나 학벌 혹은 백인이라는 이유로 조국에서는 승자일지 모른다. 하지만 영국이나 미국에서는 그 역시 열등한 위치에 있는 사람으로 전락한다. 부단히 주류사회에 편입하기 위해서 노력했지만 학연이나 혈연이 없어서 혹은 돈을 최고의 목표로 두지 않았기에, 의사로서 거머쥘 수 있는 최고의 자리와 권력을 맛볼 기회조차 제대로 얻지 못했다.

그리고 그는 끊임없이 다른 사람과 비교하고 경합해서 이겨야 하거나,

다른 사람의 목숨을 돈으로 바꿔야 하거나 전쟁 속에서 죽어가는 수많은 목숨을 담보로 자신이 속한 단체나 국가의 이익을 도모하는 상황에서 의사로서의 자신이 얼마나 나약하고 보잘것없는 사람인지를 절감하였다. 또 이러한 상황에 순응하고 살아가는 것이 얼마나 부끄럽고 불편한 짓인지도 느꼈다.

이에 그는 끝끝내 이길 수 없는 불공정한 게임을 그만두고 다른 삶의 방식을 찾아나간다. 항공의사, 선의, 분쟁 지역에서의 의료봉사자, 생명을 위협받는 소수 민족 혹은 산업재해로 고통받는 사람들의 이야기를 다룬 다큐멘터리의 제작자, 그리고 직업병을 연구하고 치료하는 의사로서 다양한 일들을 경험하고 해냈다. 이러한 일들을 하면서 그는 누구와의 비교나 경쟁 없이 그리고 누구의 희생도 없이 의사로서 인간으로서의 만족감과 성취감을 맛본 것 같다.

누가 영원한 승자인가

무한 경쟁에서는 내가 어떤 사람을 이기면 금방 어디서 더 잘난 사람들이 나타나서 나와 경합을 벌인다. 이때 경쟁에서 밀려난 대다수의 사람은 평생을 '루저'로 살아간다. 이름난 대학을 못 가서, 돈이 없다는 이유로 결혼을 못해서, 얼굴이 예쁘고 날씬하지 않아서, 비정규직으로 일해서, 정리해고 일순위에 들어가서 등등…… 온갖 이유로 많은 사람들이 경쟁에서 밀려난 자로서의 패배감과 무능력함에 괴로워하며 살고 있다. 적지 않은 사람들은 이러한 경쟁 구조가 불합리하다는 사실을 알고 있다. 하지만 이러한 구조에서 탈피하자고 외치거나 벗어나려는 사람은 많지 않은 것 같다. 나를 포함한 적지 않은 사람들이 그저 '내가 최선을 다하면 완전히 망하지는 않겠지'라는 심정으로 살고 있지 않나 싶다.

그런데 아프리카의 분쟁 지역에 사는 사람들은 게으르고 열심히 살지 않아서 그런 고통을 받는 걸까? 미국에 사는 서민들이 나쁜 짓을 해서 제대로 된 의료 서비스를 받지 못하는 걸까? 우리나라의 경우만 해도 그렇다. 공부 열심히 안 하는 학생이 없고, 자기계발 안 하는 직장인이 없다. 일 열심히 안 하는 사람이 없고, 몸매관리 소홀히 하는 사람이 거의 없다. 왜 다들 그렇게 아득바득 열심히 사는데도 무력감과 열등감을 갖고서 불만족스러운 삶을 살아야 하는 건지…… 이 문제가 전적으로 그들 개인의 잘못인지 궁금하다.

이 책의 저자는 에필로그에서, 더반에 갔다가 영국으로 돌아온 뒤로는 현대의 직업병에 대해 연구하고 치료한다고 전했다. 영국의 증권맨, 은행가, 기업의 중견 간부들의 삶은 겉으로 보기에 더할 나위 없이 완벽하다. 엄청난 연봉, 호화스러운 생활, 높은 사회적 지위는 누가 봐도 경쟁에서 승리한 사람의 삶이다. 하지만 그들은 언제 누가 자신의 자리를 빼앗을지 모른다는 불안감과 항상 1등을 해야 한다는 강박관념으로 정신이상증세를 보이기도 하고 원인 모를 신체적 고통을 받고 있다고 했다. 이러한 사실을 미뤄 볼 때 무한 경쟁에서 영원한 승자는 없다는 사실을 짐작해 볼 수 있다.

총성 없는 무한 경쟁이라는 전쟁터에서 무고하게 고통받고 죽어가는 사람들은 과연 무엇을 할 수 있을까? 나는 그 대안 가운데 하나를 이 책의 저자가 보여주었다고 본다. 무한 경쟁이라는 불공정하고 터무니없는 게임을 그만두고, 다른 사람도 나도 모두가 서로를 도와줄 수 있고 함께 할 수 있다는 사실만으로도 만족스러운 삶을 살 수 있다는 것을 그는 몸소 보여 주었다. 무한 경쟁에서 살아남는 방법은 그 경쟁을 그만두는 게 아닐까.

더 불어   읽 기

───────────

깊 이   읽 기

1) 이동권, 『밥줄이야기』(알다, 2009). 우리가 잘 알지 못해서 얕보기 쉬운 직업들의 소중함과 그런 직업을 가진 사람들의 애환을 작가가 실감나게 얘기해 주는 책이다.

2) 정민, 『미쳐야 미친다』(푸른역사, 2004). 조선시대 선비들 가운데 무언가에 푹 빠져서 집착하고 집중했던 일들을 누구나 읽기 쉬운 말투로 재미있게 얘기해 주는 책이다.

김혜원 / 한국철학사상연구회 회원

     철학자의 서재 2

20대 등록금 '반란',
유일한 해결책은……

『페다고지』 / 파울로 프레이리

아이들을 잡는 교육, 아이들을 키우는 교육

얼마 전 KAIST에서 4명의 학생이 자살하였다. 이유는 학업 성적.

공부 잘하는 수재들이 무슨 성적 비관이냐고 하겠지만, 문제는 단지 학점이 아니었다. 새롭게 달라진 학업 방식에 따라 전 과목 외국어 수업, 그리고 평균에 미달되는 학점에 부과되는 수업료라는 학제적 무리수가 가져온 결과였다. 전교 1등을 놓쳐본 적이 없는 아이, 성적이 나쁘다고 누군가에게 싫은 소리를 들어본 적이 없는 아이에게 공부를 못했으니 그 대신 수업료를 내라고 한 것은 아이들의 자존심에 회복할 수 없는 치명타를 입혔으리라.

물론 성적 때문에 자살을 시도하는 아이들의 나약한 의지력을 탓하는 사람들도 있다. 그럴지도 모른다. 그러나 아이들 앞에서 행복은 성적순이 아니라고 말하면서 뒤로는 성적에 따라 아이들을 차별하는 것이 우리가 대면하고 있는 교육 현실이다. 그리고 그 현실이 아이들을 절망의 나락으로 떨어뜨리고 있다.

하지만 이보다 더 큰 문제는 그러한 교육 현실이 아이들의 미래를 위한 어쩔 수 없는 선택이 아니라 지배 권력의 이데올로기를 유지하기 위한 하나의 정치적 도구로 이용되고 있다는 것이다. 사람의 가치를 수치로 환산하여 평가하는, 성적이라는 숫자 놀음에 아이들을 몰아넣음으로써 내가 아닌 숫자로 자신을 인식하여 단순한 체제 순응자로 만드는 정치적 전략이 실행되고 있는 곳이 바로 우리가 대면하고 있는 교육 현실이다.

지금의 교육은 미래를 책임질 인재로서 아이들을 키우는 교육이 아니라 현 체제에 적합한 예스맨을 양성하는 교육에 온 시선을 집중하고 있다. 그래서 교육의 현장은 아이들을 키우는 것이 아니라 잡는, 죽음으로 아이들을 몰아넣는 무서운 살육장이 되고 있다. 그곳에서 아이들은 살아남기 위해 서로 죽고 죽이는 경쟁이라는 싸움을 해야 하며, 낙오자가 되거나 실패자가 되면 절망 속에서 세상과의 인연을 힘겹게 끊으려는 선택에 직면하게 될 것이다. 이 무기력한 상황, 그 안에서 우리는 우리의 아이들을 어떻게 지켜야 할 것인가? 이 물음에 대한 해답을 파울로 프레이리의 『페다고지』(남경태 옮김, 그린비 펴냄)에서 찾고자 한다.

『페다고지』는 이 황망한 전쟁터로 변해버린 교육 현장에서 아이들을 제대로 키울 수 있는 길을 제시하려는 한 편의 오래된 교육서이다. "Pedagogy of the Oppressed", 즉 "피억압자들의 교육학"은 브라질 빈민 지역에서 태어난 프레이리의 자전적 교육서이자 억압자들에 대항하는 피억압자들의 자기 의식화를 위한 교육 방법으로, 지도/편달이 아닌 대등

　　　　　　　　　　　　　　철학자의 서재 2

한 입장에서의 대화를 제시하고 있다.

이러한 프레이리의 교육 방법은 단지 아이들에게만 혹은 브라질의 교육 상황에만 적용되는 것이 아니라, 지배-피지배의 관계에서 정치적 지배 권력의 독점적 이데올로기가 아이들을 볼모로 모든 사람을 종속화시키려는 현 세계에 적용시킴으로써, 자유로운 교육의 가능성을 여는 데 하나의 지침이 될 것이다. 그러기에 30여 년이 훨씬 지난 지금도 여전히 『페다고지』는 우리에게 중요한 길라잡이 역할을 하고 있는 것이다.

인간화와 비인간화

교육의 목적은 사회에 적합한 인간으로 아이들을 성장시키는 것이다. 다시 말해서 인간화야말로 인류의 궁극적 목적이다. 또한 인간화는 억압받고 있는 민중들이 자신들의 상황을 파악하고 인식함으로써 잘못된 상황을 바로잡을 수 있는 자기의식화로의 길이다.

하지만 비인간화 역시 인간화 과정과 함께 진행된다. 더구나 비인간화는 단지 피억압 민중에게만 국한되는 것이 아니다. "비인간화는 인간성을 빼앗긴 사람들만이 아니라 인간성을 빼앗은 사람들과도 관련되며, 더 완전한 인간성을 찾으려는 소명의 왜곡이다." 억압자는 비인간화를 위해 피억압자들에게 폭력을 행사하고 그 폭력은 다시 비인간화를 낳는다. 이 악순환의 고리는 억압-피억압의 고리가 끊어지는 그 순간까지 멈추지 않을 것이다.

피지배자들에 대한 지배자의 억압은 그들을 자신들의 세상에 순응하도록 길들이는 데 있다. 하지만 길들여진다는 것은 자유를 상실한 채 비인간적 상태로 삶을 그저 유지하는 데 급급하다는 것을 의미한다. 즉 길들여지면 지배자의 억압의 희생물이 되어, 세계 안에서 나의 존재는 사라져버리게 된다. 그러므로 "억압적 힘의 희생자가 되지 않기 위해서는 길들여짐을 거부하고 공격해야 한다. 이것은 프락시스를 통해서만 이루어질 수 있다. 세계에 대한 성찰과 행동의 목적은 세계를 변혁하기 위해서이다." 이는 마르크스가 포이어바흐의 테제 11번에서 밝혔던 것처럼, 더 이상 세상을 해석하는 데 멈추는 것이 아니라 변혁시켜야 한다는 것과 같은 의미를 갖는다.

하지만 이때의 변혁은 무력 혁명을 통해 그냥 세상을 뒤엎어 얻어지는 것이 아니라 교육을 통해서 진행되어야 하며, 이를 통해 모든 피억압인들의 인간화를 가능하게 하는 방법으로 나아가야 하는 것이다. 결국 억압의 희생제물로서 비인간화의 늪에 빠져 있는 민중들을 인간화의 길로 이끄는 것은 그들이 처한 상황을 정확하게 분석하고 인식하여 변혁의 길로 들어서게 할 교육의 몫이라 할 것이다.

변혁을 위한 투쟁은 자신의 삶이 파괴되었다는 사실을 인식하는 것으로부터 시작된다. 프롤레타리아트가 변혁의 선두에 서기 위해서는 자신들의 삶이 가장 열악하다는 것을 인식함으로써 부르주아와의 적대적 관계에서 혁명의 세력으로 성장할 수 있다고 보았던 마르크스의 『헤겔 법철학 비판』 서문의 이야기처럼, 프레이리의 투쟁 역시 자기 의식화 혹은 자기 환경의 인식으로부터 시작된다. 여기서 투쟁은 적과의 무력 투쟁이나 상대를 파괴시켜 전멸하게 하는 정치적 투쟁이 아니라 올바른 교육을 통해 자신을 인식하고 의식화하여 세상을 변혁시키는 힘을 갖도록 하는 교육적 투쟁이라 할 것이다.

이것이 바로 비인간화에 종속되어 있는 사람들을 해방시켜 인간화로 이끄는 것을 의미한다. "선전, 책략, 조작은 인간성 회복의 도구가 될 수 없다. 유일한 도구는 인간화 교육이며, 이를 통해 혁명 지도부는 피억압자와 항구적인 대화 관계를 맺을 수 있다. 인간화 교육의 방법은 교사가 학생을 조작할 수 있는 도구로 여기는 게 아니라 학생 자신의 의식을 스스로 표현하게 만드는 데 있다." 이제 우리에게 필요한 것은 올바른 교육 방법이다.

지식은 무조건 쟁어놓는 은행 금고의 돈이 아니다

거슬러 생각해 보니 강단에 선 지 15년이 되어간다. 꽤 긴 시간이다. 그 시간 동안 학생들은 내게 교수라는 호칭을 붙여 주었다. 그 호칭만큼 나를 힘들게 하는 것도 없다. 나는 그냥 학생들보다 먼저 태어났고 먼저 조금 더 배웠을 뿐인데 말이다. 그래서 교수보다 선생이란 호칭을 더 좋아한다. 사실 가르치는 것도 별로 없으니 교수라는 말이 버겁기는 당연할 듯싶다.

세상에는 다양한 많은 사람들이 살고 있는데, 내 삶의 터전인 교육 현장에는 가르치는 사람과 배우는 사람, 두 부류만 있다. 이들은 수직적으로 위치하여 서로를 견제하거나 의지한다. 프레이리는 교육 현실에서 가르치는 사람과 배우는 사람의 관계를 아래의 열 가지로 특징지었다. 자신이 어느 쪽에 있든 상관없다. 이것들 가운데 단호하게 아니라고 말할 수 있는 것이 얼마나 되는지 생각해 보자.

1. 교사는 가르치고 학생들은 배운다.

2. 교사는 모든 것을 알고 학생들은 아무것도 모른다.

3. 교사는 생각의 주체이고 학생들은 생각의 대상이다.

4. 교사는 말하고 학생들은 얌전히 듣는다.

5. 교사는 훈련을 시키고 학생들은 훈련을 받는다.

6. 교사는 자기 마음대로 선택하고 실행하며 학생들은 그에 순응한다.

7. 교사는 행동하고 학생들은 교사의 행동을 통해 행동한다는 환상을 갖는다.

8. 교사는 교육 내용을 선택하고 학생들은 거기에 따른다.

9. 교사는 지식의 권위를 자신의 직업상의 권위와 혼동하면서 학생들의 자유에 대해 대립적인 위치에 있고자 한다.

10. 교사는 학습 과정의 주체이고 학생들은 단지 객체일 뿐이다.

"이건 아니다."라고 단호히 말할 수 있는 항목이 있는가? 나 스스로 그렇게 되지 않으려 애를 많이 쓰지만 단호하게 아니라고 말할 항목은 솔직히 없다. 은연중에 '나는 교수이고, 너는 학생이다'라는 권위주의적 의식이 자리하고 있음을 부인할 수 없기 때문이다. 교사와 학생이라는 상하 수직적 혹은 종속적 관계에서 이루어지는 교육은 자신을 인식하기 위한 교육이기보다는 세상에 널려 있는 지식들을 머릿속에 채워 넣음으로써 남들보다 조금 더 유식해지기 위한 몸부림이라 할 것이다. 프레이리는 이러한 교육 방식을 은행 저금식 교육이라 이야기한다.

은행 저금식 교육관에서 지식은 그것을 잘 알고 있다고 여기는 사람이 잘 모른다고 여기는 사람들에게 일방적으로 전달하는 무엇이다. "네가 모르니까 내가 알려줄게. 내가 알려주는 대로 따라오기만 하면 돼." 이것이 바로 은행 저금식 교육관이다. 이 상황에서 학생은, 자신이 그 교육의 주체임을 망각하고, 알려주는 내용의 옳고 그름의 여부를 떠나 수동적으로 받아들여 머릿속에 차곡차곡 쌓아두려고만 한다. 이처럼 사람들이 절대적으로 무지하다고 가정하는 것은 억압 이데올로기의 한 특징이다.

은행 저금식 교육은 학생들의 창의력을 요구하지 않는다. 오히려 가르치는 것에 댓글을 달지 않고 묵묵히 받아들이는 과묵한 학생들을 요구한다. 의문이나 호기심은 불필요한 행동이며, 질문은 허용되지 않는다. 단지 교수는 가르치기만 하면 되고, 학생은 배우기만 하면 된다. 배우고 있는 내용이 자신에게 어떤 영향력을 줄지 생각할 필요가 없다. 그것은 이미 지배 이데올로기에 의해 재단되고 반듯하게 제시되어 그 틀에 맞추기만 하면 되기 때문이다. 그 틀이 바로 억압자의 이익인 것이다.

그 틀에 딱 맞게 재단된 사람들은 자신이 정치 이데올로기의 희생양일 뿐만 아니라 억압당하고 있는 현실조차 제대로 인식하지 못할 만큼 단순해져 버린다. 그래서 세계의 문제를 폭로하고 변혁할 필요성을 전혀 느끼지 못하게 되는 것이다. 그런 상황이 진행되면 진행될수록 지배 이데올로기는 견고한 성을 쌓게 될 것이며, 그들의 정치 전략적 교육의 희생양으로 죄 없는 우리의 아이들이 하나둘 사라져 가게 될 것이다.

대화하라, 그러면 열릴 것이다

이제 교육은 주고받는 방식에서 벗어나야 한다. 프레이리는 "문제 제기식 교육을 통해 자신들이 세계 속에서 존재하는 방식을 비판적으로 인식하게 되며, 세계와 더불어, 세계 속에서 살아가는 자신의 참 모습을 발견하게 된다"고 말한다. 단지 지식을 아는 사람이 지식을 모르는 사람에게 전수해 주는 방식이 아니라 어떤 것에 대해 서로 의문을 제기하고 문제를 풀고자 대화를 나누는 것, 그것이 바로 프레이리가 강조하는 교육 방식이다.

서로 대등한 입장에서 문제에 대해 이야기를 나누다 보면 자신이 어떤 생각을 하는지에 대한 인식을 갖게 되며, 그러한 인식을 다른 사람과 나눠 가짐으로써 서로를 알아가는 상황이 연출될 것이다. 대화는 일을 수월하게 하기 위한, 혹은 다른 사람을 지배하기 위한 수단으로 기능해서는 안 되며, 비인간화된 인류의 인간화를 위해, 종속적 관계를 깨뜨리고 해방의 단계로 나아가기 위한 수단으로 이용되어야 할 것이다.

프레이리는 이러한 대화를 위해 필요한 것 다섯 가지——세계와 인간에 대한 원대한 사랑, 겸손한 태도, 인류에 대한 깊은 신념, 희망, 비판적 사고——를 제시하고 이것이 없으면 진정한 대화가 성립하지 않는다고 말한다. 이 조건들은 대화를 나누는 나와 너가 동등한 입장에서 서로의 의견을 허심탄회하게 이야기하고 이해하려고 노력하는 데 필요한 것들이다. 어깨를 나란히 하고 이야기를 나누는 것, 그것이야말로 지배 이데올로기라는 목줄에 매여 이리저리 끌려 다니는 현 교육 현실을 타파할 수 있는 중요한 도구가 될 것이며, 비인간화의 굴레로부터 인간화로의 해방을 실현 가능하게 해줄 동아줄이 될 것이다.

최근 서울시청 앞 광장에 또 다시 촛불이 켜졌다. 학생들의 "반값 등록금"에 대한 강한 의지를 밝히는 촛불이었다. 터무니없이 비싼 등록금 때문에 공부를 하고 싶어도 못하는 사람들이 늘어나고, 공부에 전념해야 할 학생들이 등록금을 벌기 위해 아르바이트로 청춘을 모두 허비하고 있는 현실에 맞서는 그들의 대안이 바로 "반값 등록금"이다.

이 말을 꺼낸 어느 정치인은 공약(空約)이라 생각하면서도 내심 당선 욕심에 불쑥 던졌을지도 모른다. 하지만 이 문제에 대해 모여 함께 머리를 맞대고 논의하고 또 논의했던 학생들은 현재의 교육 현실을 타파하고 능동적인 삶의 주체로서 자신을 의식화할 수 있는 도구로서 "반값 등록금"의 실현이 중요하다는 결론을 내렸다.

그렇게 내려진 결론을 대화로 전달하려는 학생들의 뜻은 정부의 반대로 무산되었다. 오히려 대화를 하려는 학생들을 연행하거나 집회를 강제로 해산시키려는 정부는 자신들이 가진 힘의 논리를 과시하려는 제스처로 일관했다. 대화가 단절된 상황에서 우리의 교육 현실은 아이들을 잡는 교육으로 점점 끌려가게 될 것이다.

아고라에 촛불이 켜졌다. 대화를 하려고 누군가가 당신을 기다리고 있다. 상대가 나보다 유식한 사람이면 어떡할지 고민하지 말고 대화의 장으로 나오라. 그리고 속 시원히 이야기를 나눠라. 그러다 보면 비싼 등록금 때문에 고민하는 아이들도, 수치로 평가된 자신을 바라보며 절망하는 아이들도 사라지게 될 것이다. 자, 이제 대화의 장으로 한 걸음 내딛어보라!

1) 파울로 프레이리, 마일스 호튼, 『우리가 걸어가면 길이 됩니다』, 프락시스 옮김 (아침이슬, 2006). 파울로 프레이리와 미국의 민중교육자 마일스 호튼의 대화

를 담은 이 책은 교육학과 사회비판, 집단 투쟁에 대한 다양한 주제들을 담고 있다.

2) 구로야나기 테츠코, 『창가의 토토』, 김난주 옮김(프로메테우스, 2004). 학교는 선생과 학생이 가르치고 배우는 곳이 아니라 세상을 보는 눈과 친구를 사랑하는 마음, 그리고 자연과 벗하며 스스로 성장하는 곳임을 초등학생 토토짱의 변화되는 삶을 통해 보여주고자 한 소설이다. 교육의 진정한 모습이 무엇인지를 보여주는 모두가 함께 읽어볼 만한 책이다.

윤은주 / 숭실대학교 강사

"취직해도 살기 힘들다"
알면서 탈출 못하는 까닭은?

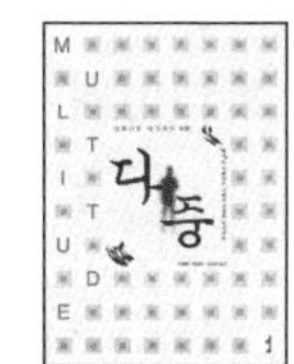

『다중』 / 안토니오 네그리 & 마이클 하트

삶의 고됨

흔히들 삶은 그리 녹록지 않은 것이라 한다. 고된 것이 삶이기에 어떻게든 꿋꿋이 헤쳐 나가길 바란다고들 한다. 좋은 말이다. 그러나 반쪽 말처럼 들리는 이유는 표현이 잘못 도치된 듯해 보이기 때문이다. 우리는 고된 삶을 어떻게 살아야 할지 고민하기도 해야겠지만 무엇보다 삶의 고됨을 진단할 줄도 알아야 한다.

무엇이 이토록 삶을 고되게 만드는가. 삶이 어느 정도까지나 고되게 되었기에 생존의 부르짖음에 그토록 냉정해지고 막다르게 취해진 죽음들에 그토록 무감각해진 것일까.

삶의 불만 목록들

프랑스 혁명 전 루이 16세는 새로운 세금을 부과하기 위해 175년 만에 삼부회 회의를 소집해 전국에서 수집한 불만들을 검토하려 했다. 당시 불만 목록들은 4만 가지가 넘었다고 한다. 이 목록들은 그러나 역으로 프랑스 혁명의 새로운 주체를 부각시키는 데 일조했다. 그러면 같은 맥락에서 우리 삶을 고되고 불만스럽게 하는 것에는 어떠한 것들이 있을까.

낮은 투표율로 뽑힌 위정자들의 친기업적 반서민적 정책들, 과거사 진실 화해 위원회의 미완의 종결과 친일 경력자들의 미화 조짐, 시민에 대한 국가의 잦은 소송, 수사권을 둘러싼 검찰의 조직 이기주의, 끝없는 물가 상승과 1000조 원에 달하는 가계 부채, 하천과 토지 등 생태적 공유물의 개발을 통한 사유화, 지식의 가속적 상품화…….

아직까지 그 누구도 이런 것들을 일일이 수집해 본 적이 없지만 몇 가지 범주로 묶어 볼 수는 있을 것이다. 여기에 좋은 지침을 주는 책이 바로 안토니오 네그리와 마이클 하트의 『다중』(조정환 · 정남영 · 서창현 옮김, 세종서적 펴냄)이다.

물론 『다중』의 저자들은 전 지구적 차원의 불만 목록들을 범주화한다. 그러나 여기서 열거되는 범주들은 우리의 문제들과 꼭 닮았다. 지구화 시대에 일국적 차원의 문제들이 이미 국제적 소통 맥락을 지녔음을 입증하는 대표적 사례일 것이다. 네그리와 하트가 말하는 범주들은 대의(代議)의 불만들, 권리와 사법의 불만들, 경제적 불만들, 삶정치적 불만들이다.

각각의 범주에서 눈여겨 볼 만한 것들은 쉽게 눈에 띈다. 낮은 투표율만이 대의의 문제인 것은 아니다. 오늘날 국가 경제를 상당 부분 잠식한 대기업의 이해는 곧 국가의 이해로도 표현된다. 이를테면 주요 기업의 비선거적 대의의 문제도 심각하다. 대기업의 후진국 진출 또한 마찬가지 맥락에 있다.

다양한 과거사 진실 화해 위원회를 통한 인권의 회복은 각종 국제 재판소처럼 효과적인 사법적 영향력을 발휘하지 못한다. 이러한 것들은 언제나 지배 권력에 의해 존립이 위태로워질 수 있다. 가난의 지리적 계층적 양극화는 말할 것도 없고 국내적으로나 국제적으로 빚이 노예화의 합법적 메커니즘이 된 지는 이미 오래다. 댐 건설이나 하천 정비가 생태적 공유 공간을 자본주의석으로 재편한다는 것은 신자유주의 시대의 보편적 현상이다.

이러한 불만들은 분명 다양하고 구체적인 형태로 우리 삶을 위협하고 있건만 분개의 목소리는 먼 메아리로만 들리는 듯하다. 왜일까. 살기에 바빠서. 대학 진학에, 학점 관리와 취업 준비에, 결혼, 주택 마련, 대출 이자에, 양육비, 학원비, 조기 퇴직, 노후 대책에 여념이 없어서, 온갖 걱정들 중 하나라도 놓치면 그런 삶의 가능성조차 없을 것 같기에.

다시 고쳐 묻자. 우리는 왜 삶을 고되게 하는 것들을 놓지 않고 오히려 그 고된 삶을 살고자 발버둥치는 것일까. 언젠가 누릴 행복? 드라마에나 나오는 이런 행복이 별을 따는 희망만큼이나 비현실적이라는 것은 이제 누구나 다 안다. 대체 무엇 때문일까.

일 상 화 된 예 외 상 태

우리의 일상적 삶이 그 자체로 희소해져 버렸기 때문은 아닐까. 위기 자체가 우리 삶의 조건이 되어 버렸기 때문은 아닐까. 만약 그렇다면 삶의 부정이 곧 삶의 내용이 된 셈이다.

같은 맥락에서 『다중』의 저자들은 그 이유를 예외 상태의 항구적 보편화에서 찾는다. 이제 대외 관계와 국내 관계 모두에서 예외가 그 자체로 규칙이 되었다는 것이다. 이것이 무슨 말인지 알려면 그냥 저녁 뉴스 채널을 한 번 틀어보면 된다. 이상기온이 다반사인 단순한 날씨 보도에서부터 정치, 경제, 사회, 군사 부분에 이르기까지 오히려 시민을 겁주지 않는 소식을 찾아보기가 힘들다.

위기가 삶 전반에 걸쳐 보편적으로 편재하게 된다면, 전쟁과 예외 상태가 무제한적이고 항구적이게 된다면, 삶의 모든 가능한 대안들은 여기에 복종해야 한다. 정상은 예외의 침묵과 허용 속에서만 가능하겠기에 말이다. 그러나 이러한 정상조차 이제는 현실적으로 불가능할 지경이다. 언젠가 도래할 정상적 삶을 위해 지금 감내해야 할 예외 상태의 기간은 무한정 연장될 것이기 때문이다.

평화를 위해 지금 신경을 곧추세워야 할 북한의 군사적 위협은 점점 더 반복해 강조된다. 경제적 번영을 위해 지금 감내해야 할 물가 불안은 해가 바뀌고 또 바뀌어도 변할 줄 모른다. 정상적 에너지 공급을 위해 원자력의 항시적 위험은 결코 저버릴 수 없는 필요악이다. 예외 상태의 일상화가 우리의 삶이 되어 버렸다. 예외를 벗어난 일상은 이제 TV 다큐에만 나온다.

『다중』의 저자들은 예외 상태의 시작을 1972년 미국과 소련의 탄도탄요격미사일 협정에서 본다. 그리고 예외 상태의 본격적인 전개를 2001년 9월 11일 세계무역센터에 대한 공격 이후로 측정한다. 과거의 전쟁은 피아(彼我)가 선명하게 구별되었다. 적은 영토적으로나 정치적으로 권력이 응집된 대상이었다. 그런 대상과의 전쟁은 자국의 정상적 삶 밖에서의 일이었다.

그러나 오늘날 전쟁은 날로 확산되는 작은 위협들에 더욱더 초점을 맞추고 심지어 적을 새롭게 생산하고 변형시키기도 한다. 범죄와의 전쟁, 물가와의 전쟁, 국가 보안과 명예를 위한 전쟁에 흉악범은 얼굴이 공개되어야 하고, 노동 가치가 발버둥 쳐서는 안 되며, 국제회의를 모독하는 그림을 그려서는 안 된다. 위기로 지칭되는 것들은 또한 얼마나 많은가.

이에 덧붙여 간과되지 말아야 할 점이 있다. 그 모든 위협들 하나하나에, 그 모든 위기들 하나하나에 문제시되는 것은 이제 더 이상 우리 생명의 어느 한 도구적 부분이 아니라 우리의 생명 자체라는 것이다. 학점 관리 한 번 잘못하면 네 사회 진출 전체가 달라진다. 상관 말 듣지 않으면 네 퇴직 시점이 달라진다. 너의 임금에 대한 협상이 아니라 너의 직업 유지에 대한 협상이다. 너의 자유로운 의사 표현은 국가 내 너의 존립의 부정이다.

삶권력과 삶정치

그러나 예외가 그렇게까지 일상화되었다고 해서 이 일상적 예외를 살지 않을 수는 없는 것인가. 예외의 일상화는 불가피한 사회학 법칙인가, 아니면 언제든 변혁 가능한 새로운 권력 기제인가.

『다중』의 저자들은 예외 상태의 항구적 보편화를 새로운 권력 기제로 본다. 오늘날 권력은 죽음의 예외 상태를 지속적으로 조성함으로써 자신에게 복종하는 삶 자체를 생산하고 규제하는 삶권력(Biopower)이 되었다는 것이다. 이 삶권력의 주체는 일국적 차원의 주권자만이 아니라 무엇보다 제국적인 주권자를 가리킨다.

제국이란 『다중』의 정의에 따르면 초국가적 기관들과 거대 자본주의 기업들 그리고 지배적인 국가들을 결절로 포함하는 전 지구적 차원의 네트워크 권력을 말한다. 따라서 제국은 제국주의를 뜻하는 것이 아니라 전 지구적 차원의 정치, 경제, 군사 복합 권력 집단을 가리킨다. 일국적 차원이든 국제적 차원이든 우리 삶을 좌지우지하는 것은 이제 이러한 권력 집단이라는 것이다.

『다중』의 큰 장점은 신자유주의 이후 삶의 위기를 그렇게 전 지구적 차원에서 성찰할 수 있게 해준다는 데에 있다. 삶 유지의 어느 한 계기라도 박탈당할 수 있는 우리 모두는 바로 삶 자체가 문제시되고 있는 자들이다. 아니, 오늘날 안정적으로 보장받는 고용이 더 이상 없다는 점에서, 엄밀하게 말해 산업 정규군은 더 이상 없다는 점에서 우리 모두는 빈자이다. 동시에 빈곤한 삶의 과정이 삶권력의 생산 과정이 된 오늘날, 사회적 생산 과정 외부의 산업 예비군 같은 것도 없다.

『다중』의 저자들은 고된 삶의 항상적 빈곤 속에서 공통적인 삶을 능동적으로 생산하는 주체를 다중(Multitude)이라 부른다. 그리고 삶권력에 대항하는 이들의 생산적 삶의 활동을 삶정치(Biopolitics)라 정의한다.

다중의 대안들

다중은 중앙 집권적 대항 권력을 통해 저항하지 않는다. 다중은 분산된 네트워크를 통해 다점적으로 행동한다. 다중은 그때마다의 거점에 떼로 모여든 지성을 통해 소통하고 공통적 삶을 생산한다. 다중이야말로 전 지구적 시대에 비로소 가능하게 된 절대적 직접 민주주의의 주체라는 것이다.

민주주의의 전면적 위기가 조성된 풍토에서 오히려 민주주의의 절대적 가능성을 전망하려는 대목들은 특히 흥미롭다. 대의 개혁의 사례로서 세계 곳곳의 NGO들의 세계사회포럼(WSF) 창설, 권리와 사법 개혁의 일환으로 주장되는 진실 화해 위원회의 상설화, 경제 개혁의 목표로서 탈자유주의적이고 탈사회주의적인 공통적인 것의 창출, 삶정치적 개혁으로서 제안되는 독립 미디어 활성화 등, 이미 현실에서 진행 중이고 진행 가능한 다중의 여러 삶정치적 활동들 중에는 우리 사회에서 목격될 수 있는 것들도 많다.

우리 사회 다중의 가장 대표적인 삶정치적 활동은 바로 촛불 집회와 쇼셜 미디어 활동일 것이다. 최근 스테판 에셀이 역설한 분노의 목록들을 진단하고 평화적으로 저항하라는 외침은 이미 여러 촛불 집회와 소통 강의를 통해 한국 다중의 현실 경험이 된 상태이다. 그리고 등록금 문제를 학교 당국과의 문제가 아니라 기성 사회에 대한 문제제기로 들고 나온 대학생들에게서 한국 다중의 밝은 지성을 보는 것은 큰 기쁨이다. 그렇게 짧은 기간 내에 복지가 우리 사회의 전면적 화두가 된 것 또한 놀랍지 않은가.

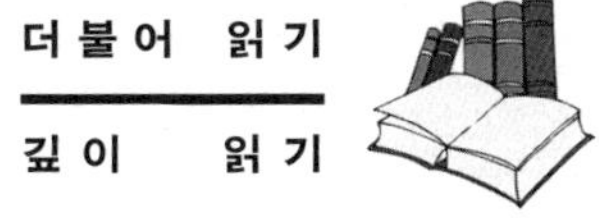

1) 안토니오 네그리, 마이클 하트, 『제국』, 윤수종 옮김(이학사, 2001). 『다중』과 짝을 이루는 책으로 전 지구화된 현대 세계에서의 일반적 권력론을 다루고

있다. 다중에 해당하는 multitude를 이 책의 옮긴이는 '대중'으로 번역하고 있지만, 이 책의 중요 개념은 전지구적 주권 형태로서의 '제국empire'이다. 제국은 제국주의와는 완전히 다른 개념으로서 국민 국가의 주권이 쇠퇴하고 정치적 경제적 통제 메커니즘이 전 지구적으로 형성된 지배 네크워크를 의미한다.

2) 안또니오 네그리, 『다중과 제국』, 정남영, 박서현 옮김(갈무리, 2011). 이 책의 원래 제목은 『제국에 대한 반성들(*Reflections on Empire*)』로서 『제국』과 『다중』에서 사용된 중요 개념들에 대한 강의와 보론으로 구성되어 있다. 특히 삶정치, 다중의 존재론적 정의, 대항권력에 대한 자세한 논의들 담고 있어 관심 있는 부분만 선별해 독서해도 좋은 책이다.

3) 스테판 에셀, 『분노하라』, 임희근 옮김(돌베개, 2011). 반나치 레지스탕스 운동가 출신이자 외교관으로서 세계 인권선언문 초안 작업에 참여하기도 했던 저자의 프랑스 사회에 대한 엄중한 경고와 조언을 담은 책이다. 사회경제적 민주화의 위기를 겪고 있는 전세계를 향한 외침으로 읽기에도 모자람이 없는 교양서라 할 수 있다.

남기호 / 가톨릭대학교 강사

독도보다 더 중요한 땅은
왜 외면하는가?

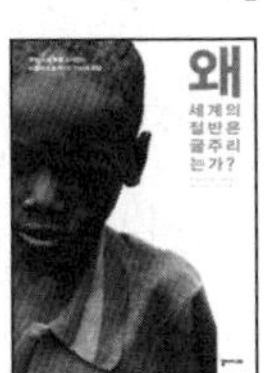

『왜 세계의 절반은 굶주리는가』 / 장 지글러

무상 급식 전면 실시?

무상 급식 전면 실시에 대한 찬반 투표가 지금 정치권의 뜨거운 이슈로 떠오르고 있다. 이 투표를 강행하려는 사람들은 복지 포퓰리즘에 맞서야 한다고 말한다. 그들은 초등학생에 대한 무상 급식을 진보 세력의 무분별하고 나쁜 평등 정책이라 보고, 실질적인 복지를 위해서는 차상위 계층에게 무상 급식을 우선 실시하고 단계적으로 '점진적으로' 확대해야 한다고 말한다.

주장 자체만을 따져보자면 언뜻 보기에는 일리가 있어 보이지만 그 저의가 무엇인지는 금방 드러난다. 원칙적으로는 복지가 무조건적인 평등이 되어서는 안 되며, 예컨대 존 롤스가 주장한 차등의 원칙처럼 '사회의 최소 수혜자들에게 이득이 분배되는 방식이어야 한다'는 근거를 들면 말이 되긴 한다. 부잣집 아이에게도 무상으로 밥을 주는 것은 문제가 있다는 것이다.

우선 이 주장을 하는 사람들에게 '실질적인 복지를 해야 한다는 것인가'를 묻게 된다면 그들은 옹색한 대답을 하게 될 것이다. 무상 급식 전면 실시에 대한 찬반투표는 그들이 주장하듯 '잘못된 복지 포퓰리즘(?)'을 비판하는 것이 주된 목적인 것이지 복지 정책의 절차적인 문제를 결정하자는 것이 아니다.

언제부터 한나라당이 복지 정책을 운운했던가? 또 4대강 사업 때문에 복지 예산이 삭감된 것은 누구나 아는 사실이다. 그런데도 점진적인 실현을 주장하는 데에는 그 의도가 '전면적이냐 단계적이냐'라는 방법적인 문제를 논하자는 것이 아니라, 전면 실시에 대한 비판을 위한 것이라는 것을 알 수 있다.

건전한 상식을 가진 시민들을 우롱하는 처사다. 그런데 지금 전국의 지방자치단체 중에서 이미 80퍼센트가 무상 급식을 실시하고 있다. 무상 급식은 복지에 대한 정치적인 입장에 따라 결정되는 것만은 아니며, 아이들 양육에 대한 자발적인 합의에 기초한 것이다. 이미 시행되고 있는 훌륭한 제도에 문제제기를 하는 것은 국민의 도덕적 존엄에 대한 도전이자 사회 공동체의 힘을 무의미하게 소모시키고 공동체의 대의를 빌미로 자신의 정치적인 입지를 전술적으로 강화하려는 기회주의적인 발상이다.

권리의 주체인 동시에 미덕을 가진 시민

'왜 우리 국민은 초등학생의 무상 급식이 올바를 뿐만 아니라 도의적인 정책이라고 생각하는가?

아이들은 경제의 주체가 아니라 공동체 모두가 배려해야 할 대상이다. 내 아이만의 문제가 아니라 우리 모두의 아이들에 대한 문제이다. 무조건적인 배려 없이는 아이들이 성장할 수 없다. 아이의 부모가 가난하든 부유하든 아이를 생각하는 공동체의 마음은 아이들에게 공평한 식사를 제공함으로써 사랑과 배려의 가치를 가르치려는 것이다.

이러한 공동체의 가치관은 국민적인 합의에 기초한 것이기에 한국 사회와 우리 자신의 도덕적인 수준을 높여주는 것이기도 하다. 65세 이상 노인에게 공동체가 헌납하는 지하철 티켓과 경로석도 사회 공동체가 제공하는 특별한 대우지만 무분별한 복지 포퓰리즘이라 비난하는 사람은 없다.

우리 국민들은 이 제도를 통해 우리의 미덕을 자랑스럽게 생각하는 높은 도덕적인 자존심과 문화를 보여준다. 이 정책들은 근시안적인 경제적 영리만을 생각하는 천박한 상업 정신에서는 이해될 수도 상상될 수도 없으며, 그들과 차별화된 우리 사회 공동체의 축적된 도덕적인 위엄을 보여주는 것이다.

부유하건 가난하건 간에 노인을 공경하는 마음으로 안락함의 권리를 기꺼이 양보하듯이, 아이들에 대해서도 자신의 아이건 남의 아이건 공평하고 평등한 급식을 선택한 것은 자발적이고 도덕적인 동의에 기초한 것이자 우리가 지켜내야 할 공동체의 소중한 미덕이다. 달리 보자면 아이들과 노인을 배려하는 문화는 사회 전체의 안정성을 갖추게 하고, 시민들 개개인의 삶의 안정성에도 기여하는 측면이 있다.

누구나 아이인 적이 있으며 누구나 늙어갈 것이다. 모든 아이들에게 밥을 먹이고, 모든 노인들에게 자리 하나를 내주는 그 마음을 통해 인간은 홀로 살 수 없다는 단순한 진리를 사회적으로 공유하게 된다. 이렇게 어렵사리 이루어낸 소중한 사회적인 가치를 지켜내야 공동체와 시민적 삶의 안정성이 공고해질 수 있다. 그런 까닭에 무상 급식을 두고 '나쁜 포퓰리즘'이라고 문제제기하는 것은 국민과 공동체의 도덕적인 존엄에 대한 손상 행위일 뿐만 아니라 '나쁜 정치적인 행태'이다.

굶주리고 눈이 머는 아이들

제 상황을 전 지구적인 문제로 확대하면 훨씬 어려운 질문이 제시된다. 『왜 세계의 절반은 굶주리는가』(유영미 옮김, 갈라파고스 펴냄).

빈곤이라는 전 지구적인 문제를 접근하는 데에는 보다 보편적인 관점과 가치관이 필요할 것이다. 저자인 장 지글러가 제시하는 관점은 인류애에 기초한 보편적 박애주의라 할 수 있겠다. 인간이라면 누려야 할 권리, 생물학적인 생명을 보존해야 할 권리, 먹을 수 있는 권리, 이 권리를 보장하지 않는 비인간적인 사회, 부도덕한 자본, 부도덕한 권력은 누가 보아도 문제다.

지글러는 세계적인 빈곤을 양산하는 주요한 요인들로 금융 자본을 앞세운 신자유주의적인 세계화, 부패한 권력들, 환경 재앙 등을 꼽고 있다. 지글러는 세계 빈곤이 극복되어야 한다는 도덕적인 당위에 그치지 않고, 오랜 경험을 통해 취합된 기아의 현장을 고발한다. 먹을 것이 없어서 죽어가는 아이들이 지천에 널려 있는 지옥과 같은 현실, 그것이 바로 우리가 사는 세계의 모습이라고 인정하는 것이 얼마나 어려운 문제인지, 그리고 그것 때문에 기아 문제는 잘사는 나라에서 관심을 끌지 못하고 있으며 해결 또한 요원하다고 저자는 역설한다. 잉여 농산물이 가격 정책 때문에 버려질지언정 구호 식량으로는 제공되지 않는 구조적인 모순, 기아는 먹을 것이 없어서가 아니라 먹게 내버려두지 않는 비정한 자본주의의 산물이라는 점을 보여준다.

여기 굶어 죽어가는 아이들이 있다! 여기 굶어서 영양 부족으로 눈이 멀어가는 아이들이 있다! 어디에? 바로 이곳 우리가 사는 세계, 인간의 세계이다. 그런데 그곳이 그렇게 먼 곳일까? 책에서 기아로 죽어가는 아프리카의 아이들만큼이나 비중 있게 다루어진 지역은 바로 북녘의 우리나라이다.

세계 사회와 민족의 공동체

하지만 북녘의 아이들이 우리의 아이들인가? 전 국민을 대상으로 투표를 해야 한다면 이 물음에 대한 투표를 해야 하지 않을까. 투표가 정치적인 사안을 결정짓고 공동체의 운명을 합의하는 행위라면, 이 투표를 통해서 국민적인 의사가 타진될 수 있다. 인도적인 가치나 도덕적인 당위만으로 공동체 구성원 전체의 합의를 이끌어낼 수는 없기 때문이다.

전후(戰後) 1세대뿐만 아니라 2세대들도 북녘 사람들을 한 민족이라고 생각하는지, 또 통일이 되어야 한다고 생각하는지는 나로서도 의문이다. 통독 직후 독일을 방문했을 때 서독 사람들 사이에는 단시간에 해결하기 힘든 양가감정(兩價感情)이 자리하고 있음을 느낄 수 있었다. 서독 사람들에게는 하나의 독일을 택함으로써 민족적 자긍심이 커져 있었지만 그와 동시에 감당하기 힘든 경제적인 손실이 있을 수밖에 없었다. 그러한 불편한 배리(背理)의 감정을 우리가 기꺼이 감내하려는지, 안락한 반쪽을 누리려는지 사람들의 생각은 다를 수 있다.

비록 우리나라의 아이가 아니라 하더라도……

북녘의 아이들이 남녘의 아이들과 동등하게 대우받아야 하는가의 물음은 역사와 문화에 기초한 민족 동질성이라는 문제에 대한 일정한 사회적인 합의에 기초해야 한다. 그런데 좀 더 심도 깊은 분석이 필요한 문제이지만 현실적으로 보자면, 새터민의 시민적 지위에 대한 사회적인 인식은 남녘의 시민과 동등하다기보다는 연변 동포와 유사한 것으로서 열등한 지위를 갖는 것으로 생각되는 듯하다.

다른 한편 부정할 수 없는 사실은, 우리가 굶주림으로 죽어가는 아프리카 아이들에 대해서 느끼는 세계 시민으로서의 도덕적 책임보다는 북녘의 아이들에게 대해서 느끼는 한 민족이라는 동질성으로서의 도덕적 책임을 더 크게 가질 수밖에 없다는 것이다. 그것은 우리와 공간적으로 더 가까운 이웃이어서가 아니라, 비록 단절의 역사가 있긴 했지만 우리와 같은 공동체를 새롭게 이룰 수 있기 때문이다.

만약 이러한 미래의 가능성에 대해 국민 대다수가 긍정할 경우, 북녘의 기아 문제는 세계 사회의 인도주의적인 대응 방식 이상이어야 한다. 북녘의 기아 문제는 그 경우에 있어서는 우리 민족의 문제이자 우리의 삶에 대한 책임 있는 결정이어야 한다는 당위를 갖는다. 세계 시민으로서의 책임보다 민족 공동체의 성원으로서의 책임이 더 크다는 생각은 누구나 인정할 수 있을 것이다.

독도보다 더 크고 중요한 우리의 땅

해방 66주년을 맞아 독도 문제와 동해 표기 문제로 일본과의 갈등이 점철되는 현 시점에서 우리의 시야를 좀 더 거시적인 민족의 미래와 역사를 조망하는 방향으로 돌린다면, 새로운 민족 공동체의 구성 문제는 보다 근본적인 문제가 될 것이다. 지도 위에 그려진 분단의 선은 고난을 함께 나누려는 민족 공동체에 대한 상이 뚜렷할 때 사라질 수 있다. 굶주리는 우리의 북녘 아이들을 돕지 못하고서는 우리가 어찌 그 미래를 꿈꿀 자격이 있겠는가.

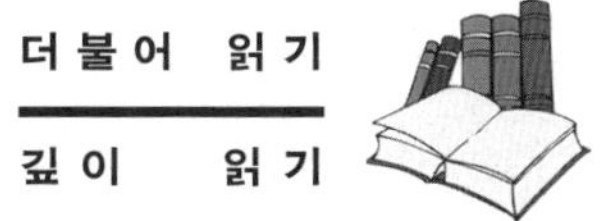

1) 헬레나 노르베리 호지, 『오래된 미래: 라다크로부터 배우다』, 양희승 옮김(중앙북스, 2011). 전지구적으로 진행되는 자본주의적 세계질서가 전통적인 공동체를 어떻게 파괴해 가는지에 대해 작가는 오랜 경험을 통해 진지한 성찰을 보여주고 있다. 전통적인 공동체를 복원할 수 있는 지속가능한 대안에 대해

서도 저자는 중요한 통찰을 제시한다.

2) 헬렌 니어링, 스코트 니어링, 『조화로운 삶』, 류시화 옮김(보리, 2000). 헬렌 니어링과 스코트 니어링은 미국 대공황 시대 대도시 뉴욕의 삶을 버리고 한 적한 시골 마을 버몬트로 이주한다. 자본주의가 강요하는 삶이 얼마나 인간을 힘들게 하는지, 반면 자연이 인간의 삶에 얼마나 많은 것을 제공하는지에 대해 평생의 경험을 통해 말한다. 이 책을 통해 독자들은 한편으로는 자본에 맞설 수 있는 작은 희망과 용기를 얻을 수 있게 되며, 또 한편으로는 주체적인 삶을 살 수 있는 지혜를 엿보게 된다.

박지용 / 경희대학교 후마니타스칼리지 객원교수

가난해서 뚱뚱하고, 뚱뚱해서 가난하다!

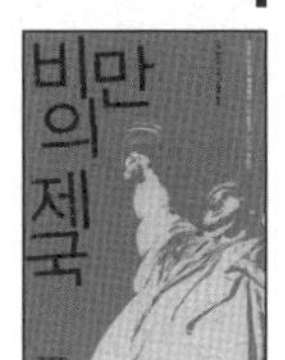

『비만의 제국』 / 그렉 크리처

뚱뚱한 게 죈가? 요즘 돌아가는 세태를 보건대 죄다. 뚱뚱한 거, 키 작은 거, 얼굴 못생긴 거 다 죄다. 이 중에서도 제일은 역시 뚱뚱함이다. '믿음과 소망과 사랑, 그 중에 제일은 소망교회'이듯(?) 말이다. 감수성 예민한 청소년들은 말할 것도 없고 정도와 이유의 차이는 있지만 거의 모두가 뚱뚱함을 싫어한다. 이런 마당에 '날씬함? 그건 이데올로기야!' 하고 말하는 건 별 위안이 되지 못한다.

중학교 3학년인 딸아이에게 일반명사 '뚱땡이'가 고유 명사화한 지 이미 오래다. 나 역시 '식스 팩'은 고사하고 '식스 쌍둥이'를 밴 듯한 만삭의 배(腹)를 자랑한다. 우리의 살 길은 운동과 다이어트다. 딸과 나는 공감했다. 새벽에 일어나서 운동을 했다. 퍽퍽한 닭 가슴살과 냉동 채소를 데쳐 먹었다. 딸도 이걸 먹었다. '그래 우린 할 수 있어. 파이팅!'

며칠이나 지났을까? 집에 들어갔더니 집사람과 아이들이 피자와 치킨을 먹고 있다. 마누라는 캔 맥주까지 곁들여서 요즘 애들 표현대로 '흡입 중'이다.

우리 '뚱땡이'도 치킨을 사정없이 들이밀고 있다. 울화통이 치민다. '딸 이 뚱땡이임을 나 알고 저 알고 하늘이 다 아는데 말리지는 못할망정……' 사람이 되길 고대했던 그 옛날 '곰'의 심정으로 '쑥과 마늘' 대신 '닭 가슴 살과 냉동 채소'만 먹었건만, 지들은 괜찮다고 딸을 꼬여서 '호랑이'의 후 손으로 만들다니! 아깝다. 앞으로 97일만 참으면 되는 거였는데…….

30여 년 전만 해도 우리는 빈혈과 영양실조를 걱정했다. 어쩌다 아버지 가 돼지고기를 사오시면 기쁨 반, 걱정 반의 심정이 되곤 했다. 비계를 도 무지 먹을 수 없었다. 발려 놓으면 아버지의 불호령이 떨어졌다. 할 수 없 이 도로 입에 넣으면 구역질이 났다. 그러면 이번엔 불호령이 아니라 눈에 서 진짜로 불이 번쩍했다. 별 영양가 없는 음식만 먹이다가 오랜만에 기름 기를 먹이고 싶으셨으리라. 그런데 진짜 영양 덩어리(?)인 비계를 먹지 않 으니 속이 상하셨으리라. 그렇게 눈물 섞인 비계를 구역질을 참아가며 먹 고 나면 항상 설사를 했다.

돼지비계를 기름 삼아 전을 부쳤다. 특히 녹두전은 이렇게 부쳐야 맛이 있다. 지금이야 포화 지방이니 뭐니 해서 거의 쓰이지 않고, TV 맛 프로 의 '추억의 별미'로나 소개되지만 말이다. 쇠고기를 먹는 것은 더욱 흔치 않은 일이었다. 생일 미역국, 명절 차례상의 고명이나 산적으로나 맛을 볼 수 있었다.

쇠고기를 불고기로 해먹는다는 건 내겐 거의 일대 사건(一大 事件)으로 남아 있다. 누군가의 잔치에서 난생 처음 소불고기를 먹던 날. 그날과 그 장소, 특히 그 맛의 기억은 지금도 또렷하다.

    철학자의 서재 2

너무 먹어서 영양실조에 걸린다!

우리나라는 1960년대 이래, 30여 년 만에 모든 것이 완전히 바뀌었다. 국내 총생산(GDP)을 보자면, 세계 최빈국에서 아프리카 대륙 전체보다도 많은 나라가 되었다. 더 이상 무슨 말이 필요한가?

말 그대로 우리나라는 '하늘과 땅이 놀라 움직이는(驚天動地)' 변화를 겪었다. 이런 변화의 지향점은 '미국화'였다. '선악개오사(善惡皆吾師)'라 했다. 미국화에는 좋은 것도 있고 나쁜 것도 있으리라. 비만의 제국이 되는 미국화는 나쁜 것이라면 그렉 크리처의 『비만의 제국』(노혜숙 옮김, 한스미디어 펴냄)과 같은 책이 나오는 미국화는 좋은 것이리라. 자신의 문제점을 사실과 가치의 양자를 고려하여 반성하고 해결책을 제시하는 풍토를 지니는 것이 미국화라면 그것은 좋은 것이리라.

이 책은 먼저 팜유와 액상과당(HFCS, High Fructose Corn Syrup, 고과당 옥수수 시럽)이 식품 가공의 주원료로 등장한 이유와 두 물질의 영양학적 문제점을 밝힌다. 표를 얻기 위한 정치적 동기와 거의 '공짜'나 다름없는 가격이 그 이유다.

팜유는 우리나라에서도 과자, 라면 등 거의 모든 튀김 음식에서 사용 중인 야자 기름이다. '순식물성'인 건 맞다. 하지만 분해 · 배출이 되지 않고 몸 안에 쌓이기로는 쇠기름보다 더하다. 오래전 우리나라에서 라면의 '공업용 우지' 사용 파동이 있었다. '공업용'까지는 아니었던 것으로 기억한다. 어쨌든 이후 '우지'를 대체한 것이 이 기름이다. 근데 이 기름보다는 차라리 '우지'(쇠기름)가 건강에 낫다고까지 한다. (그러면 파동은 왜 벌였던 거야?)

액상과당은 제과, 제빵에서는 물론 거의 모든 가공식품에 단맛을 내는 데 들어가는 물질이다. 설탕보다 당도가 6배나 높다. 게다가 오래 지나도 음식이 신선해 보이도록 하는 효과까지 있단다. 간단히 말해 두 물질은 비만 문제를 일으키는 일등 공신에 속한다.

더 충격적인 것도 있다. 배가 부르다는 것에 기준 내지 한계가 있는 것인가? 나는 이 책을 읽기 전까지는 있다고 생각해 왔다. 그래서 누군가의 말처럼 세상을 뷔페(Buffet)로 만들면 사회의 문제점은 사라질 것이라는 데 공감하기도 했다. 그런데 과연 그런가? (인간의) "포만감에는 한계가 없다. 사람은 더 많이, 더 큰 것을 줄수록 점점 더 배가 커지는 것이다."(59쪽) 맥도날드의 경쟁사인 타코벨의 전문 경영인은 이렇게 말한다.

> "만일 타코의 평균 가격을 25퍼센트 내리면 (다른 사람들은) 평균 수익이 떨어질 것이라고 생각했다. 하지만 나는 사람들이 먹는 양에 한계가 있다고 믿지 않았다. 그리고 내 생각이 옳았다. 일주일 만에 평균 수익은 예전 수준을 회복했다. 세 가지 대신 네 가지를 먹게 한 것이다."(56쪽)

사람들의 상식을 뒤엎는 얘기다. 위(胃)가 늘어난다는 얘기는 들었다. 그래도 먹는 데에는 한계가 있는 줄 알았다. 그런데 없단다. 실제로 현재 패스트푸드점에서 제공하는 '세트 메뉴'의 양이나 칼로리는 과거보다 4배 이상이다. 게다가 '세트 메뉴'의 양과 칼로리는 점점 더 커지고 있다.

미국의 비만 행렬에서 아동과 청소년도 예외가 아니다. 그런데 성인 비만과는 또 다른 원인이 이들의 비만을 부추기고 있다. 부모 세대(이들이 소위 '68 세대'다)의 통제 포기가 그것이다.

"통제를 포기한 것, 자녀들과의 실랑이와 갈등을 피하는 것은 음식에 관련된 것만이 아니었다. 그것은 1980년대의 육아서들이 대부분 주장한 메시지였다. 그 대부분은 '자율'과 '권한'이라는 중요하지만 불분명한 개념에 근거했다. (……) 이는 체제 순응과 억압과 획일화로 사람들을 '생산 단위'로 전락시킨 과거 세대에 대한 반동에서 비롯되었다. (……) 아이들에게 자신감과 책임감을 심어주기 위해 개인적 선택을 존중해 주어야 한다고 강조했다."(70쪽)

크리처에 의하면 "먹는 문제에서 아이들을 일종의 '어린 현자(賢者)'로 생각"한 결과, "아이들의 식욕을 '자연적인' 기준으로 삼아서 먹고 싶은 만큼 먹게 하면 된다"고 한 결과 아이들은 뚱뚱해졌다.

이외에도 이 책은 과체중의 원인을 학교 교육, 매스컴, 빈곤 문제 등을 통해 분석한다. 교육 예산의 문제로 줄어드는 체육 시간. 매스컴의 비만 문제에 대한 의식 결여. 값싸게 공급되는 패스트푸드에서 벗어날 수 없는 빈곤층. 이 모든 것들이 미국의 비만 문제를 악화시키는 장치들이다.

비만이 부르는 질병에 대해서도 여러 가지를 언급하고 있다. 특이한 것이 있다면 비만이 오히려 영양실조를 부른다는 점이다. 과식 자체만으로도 건강에는 악영향을 미친다. 게다가 우리가 과식하는 음식이란 것이 몸에 필요한 필수 영양소를 골고루 함유한 음식이 아니라 칼로리만 지나치게 높은 음식이다. 먹어도 먹어도 끊임없이 허기를 느끼게 만드는 음식이다.

과거에는 먹을 것이 없어서 영양실조를 걱정했는데 지금은 너무 먹어서 영양실조에 걸린다니. 이런 걸 아이러니라 해야 할지 아포리아라고 해야 할지.

비만은 자본주의 구조의 단면

비만은 시대를 불문하고 있어왔다. 그런데 왜 지금 (새삼스럽게) 비만이 문제인가? 근대 이전에 비만은 문제가 아니었다. 문제가 되더라도 개인의 문제였다.

그러나 현재의 비만은 개인의 문제일 수 없다. 나아가 비만은 단순히 여러 사회 문제 중의 하나가 아니라 현대 문명의 문제를 드러내는 '대표 단수' 즉 물질적, 육체적 욕망의 추구와 이의 충족이라는 근대 자본주의의 구조가 낳은 단면이다. 자본주의의 최전선인 미국에서 드러난 '뚱뚱함'은 인간 욕망과 충족의 과잉 모두를 보여준다. 한편, 뚱뚱함은 인간의 욕망과 충족은 아무리 추구해도, 아무리 채우려 해도 채워지지 않는 소금물임을 보여준다.

자본주의는 끊임없이 경쟁하라고 한다. 끊임없이 욕망을 계발해 낸다. 끊임없이 충족 수단을 개발해 낸다. 그런데 이것이 언제까지 가능한 것인가? 북극 빙하가 녹는다. 열대 우림이 남벌된다. 멀리서 찾을 필요가 없겠다. 우리나라를 보자. 어렸을 때보다 얼마나 더워졌는가? 추위다운 추위가 있는가?

신과 함께 죽은 물질로 취급되던 자연이 서서히 반격을 가해 오고 있는 지금이야말로 인간 이성의 반성 능력을 회복해야 할 시점 아닌가? 욕망의 끊임없는 추구는 결코 낙원을 가져오지 못한다는 것을 우리는 이미 알고 있다. 욕망을 일정한 수준에서 절제함으로써 비만에서 벗어날 수 있다. 그런데 이것은 비만 지침서에 나와 있는 개인의 실천 지침이 아니다. 이 사회 전체가 추구해야 하는 지침이다. 그리고 이 지침에 기반을 두고 자연과 관계하는 방식 모두를 바꿔야 한다. 너무 멀리 왔나? 그러나 이렇게 되지 않고는 비만(?)에서 탈출할 희망이 없다.

그런데 이렇게 얘기를 하고 나니 오히려 공허감이 밀려온다. 인간 이성의 반성 능력을 믿으라고? 자제·절제하자고? 근대의 문제점을 지금처럼 절감할 수는 없었던 칸트조차도 실천 이성의 문제를 놓고는 이런 식으로 얘기했지만 역사철학(혹은 정치철학)의 차원에서는 전혀 다른 얘기를 했다. 인간이 진정한 반성을 할 수 있는 것은 전쟁과 같은 극단적인 상황 이후의 탈진 상태가 되어야 비로소 가능한 것으로 보았다. 그의 말이 옳다면 욕망의 절제는 더 이상 욕망을 추구할 수 없는 상황이 도래한 이후에나 가능할 것이다.

과체중의 원인은 가난

크리처 역시 비만을 둘러싼 구조적인 문제를 해결하기 위한 처방을 내놓으면서 '자제심'과 '절제'라는 덕목을 빼놓지 않았다. 그렇지만 그가 말하는 '자제심'과 '절제'는 도덕적·당위적 호소의 차원이 아니다.

그는 미국 텍사스 주 샌안토니오의 예를 통해 실제로 어떻게 자제심을 발휘하고 절제할 수 있는가를 이야기한다. 다시 말해 매우 구체적이다. 우리나라와는 상황이 많이 다르므로 간단히 살펴보는 것으로 그치자.

샌안토니오 지역 학생 중 많은 수가 과체중이며, 심각한 질병으로 이어질 것이라는 보고서가 나온다. 과체중의 원인이 유전적인 것이 아니라 가난에 있음이 밝혀진다. 그리고 이에 대해 적극적이고 공격적인 대처를 한다. 먼저 식단을 분석하여 지방과 설탕은 줄이고 과일과 채소 섭취를 늘렸다. 방과 후 프로그램을 대중적인 '헬스클럽'으로 바꾸었다. 부모의 참여와 자각을 유도하였다.

아무튼 여기서 가교 역할을 한 것은 '학교'이다. 그는 덧붙인다.

"학교는 소비자 교육을 하는 곳이 아니라 시민 교육을 하는 곳이다."(285쪽)

그에 의하면 비만은 가난과 결부되어 있다. 실제로 패스트푸드의 주된 소비층은 저소득층이다. 부자들은 슬로푸드와 유기 농산물을 먹을 수 있다. 비만 상담을 받을 수 있는 의사를 찾을 시간과 돈이 있다. 처방에 따라 각종 레저와 스포츠를 할 수 있는 물질적 · 시간적 여유가 있다.

〈시사인〉 제207호(2011년 9월 3일자)에 의하면 우리나라 고등학생 중 전문계고 학생의 평균 신장은 가장 작고 비만도는 가장 높다. 가난과 결부된 비만의 문제가 '강 건너 불'만은 아니라는 얘기다.

무상 급식에서 건강 급식으로

며칠 전(2011년 8월 24일) 무상 급식 관련 투표가 있었다. 투표 안했다. 100퍼센트 무상 급식이 옳으냐고? 잘 모르겠다. 문제는 100퍼센트냐 50퍼센트냐가 아니라 '보편적 복지'까진 몰라도 최소한의 사회 안전망이라도 준비를 할 것인가 말 것인가에 있었다고 본다. 나는 대부분의 베이비붐 세대와 마찬가지로, 현 상태대로라면 늙어서 빈곤에 허덕이다 갈 가능성이 높다. 그렇지만 아이들은 그렇게 되지 않기를 희망한다. 그래서 안했다.

급식 자체와 관련해서도 할 말이 있다. 기왕에 투표 결과가 나왔으니 단순히 밥을 무료로 제공하는 차원에 그쳐서는 안 된다. 나도 학부모지만 급식 실태에 대해 잘 모른다. 학교별로, 지역별로 격차가 있는 것으로 알고 있다. 이 문제도 재고(再考)되었으면 좋겠다. 그래서 차제에 우리도 급식 식단에 대한 점검을 할 필요가 있다.

이를 바탕으로 단순한 무상 급식이 아니라 건강 급식으로 이어지도록 해야 하겠다. 가난해서 키도 작고 뚱뚱해서는 곤란하지 않겠는가? 그러려면 무상 급식이 관철된 이후의 과정을 '보이지 않는 손'에 맡겨두어선 안 된다. 무상 급식이 건강 급식으로, 건강 급식이 먹을거리의 질 제고(提高)로 이어지는 선순환의 출발점이 되었으면 한다.

무상 급식을 교두보로 소위 '나비 효과'가 일어나길 기대한다. 너무 꿈이 야무진가?

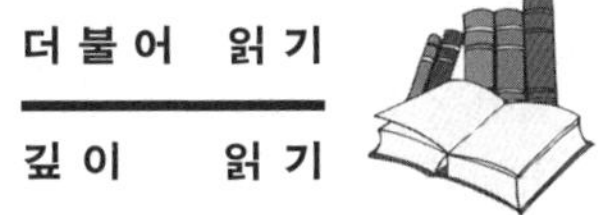

먼저 너무도 유명한 책, 조지 리처, 『맥도날드 그리고 맥도날드화』(김종덕 옮김, 시유시, 2004)가 있다. 『비만의 제국』이 미국의 사회구조를 통해 '비만'을 해명한 책이라면, 이 책은 '맥도날드' 혹은 '맥도날드화'(McDonaldization)로 대표되는 미국의 합리화된 사회구조가 낳는 (비만을 포함한) '불합리성' 자체를 규명한다.

그리고 캐롤린 스틸, 『음식, 도시의 운명을 가르다』(이애리 옮김, 예지, 2010)

도 볼 만하다. 이 책은 음식을 통해 우리의 삶이 어떻게 바뀌는가를 보여준
다. 『비만의 제국』이 20세기 문명의 보편성을 상징하긴 하지만 특수한 사례
인 미국을 분석하고 있음에 비해, 이 책은 인류의 보편성인 '음식'을 통해 도
시의 운명이, 아니 인간의 운명이 어떻게 바뀌고, 바뀌어 왔는가를 제시하고
있다.

이관형 / 한국철학사상연구회 회원

슈퍼맨이 아니라
'겁쟁이'를 예찬하자!

『겁쟁이가 세상을 지배한다』 / 프란츠 부케티츠

슈퍼맨, 팬티를 벗다

어릴 적 바지 위에 팬티를 입을 생각은 못했어도 한번쯤 보자기를 목에 두르고 주먹 쥔 한손은 하늘을 향한 채 동네를 발바닥에 땀나게 뛰어본 추억이 비단 나만의 것은 아니리라. 누가 시킨 것도 아닌데, 동네마다 악당이 있었던 것도 아닌데, 세계 평화를 꿈꾸며 보자기를 휘날리던 동네 꼬마 슈퍼맨들은 정말로 많았다.

당시 파란색 전신 쫄쫄이에 덧입은 빨간 팬티는 촌스럽고 어색하기는 커녕 진정한 영웅의 상징일 뿐이었다. 영웅은 달라도 뭔가 다르다는 막연한 동경 때문이었을까? 아니면 지금도 떨어지는 패션 감각 때문일까? 슈퍼맨 스타일은 전혀 어색하지도 촌스럽지도 않았다.

그런 슈퍼맨도 복장이 바뀌었다. 민망한 부위를 가려주기라도 했던 빨

간 팬티마저 과감히 벗어버리고 위·아래를 구분 짓는 금테만을 두른 새
로운 스타일의 슈퍼맨이 등장한 것이다. 근육은 드러내야만 한다는 시대
적 요청 때문이었을까? 아니면 너무 오래 입어 낡고 헐어버린 팬티 때문
이었을까? 복장이 변한 슈퍼맨이 조금은 어색하게 느껴지는 것이 내 또래
사람들에게 무리는 아니다.

그럼에도 불구하고 슈퍼맨의 강력한 힘과 하늘을 날 수 있는 능력만은
그대로이리라. 진정한 영웅은 어떤 복장을 하더라도 영웅일 것이다. 영웅
의 본질은 어떤 상황에서도 승리하고 살아남는 강력한 육체적 정신적 능
력에 있다. 복장 따위는 큰 문제가 되지 않는다.

진화론적으로 상상해 볼 때도 슈퍼맨은 인간 진화의 이상적 모델이다.
완벽한 외모에 강력한 힘, 거기에 하늘을 나는 능력까지…… 이렇게 인간
의 욕망을 대변하는 완벽한 외계인은 그 어디에도 없었다. 진화론적 상상
이 어렵다면 영화적 상상력을 동원해 생각해 보라! 그 어떤 외계인이 이
토록 완벽한 이상적 인간을 모델로 하고 있는지.

거기에 "강한 자는 언제나 살아남는다"는 묵시론적 암시는 인간이 만
들어온 강자가 되기 위한 투쟁의 역사가 정당하다는 논리를 은연중에 진
실로 간주하도록 만든다. 강자가 되기 위해서는 모델이 되는 영웅이 있어
야 하고 그 영웅을 모델로 하여 또 다른 강자가 되기를 꿈꾸는 순환논리,
이것이야말로 인간이 살아온 길이자 살아가야 할 길이었기 때문이다.

그러나 누구나 그랬듯이 목에 두른 보자기를 잊어버리고 현실의 인간
으로 돌아왔을 때 슈퍼맨의 빨간 팬티는 기억에서 사라진다. 슈퍼맨의 팬
티가 빨간 팬티든 파란 팬티든 노팬티든 더 이상 관심 없다. 단지 평범한
인간으로 살아가길 원할 뿐이다.

현실의 무게에 짓눌려 더 이상 용기 있는 영웅을 꿈꾸지 않는 인간들, 그러나 이것조차 당연한 자연적인 인간 본성에 의한 것이라는 사실을 망각한 인간들, 프란츠 부케티츠의 『겁쟁이가 세상을 지배한다』(이덕임 옮김, 이가서 펴냄)는 이러한 인간들에 대한 이야기이다.

불편한 진실

통상적인 관점에서 영웅은 당연히 칭송을 받는다. 가끔은 바보도 예찬의 대상이 되며, 때로는 거짓말도 칭찬을 받을 수 있다. 그러나 겁쟁이만은 예외다. 겁쟁이는 무시의 대상이자 때로는 비난의 대상이며 겁이 많다는 것은 교육이나 교화, 치료를 통해 고쳐나가야 할 그 무엇이다. 거기에 비겁하기까지 하다면 그 사람은 아예 상종할 대상이 못 되는 사람으로 취급받는다.

병역을 기피했다는 이유로 법정에 선 한 연예인의 "나약한 겁쟁이일 수는 있어도 비열한 비겁자는 아니다"라는 항변은 우리 사회가 겁쟁이보다 비겁하다는 것을 더 나쁜 것으로 간주한다는 사실을 단적으로 보여준다.

그러나 진화론적 입장에서 볼 때 겁쟁이라는 것 또는 비겁하다는 것은 도덕적인 것이 아니며 생물학적 사실과 연관된 인간 본성의 문제일 뿐이다. 우리가 미덕으로 칭송하는 용기나 부덕으로 치부하는 비겁함은 사실 인간의 자연적 본성과는 상관없는 인간이 만들어낸 용어에 불과하다. 또 진화론의 입장에서 비겁함이라는 상징적인 단어는 아주 평범한 사람들이 취할 수 있는 태도를 가리킬 뿐이다. (물론 우리말에서 겁쟁이와 비겁함은 뉘앙스 차이가 있다. 그러나 서양 언어에서는 그 차이가 그다지 크지 않은 것 같다.)

내가 말하는 비겁함은 생명을 지키고자 하는 인간의 본성이다. 나는 이 한 가지 이유만으로도 비겁함이 충분히 미덕이 될 수 있다고 생각한다. 용맹성보다는 비겁함이 최소한 위험에 처했을 때에는 더 현실적인 판단에 따른 방식임을 도덕주의자들은 생각하지 못했을 것이다.(21쪽)

그러나 비겁함이라는 것이 아무리 인간 본성이라고 해도, 스스로를 비겁자라고 말하는 것은 쉽지가 않다. 특히 용기를 칭송하고 영웅을 찾는 사회에서 비겁함은 용서받을 수 없는 죄일 뿐이다. 또한 비겁한 사람을 옹호하거나 같은 편이 된다는 것은 더더욱 상상할 수 없다.

이쯤에서 한번 진지하게 물어보자! 지금쯤은 기억에서 잊어진 이름일 수도 있지만 우리가 고(故) 이수현 씨를 칭송하는 이유는 무엇인가? 자신을 희생해 가며 타국에서 한 일본인을 구한 그의 용기 때문이 아니던가? 그와 같은 지하철역 공간에 있었으면서도 타인을 구하지도 못했거나, 외면했거나, 바라보고만 있었던 사람들을 단순히 그냥 평범한 사람들로만 치부해야 할까? 그 중에 겁쟁이 또는 비겁자는 없었을까? 군중의 익명성에 두려움을 숨긴 사람들, 지극히 평범해 보이는 그 사람들도 사실 겁쟁이라고 불러야 하는 것은 아닐까?

이 이야기를 진화론적인 관점에서 생각해 보면 이런 질문이 가능하다. 자신이 죽음에 직면할 수 있는 상황에서 타인을 구하는 행위는 왜 어려운가? 대다수의 사람들이 타인의 위험을 외면하는 이유는 무엇인가? 대답은 비교적 간단하다. 이것이 자신을 보존하려는 생물학적인 본성이기 때문이다. 다시 말해 우리 대다수는 생물학적으로 겁쟁이일 뿐이다.

진화에서는 겁쟁이가 중요하다

다윈의 '자연 선택'과 '적자생존'만큼 오해를 많이 불러일으키는 개념도 드물 것이다. 단순하게 말하면 "자연은 과연 누구를 선택할 것이며, 그렇게 살아남은 자는 과연 누구일까?"라는 질문에 대한 답 때문일 것이다. 전통적인 대답은 단순했다. 강자(强者)!

"강자가 선택되고 강자만이 살아남는다"는 대답은 도덕주의자들의 강력한 반발을 불러왔다. 도덕주의자들에게 진화론은 인간 사회를 동물 사회와 동일시하는 획책일 뿐이었고, 지금도 그 거부감은 별반 차이가 없는 것 같다. 그러나 사실 '강자'라는 대답은 진화론적인 대답이 아니다. 자본주의를 생물학적으로도 공고히 하고 싶었던 사회다윈주의자들의 대답이었을 뿐이다. 도덕주의자들도 별반 차이는 없는데, '용기'라는 덕목으로 강자를 칭송하기는 마찬가지다. 사실 도덕주의자들은 '용기'에 대해서는 말하지만 '비겁함'에 대해서는 말하지 않는다.

이 책을 쓰는 과정에서 나는 비겁함에 대한 기록이 거의 없음을 확인했다. '용기'와 '용감성'은 철학 사전이나 용어 사전에서 대부분 찾아 볼 수 있으며 물론 4대 덕목의 한 부분을 차지하기도 한다.(10쪽)

'용기'에 대한 예찬은 우리에게 은연중 강자가 될 것을 강요한다. 그리고 용감하게 죽음을 맞이한 자는 영웅으로 칭송을 받는다. 베트남전에서 미군 소위의 평균 수명은 17초였다는 통계가 있다. 임전무퇴(臨戰無退)는 군인의 덕목이기도 한데, 다시 말해 '돌격 앞으로!'라는 명령과 함께 제일 먼저 뛰어 나가야 하는 소위들이 17초에 한 명씩 죽었다는 말이다.

젊은 소위들은 육체적으로도 건강하고 전투 및 방어 기술을 알고 있으며 생물학적인 관점에서 아마 생식 능력도 뛰어났을 것이다. 다시 말해 살아 있다면 후손을 남길 가능성이 아주 높다는 얘기다. 그러나 그들의 용기 있는 행동은 그들이 후손을 남길 수 없는 상황을 만들었다. 다시 말해 그들 중 대다수는 죽었다.

여기서 다시 생각해 봐야 할 것은 다윈의 '적자생존'의 의미다. 사실 '적자생존'은 단순히 한 개체가 죽고 사는 문제가 아니다. 한 개체가 다음 개체로 유전자를 전달하는 과정이 지속적으로 연결될 때 사용할 수 있는 표현인 것이다. 후손을 남길 수 없다면 그래서 유전자를 전달할 수 없다면 아무런 소용이 없는 것이 '적자생존'이다.

용감한 소위들은 대부분 '돌격 앞으로!' 외치며 뛰어나가다가 죽었다. 다시 말해 그들은 진화론적으로 적합한 개체가 아니다. 그렇다면, 진화론적으로 적합한 개체는 누굴까? 그렇다! 바로 겁쟁이들이다. 전쟁을 피하고 용감한 행위와는 거리가 먼, 그래서 끈질기게 자신의 목숨을 보존한 그 겁쟁이들이 바로 진화의 주역이다. 그리고 우리는 그 겁쟁이의 후손에, 후손에, 후손들일 뿐이다.

살아남은 자의 슬픔

물론 나는 알고 있었다.
오로지 운이 좋았던 덕택에
그 많은 친구들보다 오래 살아남았던 것을.
그러나 지난밤 꿈속에서

친구들이 나에 대해 얘기하는 목소리가 들렸다.

"강한 자는 살아남는다."

나는 자신이 미워졌다. 미워졌다.

—베르톨트 브레히트, 「살아남은 자의 슬픔」

문학 소년이 되기를 꿈꿔본 적도 없는 내가 알고 있는 몇 안 되는 시 중에 하나다. 물론 나는 이 시의 문학적 가치를 모른다. 내가 이 시를 좋아하는 이유는 진화론을 가장 짧고도 극명하게 설명해 주기 때문일 것이다.

현생 인류, 호모사피엔스는 정말 운 좋게 살아남은 생명체에 불과하다. 브레히트의 슬픔처럼 운 좋게 살아남은 자는 강한 자가 아니다. 단지 살아남아 있다는 사실을 확인할 수 있을 뿐이다. 겁쟁이였고 때로는 비겁하기도 했던 인류는 분명 그렇게 운 좋게 살아남아 있을 뿐이다. 인간의 진화에서 어릴 적 꿈꿨던 슈퍼맨 같은 능력은 애당초 필요하지도 않았다. 용기가 있다는 것도 강하다는 것도 그렇게 큰 도움은 되지 못한다.

그렇다고 너무 허무하다거나 슬퍼할 필요는 없다. 가끔은 겁쟁이로, 피치 못할 사정이 생기면 비겁하게, 그렇게 적당히 평범하게 살아가면 된다. 도덕적인 것에 너무 얽매일 필요는 없다. 상황에 따라서는 개인적으로 타협하고 대처할 수 있는 자신의 도덕률을 따르면 된다. 가장 평범하게 사는 것이야말로 후손을 남겨 '적자생존'할 수 있는 비결이다.

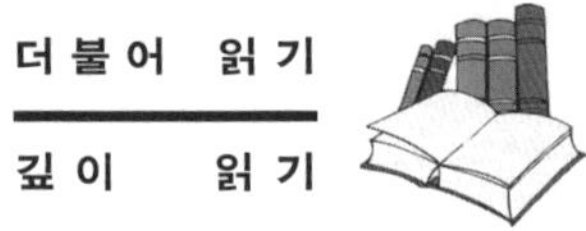

그럼에도 불구하고 비겁한 회의주의자의 도덕이 마음에 들지 않는 사람들은 슈테판 클라인, 『이타주의자가 지배한다』(장혜경 옮김, 웅진지식하우스, 2011)를 권한다. 사실 우리 사회는 생물학적 이타성에 대한 새로운 생각이 필요하다. 이기적 유전자라는 진화생물학적 가정에서 탈피할 필요도 있다. 이타주의의 생물학적 기반은 존재할까? '생존'이라는 진화론적 화두는 정말 도덕을 무력화시킬까? 우리 모두 고심해 볼 일이다.

진화생물학을 통한 철학적 사유로의 진입은 과연 가능할까? 도리언 세이건, 타일러 볼크, 『죽음과 섹스』(김한영 옮김, 동녘사이언스, 2012)는 생물학과 철학의 영역을 넘나든다. 탄생과 죽음의 순환 고리는 과학의 영역이자 철학의 영역이다. 생명에 대한 진화생물학적 사실을 바탕으로 우리의 도덕을 다시금 세워보자. 더 이상 우리의 도덕성을 신의 선물로 생각할 필요는 없다.

강경표 / 중앙대학교 강사

1% 말고 99%도 한 번 잘살아 보세!

『사회적 행복주의』 / 미셸 옹프레

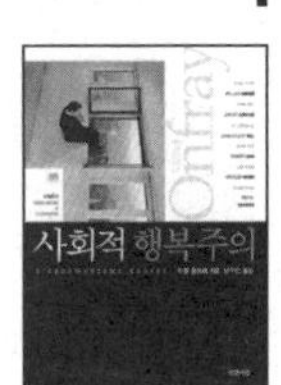

'행복'에 말 걸기

1990년대 후반부터 한국 사회에서는 소위 '웰빙', '삶의 질' 또는 '행복'이라는 말마디에 열광하기 시작했다. 왜 이런 현상이 벌어졌을까? 그리고 눈을 뜨면 쉴 틈 없이 전해지는 '웰빙' 또는 '행복 담론' 때문에 우리는 행복을 잘 알고 있다고 착각한다.

그러다 보니 혹시 내가 알고 있다고 생각하는 행복에 대한 이해가 잘못된 것은 아닌지 '행복'이라는 단어에 말을 건네 본다. 우선 한국인들이 생각해 왔던 '복(福)'이라는 말과 서구에서 전해진 '행복'이라는 말은 어떤 차이가 있는지 살짝 행복에게 말을 걸어보기에 앞서 제대로 행복이란 말을 이해하기 위해 국어사전을 뒤적거려본다.

국립국어원의 〈표준국어대사전〉에서는 '행복'을 우선 "복된 좋은 운수"

라고 정의하고 있다. 그리고 "생활에서 충분한 만족과 기쁨을 느끼어 흐뭇함 또는 그러한 상태"라고 설명한다. 사전을 뒤적거릴수록 뭔가 확 가슴에 와 닿지 않는다. 이제 행복이란 말을 같이 살아가면서 이야기하기 위해 이 땅에서 우리보다 앞서 살아간 사람들이 당연하게 생각했던 복이라는 말과 이야기를 나눠봐야겠다.

한국인들의 복(福) 이야기를 '오복론(五福論)'이라고 한다. 이 오복은 동양의 고전인 『서경(書經)』 '周書' 홍범(洪範)에 나온다. 여기 나오는 오복, 즉 다섯 가지 복은 오래 사는 것을 뜻하는 수(壽), 재화의 풍족함을 나타내는 부(富), 몸이 건강하고 마음이 평안함을 뜻하는 강녕(康寧), 또한 덕스러운 행동을 좋아하는 것을 의미하는 유호덕(攸好德), 수명대로 살다가 편안히 죽는 것을 뜻하는 고종명(考終命)이다. 이것은 한국인들이 오랫동안 간절히 염원한 것들이다. 이런 복에 대한 생각은 여전히 한국인들의 몸속에서 꿈틀거린다. 그런데 우리 역사 속에서 '행복'이 오복이나 운(運)으로만 생각되었을까? 이런 물음은 19세기 이후 강요된 근대화의 과정을 되돌아보게 한다.

우리 역사에서 영어 '행복(happiness)'에 대한 이해는 인간의 일상생활과 욕망의 변천 과정을 보여주고 그 시대의 물질적 배경에서 자유로울 수 없다. 행복을 감성 또는 정신적인 것이라 할 수 있지만 바로 그 의식을 지배하는 것은 그 시대의 물질 조건이다. 식민지 시대에 나타난 의식 변화는 서구 사상의 왕성한 수용과 함께 일어난 것이기도 하다. 행복 담론 역시 예외일 수는 없었다. 1920년대 초반 식민지 조선인은 '니체', '톨스토이', '크로포트킨', '마르크스'와 같은 이들의 사상을 적극적으로 수용하기 시작했다. 서구의 다양한 생각이 넘쳐나던 이 시기의 각종 매체에는 행복 담론도 넘쳐났다.

왜 그러면 이 시기의 조선 사회에서 행복 담론이 넘쳐났을까? 1910년 대까지만 해도 현실적 비애에서 헤어 나오지 못했지만 1920년대에 들어 서면서부터는 논의의 패러다임이 변하기 시작했다. '개인'의 자유, 자아에 대한 논의가 늘어났다. 특히 1919년에 있었던 3·1 운동 이후 이런 경향 이 두드러지는데 임경석은 "개인의 지위 향상, 가족의 안전과 행복을 추 구하는 심리 상태가 지배적이었다"("3·1 운동 전후 한국 민족주의의 변화", 〈역사문제연구〉 4호, 93쪽)고 지적한다. 행복해지고 싶다는 개인의 욕망이 행복 담론을 쏟아내게 하였고, 행복 담론의 장이 여기저기서 펼쳐졌다. 그 리고 이 시대에 들어서면서부터는 행복의 문제가 단지 사적 영역의 것이 아니라 공적 영역(사회 제도적 요소)의 문제라는 인식이 나타났다. 하지만 행복 담론은 더 이상의 진전을 보이지 않고 긴 잠에 빠져든다.

이런 긴 잠을 깨운 것은 1980년 광주의 아픔 속에서 피어난 공적 행 복의 경험 그리고 아이러니하게도 99퍼센트에게 크나큰 고통을 안겨준 1980년대 군사 쿠데타를 일으킨 세력이 만든 헌법에서 "행복 추구권"을 선언한 것이다. 이로써 행복 담론은 다시 부상할 준비를 하게 된다.

1990년대 후반 이후에 폭풍처럼 몰아친 이른바 '웰빙' 신드롬으로 한 국은 온통 '웰빙'으로 둘러싸인다. 각종 매체는 앞 다투며 '웰빙' 이름을 달고 많은 담론들을 생산했다. 이제 어느 누구나 '웰빙'이라는 말을 편안 하게 사용한다. 그러다 보니 웰빙과 행복은 같은 말인지 아니면 가족 유사 성이 있는 말인지 묻게 된다.

아리스토텔레스는 인간이라면 누구나 행복을 추구하며, 행복은 윤리 학과 정치학에서 다루어야 할 중요한 주제라고 강조한다. 그는 '행복'을 그리스어로 '에우다이모니아(eudaimonia)'라고 하였다. 이 말은 흔히 영어 'happiness'로 이해되지만 현대 윤리학자 버나드 윌리엄스(Bernard Willaims)는 '에우다이모니아'에 대한 영어로 'happiness'보다 'well-being'이 더 적합하다고 말한다. 이 'well-being'이라는 말을 우리말로 바꾼다면 '참살이', 또는 '좋은 삶' 정도로 할 수 있다.

어떻게 사는 것이 좋은 삶을 사는 것이고, 참살이를 하는 것일까? 행복 또는 웰빙은 우리에게 삶의 방식을 반성하라고 한다. 하지만 어느새 한국인들은 먹고 마시고 몸을 치장하는 상업적 웰빙과 개인의 행복만이 참된 행복이라고 이야기하는 행복론에 푹 빠져 있다.

도대체 왜 이렇게 된 것일까? 그것은 아마도 홍수처럼 쏟아져 나온 다양한 행복론과 행복한 삶에 대한 지침서들이 서로 모순적인 주장을 담기도 하고 독자들에게 극단적인 생각으로 가는 길을 열어주기도 한다는 사실을 직시하지 못하기 때문일 것이다. 그러다 보니 '행복'은 단지 사적인 것이라는 생각이 팽배해지게 되었다. 이러한 한계를 넘어서기 위해서는 행복을 가장 중요한 이론의 근거로 삼고 있는 공리주의에 대해 다룰 필요가 있다.

잘살아 보세! 99퍼센트인 우리도!

행복을 "well-living", "welfare"로 해석할 수 있다면 모두가 똑같이 잘 살려면 무엇을 어떻게 해야 하는지, 그리고 모두가 행복한 사회란 어떤 사회인지 말해야 할 것이다.

그런데 '잘살기' 또는 '잘살아 보세'라는 말을 들으면 괜히 박정희 시대의 '잘살아 보세, 잘살아 보세 우리도 한 번 잘살아 보세'라는 노랫말이 무의식적으로 떠오른다. 〈위키피디아〉에서는 이 노래를 "박정희 정권 시절 경제 발전을 희망하며 만든 노래"라고 설명한다. 잘사는 것이 무엇인지에 대해 총체적으로 검토하기보다는 눈앞에 있는 먹을거리라도 충분하다면 그것이 잘사는 것이라고 선전하고 강요하였다.

어느새 많은 이들은 경제 개발만이 절대적 선이라고 무의식적으로 흥얼거리기 시작했다. 또한 1퍼센트의 사람들은 경제가 산다면 무엇이든 희생할 수 있어야 한다는 최면적 신념을 99퍼센트에게 강요하였다. 어떤 이들은 강력하게 반발하였지만 많은 사람들은 강요된 희생을 당연히 받아들였다. 이것 때문에 아직도 자신이 희생당하고 있으면서도 그래야만 국가가 경제적으로 이익을 거둘 수 있다는 신념에 갇혀 사는 이들이 양산되고 있다. 우리를 더욱 아프게 하는 것은 이 향수에서 여전히 벗어나지 못한 이들이 다음 세대에게 추억이라는 이름으로 정치 권력의 세습을 강요하고, 종용하고 있다는 것이다.

한국 사회는 특히 2008년 김상곤 경기도 교육감이 등장한 이후 꾸준히 복지 논쟁(보편적 복지 vs 맞춤형 복지)을 이어왔고 앞으로도 더 확산시킬 것 같다.

행복, 복지가 좋은 것이라면 이것은 내 친척, 내 이웃뿐만 아니라 내가 속해 있는 공동체 전체, 나아가 모든 인류가 누릴 수 있어야 할 것이다. 그러기 위해서는 '모든 사람은 하나로 계산되며 어느 누구도 하나 이상으로 계산되지 않는다'는 것이 모든 결정에 선행하여야 할 것이다. 이것은 99퍼센트가 1퍼센트를 왕따시키는 이론(다수가 행복하다면 왕따를 인정하는 이론)

이라고 비난받기도 하는 공리주의에서 외치는 소리이다. 하지만 1퍼센트의 쾌락의 총합이 99퍼센트의 쾌락의 총합보다 클 수 있을까? 1퍼센트의 쾌락의 크기가 99퍼센트의 쾌락의 총합보다 큰 것이 2011년의 현실이다.

2011년 이후 세계는 1퍼센트가 99퍼센트를 지배하는 세상을 바꿔보자고 이구동성으로 이야기하고 행동하기도 한다. 이렇게 행동하는 이유는 99퍼센트의 우리가 잘살아야 하고, 행복해야 하기 때문이다.

삶의 틀을 다시 생각해 보자!

19세기는 피히테, 헤겔, 셸링이라는 사상가들로 시작해서 베르그송과 후설로 끝난다. 산업 혁명이 휩쓸고 간 자리에는 더 이상 그 이전의 가치와 삶의 방식을 수용할 수 없었고, 또한 삶의 자리에 따라 이전과는 다른 방식, 다른 내용의 사상이 생겼다.

미셸 옹프레는 '반철학사'라는 작업을 통해 지난 시대의 사상가들을 불러낸다. 그리고 그들이 살아온 삶과 사상을 개인적 삶의 이야기와 함께 그 시대의 사정 그리고 시대의 문제를 안고 풀어내려 고민하고 실천하는 모습으로 기술한다. 『사회적 행복주의』는 그의 다섯 번째 작업이다.

그에 따르면 우리가 주목해야 할 19세기 사상가는 윌리엄 고드윈(William Godwin), 제러미 벤담(Jeremy Bentham), 존 스튜어트 밀(John Stuart Mill), 로버트 오언(Robert Owen), 샤를 푸리에(Charles Fourier), 미하일 바쿠닌(Michel Bakounine) 등이다.

19세기에는 산업화로 인해 삶이 피폐해지면서 이상적 사회를 건설하고

자 하는 시도들이 끊임없이 이어졌다. 그들의 관심은 빈곤, 성 평등, 동물 해방, 자유(사상과 표현, 억압으로부터의 자유), 행복, 공동체 등이었다. 이들은 자신이 처한 상황 속에서 각기 독특한 방식으로 사상을 전개하고 실천해 나간다. 하지만 이들에게 하나의 공통점이 있다면 그것은 '사회적 행복주의'를 추구한다는 것이다. 이들은 사회적 행복, 최대 다수의 최대 행복, 국가의 번영이 개인의 행복에 대한 보장과 함께 성취되기를 바라고, 공동체를 통해서 사회적 행복주의를 성취하려고 시도하는 데 주저하지 않았다.

옹프레는 사회주의가 빈곤에 빠지게 된 것을 마르크스주의가 아닌 다른 사회주의 사상을 망각한 탓이라고 본다. 왜냐하면 "사회주의는 다양한 형태들을 취하여 우파의 날개에서 좌파 날개까지, 중도적 형태를 거쳐 극좌까지 펼쳐지기"(27쪽) 때문이다. 그래서 그는 페미니스트적 사회주의를 외친 플로라 트리스탕, 자유주의적 사회주의와 개량적 사회주의를 대변한 존 스튜어트 밀, 영국 뉴라나크에서 직접 공장을 운영하면서 '사회의 행복'을 선언하고, 그 공장을 경영하여 모은 재산을 토대로 미국으로 건너가 새로운 정치적 모험, 즉 공산주의적 "만인의 공화국"을 시도한 오언, 서정적인 사회주의를 전개한 푸리에, 그리고 절대 자유주의적 사회주의를 이론화한 바쿠닌, 사회주의적 사회주의를 주창한 생시몽, 기독교 사회주의를 외친 라므네, 인도주의적 사회주의에 주목한 피에르 르루, 그리고 공제조합 사회주의를 이야기하는 프루동의 사상에 주목하라고 한다. 그는 또한 이러한 다양하고 풍부한 사회주의의 심연 속에서 아직도 개척하고 세워갈 좌파의 미개척지는 무궁하다고 주장한다.

우리는 그동안 공공의 행복, 사회적 행복을 위해서라면 좌편의 길을 걷기보다는 중도(타협)의 길을 이야기하고 그 길을 마다하지 않고 걸었다.

또한 한걸음 나아가 지금까지 걷고 있던 좌편의 길에서조차 기꺼이 가던 길을 멈추고 반대편의 길에 들어서기도 했었다. 그렇게 해서 우리는 무엇을 얻었는가? 또 도대체 왜 그런 선택을 했을까?

이제 우리는 중립이라는 땅이 아닌 좌편과 우편의 길에서 양자택일해야 한다. 그 선택을 잘하기 위해 자신이 속해 있는 진영의 미개척지에서 삶의 틀을 찾아내고 거기서 답을 찾는 노력을 경주하고, 그 답처럼 살아야 할 것이다.

잘살아 보세, 자~알살아 보세, 우리 99퍼센트도 잘살아 보세!

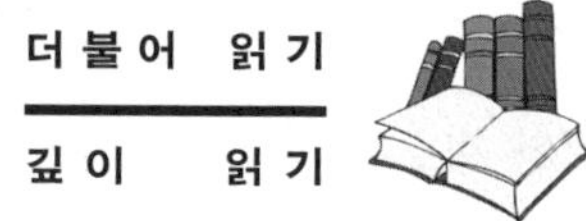

1) 조지 레이코프, 『도덕, 정치를 말하다』, 손대오 옮김(김영사, 2010). 조지 레이코프는 '도덕의 프레임'을 통해 진보와 보수가 세상을 바라보는 관점을 소개하고 있다. 특히 최근 한국 사회가 고민하고 있는 세금과 복지 문제를 보수적 입장과 진보적 입장에서 어떻게 해석하고 있는가를 알려주고 있다.

2) 페터 울리히, 『신자유주의 시대 경제 윤리』, 이혁배 옮김(바이북스, 2010). 신자유주의 시장경제가 이미 스스로 한계를 드러냈으나, 성찰 없이 양적 성장에만 몰두하고자 하는 한국 사회에 신자유주의적 시장 경제를 넘어서 인간적이고 윤리적 경제 모델을 모색할 수 있는 실마리를 찾을 수 있다.

3) 곽준혁, 『경계와 편견을 넘어서-우리 시대 정치철학자들과의 대화』(한길사, 2010). 곽준혁은 이 책에서 새로운 이념의 지평을 찾는 작업을 필립 페팃, 데이비드 밀러, 샹탈 무페, 에이밋 것만, 그리고 마사 너스바움과의 대화를 통해 시도하고 있다. 한국 사회를 달구는 화두인 다문화, 민족주의, 애국심에 대해 비판으로 생각할 수 있는 기회를 제공하고 있다.

오지석 / 숭실대학교 강사

생명의 본질,
경쟁이 아니라 공명이다!

『모든 것은 느낀다』 / 안드레아스 베버

도시의 딸에게 자연은

담벼락에 두 뼘 텃밭을 만들었다. 도로변이면 텃밭을 만들 생각을 하지 않았겠지만 집 뒤로 도로와 거리를 둔 구석에 조그만 공간이 있어서 흙을 부어 텃밭으로 삼은 것이다. 4월이 오기를 기다려 오이 모종이랑 상추 모종이랑 방울토마토를 심었다. 좀 과장하자면, 돼지고기를 사놓고 상추가 얼른 자라길 간절히 바랐다.

며칠은 매일 내려가 보았다. 만날 그대로인 것 같아 며칠 잊고 있었다. 나는 하늘에서 내리는 비로 다 되는 건 줄 알았는데 규칙적으로 물을 줘야 하고, 특히 오이에는 물을 더 많이 줘야 한다고 주변에서 난리를 부렸다. 그래서 틈틈이 물을 주었다. 어느덧 상추가 금세 야들야들하게 자랐다. 솎아서 쌈을 쌀 수 있을 정도였다. 방울토마토에서는 노랑 별 모양의 꽃이

폈고, 꽃이 시든 자리에는 초록 방울토마토 알이 맺혔다.

여름 동안 내가 키운 방울토마토와 오이를 따먹으며 참으로 뿌듯했다. 그런데 사실 내가 키웠다고 말하긴 어렵다. 내가 한 일이라곤 모종을 심은 일과 가끔 물을 준 것밖에 없었기 때문이다. 그 밖에 자세히 들여다보는 것과, 어제 초록색이던 토마토가 오늘 불그레해진 것에 깜짝 놀라 사진 찍어두기 정도를 했다. 담벼락 아래에서 열린 작은 오이들은 진딧물이 오이를 빨아먹어버리는데도 난 뭘 어떻게 해줘야 하는지 알지 못했고, 오이에 대해 포기하고 있었다. 뭘 어째야 하는지 전혀 몰랐기 때문이다.

그런데 얼마 후 담벼락 꼭대기로 뻗어 올라간 줄기에서 나도 모르는 사이에 커다란 오이가 쑥 자라 있었을 때 정말 얼마나 감격했던지……. 햇볕의 힘에 대해 이때만큼이나 경탄한 적이 없었다. 모든 게 햇볕이 만든 기적이라는 것이 느껴졌다. 그 하루의 체험으로 난 인류가 태양신을 경외하고 숭배한 것에 대해 완전히 이해가 되었다.

시골에서 자란 사람들은 나의 이 호들갑이 이상하게 들릴지 모른다. 나는 태어나기는 푸른 바다가 넘실대는 남해에서 태어났다. 하지만 네 살부터, 정확히는 생후 30개월 무렵부터 서울에서 자랐다. '빈민가'에서 살았다고 말하면 우리 부모님이 가슴이 아플 터이므로, '부유와 거리가 먼 평범한 동네'라고 표현하겠다. 지금도 살고 있는 우리 동네인데, 바로 옆에 한강이 있고, 내가 자라던 무렵에는 집 앞에 개천이 흐르고 있었다. 나중에 왕복 4차선 도로로 복개될 만큼 제법 넓은 개천이었다.

도시에서 자라는 아이에게 자연은 개천 옆에 빼곡히 자라던 강아지풀, 소위 '잡초'로 통칭되던 희고 노란 이름 모를 풀꽃들과, 비오는 날이면 지천에 꼬물거리던 징글징글한 지렁이, 쥐약을 먹고 뻗어 뒹굴던 검은 쥐들,

교정의 플라타너스 잎을 열심히 갉아먹던 송충이들이었다. '도둑고양이'라고 불렀던 길고양이와 '미친개'라고 불렀던 집 잃은 강아지들도 자연이라면 자연이었다.

가난한 시절, 도시에서 맛보았던 '자연'은 황폐하고, 불쾌하고, 불편한 것이었다. 들고 갈 우산이 없는데 내리는 비는 반갑지 않은 손님이었고, 1월에 내리는 눈은 눈싸움을 할 수 있게 해주어 환호할 놀잇감이었지만 반나절 지나면 미끌미끌 불편한 검은 길을 만들어내는 야누스의 눈이었다.

그런데 대학교에 들어가 여러 지역에서 온 친구들과 이야기를 나누는데, 유독 어떤 친구가 나의 흥미를 끌었다. 그 친구는 MT에서 길가의 풀과 나무의 이름을 하나씩 읊조리고, 반가워하고, 그들에게 말을 건네고 있었다. 모르는 풀이름이 없는 모양이었다. 나는 풀이름을 일일이 알고 있는 그 친구가 무척 새로웠다.

그녀는 나와 다른 것을 보고 있다고 느꼈다. 내가 산을 바라볼 때에는 그저 '푸르구나······' 하는데, 그녀는 산을 보면서 '호두나무야 반갑다, 소나무야 반갑다, 밤나무야 반갑다, 제비꽃아 예쁘구나······' 하며 교감을 하는 것으로 보였다. 시골에서 자란 그녀와 도시에서 자란 나는 자연을 서로 전혀 다르게 보고 있었다.

다윈의 눈에 자연은

안드레아스 베버의 『모든 것은 느낀다』(박종대 옮김, 프로네시스 펴냄)에 대한 글을 쓰기 시작하며 나의 에피소드와 대학 시절의 그 친구가 생각이

나는 건 베버가 책을 써내려간 방식 때문이다.

이 책은 인간, 자연, 생물학에 대한 사색과 성찰의 책이다. 베버는 자신이 겪은 체험을 거울로 삼아 자연에 대한 사변을 펼쳐 보인다. 자연을 느낀 체험, 생물학을 연구하며 겪은 체험 속에서 형성된 사변을 풀어내고 있다. 그의 체험에 얽힌 이야기는 쉽게 이해가 되지만, 그 속에 담긴 사변의 깊이는 단번에 이해하기 어려운 차원에 닿아 있다.

안드레아스 베버의 『모든 것은 느낀다』는 생명에 대한 다윈주의적 이해에 대해 반대하는 논의가 주를 이룬다. 다윈주의에 반대하며 대안으로 여긴 것은 카를 에른스트 폰 베어(Karl-Ernst von Baer)의 입장이다. 다윈이 생명의 진화를 낳는 일관된 법칙을 발견하려 했다면, 베어는 발트해 연안 에스토니아 출신의 생물학자로서, 하나의 씨앗에서 생물의 형태가 만들어지기까지 작용한 힘의 본질을 규명하고자 했다.

안드레아스 베버는 다윈과 베어의 입장 차이가 어디에서 만들어졌을까에 대해 재미있는 이야기를 들려준다. 베버는 베어가 활동한 에스토니아의 자연을 본 뒤 그 차이를 추정하였다. 다윈은 영국 태생으로 "도시 문명의 세례를 받은 학자였고, 인생의 성공을 위해 열심히 노력해야 하는 중산층에 속했다. 그가 살았던 집 앞은 세계 최대의 산업 도시가 뿜어내는 누른 안개가 자욱했다. 굶주리는 실직자들이 일자리를 얻기 위해 악다구니를 쓰며 경쟁하게 하는 산업 자본주의의 맹위를 목격했던" 시선을 배경으로 다윈은 생물을 연구하였다. 반면 베어는 "인간이 작은 점에 불과한 광대한 자연 속에서 살았다. 마을과 마을 사이에 숲이 있을 정도로 마을 간의 거리가 멀리 떨어져 있는 곳에서 나무들의 말없는 실루엣에 파묻혀 동물이 지배하는 침묵의 바다 앞에서" 베어는 생물을 연구하였다.

베버는 자연에 대한 상반된 두 견해가 자연을 바라보는 입장의 차이와 무관하지 않았을 것이라고 말한다. 그리고 이 대목에서 도시에서 자란 나에게 보였던 자연의 모습이 떠올랐고, 베버의 설명을 공감적 시선으로 따라가 보기로 했다.

우선 베버가 다윈주의의 어떤 점에 반대하는지를 정리하기 위해서는 다윈주의가 무엇인지 정리할 필요가 있겠다. 다윈은 생물을 관찰하면서 '진화'라는 개념을 정립하였다. 진화(evolution)란 무엇이 긴 시간에 걸쳐 천천히 점진적으로 변화하는 현상이다. 혁명(revolution)과 대립하는 개념이다. 다윈의 견해를 요약하는 방식은 다양하겠지만, 다음처럼 정리할 수 있다.

그의 입장은 첫째, 교배가 이루어질 수 있는 개체군을 종(種)이라고 하는데, 같은 종이라도 개체 간에 형질 차이와 다양한 변이가 있다는 것이다(가령 추위를 잘 견디는 사람이 있고 못 견디는 사람이 있다). 둘째, 형질의 차이는 다음 세대에 유전된다(추위를 견디는 부모의 성질을 자식이 닮는다). 셋째, 자연 조건은 서로 다른 형질에 대해 다른 효과를 끼친다(추위를 잘 견디는 사람은 추운 지역에서 잘 살고, 그렇지 못한 사람은 살기 어렵다). 넷째, 유리한 형질의 유전자형은 환경에 의해 선택되고 불리할 경우는 제외된다(갑자기 빙하기가 닥치면 추위를 못 견디는 사람은 살아남기 힘들어진다). 다섯째, 어떤 개체가 살아남는가는 우연이다(추위를 못 견딘다고 해서 다 사라지지는 않는다). 다시 말해 환경의 변화와 작용으로 인해 세대에서 세대로 이어질 특정 유전자형의 개체 비율이 변화한다.

다윈주의-자연은 생존 경쟁의 장

다윈은 이를 '자연 선택'이라고 말했다. 주어진 환경에 더 잘 적응할 수 있는 변이를 낳은 쪽이 환경에 대해 가장 적합한 종(種)으로서 더 많은 후손을 남기게 되어 결국은 종의 변화가 일어난다는 것이다. 이때 선택은 자연 선택 이외에도 두 가지의 선택 기제가 더 있어서, 크게 세 가지로 일어난다. 하나는 인간이 행하는 종자 개량 같은 인위적인 선택이다. 또 하나는 지금까지 말한 자연 선택으로서 가장 광범위한 선택 요인이다. 끝으로 성 선택으로 가장 성적으로 멋진 수컷이 자신의 자손을 세상에 남기게 된다는 것이다.

다윈이 세상에 끼친 영향은 막대하다. 당대 지배적이었던 창조론을 부정했고, 인간이 다른 동물을 지배할 배타적 지위를 가진 특권적 존재가 아니라 기존의 생물종으로부터 진화했다는 설명을 통해 세계 속 인간의 지위를 착각 없이 인식하게 만드는 강력한 논거를 제시했다. 그리고 다윈은 생물에게는 종족 번식을 위해 개체 수 과잉이 필연적이며, 이렇게 과잉 상태인 생물은 모두 치열한 경쟁을 통해서 생존한다는 점을 인식시켰다. 경쟁에서 승리한 생물만이 살아남는다는 '생존 경쟁'의 관점이다. 이는 맬서스의 『인구론』에서 직접 차용하여 적용한 개념이다. 이런 경쟁 속에서 생물은 다양한 변이를 일으키며, 돌연변이와 같은 형질이 누적되다가, 환경이 변화할 때 변화한 환경에 적합한 형질을 가진 생명체가 살아남아 자연 선택이 일어나게 된다.

정리하자면 다윈의 견해는 자연을 목적론적 설계의 힘이 있다는 식으로 바라보지 말아야 한다는 것이다. 생존 경쟁 속에서 우연에 의해 만들어진 변이가 다음 세대로 유전되는 중에 환경의 변화에 대해 가장 적합한 개체가 살아남는 기제가 곧 진화의 원리인 것이다. 진화는 자연에 갖추어진 이러한 기제와 우연의 결과일 뿐 더 완성된 존재로 향해 가는 진보의 목적론적 과정이 아닌 것이다.

자연은 살고자 하는 존재들의 공생과 상호 작용의 장

안드레아스 베버는 다윈의 견해 중에서 진화가 어떤 설계자가 있는 목적론적 과정이 결코 아니라는 점을 받아들이고, 생명 속에 갖추어진 우연한 변이의 힘을 적극 받아들인다. 하지만 진화가 다윈이 생각하는 것처럼 기나긴 시간을 요하는 점진적인 과정이라는 데 대해 의구심을 품는다. 이는 생명이 환경의 선택을 기다리는 수동적인 존재가 아니라는 베어와 스승 바렐라의 견해를 적극 받아들인 결과이다.

베버는 진화란 점진적으로 생명의 정보가 누적되면서 일어나는 수동적 과정이라기보다는, 생명이 살고자 하는 능동적 과정이라고 본다. 베버의 스승 바렐라의 말을 인용하여, "진화란 저기서 깡통 하나, 저기서 나무토막 하나를 들고 그들의 구조와 환경이 허락하는 한도 내에서 조립 작업을 하는 유랑 예술가의 행위와 유사하다. 그런 행위에는 자신이 그렇게 조립할 수 있다는 것 외에는 다른 이유가 존재하지 않는다"고 말한다. 이런 관점에서 생명은 "유전자 같은 프로그램이나 환경의 조종을 받지 않는, 자율적 구성 인자들의 유기적 합창"이다.

그리고 베버는 '세포 내 공생설'을 적극 받아들인다. 세포 내 공생설이

란 1970년에 린 마굴리스가 제안한 이론이었다. 발표될 당시 그녀의 주장
은 허튼소리로 치부되었다. '세포 내 공생'은 고도로 발달한 생명의 전략
으로서, 지금은 많은 지지의 증거들로 인해 생물 교과서에 정설로 자리 잡
았다. 생물은 세포 안에 핵이 없는 원핵생물(박테리아)과 핵을 가진 진핵생
물(박테리아를 제외한 모든 생물)로 구분되는데, 마굴리스에 따르면 진핵생
물로 들어온 박테리아가 미토콘드리아가 되어, 세포는 박테리아, 즉 미토
콘드리아로부터 에너지를 공급받고 그 대신에 박테리아는 먹이와 서식처
를 제공받는 공생관계가 성립되어 고도의 세포가 형성되었다는 것이다.

또한 베비는 자신의 주장과 관련하여 윌리엄슨의 견해도 소개한다. 일
찍이 애벌레가 나비가 되는 변태 현상을 보면서 형태학자인 돈 윌리엄슨
은 유생과 성체 사이에 아무런 효율성이 없는데도 변태가 일어나는 이유
에 대해 고민했다. 윌리엄슨은 유생 단계를 거치는 모든 종은 하나의 종이
아니라 여러 종이라고 말한다. 많은 집단의 유생과 성체는 우연히 교차 수
정된 상이한 생물에서 태동했다는 것이다. '키메라'의 탄생인 것이다. 마
굴리스나 윌리엄슨의 주장을 인용하면서 베버가 부각시키고자 한 것은 생
명은 다른 생명체와 경쟁하는 게 아니라 공생한다는 것이다. 다윈의 눈에
는 생명이 한정된 자원을 두고 경쟁하는 인간들처럼 서로 치열한 경쟁 관
계에 있는 것으로 보였지만, 실제로 생명의 본질은 경쟁이 아니라 공생이
라는 점이다.

끝으로 베버가 강조하고자 한 것은 개체와 환경은 이분법적 시선으로
볼 것이 아니라, 개체를 그 자체로 생태계로 볼 수 있다는 것이다. 베버는
고래를 보면서 생각한다. 고래는 바다가 태양 에너지를 흡수해서 무수한
생물로 변형된 존재인 플랑크톤을 먹고 산다. 햇볕으로부터 온 눈에 보이

지도 않는 플랑크톤을 먹는 고래. "플랑크톤, 즉 단세포 바닷말은 $1\mu l$당 수천 마리의 박테리아와 공생하고, 박테리아는 바닷말이 분비하는 당분을 먹고 살며, 그 과정에 식물의 생명에 필요한 인산염과 질산염이 분비된다. 이산화탄소와 빛이 가해지면 완벽한 순환, 즉 공생 공동체가 만들어진다. 그리고 이것은 어찌 보면 미니 세포인 것이다."

상호 의존의 그물이 우리 몸을 구성하는 최소 단위의 모습이라면, 공생이 곧 우리의 몸이고, 우리가 또 다른 우리와 공생하는 곳이 우리의 생태계이리라. 바다는 우리의 환경이기도 하지만, 동시에 우리 몸속에도 바다, 즉 체액이 흐르고 있다. 개체와 환경을 이분법적으로 나누어 볼 것이 아니라 나 자신이 곧 생태계일 수 있다는 것을 받아들이면, 나는 하나이면서 곧 전체라는 결론이 나온다. 하나와 전체가 따로 있는 질서가 아니라는 뜻이다.

안드레아스 베버의 '상징적 물리학'에 주목하기

여기에서 더 나아가 안드레아스 베버는 '상징' 개념을 매개로 물질과 생명 간의 이분법도 극복하고자 한다. 통상적으로 '상징(symbol)'은 기호학에서는 도상(icon) 기호, 지표(index) 기호와 구분되는 기호의 일종으로, 상징은 '아라비아 숫자'처럼 배워야 아는 기호 체계로 분류된다. 그런데 베버는 상징을 이런 의미로 사용한 것이 아니다. 베버는『모든 것은 느낀다』중에서 상징의 의미를 적극 해명하지 않고 그저 전제하면서 썼다. 이 맥락에서 줄리아 크리스테바가『시적 언어의 혁명』에서 설명한 '상징'의 의미를 끌어와 베버의 생각을 풀이하면 베버의 생각을 이해하는 데 도움이 되지 않을까 싶다.

본래 상징은 그리스어 심볼론(symbolon)에서 유래했다. 합쳐 보면 아귀가 맞는 두 개의 목걸이 펜던트처럼 신뢰의 징표로 나눠 갖는 기호를 뜻했다. 크리스테바는 이를 '단절에 의해 산출되고, 단절 없이는 존재할 수 없는, 항상 분열 상태에 놓인 통합을 적절하게 지칭한 말'이라고 한 바 있다. 베버는 '상징'의 이러한 차원을 염두에 두었다. 베버는 생명의 특징으로 '주체성'과 '공생' 개념을 강조하고, 이러한 특징의 이면에 흐르는 원리를 물질계의 본성에서 찾는다. 즉 '상징'이라는 말로 표현되는 물질의 본성을 제시한다.

베버는 책의 에필로그에서 '상징적 물리학?'이라는 제목으로 다음과 같은 핵심 테제를 제시한다.

"한 분자가 미립자 조사(照射)를 통해 반으로 쪼개지면 이 두 형제는 자신의 절반이 누구인지를 안다. 그 둘은 상호 보완적으로 행동한다. 만일 둘 중 하나를 상대로 실험이 실시되면 다른 절반도 그에 상응하는 변화를 보여준다. 마치 둘 사이에 보이지 않는 끈이 존재하기라도 하는 것처럼."

베버는 양자 차원의 미시적 세계의 물리 현상과 생명 현상이 모순되지 않는다고 본다. 아니, 오히려 미시적 세계의 물리 체계가 거시 물리학적 영역으로 세상을 볼 때보다 생명에 대한 적절한 이해로 이끈다고 본다. 부분의 원리와 전체의 원리는 다르지 않다. 미시적 물리 체계의 원리는 우주와 생명 현상을 관통한다. 베버의 눈으로 세상을 볼 때, 생물학과 생태학이라는 과학의 이름으로 구축할 수 있는 아름다운 세계관의 가능성이 보인다. 일상에서 무심코 오이를 먹지만, 햇볕을 받고 쑥 자라나 나를 놀라게 한 그 오이와 나는 그날 생명의 존재로서 공명하였다. 이 떨림의 정체가 무엇이었는지 어렴풋이 느끼게 해주는 책이다. 왜 살아 있는 것에 대해 무자비하기 힘든지, 더 나아가 존재하는 모든 것들에 왜 무게를 느끼는지.

더불어 읽기
깊이 읽기

함께 읽으면 좋을 책으로 안드레아스 베버가 쓴 『자연이 경제다』(프로네시스, 2009)와 움베르또 마뚜라나와 프란시스코 바렐라 공저인 『앎의 나무』(갈무리, 2007)를 소개한다. 안드레아스 베버는 특유의 논지대로 『자연이 경제다』에서는 '지속가능한 성장'이라는 모토에 대해 비판한다. 성장이나 번영을 추구하는 경제 관념 속에 있는 조급증을 일갈하며, 느낌 있는 존재의 살림살이로서의 경제 관념, 느낌 있는 존재의 공동된 행복을 추구하는 경제 관념으로 대체할 것을 촉구한다. 베버의 이러한 관점은 『앎의 나무』의 저자들의 관점을 이어받은 것이다. 『앎의 나무』는 인식의 생물학적 뿌리를 밝히는 데 목적이 있는 책인데, 여기서 보이는 생명의 특징은 환경의 영향을 일방적으로 받는 존재가 아니라 생명이 환경과 능동적으로 섭동하는 주체적 존재임을 보이고 있다. 이들 저서들을 통해 다윈주의와 다른 관점에서 생명을 바라보는 시선을 함께 좇아가 보았으면 한다.

박민미 / 대진대학교 강사

조현진, 「350년 전 '재스민 혁명' 예언한 철학자는?—스피노자, 『신학정치론/정치학논고』」(138-144쪽)

진보성, 「선거의 계절? 아니, 투쟁의 계절!—에이프릴 카터, 『직접 행동』(297-308쪽)

최진아, 「사정없이 얼굴을 쪼개는 작업, 가장 인간적인 예술!—자크 오몽, 『영화 속의 얼굴』」(167-177쪽)

한길석, 「거물 '간첩'? 우리 안의 악마를 깨우다!—송두율, 『미완의 귀향과 그 이후』」(195-206쪽)

한상원, 「예외 없는 생명을 사유하기—조르조 아감벤, 『호모 사케르』」(36-45쪽)

한유미, 「베짱이가 굶어 죽지 않는 세상을 위하여—최규석, 『습지 생태 보고서』」(147-155쪽)

현남숙, 「휴대폰·트위터…… 넘치는 말, 외로운 나!—막스 피카르트, 『침묵의 세계』」(233-240쪽)

황희경, 「21세기 중국은 생각한다, 고로 존재한다!—마크 레너드, 『중국은 무엇을 생각하는가』」(335-343쪽)

철학자의 서재 2: 오래된 책, 위험한 책, 희망의 책

47명의 젊은 철학자들이 찾아낸 47권의 문제의 책

1판 1쇄 발행 2012년 3월 10일
1판 2쇄 발행 2014년 3월 10일

지은이 | 한국철학사상연구회
기획 | (주)프레시안
펴낸이 | 조영남
펴낸곳 | 알렙

디자인 | 최진규
인쇄 | 대덕문화사
제본 | 바다제책

출판등록 | 2009년 11월 19일 제313-2010-132호
주소 | 서울시 마포구 합정동 373-4 성지빌딩 615호
전자우편 | alephbook@naver.com
전화 | 02-325-2015
팩스 | 02-325-2016

ISBN 978-89-965171-7-7 03100

*책값은 뒤표지에 있습니다.
*잘못된 책은 바꾸어 드립니다.